图说经济学

张体　连山◎编著

中国华侨出版社
·北京·

图书在版编目（CIP）数据

图说经济学 / 张体，连山编著 . —北京：中国华侨出版社，2014.11（2023.7 重印）
ISBN 978-7-5113-4993-4

Ⅰ . ①图… Ⅱ . ①张… ②连… Ⅲ . ①经济学 – 图解 Ⅳ . ① F0-64

中国版本图书馆 CIP 数据核字（2014）第 260257 号

图说经济学

编　　著：张　体　　连　山
责任编辑：姜　婷
封面设计：冬　凡
版式设计：王明贵
文字编辑：于海娣
美术编辑：陈　萍
经　　销：新华书店
开　　本：720mm×1020mm　1/16 开　　印张：18　　字数：415 千字
印　　刷：德富泰（唐山）印务有限公司
版　　次：2015 年 1 月第 1 版
印　　次：2023 年 7 月第 4 次印刷
书　　号：ISBN 978-7-5113-4993-4
定　　价：78.00 元

中国华侨出版社　北京市朝阳区西坝河东里 77 号楼底商 5 号　邮编：100028
发 行 部：（010）88893001　　　传　　真：（010）62707370
网　　址：www.oveaschin.com　　E－mail：oveaschin@sina.com

如果发现印装质量问题，影响阅读，请与印刷厂联系调换。

PREFACE 前言

经济学家加里·贝克尔认为:"经济学是研究人们如何进行各种具体活动以及他们如何合理安排更宏观的事务,比如国家大事乃至全球经济。它的理想是帮助人们做决定,让人们生活更理性……经济学有解决一切问题的潜质。"经济学所涉及的范畴既包括政策制定者如何"经国济世"的大谋略,也包括一家一户怎样打醋买盐的小计划。所以无论你是鲜衣华盖之辈,还是引车贩浆之人,经济学都与你息息相关。可以说,经济学是一门生活化的学问。懂得一些经济学知识,可以帮助你在生活中轻松地做出决策,过上思路清晰的生活。

事实上,经济学并不是一门晦涩难懂的学问。在经济学大师米尔顿·弗里德曼眼中,"经济学是一门迷人的科学,最令人着迷的是,经济学的基本原理是如此简单,只要一张纸就可以写完,而且任何人都可以了解"。经济学家斯蒂格利茨在其著作《经济学》中曾用一辆汽车解释全部的经济学原理。萨缪尔逊则开玩笑说,如果能教会鹦鹉说"需求"和"供给"这两个词,这只鹦鹉就可以成为一个经济学家。

由此看来,经济学并不像我们想象中的那么可怕。经济学研究的是我们身

边的世界，它揭示的是复杂世界背后的简单道理。经济学最基本的功能就在于给人们提供了一种认识世界的平台、分析世界的方式和改造世界的方法。我们今天处在一个飞速发展的社会当中，用经济学的眼光和方法去思考问题、分析问题，会让我们更好地做出正确的抉择。

本书选取经济学发展史中最具代表性的人物和事件作为端口，记录经济学大师的人生历程，阐释经济学的主要理论，图文全解，注重科学性、文化性和趣味性的统一，营造一个具有丰富文化信息的多彩阅读空间，清晰呈现经济学的发展脉络，并将经济学与社会生活的各个方面灵活地联系起来，让读者在轻松的氛围中明白深奥的经济学理论。无论是对经济学感兴趣的普通读者，还是专业学者，都可以从中汲取经济学的智慧与灵感，进而以经济学的视角指引生活，创造美好人生。

本书最大的特点在于采用生活化的语言，将经济学内在的深刻原理与奥妙之处娓娓道来，让读者在快乐和享受中迅速了解经济学的全貌，轻轻松松地获得经济学的知识，学会像经济学家一样思考，用经济学的视角和思维观察、剖析种种生活现象，指导自己的行为，解决生活中的各种难题，从而更快地走向成功。通过阅读本书，你就会发现经济学一点也不枯燥难懂，而是如此贴近生活，如此有趣，同时又是如此实用。

目 录 CONTENTS

上篇 经济学的故事

第一章 经济学起源 2

经济起源——生活就是这样开始的 2
分工——一个人不能什么都做 4
产品交易——猎物与罐子的"偶遇" 5
经济合同——刻在泥板上的协议 8
钱币的产生——交换行为的产物 9
市场的产生——价格取决于供求关系 11
隋唐盛世——一个伟大的经济时代 13
世贸的普及——航海者的远洋贸易 14
银行汇兑——充满风险的信任业务 16
布尔斯——交易所的来历 18
投机狂热——"郁金香根茎时代" 20

第二章　古典经济学 22
布阿吉尔贝尔——土地是一切财富的源泉................................22
《经济表》——魁奈的经济循环系统....................................24
大卫·休谟——自动均衡国际贸易论....................................26
亚当·斯密——不朽巨著《国富论》....................................28
马尔萨斯——特殊的古典经济学家......................................31
边沁——最大限度的幸福..33
资本主义造就的对立——最富有的和最贫穷的............................34

第三章　政治经济学 38
威廉·配第——"政治经济学之父"......................................38
萨伊——"阐述财富的科学"..40
李嘉图——政治经济学的实践者..42
李嘉图学派的解体——新陈葡萄酒价格之争..............................45
巴斯夏寓言——服务价值论..47
西尼尔——"节欲论"...49
约翰·穆勒——"无可置辩的圣经"......................................51

第四章　社会主义思潮 55
路易·布朗——国家社会主义创始人....................................55
圣西门——实业制度代替资本主义制度..................................57
傅立叶——和谐的"法郎吉"...59
西斯蒙第——为人类谋幸福的学说......................................60
欧文——新拉纳克试验田..61
马克思的《资本论》——点亮人类幸福的圣火............................62

第五章　边际主义 67

门格尔——吃第一块牛肉与第三块牛肉的感觉不同 67
庞巴维克——价值论与市场价格 69
克拉克——边际生产力 72
帕累托最优——苹果与梨的组合 74
马歇尔——划时代著作《经济学原理》 75
庇古——"福利经济学之父" 79

第六章　凯恩斯主义 81

凯恩斯革命序曲——罗斯福新政 81
理论的准备——"投机家"凯恩斯 82
凯恩斯的《通论》——经典著作 84
凯恩斯定律——有效需求 85
相对收入说——消费比较 87
利息——放弃流动偏好的报酬 89
投资——利率与实际GDP 90
"经济人"的追求——利益最大化 92
效率与公平——神父分粥 94
萨缪尔森——用教科书引导几代学子 95
格林斯潘——"他一打喷嚏,全球都得下雨" 97

第七章　货币主义 100

弗里德曼——货币主义的代表 100
货币数量论——关闭货币水龙头 103
国际货币体系——黄金美元金本位制 104
奥肯定律——失业率与GDP的增长率 107
国家的资本流向——对外举债与债务危机 109
橡胶股票风潮——举债投机 111

第八章　新制度经济学 114

凡勃伦——制度是一种"社会习惯" 114
康蒙斯——"法院的看得见的手" 116
加尔布雷思——"开放式的经济学" 119
缪尔达尔——循环积累因果联系 121

科斯定理——牛走失后的设想 123
德姆塞茨——狩猎权的私有化 125
机会主义行为——"工作中消费" 127
奥尔森——《集体行动的逻辑》 129
一枚铁戒指——经济学与人类关怀 131

后记 133

经济学学习和研究方法 133
西方经济学派一览表 134
诺贝尔经济学奖获奖名单（1969—2013）................................ 136

下篇　生活中的经济学

第一章　不可不知的经济学原理 142

鱼和熊掌之间的权衡取舍 142
两堆稻草间饿死的驴子：机会成本 144
我们只看最后新增的一个 145
朝三暮四与朝四暮三的区别 148
生活中的黄金搭档 150
开放比封闭更美好 151

第二章　供需：推动价格变化的神奇力量 153

供需机制：经济学的永恒话题 153
欲望与供给的永恒矛盾 154
生产多少，市场说了算 156
价格越高，需求越少 157
薄利不一定能够多销 158
躲不开的刚性需求 160
丰产不丰收，其实并不奇怪 161

第三章　价值："值不值"与"贵不贵" 164

价值规律，商品经济的基本规律 164

目录

有用的物品，为什么不值钱..................165
价值悖论，钻石比水更有价值..................167
有了你我之别，商品才有价值..................169

第四章　价格：买卖双方的妥协..................**171**
在讨价还价中走向均衡..................171
是什么决定了商品的价格..................172
最高限价，价格天花板..................174
支持价格给谁带来了实惠..................176

第五章　市场：看不见的手..................**178**
分工与交换催生了市场..................178
市场的神奇作用..................179
分工合作带来效率革命..................181
经济学有只"看不见的手"..................182
从商品经济到市场经济..................183
市场并不能解决所有问题..................185

第六章　消费品：享受有差别的生活..................**187**
认识消费品..................187
无处不在的替代效应..................188
买得起车，却用不起油..................190

第七章　消费心理：花钱买满意……192

面子很值钱…… 192
价格低于预期的购买喜悦…… 193
满意是可以衡量的…… 195
你对价格敏感吗…… 196
商品必须符合你的档次…… 198
由俭入奢易，由奢入俭难…… 200

第八章　消费行为：消费者在为谁埋单……202

你注意到自己的消费惯性了吗…… 202
物价涨跌中的消费决策…… 203
你被价格歧视了吗…… 205
怎样搭配才能花钱最少…… 206
免费的诱惑实在太大…… 207

第九章　利率：神奇的指挥棒……209

神奇的指挥棒…… 209
最神奇的财富增值工具…… 211
储蓄也要收税…… 213
预期通货膨胀率与利率的关系…… 214
低风险的赚钱方法…… 215

第十章　理财：用今天的钱打理明天的生活……218

你不理财，财不理你…… 218
个人理财，理性第一…… 220
如何才能惬意地生活…… 222
不把鸡蛋放在一个篮子里…… 223

丰足不奢华，惬意不张扬 225
选择最合适的理财计划 227

第十一章　投资：在风险中淘金 229

股票，最热门的投资主题 229
基金，最省心的投资方式 230
期货，创造价值的"买空卖空" 232
黄金，保值增值的宝贝 234
债券，稳中求"利" 235
套汇，真正以钱赚钱的投资 237

第十二章　社会福利：从摇篮到摇椅的幸福护照..240

一元钱帮助千万人 240
瑞士人为什么如此"懒惰" 241
带薪休假去旅游 243
每个老人都会老有所养 244
从此不再怕看病 246
安得广厦千万间 247
社会保障体系 248

第十三章　收入分配：你是否已达到了小康........250

做大蛋糕与均分蛋糕有矛盾吗 250
把精力放在提高居民收入上 251
尽力减少贫富差距 252
老百姓的幸福是可以衡量的 253

第十四章　公共财政：国家的钱要怎么花 255

认识政府的钱袋子 255
政府的钱应该怎么花 256
每年一度的财务规划 258
政府也会入不敷出 259
财政补贴的双重作用 261
以国家信用为担保发行的债券 262
政府购买有什么好处 262

财政资金的无偿转移..................263

第十五章 税收：最正当的"劫富济贫"..........265

人人都是纳税人..................265
费与税的区别何在..................267
好的税收政策有利于促进经济发展..................269
里根一年只拍四部电影背后的秘密..................270
财富分割的利器..................272

上篇

经济学的故事

The Story Of Economics

第一章 经济学起源

经济起源
——生活就是这样开始的

新石器时代是人类文明的诞生时期,也是人类文明新的开端。遍布在黄河流域、印度河流域、两河流域的人们首先开创了新的历史篇章。

人类最初的发展都是依靠消费大自然的产出而维持的,而到了后期,人们通过自己的手,利用和改造自然,从而获取生存资料,提高生存质量。其中,农业种植可谓是人类做出转变的最早尝试。

在中国有这样一个传说:早起晚归的人们每天采食果实供应、捕猎动物,通过接受大自然的赐予来生存。可是时间长了,人口多了,便出现食物供应不足的现象,加上植被破坏、环境恶化,树上结的果实开始变少、变坏,森林中奔跑的动物也因为食物的减少而大量死亡,人与自然间的矛盾逐渐深化。

有个人名叫神农氏,他长得又高又大,箭法很好。有一次,在他射猎时,一只周身通红的鸟向他丢下了一棵五彩九穗谷。神农氏便将这棵五彩九穗谷埋在土里。期间,还给这棵五彩九穗谷浇水、松土。没过多久,那些种子都开始发芽、长叶、结籽,长成密集茂盛的一片。神农氏把结出的种子放在嘴里咀嚼,发现很好吃。神农氏由此得到启发:是不是谷子可以年年种植,源源不断呢?若人们能够多多种植可用的植物,大家的吃饭问题不就

▲《磨光石器时代,猎熊归来》是画家科尔梦1844年创作的描写新石器时代人类生活的作品。

▲ 在西班牙东部发现的中石器时代的穴画，早期人类以狩猎为主要生存方式。

解决了吗？于是，神农氏教人们种植五谷。他还教人们打井汲水、改革工具、饲养牲畜、精耕土地。

人们在田地里种植农作物，还在家里养殖马、牛、羊、猪等家畜，这些家畜除了能为人民提供食物外，还是人们耕田的主要劳动力。这种农业耕种文化对部落人民的生活产生了巨大的影响，他们从逐水草而居变成了农业定居，从靠天生活变成了靠双手而活。于是，人类劳动开始有了富足的果实。这不仅解决了人们的温饱问题，也让原始农业种植初具雏形，为将来的商品交易打下基础。

事实上，世界各地、各民族有着不同的农业起源的神话传说，如埃及的农神艾西斯女神，罗马的克瑞斯农业女神等。不同的国度，不同的时期，相同的情节，这些生动的农神传说，在世界各地绽放异彩。这些神话故事反映出的核心思想便是人与大自然之间关系的调整——由过去单纯依靠大自然生产的资源，调整为人类开始有目的地通过自身的劳作来创造和获取资源。这种从

▲ 示意图标记了最早的种植庄稼的地点，今天所知道的多数早期作物的种植都开始于肥沃的新月地带，这个地区的富饶来自它温暖的气候和充足的冬季雨水。

▲ 繁殖女神
后人把她尊为种子和生育女神。

知识点击

新石器时代是石器时代发展的最后一个阶段，它取代了上一个阶段的打制石器文化，进入了以使用磨制石器为标志的人类物质文化发展新时期。同时，这个时代的人们还挑选了一些动植物，通过劳动促进它们的驯化和生长。作为生产者的人类，与作为创造者的大自然展开竞争，给自然的景色留下了不可磨灭的印迹。

▲ 新石器时代的收割石（左）和燧石片（右）

大自然选取动植物进行培养的行为，成为农业产品交易、自然经济产生和发展的催化剂。人类发明了农业，也发明了"经济"。一切就是这样开始的——经济的起源。

分工
——一个人不能什么都做

耕种饲养保证了人们能够得到基本的食物，以维持生存。在劳动过程中，由于天赋、需要、偶然性的存在，自发的分工意识在部落中体现并深化。古希腊哲学家色诺芬曾对分工做过如下描述："一个人什么都做，而且都做得好，这是不可能的。显而易见，只有在一个小的领域里劳动的人，才能做到最好。"

人类的分工是天然的。比如，每个人身高的不同，个子高的可能就被派去采摘高处的果实，矮个子就专门负责低处的采摘工作；由于体质差异，男人比女人在体质力量方面明显有优势，男人能长时间奔跑和负重，所以男人就去捕猎，女人们则多数留在家里负责繁衍后代、管理家务、耕地饲养，做一些轻体力活；同样，老人和年轻人体质的不同，也很自然地有了分工，老人主要是照顾部族年幼的孩子，青壮年则要负责更多的体力活。这种由自然天赋不同促进的分工行为，称不上是职业，却产生了模糊的牧人、农民、猎人概念。

▲ 色诺芬头像
色诺芬认为一个人不可能精通一切技艺，所以社会分工是必要的。

偶然分工也会促进分工的出现。我们可以试想这样的场景——有一天，有个专门负责打猎的男人生病了，于是他请求邻居渔夫："您今天能帮我狩猎吗？我今天病了，无法起来。"渔夫很热情地答应下来。结果，渔夫打起猎来得心应手，一天过去了，渔夫把收获的猎物带给生病男人看，生病男人惊叹道："没想到您狩猎的技术这么好，收获的猎

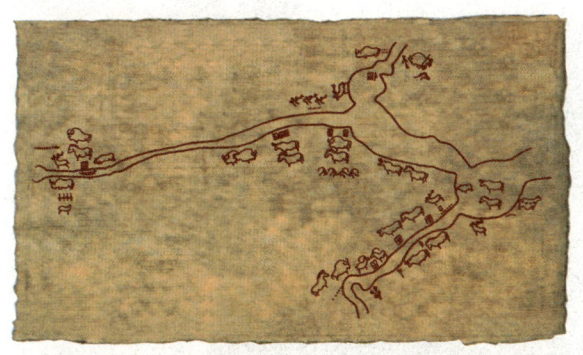

▲拉斯科洞穴中的原始放牧图。经过第一次社会大分工，畜牧业已经从农业中分离出来。

物比我平时的都多。"就是这样一个偶然的机会，让渔夫发现自己在狩猎方面的能力可能比打鱼更好，效率更高，能获得更多的生活资料。于是，渔夫放弃打鱼，开始转向狩猎。这种偶然发现的能力差异、优势差异，也成为分工产生的重要原因。

分工时间长了，熟能生巧。部落里面的人就发现：打猎人的技术越来越好，熟悉哪个山头有什么动物，知道哪个时间有什么动物出没，射击命中率也更高；耕种的人，对植物的生长培育愈发有心得，什么时候播种、什么时候浇灌、有了病虫害要如何治理等，丰富的专业知识使他们能够更好地保证作物收成。人们发现分工可以提高生产效率和生产总量后，分工模式被人们重视并得到更加深化的发展。

在重视分工作用的基础上，人们开始注意到个人的内在优势差异对比。有人勤奋，有人懒惰；有人笨拙，有人聪明；有人擅长种植，有人擅长狩猎。于是，按照比较优势和分工协作的原则，部落里面的分工逐渐扩大，单个的人不再从事整个谋生的事情，而是变成了生存过程中的一个方面、一个步骤。将这些单个步骤集中起来便是整个生存行为总过程。

很明显，分工使个人劳动技能熟练度提高，单位时间完成数量增多，甚至还能创造和改进一些生产工具，进一步提高劳动生产率。协作使部落总体收获远超以往，每个人的分配数量也增多了，对个人和整个部落都产生了良好的效益。自然分工的发展为以后的社会分工奠定了基础。

> **延伸阅读**
>
> 劳动分工的形成——我们生活在一个由劳动者组成的社会中，因为只有劳动才能为人类生存提供源源不断的物质资料。人们将劳动分步骤进行，使之成为一个个细小的部分，最终形成劳动分工。即使是最简单的劳作活动，在劳动分工的作用下，这种活动也具备一种共同的标准，提高了劳动效率和专业质量。

产品交易
——猎物与罐子的"偶遇"

尽管远古时期的人们掌握了一些农业种植技术，可以满足一定的生活需求，但显然，当时的人们每天都要进行高强度的劳动，五谷粮食所提供的营养成分远远不能满足人体的需求，肉类依然是人们食谱中不可或缺的一部分。可是，部落人们开始定居后，不能随着动物的迁徙而迁徙，慢慢地，居住地附近的动物数量出现下降。无奈，强壮的部落男子只能去更远的地方捕猎。

我们可以试想这样的场景——有一天，几个在山脚下居住的部落男子追赶着一个硕大的野鹿，他们随着野鹿一直向前跑，不知不觉跑到了陌生的湖边。此时，强壮的男子

▲ 原始人所制陶器
◀ 原始制陶图

这些罐子的生产总是少量的，磨光和装饰好后就开始风干和焙烧——这幅雕刻画没有把这个步骤表现出来。

稍显疲劳，不过这只野鹿也是气喘吁吁，加上受到男子们的围猎，野鹿已经满身伤痕。眼看马上就要猎杀掉这只野鹿的时候，从野鹿背后猛地出来几个身手敏捷的异族男子，眨眼间，几支木箭飞快射过来，直插野鹿体内，野鹿应声倒下。

虽然野鹿是异族男子猎杀的，但没有前面山脚部落男子们的追击，要想制服这只鹿，还是需要花费很大力气的。所以，异族男子们很礼貌地走上前去，虽然相互之间语言不通，但依靠肢体动作、表情和手势，异族男子终于将自己的意思传达给山脚部落的男子们。异族男子的意思是：这只野鹿能被成功猎杀，双方都付出了劳动，你们把野鹿追赶到这里，我们才能碰巧把精力消耗很多的野鹿猎杀掉。我们能不能平分这只野鹿呢？

山脚部落的男子想了想，觉得这个方案可行，只是己方付出的劳动要多一些，对方付出的要少一些，平分不太合适，毕竟自己部落的食物也非常紧张。

异族部落的男子看出了对方的疑虑，回过头来跟自己的同伴商量：不然这样，我们再附加一些产品，让对方将鹿分给我们一半。同伴们表示同意。于是，一个异族部落男子拿了一个物件过来，这个东西形状高高的，中间鼓着向外凸出，顶端光滑、圆圆的口径，表面还绘制了各种图案花纹，很好看。

山脚部落没有这种东西，所以部落的男子也没见过这种东西，不明白这个东西是干什么用的。异族男子看出他们的疑惑，就带他们来到湖边，俯下身子，用这个物件盛了一些水，并举到嘴边喝起来。山脚部落的男子马上明白其中的意思，爽快地答应了对方男子的请求——双方将野鹿平均分割，带好猎物回了各自的部落。

回到山脚的男子们，把猎物放下，赶紧把从异族男子那里得来的

▲ 随着生产力的不断发展，人们的交易活动也更加频繁。

▲ 陆上运输

发明了车子和驯化了动物之后，人们就可以长距离地运输笨重的货物了，这也促进了贸易的发展。

东西拿出来给族人看，大家好奇地围着看。打猎归来的男子给大家演示这个东西怎么用，同样，族人也是十分惊奇和喜欢，于是这只神奇的东西被族长命名为罐子，并让做饭最好的人用来装水和粮食。显然，这个罐子很有实用性，可是山脚部落的人们自己不会制作罐子，所以罐子就无法被更多地利用到生产生活中。这时，有人提议，不如拿着猎物回到当时与异族部落男子遇到的地方，看看是否有机会能与他们进行交换，拿回来更多的罐子。这个意见得到大家的认可，第二天，还是上次打猎的几个男子，背着一些猎物按照原来的方向，去往了湖边部落。

很快，他们就来到离湖边不远的小树林中，在这里开始静静地等待异族部落的人们。可是，他们等了整整一天，也没有出现一个人，如果长时间等不到人，食物就可能腐烂掉。好在第二天下午，就有几个人头上顶着罐子慢慢地走向湖边。看到罐子的山脚部落男子顿时来了精神，他们从树林后面激动地跑出来，更巧的是，头顶罐子的男子中就有上次狩猎要求平分的男子，山脚部落的男子认出了他，并兴奋地比画自己此次前来的目的。有过一次沟通，这次的交流就变得极其容易，最终，山脚部落的人们换来了需要的罐子，高兴地回到了自己的部落。

而同时，他们也把湖边约定为交换场地，并有专门的人定时来这里查看，如果有交换的需要，就可以拿着自己的物品在这里等候，直到有人来与他们商谈。

可以说，除了远古人们亲自劳动来生产生活用品之外，这种偶然产生的交换行为就成为丰富物品的重要途径。山脚部落和异族部落的交换是物物交换，物物交换可能最早出现在部落内部，随着生活半径的扩大，在部落外部也产生了物物交换。当时，受到物品稀缺的限制，物物交换就成了资源配置的重要方式，同时，物物交换的发展也为货币交换埋下了伏笔。

> **延伸阅读**
>
> 文明的兴起——随着农业、社会组织的出现，原始人们改变了以往四处漂泊、茹毛饮血的生活方式，开始在土地肥沃的沿河流域定居下来，进行农业生产。这些流域土地开阔平坦，气候适宜，很适合农业种植和饲养动物，世界各地的文明最早就诞生于沿河流域，包括尼罗河、底格里斯河、幼发拉底河、印度河和黄河。人们在这些地方制作工具、陶瓷、工艺品，并将这些产品与邻近部落进行交换。

经济合同
——刻在泥板上的协议

两河流域是人类文明重要的起源地,在考古学者的努力下,很多深藏的秘密一点一点被揭开,人们也被其中瑰丽的文化深深吸引。位于幼发拉底河和底格里斯河下游的苏美尔民族尤其受到人们的关注。人们认为,文字的出现是人类由蒙昧走向文明的分水岭,是人类文明发展的里程碑,而在苏美尔这片古老的土地上,发现了人类历史上已知的最早文字。

在苏美尔民族生活的年代,平原地区石材和森林木材较少,苏美尔人们便用泥板做砖堆砌墙体,建成了大规模的城邦。人们结束了四处漂泊的生活,得以在城邦内固定。

▲这种球饰又称土球,是用来记录交易情况的。交易双方先在土球柔软的黏土表面压上记号,再把它们放入球内。万一发生纠纷,可打开土球仔细检查其内的记号。学者们认为这一制度促使了文字的产生。

当时的苏美尔人已经在农业种植和动物驯养方面有了充足的经验和实践,他们种植扁豆、黍子、小麦、大蒜和韭菜等植物,为了保证收成,人们还建成了巨大的灌溉系统。人们饲养牛、羊和猪,是为了满足长途负重运输和饮食的需要。牛可以负重,便成了人们运输重物的好工具。借助牛车,人们开始把生产剩余的农作物和手工制作的陶器等产品运输到其他地方进行交换。考古资料显示,在两河流域存在着很广的贸易网,因为当地出现了产自阿富汗的青金石、产自安那托利亚的黑曜石和产自巴林的珠串,这些贸易事实也被《吉尔伽美什》史诗证明,在诗中提到相隔很远的国家会进行贸易,换取美索不达米亚木头。

试想,如此发达的贸易系统势必要求社会做出相适应的变化和进步,因为现在已经不是两个部落简单交换猎物和罐子的问题了,每天来自各个国家的商人,相互之间交换着成百上千的货物,一个普通人是很难记忆这么庞大的数据的,人们急需用一种工具来记录贸易数据。

商业的发展在一定程度上成为倒逼文字产生的因素。果真如此吗?考古学者给出了肯定的答案,他们发现,公元前 2500 年,苏美尔地区的人们就已经发明了象形文字,并将其记录在黏土板上,这是当时比较完善的文字系统。如今,已经发掘出来的苏美尔文章有数十万之多,经过人们的解读,发现其中大约 90% 的文字记录的是商业和行政事件,剩余 10% 的文字记录的内容是对话、谚语、赞

▲苏美尔人的青铜器
这个人举着苏美尔特有的平凸砖。铸造青铜器用的铜和锡不会产在同一个地方,所以,要想铸造青铜器,就必须经过交换。

上篇　经济学的故事

▲苏美尔人建造的大城市——乌尔，城内商业十分繁荣，这块泥板被用于记录当时的交易情况。

美诗和神话传说。远古时候因为没有可以用来记录的纸张、绢布等工具，商人只能把协议记录在泥板上，并以此来约定双方之间的行为。不难想象，有了文字的记录，商人们的生意会变得更加有条理。后来，象形文字发展成楔形文字，并在以后的2000多年间一直被美索不达米亚地区的人们使用，到了公元前500年前后，这种文字甚至还成了西亚大部分地区商业交流的通用文字。

我们无法得知文字产生的真正原因，可我们知道文字就是为了方便生活，而商业贸易自古以来就是人类生活中的重头戏，商业的快速发展一定会促使文字产生和完善，而文字的出现也使商业贸易走向新的阶段，两者相互作用，共同催生了人类璀璨的文明。

> **延伸阅读**
>
> 　　除了记录乏味的商业流水账，在苏美尔泥板上还记录着充满智慧的谚语和幽默。分享如下：
> 　　1.勿以牙还牙，公正对待你的敌人；行善事，一辈子做个善良的人。
> 　　2.仓促说出的话可能会使你日后后悔。
> 　　3.尚无妻子或孩子养活的人鼻子上还未系上缰绳。
> 　　4.敬畏上帝、不做坏事不会招致你的毁灭。

钱币的产生
——交换行为的产物

　　人类已经经过了百余万年的发展，而货币却是几千年前才出现的物质。关于货币是如何产生的，众说纷纭，有人认为货币是国家或者先哲创造出来的，这些聪明的人们试图通过创造货币来管理好国家。也有人认为是贪婪的人们希望保存财富才发明货币的，他们挑选出自认为价值最高的产品，作为财富的象征。还有人认为，随着交换形式的增多，早期简单的物物交换已经不能满足人们的生活需求，为了使交换更加方便，人们才发明货币，并将其作为交换媒介。

　　我们更倾向于最后一种便于交换说，亚里士多德也曾说，一地的居民在生活上会依

▲古希腊金银币

赖于他处居民的货物，因为人们从他处购买当地没有的货物，并将当地多余的货物外售，购进和卖出就使买卖交易出现均衡，而作为中间媒介的货币也就应运而生了。

无产阶级的伟大导师马克思对货币起源也做出了自己的论证。他认为，劳动分为私人劳动和社会劳动，私人劳动产生的产品应该归私人所有，但是私人劳动者是远远不能消费掉自己生产的产品的，这些产品就被纳入社会总产品中供其他社会成员一起消费，而私人劳动产品在转化为社会劳动产品的过程中，就需要用一种衡量工具来判定其价值，这样货币就产生了。马克思这种推理的本质还是价值学说，早期，一头羊换两只兔子，后来交易范围扩大，一头羊不仅可以换两只兔子，还可以等量换取一袋粮食或者两把斧头。发展再扩大之后，人们可以用羊和任何产品交换，羊也就成为交换媒介。后来，由于羊不易携带，不好分割等劣势，人们将交换媒介固定在最具价值的贵金属上面，金银成为商品交换的固定媒介，货币也就出现了。

事实也的确像马克思所言，人类文明发展史上，货币以形形色色的形式存在于世界各地，比如，《荷马史诗》中，就曾提到用牛角来衡量物品的价值。另外，在远古时期的欧洲和中南亚的古波斯、印度地区，都有过用牛羊做货币进行交换的记载。除了牲畜被用来交换等价物，古老的埃塞俄比亚还曾用盐作为货币，美洲用当地盛产的可可豆、烟草做古老货币，古代中国用贝壳做货币。人们利用不同媒介交换物品的行为还进一步影响到文字，如拉丁文中"金钱"这一单词的原型就源于牲畜，印度现代货币的名称同样和古文"牲畜"有关，中国关于钱财的很多字都有贝壳的影子等。

马克思给货币重新下了定义，他认为货币和其他商品的本质一样，只是货币多了一项功能，那就是等价交换物，是一种特殊的商品而已。这和西方传统看待金银货币的观点很不相同，有西方学者认为货币只是数字符号、计算单位；也有学者认为金银货币就是财富象征，而且是唯一的象征，货币就等同于贵金属。与这两种观点相比，马克思的学说无疑是科学的。

马克思认为，金银之所以能在众多交换媒介中脱颖而出成为货币，是它身上同时有着几个其他物品没有的特征：第一，金银的价值比较高，这样就可以用较少的货币完成与大额产品的交换；第二，金属容易分割，而且分割之后也不会使它的价值发生变动；第三，它不像牛羊那样不易携带，金银便于携带的特性，可以使人们在更大区域开展交易；第四，金银易于保存，不会腐烂变质。尽管金银天然有着充当货币的特性，不过在后期，人们还是将金银分割、称重、铸造，制作了更加利于流通的铸币，并在上面铸造了花纹、文字、数字等符号。

▲吕底亚硬币

市场的产生
——价格取决于供求关系

钱币的发明在人类发展史上具有里程碑意义，它的发明和流通极大地推动了商业的发展。伴随着交易的大范围展开，交易市场成了困扰商人的症结。当时存在这样的情况，比如葡萄庄园的人们缺少酒桶，可能就会向邻近的有富余酒桶的人购买。可一旦附近的人也没有呢？远方的人也许就有多余的酒桶，但因为距离远，没有什么信息传播工具，因此葡萄庄园的人们无法获知哪里有他们需要的酒桶。这时候就需要产生一个

▲一个担着一篮葡萄，挑着一只野兔的乡村农民，正赶着他的牛去赶集。交易已经成为人们生活不可缺少的一部分。

相对固定的地点，在固定的时间开设市场，方便人们将多余的产品拿出来交易，换取自己需要的产品。此时，市场相当于一个固定的信息源发射地，很大程度上降低了人们换物的盲目性。

那么，选择什么地方做市场合适呢？当时的交通状况很差，不像现在四通八达，加上强盗和窃贼的破坏，很多道路被阻，也很不安全。考虑到这些因素，交易场所不能设置太远，地势也要广阔平坦，要设置在人数众多的民居地带才可以。

基于这样一个理念，公元744年，法兰克国王小丕平（也就是后来的查理大帝的父亲）下令，在其帝国中的每个大居民点都设立周末集市，在固定的时间和地点开放，进行交易买卖，并对卖主的买卖行为做出了规定。卖主被安排在道路两边，搭棚的搭棚，有的直接在地上摊开来买卖，活鸡、活鸭类的商品需要关在小笼子里出售。

类似的市场在世界各地先后开设，比如阿拉伯城市的集市、跳蚤市场，甚至是现代的交易市场等。时代不同，规模不同，交易的产品也不同，但是它们的本质都没什么两样，永远都是买卖两方的博弈。也许有人说，不是还有中介吗？其实，中介也是受到委托才进行利用的，相当于中介代理者在与买方进行博弈。

可以说，集市在人类的发展中是一个十分惊人的创造。任何买家卖家都可以进入市场，自由的买卖行为展示了最基本的经济规律，想出售物品的卖家，会尽可能以高价出售，想购买某种物品的买家，则想尽量减少支付代价。经济学家指出：价格越高，需求越小，进而供应就越多；如果价格越低，供应就越少，而需求就变大。如果一个集市运作正常，那么供货者就不必到了晚上再把货物带回家去。

政府不仅可以利用权力开设集市，还会对经济

> **延伸阅读**
>
> 相传，世界上最早铸造的钱币来自小亚细亚的吕底亚王国，当时的国王克利萨斯发明了一种用琥珀金制成的货币——用天然金银合金制成。最初，这种货币没有标注面额，只为每一枚货币称重。公元前7世纪，地中海盆地出现最初的货币。公元前3世纪罗马开始铸造金银币。公元前248年安息开始铸铜币。

▲贵霜帝国地处"丝绸之路"必经之处,当时中国的对外贸易十分频繁,人们骑着骆驼,载着货物,促进了东西经济与文化的交流。

进行其他方面的干预,而价格和数量的制约关系就是国家对集市干预很明显的印证。比如,若是国王下令调低葡萄酒的价格,普通人就可以买得起更多的葡萄酒,但可想而知,葡萄酒制造者会因为盈利太少而减少葡萄酒的供应量,甚至改行生产别的商品。这样就导致集市上越来越多的客户排长队购买葡萄酒,由于数量少,集市上的葡萄酒可能很快就会被买光,排在后面的客户也许根本就买不到。相反,如果国王满足酿酒师的愿望,提高葡萄酒的价格,那么集市上葡萄酒的供应量就会大幅增加,可是面对高额的价格,能负担得起的客户就越来越少了。如此便会产生这样的结果:酿酒师可能一整天也不会卖出多少葡萄酒,无奈之下,只得把剩余的葡萄酒拿回家。可见,在自由竞争中,商贩对一种商品可以索要的价格,很大程度上取决于市场的供求关系。

短距离的市场贸易得到很大成功,远途贸易也逐渐展开。据资料记载,在中世纪初期,即公元8世纪,就有了远程贸易的影子,从当时留下的文献中我们可以看到商人把货物从中国运往印度、阿拉伯,以及从拜占庭和意大利向德国运输货物的记录。

隋唐盛世
——一个伟大的经济时代

隋唐时期是中国封建社会最强盛的时期。隋唐有着发达的经济和文化，人口众多，生活和谐，广袤富饶的地域对周边地区产生了极大的吸引力。同时，唐朝比较开放的对外政策也大大促进了中外交流。在那样一个对外开放的伟大时代，隋唐时期的对外经济文化传播交流都极其活跃。

为什么隋唐时期的对外文化经济如此发达？恐怕这和开放包容、兼容并蓄的政策方针关系密切。英国著名学者威尔斯曾说，当西方人的心灵还在为神学所着迷而处于蒙昧黑暗之中的时候，中国人的思想却是高度开放的，兼收并蓄而好探求。

▲ 隋炀帝像

隋朝的对外贸易主要有西北陆上和东南海上两路，其中，西北陆上交通便捷，商业发达。隋炀帝甚至还派遣裴矩驻扎管理张掖地区，以便更好地发展西北陆上的商业贸易。这条西北陆路以敦煌为总的出发点，向西可到达西亚和欧洲东部地区。通过东南海路，隋朝就可以与东亚以及南洋诸国保持政治友好和贸易交往的关系。日本就曾多次派遣使臣赴隋拜访，与隋朝建立了密切的政治、经济、文化联系。根据历史记载，隋炀帝曾赐日本"民锦线冠，饰以金玉，文布为衣"。这也是日本人采用汉人衣冠的开始。同时随着海上交通的发展，南海在海上贸易中的重要性愈加明显，南海一度成为进出南海诸国的最大口岸和通往西亚、欧洲海路上的主要港口。

四通八达的便利交通像飞在风中的蒲公英种子般将隋唐文化传播到世界更远处。唐朝在隋朝对外贸易发展的基础上更进一步，以长安为中心，在重要交通干路广设驿站，通往周边民族地区和域外的交通主干道有7条之多，分别通向东部的高丽和日本，西部的中亚，北部的北欧，西南的天竺等地，交往半径不断扩大到更广阔的国家和地区。隋唐时期对外运输的主要是丝绸、茶叶、瓷器等，外商运进中国的商品有珠宝玉石、香料、名贵动植物以及一些土特产。唐中期以后，对外出口的大件逐渐以瓷器为主了。海运因有着减少瓷器破碎的有利条件，成为运输瓷器的主要交通方式。于是，有人便将海上丝绸之路又称为"瓷器之路"。

每年都有大批商人和使节沿着丝绸之路来中国进行贸易，他们用骆驼作为运输工具，行走在苍茫的大漠上，带着从西方贩运来的香料、药材、珠宝等来交换中国的丝织品、瓷器、茶叶、金银铁器、镜子等豪华制品。葡萄、核桃、胡萝卜、胡椒、菠菜、黄瓜、石榴等就是通

▲ 五铢钱 隋
隋代手工业发达，经济繁荣，铸币延续汉以来五铢钱的风格，但铸造工艺更加先进，币样规整，结实耐用。

▲ 隋唐时期的阿拉伯商人头像

过这条逾 7000 公里的丝绸之路传播到中国的，为人们的日常饮食增添了更多的选择。

除了陆路，海路也一直是隋唐进行海外经济交流的重要方式，尤其是在唐朝安史之乱，陆路交通受阻之后，海上交通承担的任务更重。据《新唐书·地理志》记载，"广州通海夷道"，说明当时的唐朝已经能通往印度洋，直达波斯湾了，整个路程有 1 万多公里。广州成为重要的外贸港口，唐朝政府还在这里设置了市舶司，专门管理对外贸易。沿着海上航线，南亚、东南亚甚至是非洲地区的商船时常出现在港湾里，隋唐和这些地方的经济文化交流得到不断加深。

伴随着商品的进出交易，客商的来往也是隋唐国际经济交流繁荣的重要表现之一。当时有"市肆多贾客胡人"的说法，这些外来商人中，有以国家朝贡名义开展交易的，有开设店铺做生意的，还有游走在民间的私商，形式多样，人数众多。在一些大城市，还专门设置了接待外商居住的住房。

此外，对外贸易对百姓生活影响亦是深远，一些日常用品的名称的变化，就很好地展示了这些影响，如胡饼、胡姬等。发达的国内外经济也促使柜房的产生，这是中国最早的银行雏形，比欧洲地中海的金融机构要早六七百年。"盛唐气象"成为当时的象征，长安成为当时世界的经济交流大中心。

> **延伸阅读**
>
> 隋唐是中国封建社会的极盛时期。隋唐尤其是唐朝的伟大并不在于强大的军事实力和有效的行政能力，而在于开放和进取的姿态。唐代是一个高度开放的朝代，在当时那个文化技术大输出的时代，唐以兼容并蓄的社会风气，为各个民族提供一个空前的交流融合环境。周边的国家和地区深深折服于唐帝国发达的文化和经济发展水平。国强不怕外侮，唐朝边关大开，规定只要持有通行证，不论中外人士都可自由往来，丝绸之路畅行无阻，交往贸易空前繁荣。

世贸的普及
——航海者的远洋贸易

随着人类认知能力的不断提高，人类的足迹开始走向更远的地方。进入中世纪后，各种侵略战争客观上促进了人类文明的融合。除了战争无意的促进外，人类的探险精神也促进了文明的融合。人们开始主动探险，去发现新世界，这些勇敢的人主要来自西方，包括商人、探险家、传教士等。不过当时这些人的海上冒险行为，明显带有传播文化、发展贸易的迹象。不论是客观上受到战争的影响，还是主动探索世界，人们慢慢从天圆地方的观念中走出来，对世界有了全新的认识，而地域上的大融合也成为经济贸易交流的基础，世界范围的贸易开始出现了。

在海外探险的一系列人物中，一位意大利人进行了一次漫长的海外探险。他把自己的经历讲述给家乡人，这在他的家乡威尼斯引起了很大的轰动。在这股思潮的带动下，邻近地中海的威尼斯人凭借便利的交通，组织了强大的商船队，把威尼斯货物运抵君士坦丁堡和埃及的亚历山大，然后再从那里把印度、波斯和中国生产的宝石、布匹、丝绸、香料、胡椒、肉豆蔻和丁香等运回威尼斯。这些货物中，香料和肉豆蔻在中世纪算是很珍稀和昂贵的物品。威尼斯人远途贸易的成功，不仅使他们获得了丰厚的贸易盈利，也使他们获得了本地没有的商品，丰富和改善了当地的生活。

　　这个商人就是马可·波罗，他在1271年开始了一场传奇的旅行。他和父亲、叔叔从威尼斯进入地中海，然后横渡黑海，经过两河流域来到中东古城巴格达，后又从霍尔木兹向东，越过荒凉恐怖的伊朗沙漠，跨过险峻寒冷的帕米尔高原，一路上跋山涉水，克服了疾病、饥渴的困扰，终于来到了中国的新疆地区。又经过一段时间的行路，马可·波罗终于到达了上都——元朝的都城，也就是现在的北京。在中国居住17年的时间里，马可·波罗深深迷恋上了这个古老的国度。通过这位被誉为世界上最伟大探险家的口述，由他人撰写的《马可·波罗游记》详细地介绍中国广袤的土地、丰富的物产、悠久的历史、繁荣的经济和发达的贸易，从而改变了当时欧洲人对世界的看法，极大激起了人们对东方世界的兴趣。很多国家和地区的人们纷纷效仿威尼斯商人，扬帆远航。

　　可是，热闹的远洋贸易并没有持续很久，经过长期战争，土耳其占领了小亚细亚，将君士坦丁堡更名为伊斯坦布尔，成为奥斯曼帝国的首都。奥斯曼帝国位于东西文明交汇处，掌握东西文明陆上交通线的时间长达6个世纪之久。为了削弱欧洲的力量，他们切断连通东西方的商路。这样一来，通过波斯前往印度的路就无法通行了，这给西方国家造成了一片慌乱。为了继续享受印度的豪华商品和香料，他们绕过非洲开辟了新的海上通道，这种无意识的举动，对于世界大发现和世界贸易的展开意义非凡。

▲马可·波罗像

◀马可·波罗旅行图

▲马克·波罗一行长途跋涉

　　当时，葡萄牙这个位于伊比利亚半岛最西端的国家，作为一个鲜为人知的年轻航海民族，从众多欧洲国家中脱颖而出。出于对东方财富的渴望，从15世纪开始，葡萄牙就发展起了航海事业，他们先是沿着非洲的西海岸，寻找前往东方的通道，并在非洲港口成立了商务机构，通过向黑人提供廉价的商品，比如玻璃珠或者酒精，而获得贵重的黄金和宝石。随着航海事业的不断探索向前，1498年，探险家瓦斯科·达·伽马成为第一个到达非洲最南端——好望角的欧洲人，由他带领的人由此进入了印度洋，并到达了印度。随即，亚洲的一些城市如霍尔木兹、马六甲等地就成了葡萄牙的领地。从此，葡萄牙一跃成为当时欧洲的财富中心。

银行汇兑
——充满风险的信任业务

　　人们对货币的狂热追求和货币的流通，促进了贸易和交通的发展。葡萄牙、西班牙等国在殖民地疯狂掠夺金矿珠宝，更是将欧洲货币业的发展推向了高潮。

　　资本多了，有人就开始在货币上面做生意，这样一来，货币带动金融发展也是早晚的事情。最开始，富裕的人们思考该把巨额的家产存放在什么地方，这个地方必须保证家产的升值和安全。当时，人们信任宗教，认为教堂是一片善良的土地，而且教会拥有着很大的权利，极具权威性，而且把钱交给上帝保管是不会出现任何问题的，于是，人们纷纷把资产存入教堂。因为教堂做出了存款、贷款和典当的经济行为，所以后人称之为教堂银行，这种形式与当时的社会生产和社会关系相适应，存在了

▲西班牙对中南美洲的征服者：埃尔南·利尔泰斯（上图）和弗朗西斯科·皮萨罗。

很长时间。

到了公元前6世纪,在古希腊的很多商业城邦和圣殿,人们开始铸造钱币,为了促进商品流通和买卖,城市中出现了很多钱币兑换商。刚开始,这些钱币兑换商们在市场上摆放一张桌子和长凳,就开张营业了,发展到后期,他们才逐渐设立钱币兑换柜台和店铺,并正式开始从事钱币借贷活动。人们称这些钱币兑换者为"长凳贩",如果客户认为自己受了骗,就会把长凳打碎——被打碎的长凳在意大利文中就是"破产"的意思。

▲证券和汇兑票据在欧洲被人们普遍接受。马里纳斯·范·默雷斯韦勒这幅《钱商和他的妻子》便是当时背景下的产物。

教堂银行和长凳贩都是把钱币作为商品而进行买卖的行为,简单说来,他们通过一些手段获得货币,并将货币借给需要的人,从中收取利息。这两种形式都带有私人银行的气息,是国家公共银行的补充形式,只不过教堂面对的客户是贵族、土地所有者与农民,长凳贩面对的是商人和市民。

15到16世纪,西欧的很多国家出现了私人大银行,它与前面的两种私人银行形式最大的区别就是一个"大"字,因为大,就有了强大的抗风险能力和专业操作能力。比较有名的私人大银行包括德国的富格尔家族银行、法国的雅克·科尔银行以及意大利的梅迪契家族银行等。

中世纪末期的金融业发展虽然相对缓慢,但是基本结构已经成型,这种私人银行的业务也逐渐得到正规化发展,意大利银行家认准这个业务并广泛开展汇兑业务。这项业务是这样进行的:假设一个商人在威尼斯交给兑换人一笔钱,如100杜卡特,兑换人则向商人提供一项支付许诺,即所谓的汇票。商人拿着这张汇票可以在另外一个城市,比如热那亚的银行结算,取得他做生意所需要的热那亚货币。

这种汇兑手段极具便利性,受到了商人们的青睐,得到了很大发展,以后商人们甚至不需要事先交一笔钱,而只要得到一份诚信基础上的汇兑凭证就可以进行交易了。不管是私人银行还是公共银行,都能够开展极具风险的汇兑业务,其核心支撑点就是信任原则。在意大利文中,单词"信贷"就含有"信任"的意思。信贷,即信任的许诺与金钱

> **延伸阅读**
>
> 信用资本是信用发展到一定阶段的必然产物,它以诚信、合作、规范为行动准则,以信誉为基础。信用资本的实质是一种社会经济关系,即是对人与人之间社会关系的反映,它体现出人们相互信任、相互合作、共赢共荣的社会关系。信用资本的出现能很好地降低成本,增强社会生产力,协调社会关系。它是经济软环境建设的重要内容,但我们在承认它积极作用的同时也不能忽视其存在的风险,毕竟信用是看不见摸不着的,信用融资额度就是对信用资本的衡量尺度和风险限制。

有同等的价值，实际上等于金钱。信贷产生后，商人们就可以用这种方式进行长途航海贸易，然后用赢利偿还兑换人的信贷。而且，这种汇兑不需要本人去结算，也可以转让给另一个业务伙伴去办理。这样一来，汇票就成了一种支付结算手段。汇票可以使本来无法进行的交易成为可能。

汇兑只是银行业务中的一种，但是这集中体现了人们之间的信任关系，基于这种精神，在交易环节出现了更多复杂的信用工具，如远期交易、期货期权贸易；经济领域也得以细分，出现了银行业、保险业、金融证券业等。

布尔斯
——交易所的来历

说起"布尔斯"和交易所的关系，资料都指向比利时布鲁日的范·德·布尔森家族，一种说法是15世纪中叶，在比利时布鲁日的范·德·布尔森家族有铸造钱币的权利，他们在家族内部的造币所中专门开辟了交易场所，并在门上刻了字：bourse（意为：钱包），这就是交易所（bourse）一词的来源。

另外一种说法是，在中世纪和文艺复兴时期，由于交通状况恶劣又缺乏便捷的通信手段，商人们为了谈生意，就必须商定一个固定的地点定期会见，这个交易会的日子大多被定在宗教节日，在一个重要的贸易地点举行，当时著名的交易会城市有莱比锡、法兰克福以及纽伦堡等。14世纪，范·德·布尔森家族在佛兰德开了一间旅店，专门用以接待参加交易会的各地商人。在这里，人们可以畅谈聚会，可以收集情报，可以得到新商品信息。如果人们想开辟新的商务途径，就得去找这家旅馆。这个说法逐渐成了人们的口头禅，到了后来商人们即使在其他城市定期聚会，也称其为"布尔斯"，德文就是交易所的意思。

布尔斯其实是证券交易所的前身，只不过它的经营模式与现代证券交易所的经营模式有所不同，在当时是以银行界集散场所出现的，直到1773年，随着经营项目的发展，才改称证券交易所。在范·德·布尔森家族之后，1487年，安特卫普市也建立了一个交易所，它被视为第一座真正的交易大厦，并且这个交易所很快变成欧洲最大的交易中心，该交易所向世界开放，这也标志着交易所的正式诞生。

布尔斯代表的交易所对前期市场

▲维特创作的绘画表现了当时阿姆斯特丹证券交易所的情景。

交易习惯做出了很多本质上的变动。以往市场的交易是必须把钱币和货物带到现场，一手交钱一手交货。而新诞生的交易的一个重要特点就是人们进行交易的货物并不需要带到交易所来，只需要带上货物的凭证就可以了。这个措施的优点是把很昂贵也很麻烦的货物交易变成在纸上进行交易，交易成功后再把货物直接运到所需要的地方去。也就是说，凭证本身就是商品，可以进行买卖，比如汇票。早在14世纪，在威尼斯里亚尔托大桥旁就有人买卖汇票，后来又增加了威尼斯共和国的债券。

　　交易所发展后期，人们还可以进行有风险的海外贸易交易。通过交易，一些商人达成协议共同投资，装备一艘共同所有的商船，以便把越洋航行对每个人的风险局限在一定范围内。当时的海外贸易风险是很大的，一位名叫科内利斯·豪特曼的荷兰商人，作为第一个抵达了今日印度尼西亚的荷兰人，出发时船队有249名，等到归来时只剩下了89人。不过，这次航行还是被人看作一次很成功的航行案例，因为它带回来了巨额丰厚的财物，还探寻到了新的地区，这些参与者也分配到了不少的利润。可是，反过来说，

▲ 柜台的钱商贸易
15—16世纪意大利繁荣的商业使商人很容易赚取到贸易资本，钱商们开始经营货币，其操作程序非常类似于现在，包括向外供款，出售保险，处理外汇，以及信用证转账。

如果这艘船遇到海难或遭海盗抢劫，那么每个人的财物，甚至生命都会受到很大的威胁。由此，如果多方合作投资的话，就能很好地分散海难等风险。即使发生海难，大家的损失也不至于太过严重。

这种投资方式还非常人性化，比如商人在等待共同投资的商船归来时，如果产生了担忧，可以提前把他的那一部分投资卖出去，但赎回份额的价值要比原来投资时的减少一些。而购买这个份额的人，虽然有一定的风险，但如果商船安全归来，则收益就会很大。

这就是有名的东印度公司，它借助交易所进行海外贸易的做法，不仅对公司结构产生了重大影响，还极大地促进了西方金融业的发展，尤其是交易所的发展。交易所作为一项新的金融发明，它为有形和无形的产品提供交易平台，形成了信息交流中心，还催生了期权和期货两种交易方式。除了东印度公司在交易所留下的深刻印记，在交易所还出现过很多世界闻名的重大事件，如1634—1637年出现的疯狂投机郁金香热潮、1720年英国发生的南海泡沫以及同时期法国发生的约翰劳事件等。可见，交易所已经成为金融大厦不能缺少的支撑台柱，不过，在交易所这种可以无限放大风险的地方，人们可以一夜暴富也可以瞬时倾家荡产，它的利弊双向作用值得我们高度重视。

投机狂热
——"郁金香根茎时代"

我们知道了交易所的投资富有风险和挑战性，投资人需要对未来走势有合理大胆的预测。比如，高风险的商船共同投资，谁要想参与这样的商船生意，他就要对未来有一个预测，借此将风险和可能的获利进行综合对比。因为一项投资既可能是风险也可能是机会。

1602年，荷兰人在商船事务中进行了革命性的改革。一批商人组建了一个装备商船的协会，实际上就是将以前投资海船的项目扩大规模，形成专业操作。他们把这个共同的机构称为东印度公司，该公司受到政府的支持，还被赋予了独家经营权，专门负责荷兰前往印度的航运事务。

组建东印度公司所投入的650万荷兰盾中，由荷兰6个城市承担，阿姆斯特丹一地就承担了其中一半的份额。于是，东印度公司的份额很自然地进入阿姆斯特丹交易所交易，通过交易所进行融资。通过在交易所发行股份，东印度贸易的风险不再由荷兰国家承担，而是转嫁到商人和投机者身上。但这些人在承担风险的同时，也可以分享公司所获得的利润。客观上说，交易所是一种十分有效的资源配置手段，通过交易所可以把资金的供求结合起来。在交易所中，股票的价格即行情，上下波动是很厉害的。在1604年，当公司的第一批商船开往印度洋时，股票的价格比票面上涨了1/3。在最高峰时期，即东印度公司成立100周年时，它的股票上升了1000倍。

看到股市能够如此轻易地创造财富，荷兰人开始用其他物品进行投机。而人们万万想不到，正是在这种思想促使下，产生了人类经济发展史上第一波重大投机狂潮，而这场投机狂潮，竟然是由一种小小的植物引发的。这场投机在交易所历史上极为罕见，它导致荷兰由一个强盛的殖民帝国走向衰落。

这次投机狂潮的罪魁祸首是什么呢？原来，它就是普通的郁金香根茎。郁金香原产于小亚细亚，在当地极为普通，1554年被荷兰自然科学家在土耳其发现并带回荷兰。该植物每逢初春乍暖还寒时就含苞待放，开出呈现杯状的花朵，非常漂亮。由于非本土所产，致使郁金香价格昂贵，只有富裕的家庭才有资本种植郁金香。

人们强烈的赌博和投机欲望终于在17世纪的荷兰找到温床。受人们欢迎的郁金香，美丽、迷人而又稀缺，无疑就成为他们投机的首选对象。一些机敏的投机商开始大量囤积郁金香球茎，并以舆论刺激催生人们对郁金香的倾慕之情。大家开始纷纷效仿，疯狂地抢购郁金香球茎，希望通

▲这幅当代油画描绘的是17世纪早期，荷兰东印度公司的船队满载香料和其他贵重商品，从东方返回阿姆斯特丹港口的场景。

过拥有这种花卉而享受贵族般的声誉，一时间，郁金香迅速膨胀为虚幻的价值符号。与股票相比，郁金香的根茎是有形的东西，所以达到了全民参与投机的状态，上至贵族和商人，下至农民、手艺人、仆人和女佣，交易四处蔓延，甚至在各个小酒馆里都出现了郁金香交易活动。

在这种病态追捧的推动下，郁金香的价格持续走高，人们整天悠闲地躺着做梦，指望通过这批郁金香发一笔大财。这种疯狂持续了3年，到了1637年，一部分投机者突然觉得郁金香的售价无法达到预期效果，于是就把手中的货物以能得到的最好价格全部抛出。由于抛售份额较大，使郁金香的价格有一定程度的下滑，郁金香投机泡沫开始被戳破。这时，人们才突然意识到，郁金香根茎除了可以种在花园里之外，其实并无其他用途。明白这些后，很多人都纷纷出手，尽量止损。到最后，有人想出售，却再也没有人买进，这跟现在股市上谈的被"套住了"，是一个意思。

历史上所有大的投机生意都有这样类似的过程，开始时是个好的投资主意，然后就是大家没有目的地疯狂跟进，几乎每个人都参加到这项大买卖中。存在泡沫的经济终究不会长存，待大家醒悟的时候，也就伴随着投机泡沫的彻底破灭。郁金香根茎时代的投机失败被人们铭记着，同时，投机的狂热也一直被人们延续着。

第二章 古典经济学

布阿吉尔贝尔
——土地是一切财富的源泉

布阿吉尔贝尔（1646—1714），法国经济学家。在布阿吉尔贝尔生活的17世纪中叶，经济学日臻发展，古典经济学开始于重农学派，而布阿吉尔贝尔就是重农主义的先驱之一。

布阿吉尔贝尔生于法国鲁昂的一个律师家庭，曾任鲁昂地方议会法官。任职期间，法国经济发展极不景气。因为任职法官的关系，他经常审理与农民相关的案件，使得他对农村衰落的经济和农民艰辛穷苦的生活有所了解，对农民的遭遇怀有深切的同情。在

▲布阿吉尔贝尔认为农业是社会发展与进步的基础，图为16世纪农民正在从事"七月晒干草"这一年中最重要的农活。

▲法国画家路易·勒南与他的弟弟们画了许多描绘农民生活的场景，像《农民家庭》这类作品，让人们深刻了解到17世纪欧洲乡村劳动者的生活状况。

案件办理过程中，亦是坚决维护农民的正当权益。正是有与农民深厚的情结，布阿吉尔贝尔的经济主张和经济著作才都是以农村为主战场展开的，重在分析农村存在的问题。

在法国仍然以分散落后农业生产为主的时候，英国已经进入资本主义第二阶段——工场手工业。为了加快法国资本主义发展，法国政府开始实施柯尔培尔重商主义政策，法国的工商业得到了一定发展，但是这种以牺牲农业为代价的重商政策给国家经济带来了不利的影响，致使法国土地荒芜、人口减少，上下一片凄凉场景。

自称是农民辩护人的布阿吉尔贝尔坚信农业在国民经济发展中的重要性，主张以农业为基础来实现国家经济的均衡发展。在布阿吉尔贝尔的作品中，可以看到他反对重商主义把货币作为唯一财富的观点，他主张农业才是创造财富最重要的源泉，并通过以下几个方面来阐述农业的重要性：首先，农业是其他各部门的基础，土地又是其中极其重要的因素。试想，有什么行业能够脱离土地存在，能不靠土地的产出维持生存，寻找原材料呢？其次，农业产出收入为社会各阶级提供了经济来源，如果农民放弃耕种，地主如何获得地租收入？更关键的是农业收入是国家财政收入的基础。布阿吉尔贝尔甚至认为当时法国财政收入的锐减就是农产品生产销售大大减少的缘故。

布阿吉尔贝尔认为，社会各行业各部门都有不同程度的重要性，需要保持合适的比例，就能够实现国家经济均衡发展。而在法国200个行业链条中，农业是最为基础的。这种关于经济相关性协调性的思想，被后世人继承发展为"平衡增长论"。

既然土地产出很重要，但是当时法国农业谷贱伤农的现象一度导致农民放弃农业耕作，农产品价格过低不仅导致农民生活更加窘迫，也使土地所有者停止投资，原来良好的土地变得荒芜。已经生产出的农产品由于价格过低，也会被人们丢弃或者用来喂马。因为农业与其他行业的关联性，谷物价格过低也会传导到其他产品的价格，破坏经济的整体稳定性。

为了解决这个问题，增加农民、土地所有者和国家收入，提高土地使用度，提高农业产量，布阿吉尔贝尔主张减少对农民的征税，保持税收公平，富人也按照一定比例纳税，富者多缴，贫者少缴。对一些商品征收的重税也要减少，因为重税无形中抬高了商品的价格，影响了销售和购买，对商品流通形成损害，销路受阻，农业自然就没有动力再继续生产。

布阿吉尔贝尔还主张国家要加大对农业的建设投入。政府投资不足，直接导致各种水利设施的老化失修，这无疑严重限制了农业的发展后劲，而农民自身是没有能力进行设备更新的。总之，布阿吉尔贝尔主要是采取双管齐下的思路来改善农业现状，一方面降低农民负担，另一方面国家加大对农业的扶持。

生活中的布阿吉尔贝尔为人热情，个性倔强，身为法官的布阿吉尔贝尔，同情被压迫的农民阶级，敢于批判统治阶级，替穷苦人民说话，为此甚至曾获刑——这是以后资产阶级经济学家所不及的。布阿吉尔贝尔认为自己具备丰富的财政改革知识，兼有经商和经营农业的实际经历，因而常以经济学界的哥白尼、伽利略、哥伦布自居，以拯救濒于破产的法国财政为己任。

布阿吉尔贝尔为推行他的财政改革，奔走呼号了一生。1714年10月，布阿吉尔贝尔逝世于鲁昂。

《经济表》
——魁奈的经济循环系统

弗朗索瓦·魁奈（1694—1774）是重农学派的奠基人和领袖。魁奈出生于巴黎，父亲是大地主，也是一名律师。由于兄弟姐妹多，魁奈少年时未能受到良好的教育，13岁丧父，16岁外出学医谋生，并通过医学和手术技术获得了一笔财富，后回乡做外科医生，声誉日隆。1749年被任命为宫廷御医，负责路易十五和蓬皮杜夫人的身体健康。1752年，魁奈因治愈王子的疾病被封为贵族。

1750年，魁奈遇到了古尔吉，自此，魁奈对经济学产生了浓厚的兴趣，甚至超过了医学。中世纪的法国对生产管理非常严格，严重阻碍了创新和竞争的发展。同时，对农业的严苛管

▲弗朗索瓦·魁奈像

▲17世纪农民自由交易图，魁奈主张农民参与市场交易，认为这样有利于整个国家经济的发展。

理使农业发展背负着沉重的包袱。魁奈提出了很多使农民受益的主张，并希望能把国王变成一个开明的君主、和平改革的工具，去除法国现有的社会顽疾。

受当时启蒙运动的影响，魁奈接触到一种全新的观察和认识世界的方法，受这种方法的影响，人们坚信是自然规律统治人类世界，就像牛顿发现地球引力一样，人类需要依靠自己的头脑去思考，揭示并顺应自然规律的发展，与之相协调。魁奈《经济表》的成型就是基于这样的认识。他从贵族王室的站位去观察，发现包括国王、贵族、公职人员、教会等在内的土地所有者们不直接进行生产，却拥有最终的收入，他们的生活主要依靠承租的农场主佃农上缴来的物资。所以，这些农场主是真正的生产阶层，他们进行生产不仅要满足自身的需求，还要满足土地所有者和其他的不生产阶级，如制造业和商人的需求。

在魁奈的《经济表》中有3个主体，即土地所有者（国王、贵族、公职人员、教会）、承租的农场主、佃农和非生产阶级（工厂主和商人）。魁奈从收入支出的角度描述这三者通过有序循环生产积累社会产品的过程。首先，土地所有者用上一个循环中所获得的收入从商人和农民手中购买商品和食物。在获得收入后，农民和商人之间也要进行相互的交易，即商人从农民手中购买食物，农民从商人手中购买商品。最后，土地所有者向农民收取租金，这就完成了一个循环。

这个循环流程符合宏观经济运行的均衡状态，但是，魁奈在《经济表》中暗示制造业阶级没有给自己留下任何商业制成品来消费。并且，非生产阶级只有生产阶级一般的生产规模，也就是说，农民有40亿里弗的食物和原材料，商人阶级只有20亿里弗的商品，农民完全可以用20亿里弗的食物与商人20亿的制成品进行交易，剩下的扣除土地租金便是生产剩余。

到这里，我们能够很清晰地看到魁奈《经济表》中存在错误，这也是重农学派共同的错误。魁奈认为工商业和贸易是非生产性的，只有土地才具有生产性。他坚持是自然界而不是工人工作产生剩余，于是他提出要向有剩余的土地所有者征税。这一建议被地主认为是攻击他们利益的行为，而同时，富有的资本家赞成对地主征税的举措。

当然，魁奈的《经济表》在当时是具有进步意义的。首先，《经济表》有宏观国民收入的推理印记，这就为后期分析统计一个经济体奠定了基础，也为研究国民收入者提供了思想源泉。更重要的是，魁奈的《经济表》是以清晰地投入—产出线来梳理的，后来的诺贝尔奖获得者瓦西里·里昂惕夫就是在魁奈先驱研究的基础上，创作了《投入—产出经济表》这个循环图表，后来进一步演变成为国民收入和生产核算表，被经济学家广泛使用。

不仅是以《经济表》为光环，使魁奈为经济学做出杰出的贡献，魁奈还积极将思想付诸实践。魁奈认为"过度奢华的装饰会很快毁掉一个强大、富裕的国家"，相反，这些钱财应该用于原材料生产上。另外，魁奈要求向农民征收统一的、适量的捐税，防止破坏了他们的生产力。他还要求自由买卖粮食，希望粮食价格提高，增加农民的净产值，地主亦可获得更高收益。魁奈的这些政策建议在当时贵族热衷奢华消费、轻视投资农业的时代无疑是极富远见的主张。

大卫·休谟
——自动均衡国际贸易论

出生在英格兰的大卫·休谟（1711—1776）与亚当·斯密是很亲密的朋友，休谟12岁的时候就进入爱丁堡大学学习，可惜15岁时就离开该校，没有获得学位。

休谟在多个领域都有重要的建树，《人性论》决定了他哲学家的定位，《英格兰历史》为他赢得了历史学家的名望，《政治论丛》则使他成为经济学界的权威人物，作为古典经济学的先驱，他与斯密的思想最为接近。

作为一位经济学家，他是反对重商主义的，由他提出的国际贸易学说对英国古典政治经济学有很大的影响。休谟对经济学发展做出的最大贡

▲ 大卫·休谟像

献就是"价格—铸币流动机制"理论，我们也可以把它理解成物价和货币之间的变动关系，该理论体现出一种自然秩序思想，它有一个前提假设，即均衡假设：一旦经济偏离了均衡，就会有自然的力量促使它自动恢复均衡状态，属于国际收支调节平衡的机制。它产生作用的过程是这样的：在金本位制下，当一个国家出现贸易逆差时，这也就意味

▲休谟是反对重商主义的,他提出的国际贸易学说对英国古典政治经济学有很大影响。图为繁忙的码头交易。商业贸易的推进,使得英国的原料进出口范围更加扩大。

着该国的产品进口大于出口,黄金储备外流,国内黄金存量下降,货币供给减少,物价水平下降。当国内物价下降时,该国产品的国际市场竞争力就会提高,产品出口自然就会增加,进口减少,这样就能促进黄金内流,增加国内黄金储备,国际收支赤字减少或消除。此时,物价也会上涨,但是这种顺差不会长期持续,因为物价上涨不利于出口有利于进口,从而使盈余趋于消失,所以国际收支随着物价水平和进出口产品比例的变动趋向平衡。我们可以这样来表示此循环:国际收支逆差—黄金储备外流—国内货币供应减少—价格水平下降—利于出口,进口减少—国际收支顺差—黄金储备内流—国内货币供应增多—价格水平上涨—不利于出口,进口增多—国际收支逆差。

但是随着后来国家间开始取消金本位制,休谟的"价格—铸币流动机制"就不再起作用了,因为此时,一国的货币量不再由黄金的流通来决定,中央银行在管理经济时基本不受贸易收支平衡的约束,他们可以自由控制货币的供应量,如此一来,国内的物价就不会像休谟所说的那样自由浮动了。而休谟本人也注意到这一点,他发现促进国际贸易平衡的另一个因素,那就是汇率变动。他指出,当一个国家进口大于出口的时候,会导致该国货币价值比他国货币价值低,也就是货币贬值,在这种情况下,贬值就意味着国内产品的价格比他国同样产品的价格要低,这样就利于国内产品出口。同时,就有更多的外汇流入,这些外汇可以用来抵消之前国际收支逆差所产生的外汇缺口,最终达到贸易均衡。这种均衡也不会长期固定保持,它还会随着外汇储备的变化而变动。

可以看出,休谟的"价格—铸币流动机制"与传统重商主义完全相反,重商主义认为要通过贸易顺差来实现资本财富的积累，贸易顺差还能减少人们失去金银财富的恐惧感。"价格—铸币流动机制"则要求市场自由开放，自由竞争，因为有自然力量来帮助实现国际收支的平衡。但休谟只是以货币数量为依据，因而得出货币数量变动与物价水平的关系，却没能联系到产业和就业等其他问题。

休谟在开启古典经济学的序幕中功不可没。虽然未能出版一些完整系统的经济学文集，但是，还是有学者视休谟的经济论文为经济学的起源，这一观点出现在约翰·希尔巴顿的第一部重要著作中。

亚当·斯密
——不朽巨著《国富论》

亚当·斯密（1723—1790）是后人公认的古典经济学派卓越创始人。亚当·斯密出生在苏格兰小镇寇克卡迪，这是一个制造业城镇和港口。他的父亲是城镇海关的审计员，可惜在他出生以前就去世了，出生后的斯密便跟着母亲生活。

亚当·斯密14岁考入格拉斯哥大学，17岁时又到牛津的巴利奥尔学院学习道德与政治科学、语言学。在那里，他读到了很多格拉斯哥大学没有的书籍。1748年，斯密接受爱丁堡大学的聘请，到那里讲授修辞学和文学。1751年，他当选为格拉斯哥大学的教授，兼任大学教务长和副校长职务，一直到1764年离开。辞职后，他做了

▲亚当·斯密像

查尔斯·汤森德继子的家庭教师。利用做家庭教师的收入，他在法国生活了两年多。在旅居法国的过程中，亚当·斯密遇到了几位重要的重农主义者，受到包括魁奈、休谟、杜尔阁思想的影响，并与之建立了亲密的友谊。这期间，亚当·斯密就开始了《国民财富的性质和原因的研究》（简称《国富论》）的创作工作，斯密用了将近10年的时间，完成了这部经济学的鸿篇巨制，该书于1776年出版，引起大众广泛关注和好评，也为斯密赢得了永久的声望。1787年，斯密担任格拉斯哥大学校长，1790年去世。遵照斯密的遗嘱，其未完成的手稿都被销毁。

成就亚当·斯密一世声誉的不朽著作《国富论》，包括分工、交换、货币、价值、分配、资本积累、资本再生产等理论，系统地展现了斯密的经济学思想。

《国富论》第一章第一节的题目就是"论劳动分工"，作为开篇之首，斯密将分工这个陌生的概念解读给世人。小节第一句这样写道："劳动生产力上的最大提速，以及劳动时所表现出来的熟练技巧和判断力，似乎都是劳动分工的结果。"

书中以制造大头针为例，详细生动地介绍了劳动分工所产生的高效率。他说，如果一个没有受过系统培训的工人，是不懂得怎样使用生产机械的，即使竭尽全力去工作，恐怕一天也制造不出一枚大头针。但是假如能将制作大头针的工作步骤进行细分，各司

其职，一个人负责抽铁线，一个人负责拉直，一个人负责切割，一个人负责将尖头磨圆等，就可以将制作大头针分为18步。这样，一个人负责一步或几步，相信机械装备简陋的小工厂，一人一天也能完成4800枚大头针。

通过这个真切的小例子，斯密指出劳动分工能够提高产品数量有3个原因：一、长期重复完成某一步任务，技能熟练度日渐提高。二、减少了在不同岗位之间转换所需要的熟悉磨合。三、一旦程序化劳动，就有可能发明有利于提高生产率的机器。在影片《摩登时代》中，卓别林大师也诙谐地将造船厂劳动分工的生活演绎出来。

在商品的价值讨论上，斯密注意到价值的两种意义，即使用价值和交换价值。斯密将交换价值作为切入点，考察了早期的经济交换行为，例如，猎杀1头海狸所需的劳动和捕杀两头鹿所需的劳动相同，那么1头海狸就能换两头鹿。这两者的劳动是一样的，即劳动是决定产品价值的尺度。到了机器大生产的时代，土地租金和工人工资投入成为必需的项目。他发现，在出售商品后的所得，一部分要支付工人工资，一部分是垫付土地地租的投入，剩下的利润就由工厂主自己保留了。于是，斯密认为商品价值的构成包括工资、地租和利润3部分。斯密的这一观点对后来西方经济学的发展产生了很大的影响，为生产费用理论的产生提供了一定的理论支持。事实上，斯密在这一推论过程中忽略了生产资料不变的部分。生产资料的价值一部分是本身所有的不变资本，还有就是新被创造出的价值。其中不变部分没有被斯密考虑进来，这也被后人称为斯密教条。

商品的价值是由货币来衡量的。斯密更多的是将货币作为一种支付方式，认为货币

▲19世纪英国毛纺织业十分发达，这幅插图展示了英国纺织厂中妇女的生产情景。

不具有生产性,不强调货币的重要性。他这样比喻货币,说货币有如静止的存货;金和银就像高速公路一样将商品运送到市场上,但是其自身不生产任何东西。这与重商学派的观点正好相反,重商主义者认为作为财富,金银比普通商品的持久性更强。可以看出,斯密对金银这种贵金属的特殊属性没有完全认识,忽视了其能被全球范围内接受,进行交换、存储,甚至充当世界货币的功能。

不过,也正是因为这样,斯密才认为纸币完全可以代替金银进行商品价值度量和流通,而且纸币还能大大降低耗能,便于携带。同样,没有生产性的货币不需要太多,有一个固定的值满足市场流通需求即可。结合前人的观点,他指出货币存量的增加还会引起商品或资源的货币价格上升。

在市场与政府关系方面,斯密主张"大"市场"小"政府,即扩大市场的自由发展,缩小政府的干预程度,最好将政府置身于经济之外。

斯密认为政府是腐败、浪费、低效的,甚至是一些有害集团的垄断者。市场是由众多工厂、雇主、员工、购买者构成的,他们的需求才是市场真正的需求,政府的官员不懂他们的需求。所以,政府的干预是不必要,也是不受欢迎的。

同时斯密指出,经济活动的参与者都倾向于追求自身利益。他说,商人追求利润,"我们每天所需要的食物饮料,不是出自面包师和酿酒师的同情恩赐,而是出于他们自身利益的打算"。在要求收益的前提下,买方会尽量降低价格,卖方尽量抬高价格,隐藏在市场背后的"一只手"会调整买卖双方的矛盾,达到均衡价格。不仅如此,这只"看不见的手"还能促使市场竞争,销售者为了得到超额利润而竞争,雇主为了得到最好的员工而竞争,工人为了得到最好的工作而竞争。竞争的结果就是资源有效地被配置到最有价值的地方。政府的无效性和自利行为,使斯密大力倡导"看不见的手"理论,并进一步扩展到国外贸易中。他反对出口税奖励,认为这会牺牲国内市场,并且这些税最终还是要由大众承担。

斯密并不是完全极端的自由经济主义者,散见于《国富论》中的一些主张,可以看到斯密为政府行为划定的行动线。他强调,政府要维护国家安全稳定,

▲18世纪60年代,工业革命开始于英国,这场空前规模的技术革命,使英国先后建成了纺织、钢铁、煤炭、机器制造和交通运输五大工业部门,到19世纪50年代取得了世界工业和贸易的垄断地位。经济的发展促进了西方经济学的发展。

免受他国侵略；同时要关注公共事业，维护那些私人不能从中获利的公共工程。这一切行动都是以为国内、国际市场提供保障为出发点的，这样的政府干预才被斯密认可。

为了持续政府管理，为活动提供资金，斯密也建议征税。他提出赋税要尽显公平、确定征收比例、征收便利的原则。尽显公平就是一国国民应尽可能按其能力上缴，税收应与在政府保护下所得收入成比例。这与当时盛行的累进税制是严重背离的。国民应当缴纳的税捐，须确定并不得随意变更，缴纳时间、缴纳方式、缴纳金额都应该是可预测的、统一的，且都要对纳税人清楚宣示。一切税收，都应在纳税人时间最方便，以及最合适的方式下征收。政府税收征收应尽力降低成本，避免造成征税成本无辜浪费。

马尔萨斯
——特殊的古典经济学家

托马斯·罗伯特·马尔萨斯（1766—1834）是古典经济学的代表人物，他的生活环境很富有学术气息，他的父亲是一名富裕的乡村绅士，并且与当时很多杰出的知识分子（如卢梭和休谟等）有着密切的往来。1784年，马尔萨斯进入耶稣学院，攻读哲学和神学，并开始关注人口问题。

马尔萨斯开始写作时，英国进行了两场大规模的论战，第一个是关于贫困人口增加及如何解决的论战，第二个就是关于谷物的著名论战。从第一个论战中，马尔萨斯提出了他成名的观点——人口论，在第二个谷物论战中，他提出了和李嘉图针锋相对的学术观点。

▲马尔萨斯像

因为马尔萨斯特殊的人口理论，使经济学在他这里显得不再那么沉闷。马尔萨斯认为生活资料是人类生存必需的产品，情欲也是必然的，于是在1798年出版的《人口论》中，他提出了自己发现的人口规律，那就是在不受其他因素影响下，人口数量会呈现几何级数的趋势增长，也就是1、2、4、8、16、32、64……而生活资料却只能按算术级数的方式增长，即1、2、3、4、5、6、7……将这两者进行对比，不难发现生活资料的匮乏，将限制人类的发展。

这一理论立刻引起人们的注意，不过得到的评价多是负面的，人们认为马尔萨斯是一个年轻气盛的鲁莽青年，所以才提出这样极端的观点。可是，直到马尔萨斯出版《人口原理》时，他依然坚持自己当初的观点，强调生活资料的增长远远不能满足人类以几何级数自然增长的需求。对此，马尔萨斯很早地就提出了限制人口增长的两个措施，即"预防性控制"和"积极控制"。他试图双管齐下，从两方面来控制人口数量，只有使人口数量适当，才能合理分配生活资料，才不至于出现那么多穷苦百姓。

预防措施就是减少出生的因素，最终实现降低人口出生率的目标。马尔萨斯也赞成将预防措施变成道德约束，他提倡婚前性行为要受到严格的限制，甚至建议他们不结婚，婚后那些负担不起孩子抚养费的家庭也应该延迟结婚或者生育，已经生育过孩子的家庭

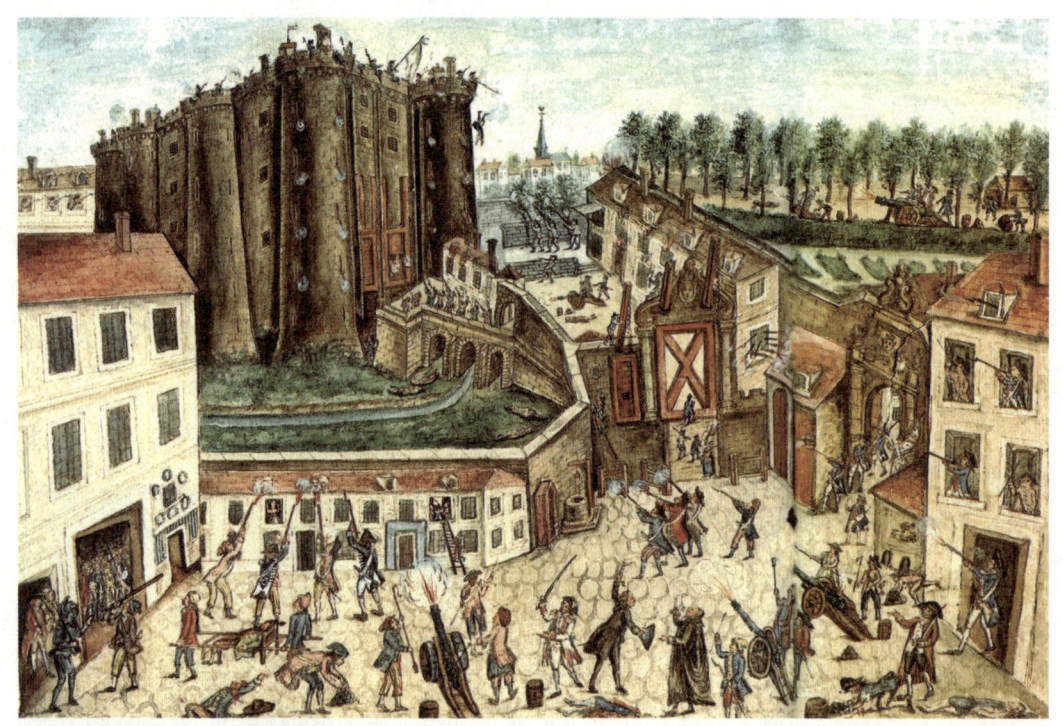

▲ 马尔萨斯认为：如果能够拥有足够的生活资料，没有疾病、战争或者其他残害生命的行为以及自我有意识的遏制，人口将会持续增长下去。图为1789年法国大革命时期，人们攻破位于巴黎东部巴士底狱监狱的情景。像法国大革命这样的战争，会造成人口锐减，没有战争、疾病等因素的影响，人口将会持续增长。

也要实行节育，防止有更多新生命的诞生。受到马尔萨斯观念的影响，当时的节育工具得到了很好的推广。积极控制的核心就是增加死亡的因素，他认为饥荒、穷苦、疾病、瘟疫和战争能有效提高人口死亡率，这些积极措施主要用到那些不遵守道德约束的人们身上。马尔萨斯称，"下等阶层"之所以遭受贫困和困难，那是因为没有控制人口受到的自然惩罚，此时政府不能提供给穷人救济，因为这样会让更多的儿童生产下来，众多的人口最终会使饥饿困苦问题更加恶化。

关于谷物法，马尔萨斯提出了和李嘉图相反的意见——他反对废除谷物法，他还否定李嘉图的价值论。马尔萨斯主要在斯密价值论基础上，进一步区分了"相对交换价值"和"内在的交换价值"的不同，他指出相对交换价值是指交换的比例，而内在的交换价值是指一般购买力，这两者的变动比例是不一致的。此外，马尔萨斯明确提出决定价值的因素，那就是通常情况下，价格是取决于需求和供给的相对状况的。马尔萨斯关于价值的论断，为马克思分析价值与价格关系提供了基础。

马尔萨斯的有效需求论取决于他对价值和财富的看法，他解释说，人们为了获得某种产品，由此产生的购买欲望和购买能力就是价值，财富就是对人类有用且必需的物质。生产产生财富产品，分配消费过程增加产品价值，市场中供给和需求力量的对比就是生产和分配环节的外在表现，只有供求均衡才能既增加财富又不会出现生产剩余的危机。马尔萨斯在《政治经济学原理》中提出了潜在有效需求不足的理论，他认为，有效需求不足是产生危机的原因。因为在市场中，工人生产产品却无力参与到分配过程中去消费产品，而资本家有消费能力，却没有足够的消费欲望，他们更多的是在增加投资，积累财富，使供给变得更多，这样一来危机就很容易出现了。马尔萨斯认为消除危机需要有一种机制，该机制可以有效增加消费，却不会过分增加供给，他还提出地主、军队和仆役群体消费的重要性。

不难发现，马尔萨斯的这些提法和后来的凯恩斯思想极为相似，两者都强调供给和需求比例的均衡性。

边沁
——最大限度的幸福

杰里米·边沁（1748—1832），出生并生活在休谟出版经济论文，斯密出版《国富论》，李嘉图、马尔萨斯和穆勒著书立说那个自由开放的经济学术时代。受到这些人物的影响，边沁成为一个热情的古典学派追随者，在得到父亲的支持后，他放弃法律专业成为一名学者，这为边沁进行大量的学习研究创造了很多时间，使边沁为经济学和哲学做出了开创性的贡献。

边沁一系列哲学和经济学原理都源于他的功利主义，也就是最大限度幸福原则。用边沁自己的话说，功利主义就是在大自然设置的两个权力至上的主人：快乐和痛苦。人们都自动追求可以给他们带来快乐的事物，同时回避带来痛苦的事物，它告诉人们对和错的标准，告诉人们原因和结果的关联，从而指导人们的所思所想所为，使之促进最大多数人的最大幸福。那么，努力追求自己幸福的行为能否增进社会整体的幸福度呢？边沁认为这不一定。边沁把每个人看成社会的一分子，社会全体人们的幸福由每一个个体的幸福总和构成，社会幸福是以最大多数人的最大幸福来衡量的，所以有些人追求的幸福对社会其他人可能形成了伤害，那么这时候它就不能促进社会最大多数人的幸福。边沁认为，社会会通过它自己的方式来促进社会整体的幸福度，最典型的就是法律、道德

▲边沁的一系列哲学和经济学理论都来自他的功利主义。他认为，人们都会自主追求能给他们带来快乐的事物，回避给他们带来痛苦的事物。图中，人们正在举行舞会，尽情地享受快乐。

和制度，比如法律制裁那些追求自己幸福过程中损害他人幸福的人，宗教制裁也有助于调整人们的思想和行动，服从于这些约束，就能促进社会整体的幸福度提高。

边沁从追求最大幸福原则和自利选择原则出发，得出一个结论，那就是人们的一切行为都具有增进幸福或减少幸福的倾向。并且，边沁主张财富是衡量幸福的尺度，也就是说它可以衡量幸福和痛苦，随着财富的增加，财富的边际效用是递减的。举例来说，一个千万富翁，如果他的资产能再增加10倍，那么他的幸福程度可没有10倍那么多。边沁的货币边际效用递减思想也为收入提供了依据，比如政府如果从一个富翁那里拿走10000元，将这些钱给年收入只有1000元的人，那么这对于富翁来说，他没有太多损失，可对年收入只有1000元的人来说却是极大的幸福增加。不过边沁并不建议政府实现收入均等化，因为这会剥夺富人的安全感，边沁甚至说，当平等和安全相对立的时候，平等需要做出让步。

功利主义要求政府要保持安静，国家只需要做好保护个人自由的私有财产安全的工作就够了，对于个人的自由活动不应做任何干涉。当然，这种放任不是无条件的，如果存在特殊原因，政府应该进行干预，因为必要的制度约束，是可以提高社会整体幸福度的。

1832年，边沁去世。按照他的遗愿，他的所有财产都捐赠给了伦敦的大学，他的遗体也被用来做科学解剖。

资本主义造就的对立
——最富有的和最贫穷的

早期的资本主义发展促进了西方古典经济学的发展，也造就了社会贫富的巨大差异，并发展成为最突出的社会现实。

19世纪的欧洲新兴工业城市吸引了很多年轻人，他们多是来自相对落后的欧洲国家，希望能在寸土寸金的工业城市掘得一桶金。1780年，有一位年轻小伙子到达英国的曼彻斯特，做起了棉布生意，最开始连英语都不熟练的小伙子，没用多长时间就成了一名著名的商人。他就是内森·罗特希尔德。在他身上，有着一段传奇的经历。内森在英国期间，欧洲正值拿破仑战争，一些德国贵族逃亡到英国，其中就有法兰克福的威廉伯爵。为了保护自己的财产，威廉伯爵委托同样来自法兰克福的内森购买了大批的英国债券，趁此时机，内森开始做起股票和债券生意。

1815年6月18日，拿破仑和威灵顿两支大军在比利时布鲁塞尔近郊展开一场生死决斗，这就是著名的滑铁卢战役。同时，这场生死攸关的战役也成了投资者们下注的对象，赢家将获得空前的财富，输家将损失惨重。顿时，伦敦股票市场的气氛极度紧张，大家都在焦急等待滑铁卢战役的结果。要知道，如果英国败了，英国的公债价格将跌进深渊；如果英国胜了，英国公债价格将冲上云霄。

同样，内森也购买了英国公债，在大家都焦急等待的时候，他从早前建立的信息传报间谍那里得到了最新战况。内森得知消息后，策马直奔伦敦的股票交易所。内森一脸严肃,快步进入股票交易所,开始抛售英国公债。通过内森的举动,人们似乎意识到威灵顿战败的结果,不知所措的人们也跟着内森抛售"毫无价值"的英国债券。没多久,数十万美元的英国公债全部被抛向市场,

▲19世纪中叶的自由贸易理论对各资本主义国家经济发展起到了十分重要的作用。

公债价格迅猛下滑并开始崩溃。不为人知的是,在内森抛售英国债券的同时,他的下属却悄悄地大量买入超低价的英国债券。

在内森得到情报一天以后,威灵顿勋爵的信使亨利·波西才抵达伦敦,宣告法国战败的消息。这时候,人们才意识到自己的损失,而内森在这一天之内,本钱将近翻了20倍,远远超过拿破仑和威灵顿几十年战争中所得到的财富的总和。通过这场交易,内森控制了英格兰银行,并迫使英国将货币发行权交由私人银行家控制。此时志得意满的内森骄傲地说道:"我不管谁坐在英格兰的王位上,或是谁定制法律,因为他们无法真正控制大英帝国。要真正控制大英帝国,就要控制它的货币供应,毫无疑问,现在我控制着大英帝国的货币供应。"

内森的成功可以说是一个传奇,他之所以能被后人称为最成功的投机商,更多的是依靠罗特希尔德家族。内森的父亲阿姆谢尔·罗特希尔德出生在杂货商家庭中。因为阿姆谢尔下得一手好棋,还对银行钱币知识比较熟悉,由此也得到了亲王的信任,被留在亲王处供职。心思精细的阿姆谢尔跟着亲王,与多个国家的国王进行资本交易,获得了大量资本,并建立了与一般商业银行不同的金融公司。为了扩大和稳固家族产业,他将自己五个儿子派往欧洲主要国家,发展金融业务,内森是阿姆谢尔的第三个儿子,也是其中胆识最大的一个,其余的四子还被他安排在法兰克福、维也纳、那不勒斯和巴黎,将家族势力深深地扎根在欧洲大陆。

▲法国大革命取得了成功,人们在革命广场上烧毁了旧制的象征物。法国大革命对欧洲各国封建统治产生了巨大影响,为资产阶级的进一步发展扫清了障碍。

▲ 这幅名为《剥削者》的壁画描绘了资产阶级对工人阶级的残酷剥削，以及工人的艰难处境。

资本主义成就了富裕的罗特希尔德家族，但拥有巨额财富的资本家是凤毛麟角的，资本主义制度造就更多的还是穷苦劳动者。资本主义也有着跟封建君主一样"唯辟作福，唯辟作威，唯辟玉食"的特性，不过这次的主角换成了资本家，他们花天酒地、不务正业，家当却像滚雪球似的，越滚越大。而千千万万的工人，长年累月做牛做马般给资本家干活，创造了大量财富，却依然过着食不饱腹、衣不遮体的悲惨生活。由此，马克思曾形象地称，资本主义社会是资产阶级的天堂，无产阶级的地狱。

资本财富的积累不像现在侧重于高新技术或是服务业，当时的资本家认为只要招聘大量工人，开足马力生产产品就会积累财富，所以，没有原始资本的大多数人沦为工场工人，其中的辛苦程度不堪言说。孩子们从12岁起就当童工，每天的劳动时间要在12个小时以上。成人则都在棉纺、织布厂和矿山里工作，他们的工作时长也是难以想象的。资料记载，1833年，英国颁布了一部工厂法，规定："一般的工厂劳动日，应该从6时至21时，这是成年人的劳动时长；而对于那些13~18岁的年轻人，除了特殊情况外，工作的时间不得超过12个小时。"

经济学家托马斯·马尔图斯曾提出了"钢铁工资法则"，他认为只要支付工人维持最低生活的工资就可以了，因为如果他们的收入多了，就会减少劳动，或者不断繁殖后代，直到工人的人数增多到出现了竞争，又得把工资压到最低限度。虽然这个理论很快就被证明是错误的，但工人们的工资待遇并没有发生任何变化。在后面的几十年中，嗜血的资本家通过榨取工人的劳动剩余来积累财富。工人们每天劳动15小时之久，但得到的工资却非常低，连肚子都填不饱，更不要提维持家庭生活了。于是，在一些工业城市的周边，比如英国、德国、比利时和法国都出现了贫民区，极度贫困的工人和家人只能住在木板屋和木箱屋中。

伴随着资本家压迫程度的不断加深，工人们开始寻求可以改善自己恶劣处境的途径。1802年，伦敦发生了一次罢工，工人们要求提高工资，但是罢工受到了政府和资本家的压制，没有取得成功。无奈的人们又认为是机器的出现剥夺了他们的生存空间，机器应对他们的苦难承担责任，满怀激愤的工人们砸坏了织机，出现了"破坏机器"运动。可这些举动都无法改变他们生活贫困的现状，最后人们又认为改善贫富差距的最好办法就是提高工人的教育水平。

> **知识点击**
>
> 破坏机器运动最早发生在英国，英国工人以破坏机器为手段，反对工厂主压迫和剥削，属于自发性工人运动。其中著名的有"卢德运动"。相传，莱斯特郡一个名叫卢德的工人，为抗议工厂主的压迫，第一个捣毁织袜机。工业革命时期，机器生产逐渐排斥手工劳动，使大批手工业者破产，工人成了机器的附属品，每天跟着机器运转。所以，当时工人把机器视为贫困的根源，用捣毁机器作为反对企业主，争取改善劳动条件的手段。

1818年，伦敦成立了第一个工人教育协会。1849年，英国矿工创立了维护自己共同利益的组织——工会。不得不承认，一系列的工人运动的确让他们窘迫的生活有了一定程度的改变。可在马克思看来，这些都不能撼动资本主义统治的根基，要彻底解决这些问题，就必须建立社会主义社会。

第三章
政治经济学

威廉·配第
——"政治经济学之父"

威廉·配第（1623—1687）被后人视为古典政治经济学的创始人。配第出生于英国一个小手工业主家庭，小时候只接受过两年的早期教育，14岁时便外出谋生。期间做过水手、服务员、医生、音乐教师。后来因航海事故，配第来到戛纳，凭着聪明的头脑和勤奋学习，他学会了拉丁文、希腊文、法文和数学，为其后的经济学研究奠定了基础。同时，拥有冒险投机性格的配第又积极进军渔业、金属行业，创办渔场、冶铁厂，积累了大量资本。后来，配第有幸成为爱尔兰土地分配总监，这让他从中获得约5万英亩的土地。到了晚年时期，配第成为拥有27万英亩土地，并掌管几家手工工场的资产阶级新贵族。

1640年，英国爆发资产阶级革命，革命胜利使得手工工场日益兴盛，资本主义经济迅速发展。一度被马克思称作"轻浮外科医生和冒险家"的配第凭着广博的学识，兼以在政治经济上的地位，积极为国家经济问题出谋划策，著书立说，为新兴产业资本利益和贵族地主代言，他的主要贡献就在于方法论和理论特色上。

对经济学方法的研究是配第最重要的贡献。配第提出的"政治算术"实际上是将数学统计法、实证研究法、归纳法和科学抽象法进行综合。此外，他还将经济学的研究领域进行了延伸和扩展，使之成为包括价值、价格、货币、工资、利息、地租及经济增长在内的系统科学，确定了经济学初步的研究领域。另外，配第从整体入手，开始研究宏观经济，他也是最早研究宏观经济的人，包括计算国民生产总值、收入和支出等。他继承培根、霍布斯的唯物主义思想，试图以自然发展视角，从现象中抽象出政治经济学的一般规律。虽然憎恶配第的人品，但是马克思还是赞誉这位政治经济学之父，称其在某种程度上也可以说是统计学的创始人。

配第一生创作颇多，有《赋税论》《献给英明人士》《货币略论》《政治算术》和《爱尔兰的政治

▲威廉·配第像

解剖》等作品,这些作品都明显带有实证研究的影子,均体现出很强的政策建议性,其中的《赋税论》是配第的重要代表作。配第着眼于当时英国的社会经济现状,通过15个章节来阐述公共开支、税收等观点。他将公共开支分为国家公共开支、政府公共开支、神职人员的薪俸、教育开支、社会福利和保障开支等几部分。详细探讨当时英国公共开支增加的原因,并指出3种筹集经费的方法,即征收领地税、估价税和房屋租金税。在《赋税论》和其另外一部作品《政治算术》中,配第系统地阐述了当时英国在税收征收标准、征收方法和一些税种的利弊。配第认为,英国的税收制度极其混乱,公共经费增加的同时也加重了人民的负担,这主要是由于英国没有指定统一的征收标准。在他看来,英国的各种税种没有遵循公平、方便、节省经济的原则,配第说英国的税收"并不是依据公平无所偏袒的标准来征税,而是听凭某些政党或是派系的一时掌权来决定的。且征收手续既不简便,费用也不节省"。在征税方法上,配第

▲配第认为人类劳动是一切财富的源泉,而当时作为农业洲的欧洲,正是占人口绝大多数的农民创造了巨大的财富。

建议政府按照一定比例从所有土地地租中征收,依照配第的主张,这个比例为地租的六分之一。这样一来,能保证有更多的纳税人,也稳定了国家收入。不过,配第也指出了这种方法会花费更多的人力和经费。配第高度重视赋税在分配社会财富、调节经济活动上的作用。在社会财富方面,配第也有着一套理念。配第把劳动看作财富的来源,这是观察生产过程得出的结论,放到资本主义经济发展过程中也是一样的道理。任何一个国家的富强,都需要人民的团结一致和高素质。换言之,优秀的人力资源将是一个国家富强的关键因素。

此外,配第还提到货币在经济生活中对社会财富的影响。作为流通工具的货币,只有投入流通才能增值,并且多多少少都会损害到商业发展,这在他的《赋税论》中有所提及。他还曾把货币形象地比作国家身体上的脂肪,太少会使它生病,太多也会带来累赘。

配第的《政治算术》的出版也标志着统计学的诞生。我们知道,亚里士多德将统计学带入人们的视野,不过由于时代限制,这些统计数据大多是凭经验做出的判断。此外,人们习惯重视统计的数据,却忽视了分析数据联系的作用。在《政治算术》中,配第以

劳动价值论为基础，对英国、法国和荷兰三国的国情及国家经济实力的相关数据进行了对比分析，并以此为依据，用数据统计的方法研究社会问题。

当然，那个时代的配第还没有完全摆脱重商主义的影响，理论还存在一定局限性，如他的税收政策就透露出贸易保护主义，他在政治立场上的表现亦是饱受争议，但这并不影响配第成为一位出色的经济学家。作为一个理性人，他的行为是可以理解的。他在经济学上的贡献和影响力是有目共睹的，注定会被世人铭记。

萨伊
——"阐述财富的科学"

让·巴蒂斯特·萨伊（1767—1832），法国政治经济学的创始人。1767年，萨伊在法国里昂出生，1776年进入私塾，但未及一年即辍学，全家迁往巴黎。其后，他便在父亲开设的银行里当学徒。1787年，萨伊加入法国人寿保险公司，从董事那里得到《国富论》，这是他首次接触《国富论》。1789年，法国大革命爆发，萨伊投笔从戎，参加由学者和文艺界人士组成的"学艺中队"，并积极与保皇军作战。1794年，离开军队的萨伊担任《哲学、文艺和政治旬刊》主编，期间，他在该刊物上发表了很多经济学理论。1799年，萨伊被拿破仑元帅任命为法兰西法制委员会委员，但因为拿破仑不喜欢他极端放任自由的思想，使他的仕途生涯几度受挫。

▲让·巴蒂斯特·萨伊像

萨伊的主要作品是《政治经济学概论》（以下简称《概论》），该书于1803年出版。《概论》继承了斯密的一些观点，是一门讲述财富的科学。在书中，萨伊将社会财富的创造积累过程分为生产、分配和消费三部分。除了绪论以外，共分为财富的生产、财富的分配和财富的消费3篇42章。第一篇主讲生产，讨论进行生产所需的生产要素；第二篇对分配原则进行了剖析；最后一篇消费则讨论是生产成果的消化问题。生产—分配—消费形成一个严密的逻辑联系。这被后来经济学家称为"三分法"。

▲法国大革命为资产阶级的发展扫清了阻碍。图为法国大革命期间人民攻占巴士底狱。

但萨伊将交换包含到生产活动中去，否认交换和流通是一个相对独立的环节。同时"三分法"有着这样的特点：否定了生产的决定作用，而是把生产、分配、消费并列，只研究三者之间的外在浅层的联系，强调在生产、分配、消费中人与财富之间的关

▲18世纪在巴黎举行的财政会议，其主要职能是监督法国的财政收入与支出。

系，忽视了整个人类社会关系、社会生产关系之间的矛盾对立关系。不过"三分法"作为一种首创，为后来者划分社会经济生活领域提供了科学依据，后来的詹姆斯·穆勒在萨伊的划分基础上添加了一个交换环节，使政治经济学环节划分更加完善。

萨伊时代的法国，资本主义工商业有一定程度的发展，纺织、冶炼、煤矿、造船等工业都出现了集中大规模生产；酒类、服饰、家具等行销欧洲各地；对外贸易仅次于英

▲法国18—19世纪繁荣的贸易图。

国。此时,萨伊首先想到的是购买商品所需要的货币,在他看来,货币对商品的销售并不会造成太大的影响。相反他提出,交换本质上就是商品和商品的交换,货币只是在交换量扩大之后逐渐稳定下来的交换媒介。所以,商品无法销售出去是由于没有能跟它交换的产品,货币量的多少是不影响销售的。这就是有名的"萨伊定律"。

顺应萨伊的思路,商品生产出来都会被需要的其他商品抵消掉,由于市场经济的自我调节作用,不可能产生遍及国民经济所有部门的普遍性生产过剩。他的关于生产创造需求,产品以产品购买的原理曾成为古典经济学家普通信奉的教条,并成为现代西方经济学中供应学派的先导。不过也有人对他的这个观点提出异议,马尔萨斯发现萨伊把货币的功能单一化了,认为货币还有储蓄功能;凯恩斯在《就业、利息和货币通论》中指出,萨伊的这一理论忽视了有效需求;而马克思却认为,萨伊只是把简单的商品流通和物物交换视为经济整体,假定前提不正确,也就无法得出资本主义社会生产过剩的结论,20世纪30年代的经济大萧条就是对萨伊定律的有力冲击。

受当时环境的限制,萨伊的观点存在一些错误,但是无法否定萨伊思想对经济学的贡献。饱含萨伊智慧结晶的《概论》出版后,亦是引起了社会的普遍关注,被译成多种文字,广泛传播于西方国家,成为当时欧洲大学里的经典教材。该书奠定了萨伊在学术界、思想界的巨人地位。萨伊也因此被称为"科学王子""亚当·斯密的伟大继承者和传播者"及欧洲大陆的政治经济学权威代表人物。

李嘉图
——政治经济学的实践者

英国著名的经济学家大卫·李嘉图(1772—1823)是政治经济学派的重要代表人物,主要著作有《政治经济学及赋税原理》《谷物法》等。

李嘉图的一生极具传奇色彩。李嘉图生于英国的一个犹太人家庭中。李嘉图有17个兄弟姐妹,他排行第三,其父亲为证券交易所经纪人。李嘉图14岁便随父从事股票证券交易。利用资源优势,李嘉图后期独自进入股票市场,经过几年的时间,就积累了比父亲还要多的财富,成为英国金融界的巨富。

李嘉图幼年时期没有接受过太多正规教育,青年时期,他利用空余时间刻苦学习物理学和数学。1799年,27岁的李嘉图读了亚当·斯密《国富论》后,对经济学产生了极大的兴趣,并开始研究经济问题。在股票市场形成的抽象思维方式使李嘉图成为一位擅长推理的经济学家,其推理过程没有使用归纳法,没有收集历史资料和数据,没有从事实推理到理论推理,但是他却能阐述规律的特性,这被熊彼特称为"李嘉图恶习"。

李嘉图在经济领域最早的发声是关于货币流通问题。

▲李嘉图像

1797年，在英国和法国长达20年的战争中，大量黄金外流几乎耗尽了英国银行的储备，加之银行券无法再兑换黄金，造成银行券贬值、进价上涨的乱象。每盎司黄金的价值从3.17英镑上升到1813年的5.10英镑，甚至有些金币是通过私人市场和国外市场交易的，金价上涨同时还伴随着物价的普遍上涨。

▲ 自由贸易的迅速发展为伦敦这座城市带来了大量的财富，这幅由英国画家威廉·马洛所作的画描绘了伦敦桥附近繁忙的码头。

长期在银行、证券部门工作的李嘉图开始思考这些事情，并于1809年在《晨报》上发表文章《黄金的价格》。他指出，银行发行大量的纸币，虽然有助于政府融资，却不利于黄金和物价的稳定。物价上涨不是因为黄金价格变高，而是英镑在贬值，对此，他建议恢复金本位制，发行的货币量将以储备的黄金数量为依据，还能控制通货膨胀。李嘉图的建议被议会采纳，1821年议会通过法令，重新恢复金币支付方式。

在李嘉图短暂的14年学术生涯中，整天为社会经济和政治问题忙碌，是个不折不扣的社会活动家。此外，李嘉图在经济学上也有着伟大的建树，深刻地影响着以后的学者。他与另外一位经济学家穆勒友谊深厚，在穆勒的帮助下，他完成了《政治经济学及赋税原理》一书，该书被誉为继亚当·斯密的《国富论》之后，第二部著名的古典政治经济学著作。

李嘉图认同斯密对使用价值和交换价值的区分，但又否定斯密"交换价值很大的东西可能没有使用价值"的说法。实际上，李嘉图已经意识到交换价值是依托使用价值这个物质载体实现的，也就是说，一件没有使用价值的商品也就没有交换价值。这是他进步的一点，所以他在书中写道，一种商品要想具有交换价值，必须具有使用价值。

另外，李嘉图还指出产生交换价值的两个原因，即稀缺性和劳动量。在阐述这一理论时，他细心地将名画、古董等稀少商品做了剔除，而讨论更多的是可以通过人类劳动大量生产出来，可以不受

▲ 英制单位

1824年，英国政府为了方便贸易统一了计量单位。

限制地进入市场参与竞争的商品。一件商品的交换价值取决于生产它所必需的劳动时间，能解释这样一种现象：当下一头海狸与两头鹿可以等价交换，若干年后，就变成了五头海狸换两头鹿。这也就是根据所需劳动时间的不同变化，来确定随着时间变化而产生的新的交换价值。

李嘉图价值理论的核心，就是商品的价值以及它能交换的其他物品的量，取决于生产该商品所必需的相对劳动量。根据这个理论，他认为，劳动的价值即工资是由一定社会中为维持工人生活并延续其后代通常所必需的生产资料决定的，而利润则决定于工资。李嘉图另外指出，全部价值都是由劳动生产的，并在3个阶级（资本所有者、劳动者、土地所有者）之间进行分配。工资由工人必要生活资料的价值决定；除去工资就是利润的余额；地租是工资和利润以上的余额。

李嘉图批评斯密的价值理论，因为斯密只是将使用价值与交换价值进行了区分，却没有深入研究发现其中的联系。李嘉图尝试弥补斯密理论的局限性，于是，李嘉图辩证地解释了两者对立统一的关系，指出交换价值是由生产时所耗费的劳动决定的。不过，他也没能将劳动区分为具体劳动和抽象劳动。

在价值源泉方面，李嘉图继续对斯密的理论进行修正。斯密主张劳动是商品交换价值的真实尺度，李嘉图接受了这一论点，不过他发现斯密关于价值源泉的论述前后不一致，确立了两个决定价值的标准。在李嘉图看来，谷物作为标准尺度，不是指投入到任何物品生产上的劳动量，也不是指在生产过程中所耗费的劳动量，而是指该物品在市场上所能交换的劳动量，显然，这两者不能等同。

李嘉图的价值理论尤其是比较优势理论，是无懈可击的经济学理论。他以英国和葡萄牙为例，英国善于生产布匹，葡萄牙擅长酿酒，两个国家在各自擅长的领域生产效率都较高，那么如果两国联合起来，英国用布可以换到较多的酒，葡萄牙也可以用酒换到更多的布，很明显，国际分工和国际交换使两国获得更大的好处。这就是各国生产的比

▲李嘉图认为使用价值是交换价值的载体，虽然修建铁路及火车的建造需要投入很多，但由于其巨大的实用性，铁路系统正在迅速扩展。图为1862年伦敦火车站拥挤的人群。

较优势理论,这种理论为自由贸易提供了坚实的理论基础。

依据比较优势理论,李嘉图认为,各国只要对比各自的生产效率进行优势选择,生产那些成本较低、效率较高的产品,再通过对外贸易去换取那些自己生产耗时费力、处于比较劣势的商品,这样,各国就都能从贸易中获利。该理论比较正确地反映了不同国家间经济发展的客观要求和内在联系,有效地指导了不同国家积极参与国际分工的活动。该理论的前提是,政府不干涉对外贸易,实行自由贸易才能最有效地实现优势互补。

> **延伸阅读**
>
> 在确立了自己的劳动价值原理以后,李嘉图进而做出了几点推论。这些推论是:商品价值会因劳动生产率的提高而降低;劳动使用的节约会使商品相对价值下降;同量劳动必然获得等量价值,在等量劳动之内,即使所使用的直接劳动和资本的积累劳动比例不同,也不会影响价值量,只会影响工资和利润之间的对比关系。

李嘉图在斯密理论的基础上,建构了古典经济学的庞大理论体系。在新古典主义兴起之后,李嘉图的劳动价值论就已经没有多大价值了,但是直到今天,他的比较优势理论对于自由贸易仍是不朽的贡献。

李嘉图学派的解体
——新陈葡萄酒价格之争

李嘉图通过《政治经济学及赋税原理》建立了标志性的李嘉图理论体系,该体系吸引了一大批支持李嘉图经济学说的人,但李嘉图学派存在的时间并不长,短短几十年的时间,就从一时辉煌走向了销声匿迹。如此迅速的败落,原因在于李嘉图价值理论存在着两大矛盾。

李嘉图价值理论的第一个矛盾是关于劳动与资本的交换和价值规律的矛盾。因为李嘉图坚持劳动价值论,认为只有劳动创造的工资才是合理的收入,而不提供劳动的资本和土地就不应该获取收入,换言之,就是间接承认了利润与地租的不合理性。

可是为工业资产阶级代言的李嘉图是不可能承认利润与地租是不合理的,这就导致他的理论会一边坚持劳动价值论,另一边则避谈利润和地租的合理性问题,只

▲19世纪早期英国煤矿使用蒸汽机的情景。工业革命的成果促进了英国经济的发展。

谈利润和地租的数量和发展趋势问题。这种讳疾忌医的做法不会让问题得到解决，无休止的回避也终究使李嘉图成为论敌攻击的目标。

其实，亚当·斯密就曾就意识到了这个问题，所以尽管在《国富论》开始时他坚持了劳动价值理论，但随后斯密又提出了另外的价值理论：支配劳动论与生产成本论，并且逐渐由劳动价值理论过渡到生产成本论。由此说来，虽然亚当·斯密曾先后提出三种价值论，但我们仔细分析会发现，其实斯密最后选择了生产成本论，因为生产成本理论可以顺利地解释利润与地租的合理性问题，而试图弥合这无法调和矛盾的李嘉图，只能失败。

李嘉图理论的第二个矛盾是价值规律与劳动和资本交换之间的矛盾。在李嘉图看来，劳动决定价值，资本不提供劳动，所以是不应该获得利润的。比如拿一定数量的货币，购买一个劳动力，用这个劳动力来生产所需要的全部生活资料，这个劳动力的报酬就是相应的工资，也就是说这些货币没有增值。而我们知道如果拿同样数量的货币投入到生产中，它是会获得利润的。

有一场关于新陈葡萄酒价格的著名论战，那就是花费同样劳动酿制的葡萄酒，陈葡萄酒的价格比新葡萄酒要高，若是按李嘉图的劳动价值论，新旧葡萄酒都是由工人采摘葡萄、酿造葡萄酒并进行存储管理的，它们所耗费的劳动与资本都是一样的，所以，新旧葡萄酒的价值应该是相等的，价格也应该是相同的。可现实生活中，新酿葡萄酒的价

▲这幅《春天的耕种》描绘了农民在春天劳作的场景，麦克库洛赫认为价值是由人的劳动、下等动物、自然力的活动和作用共同决定的理论，显然进一步把李嘉图的理论庸俗化。

格很多时候要远远低于陈葡萄酒的价格。于是，李嘉图将自己的劳动价值论做了修正，他承认构成资本的不同因素都会影响商品的价值量，从而把过去的劳动是唯一决定商品的价值量变为劳动数量是决定商品价值量的主要因素，以便将自己的理论从"绝对真理"变为"近似真理"。

李嘉图的支持者也尝试为他辩解，他们认为酒虽然生产出来了，可是陈葡萄酒还需要在后期进行长时间的保管，花费在这上面的劳动也要被计入价格中去。后来，穆勒在《政治经济原理》一书中提到，劳动价值量依赖于生产该商品花费的劳动数量，这些劳动包括活劳动和物化劳动，工人生产葡萄酒是活劳动，设备存储是物化劳动，这自然要加到价格中去。麦克库洛赫也用"自然力创造价值说"为代表，企图以此做到既坚持劳动价值理论，又承认利润与地租的合理性，克库洛赫的解释比穆勒走得更远，他认为劳动包括人的活动、动物的活动、机器的活动和自然力的作用等，它们共同创造价值。他指出，陈葡萄酒之所以比新葡萄酒价格高，是酒在储藏过程中，自然力在发挥作用。自然，这种辩护仍以失败结束。19世纪二三十年代，经济史上这场维护李嘉图和反对李嘉图的葡萄酒争论，最终以李嘉图理论的失败而告终，李嘉图学派也由此解体。以李嘉图为代表的古典学派也逐渐丧失了在经济学上的主导地位，被巴斯夏、西尼尔等经济学家取代，他们成为维护资本主义制度的新生力量。

巴斯夏寓言
——服务价值论

弗雷德里克·巴斯夏（1801—1850）是法国乐观学派的经济学家，生于法国巴约讷附近的一个大商人家庭，9岁时变成了孤儿，25岁时继承祖父遗产成为酒业资本家。

由于正值拿破仑战争时期，年轻的巴斯夏目睹了政府大量干预经济的后果。巴斯夏是自由贸易思想的拥护者，尽管贸易开放会使自己掌管的酒业受到来自国外同行业的压力，但他还是热情宣传贸易自由。自1840年至1850年，巴斯夏一直是法国自由贸易运动的领袖，主张将政府的行动限制于保证秩序安全这一范围内，越出这一限制，就是对人类自由的侵犯。后来，巴斯夏写下了条理分明、论证有力的作品《经济荒谬》，在该书中，他强烈地批判了中央集权主义。这是巴斯夏在英国居住时写下的，希望以此来劝诫英国人不要跳入法国大革命中央集权的陷阱。

▲弗雷德里克·巴斯夏像

经济和谐也是巴斯夏的一个重要观点，在其著作《经济和谐》中，他就对此做出了系统论证。这是关于资源优化配置的学说，巴斯夏认为资本主义是一种和谐的社会组织，社会关系就是交换行为，这种交换行为都是相互帮助、相互服务的过程。在掩盖资本主义社会阶级矛盾基础上，巴斯夏继续推理，认为对等利益交换使整个资本主义社会的分配保持和谐。继而，社会主体（如土地所有者、资本家、工人）都能通过提供交换服务

▲在巴斯夏看来，农民们都在努力地工作，以为每个人是在用努力和服务来换取别人的服务，最终达到自己个体欲望的满足，这就是经济和谐。

得到租金、利息和工资。通过相互服务，巴斯夏得出最终结论，那就是在这样和谐进步的社会组织中，是不存在阶级矛盾和冲突的。显然，这个结论是错误的，他完全抹杀了无产阶级和资产阶级最直接最根本的利益冲突，是一次为资本主义制辩护的失败表现。

从服务价值论学说来看，巴斯夏对劳资经济利益调和的乐观程度也非同一般。事实上，后来的资本主义国家并没有像巴斯夏所设想的那样和谐发展，相反却往战争方向发展。巴斯夏这种经不起推敲的理论更是受到了主张社会主义的经济学家马克思的严苛批评，马克思把巴斯夏在经济史上的地位定义为"庸俗经济学辩护论中最浅薄也是最成功的代表"。

马克思之所以对巴斯夏的思想做出这样的评价，首先是巴斯夏完全漠视资本主义社会的各种矛盾，一味为资本主义制度辩护，粉饰太平；其次是巴斯夏没有深

▲《鲁滨孙漂流记》是英国小说家迪福的著名作品，介绍了鲁宾孙的生平和奇遇——独自一人在奥鲁努克大河口及附近的美洲荒岛上生活了28年。巴斯夏曾借此故事讽刺法国政府的就业政策。

刻研究经济现象的内在联系，只是简单地描述现象表面化的联系。在这种不规范的学术研究态度主导下，自然不能产生正确的突破性的理论创举。

> **知识点击**
>
> 乐观学派对人类的发展前景抱有非常乐观的态度，认为世界没有面临末日，人类的历史才刚刚开始，有时候世界显得混乱动荡，但社会却蕴藏着惊人的希望与前景。由于这一学派认为社会生产力的发展，特别是现代科学技术的进步是促进人类社会不断向前的有力杠杆，因此也被人们称为"技术决定论"。

西尼尔
——"节欲论"

纳索·威廉·西尼尔（1790—1864）出生在一个乡村牧师家庭，是英国著名古典经济学家。西尼尔兄弟10个，他是家中长子。1812年，他从牛津大学毕业，从事律师职业。1825年，西尼尔成为牛津大学的首位政治经济学教授，还是政府任命负责调查社会重大问题的皇家委员会成员之一。长期从事公共事业的西尼尔，对当时的社会问题提出很多政策看法，其中包括：修改济贫法，试图阻止那些有工作能力的人去申请社会救济；出版工厂法，将雇用童工的工作时间限制在12小时；反对行业协会，对行会活动做出了一系列严格的限制等。当然，这些政策存在很多不当之处。西尼尔也有大量经济学类作品问世，其中最著名的有《政治经济学大纲》《政治经济学绪论》等。

西尼尔认为经济学家应该投身到财富生产和分配上，而不是促进福利提高上。他还摒弃斯密对财富的定义，即合理的划分不是生产性和非生产性劳动，而是生产性和非生产性消费。被很多经济学家嘲笑思想太过主观的西尼尔坚持自己的信仰，向实证经济学研究方面又迈进了一步，还提出4个命题以及最著名的"节欲论"。

这里所讲的实证经济学和当时西尼尔所建议的是相通的，西尼尔希望政治经济学能脱离所有的价值判断、政策宣传、增进福利的努力，与规范经济学关注"应该怎么样"，并用经济学来支持公共政策相对应，将政治经济学改造为"纯经济学"。

西尼尔认为政治经济学所依据的是一般事实，并为纯经济学建立并提出了4个"不需要证明"的基本命题：一、收入或者效用最大化原理。每个人都希望以最少的牺牲取得最多的财富。这是从人的经济本性引出的功利主义原则。二、人口原理。他认为，限制世界人口，只是精神上或物质上的缺陷，或是各阶级中每个人在既有习惯下，担心财富会

▲19世纪后叶的英国工业资本家过着奢华的生活，而西尼尔认为应该牺牲个人消费，积累财富。

不能满足需要。三、资本积累原理。他认为，劳动的力量和生产财富的其他手段的力量，借助于将由此所生产的产品作为继续生产的工具，可以无限制地增加。四、收益递减原理。他认为，假定农业技术不变，在某一地区内的土地上不断增加劳动，所得到的报酬会按比例递减。

在这4个基本命题中，西尼尔认为第一个命题是意识的问题，是一切经济学推论过程的基本假设，其余3个属于观测问题，是对第一个的注解。这4个命题是对原来旧功利主义、马尔萨斯人口论和萨伊经济学说的发展。但在这里，他用效用最大化原理对主观心理做了很好的解释，收益递减原理也为后来19世纪70年代的边际主义理论提供了思想源泉。

在西尼尔的《政治经济学大纲》中，他提出了"节欲论"。用现代西方经济学术语来说，就是生产函数原理的第三个命题被西尼尔发展成为以"节欲论"为核心的经济学说。那么，这个被马克思和德国社会主义者费迪南·拉萨尔嘲笑的"节欲"到底是什么呢？

在西尼尔看来，商品的交换价值取决于需求和供给。随着获取商品数量的增加，边际效应开始递减，后来的边际主义者就是根据这一重要的洞见将递减概念进行了拓展。

供给取决于成本，生产成本由自然、劳动和节欲构成，工人劳动是牺牲休息时间，节欲是资本家牺牲消费。在《政治经济学大纲》一书中，西尼尔颇为得意地指出，因为未来充满不确定性，人类只能预见短期的未来，而人类又是懒惰的，他们喜欢挥霍当下，而不考虑长远的未来，如果要控制成本，人们就要放弃当前的享乐和消费欲望，以积累资本，这便是节欲。生产周期结束后，资本家牺牲的消费会以利润的形式得到补偿，工人会以工资形式得到补偿，这就是合理的成本和收益分配。

显而易见，节欲论掩盖了资本主义生产利润的真正来源，也掩盖了资本家剥削工人的事实。从主观意识定义自我节制的节欲行为，不只是学说受到其他经济学家的讥讽，西尼尔自身也被后人称为资产阶级的辩护士。

但是，不可否认的是，节欲论也实实在在地影响了后来的很多经济学家。阿尔弗雷德·马歇尔给了节欲更加具体化的名称——储蓄，是推迟消费所能产生的新的投资活动。现代经济学中的利息理论也正是来自西尼尔的节欲论。奥国学派的迂回生产理论也是从节欲论而来，资本源于储蓄，储蓄则来自节欲。所以，资本获得的利润是合理的，先生产资本品，再用资本品生产消费品，就为迂回生产。资本放弃当下的消费，而留存至未来消费，使迂回生产成为可能的资本，迂回生产也更有效率。

西尼尔的一些谬论不仅为庸俗政治经济学的发展带来了有力影响，还被一些资产阶级辩护士继承。虽然他的经济学思想明显偏离了古典经济学，但他有关边际

▲工业革命的发展，需要资本不断投入，图为1770年前后英国发明的水力纺织机。

效用的观点和供求理论还是受到众多经济学家推崇,并在现代西方经济学研究过程中得以实践。

约翰·穆勒
——"无可置辩的圣经"

约翰·斯图亚特·穆勒(1806—1873)是古典学派最后时期的经济学家。在穆勒的时代,古典学派已经开始走向衰落,因此他的作品也脱离了斯密、李嘉图正统古典学派思想的轨迹。穆勒做出的很多重要性原创理论,使之成为继李嘉图之后最伟大的经济学家。

穆勒是家中长子,他能取得卓越的成就,不得不提到他的父亲。他的父亲詹姆斯·穆勒是一位学识渊博的学者,政治改革家。老穆勒曾指导督促李嘉图的写作出版工作,帮助边沁建立哲学激进派,还对萨伊定律做出了最初的表述。老穆勒对自己孩子的教育是非常严格的,他坚信人们出生时的差异

▲约翰·穆勒像

是很微小的,距离主要是在后期的学习过程中产生的。穆勒3岁的时候,老穆勒便训练他学习希腊语,8岁学习拉丁语。此外,他还让穆勒浏览古希腊哲学家的作品和自己写的《印度史》。在父亲的训练教导下,12岁的穆勒就掌握了代数和几何,并开始学习微积分;13岁学习政治经济学,没过几年,他便帮助边沁整理编辑书稿,17岁进入不列颠东印度公司,19岁独创写作发表学术论文。然而,父亲这种机械式的强度训练方式,也使20岁的约翰·穆勒得了神经衰弱。

约翰·穆勒是一位高产作家,一生作品颇多,关注的领域也很广泛。作品中涉及很多政治经济学、逻辑学与心理学的知识,《逻辑体系》使穆勒成为一位逻辑学家。此外,作为一位政治科学家、社会哲学家和民主生活方式的拥护者,他还把自己的思想融入《论自由》《论代议制政府》《女性的屈从地位》等作品中。1848年出版的《政治经济学原理及其在社会哲学上的应用》,将19世纪初以来的经济学理论集中总结著书,成为大学政治经济学教科书,并被英国经济学界视为"无可置辩的圣经"。约翰·穆勒作为古典政治学派的代表人物,其作品《政治经济学原理》系统地体现出他的观点。该书的章节依次为生产、分配、交换、社会进步对生产和分配的影响、论政府的影响5部分。

对于生产的认识,约翰·穆勒已经有了细腻精准的分析,他认为生产有永久自然规律的性质,不同于分配阶段。首先,他定义财富是拥有交换价值的一切东西,总结出影响生产的3种要素:土地、劳动和资本。土地是有限的,约翰·穆勒意识到,农业规模越大,产出却是低于农场增加比例的,这种现象便被称为规模报酬递减。相反,制造业是规模报酬递增,在一定限度内,企业规模越大,效率越高。

▲底层工人的生活与资本家相比一个在地狱,一个在天堂。约翰·穆勒理解工人阶级生活的困苦,所以他对资本主义制度持改良主义的态度。

约翰·穆勒对劳动的划分更为详细,将生产过程中的劳动分为直接劳动和间接劳动。有些劳动不是以生产为目的的,却是高度有用的,根据劳动结果他又把劳动分为生产性劳动和非生产性劳动。像政府官员和教育家这种非直接生产者所提供的服务为开展产品生产创造了条件,被视为有生产性的,但是牧师、传教士的活动则没有生产作用,他们不仅没有为社会增加物质产品,反而在消耗物质产品。

资本是劳动产物的积累,同时,约翰·穆勒还把资本视为储蓄的结果,只要能够满足生产性劳动所必需的条件,用于生产性再投资,那么它就是资本。资本的总量会限制工业的规模。他试图在资本和就业、工资之间寻找联系,借以节欲论来假设,资本家通过节欲减少对奢侈品的消费,形成的储蓄都用来投资,规模扩大就会提供更多的就业岗位,人口增加就能满足市场对劳动力的需求。人口增加,需求的总量也就会增多,资本家减少消费的部分也会被弥补回来,整个社会的总体消费量依然保持均衡。如果人口的增加没有与资本规模增长同步,那么工人的工资会相应提高,就能消费更高层次的消费品甚至是奢侈品。工人们的高水平消费也能弥补资本家所减少的消费,这样就得到一个资本社会市场充分生产和就业的和谐世界。

不过,约翰·穆勒并没有认识到生产和分配的相互关系,他认为财富的分配要取决于社会的法律和制度习惯,这些制度形成于统治阶级的意见和感情。约翰·穆勒眼中的分配论分为工资论、利润论和地租论。工资取决于劳动的需求和供给,也可以说资本规模扩大,就业需求就多,工资就高。劳动力太多则会稀释一定的就业机会,工资就低廉。

在利润论部分,约翰·穆勒把利润分为3个部分,即利息、保险费和监督工资。他提出，利润因事业性质的不同而不同，以及利润均等化的一般倾向。在地租论方面，他基本沿袭了斯密、李嘉图的观点，认为地租构成了生产的成本，是资本家自然垄断形成的。对于地租这种不劳而获的收入，他建议，要通过征收土地增值税的方式转用到社会福利事业中去。

约翰·穆勒对价值论做了准确的阐述，尤其是供给和需求表、供给和需求弹性以及它们对价格的影响作用，都是非常重要的概念，这些被后期的阿尔弗雷德·马歇尔充分吸收并建立边际主义理论。约翰·穆勒认为价格是以货币形式来表示一种商品的价值，短期内价格可能会上下变动，但是价值不会随着上升下降的。价值取决于市场的供求情况。

此外，他还把产品价值做了3种分类，第一种是数量有限，供给不能随意增加的商品，比如古代雕塑和古画，这一类是完全无弹性的，价格变化不会导致供给数量的变动；第二种是供给具有完全弹性的产品，供给数量可以无限增加，生产费用不会提高，大多数可以买卖的产品都属于这一类；第三种处于前两种极端产品的中间，市场价值由需求和供给线的交点决定，在这个点就能得出商品价格和需求数量。这类具有相对弹性的产品供给数量可以增加，而单位生产费用也会随着数量的增加而递增，比如农产品。这种分析也适合长期产品的价值均衡。

约翰·穆勒将生产、分配和交换称为经济的静态学，他根据增长的三大要素——人口、资本和技术——对社会不断运动变化和最终发展趋势做出了解读。和斯密、李嘉图一样，约翰·穆勒也承认利润率逐渐下降是不可避免的事实，因为不断增长的认可会导致生产成本和消耗的提高。既然利润率会下降，为了促进社会再投资，政府需要减少战

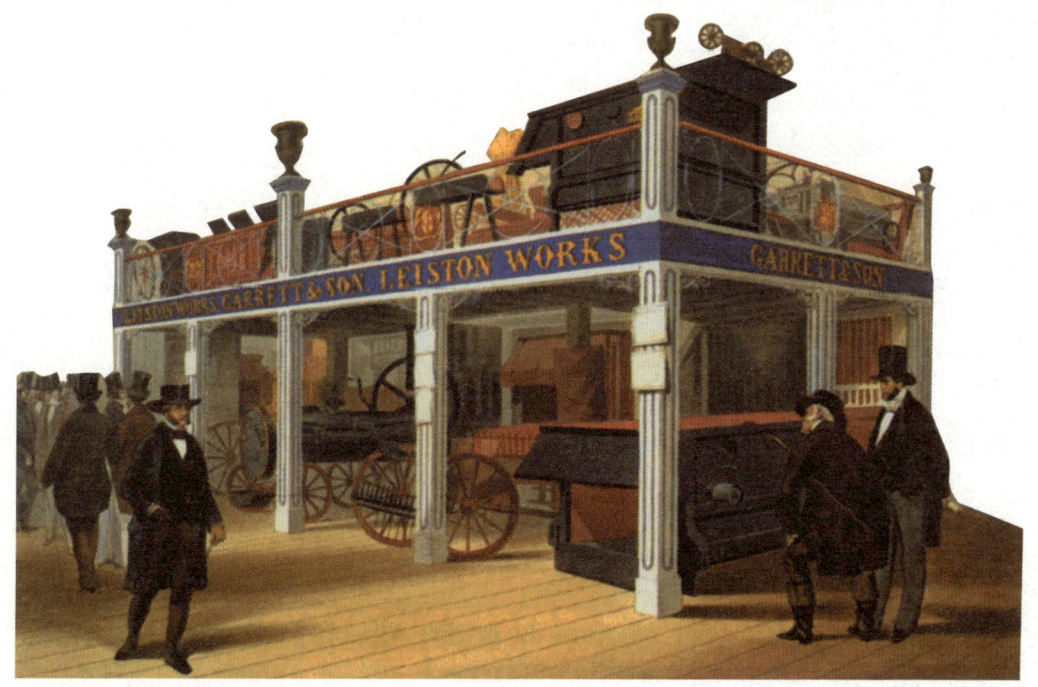

▲19世纪英国工业迅速发展

争破坏，保证更多的安全，承担一些基础设施建设，发展科学和教育事业，扶植优质产业，促进社会公平等，旨在降低社会投资风险。社会的不断完善会是一种稳定状态，有巨大的产出和更加平等的收入分配。

　　在对政府态度上，约翰·穆勒主张采取改良渐进方式来完成社会的转型，他很赞成空想社会主义者的思想，例如共同占有财产、民主选举管理，共同劳动，平均分配等。约翰·穆勒在《论政府的影响》一章中指出，处于市场经济中的个人不一定能最好地判断出社会需要。站在自由竞争的立场，他强调经济自由化的必要性，但也反对过度放任学派的观点，主张政府对经济要有适度干预。他限制使用童工和人口增长，建议政府经办公共事业。他一方面承认资本主义大生产创造的高度生产力和社会财富，另一方面，他认为资本主义社会制度存在巨大缺陷，导致财富分配不均和社会矛盾突出。所以他既支持小规模的社会主义实践，也建议对私有制实行公平实验改革。

第四章
社会主义思潮

路易·布朗
——国家社会主义创始人

路易·布朗（1811—1882），法国著名的历史学家、社会改革家。路易·布朗因在1839年出版了《工作的组织》一书而收获不小的名望，并因此成为社会主义运动的领袖人物。此外，在1848年的革命期间，路易·布朗还在临时政府任职。

这位出身法国皇家贵族的社会改革家，在法国大革命期间经历了人生的巨变，他的富商祖父被斩决，而他们家也在拿破仑垮台之后变得一贫如洗。因为巴黎工人与政府间的战争，路易·布朗还被迫逃到英国避难，两年后才返回法国。经过这些，路易·布朗认为是资产阶级发动革命才引起社会的动荡，尽管他严厉地抨击资本主义和竞争，但希望通过温和的经济和制度改革来解决资本主义的一系列问题。

马克思批判资本主义分配方式，并提出了大家耳熟能详的按需分配理论，事实上，这一思想首先由路易·布朗提出。路易·布朗还十分关注就业权利问题。在路易·布朗的影响下，政府组织成立了国家工厂，为失业者提供了更多的就业机会，但由于被路易·布朗政敌破坏，这次国家工厂也以失败告终，甚至还引起了重大的战争冲突。

路易·布朗痛恨资本主义的竞争机制。在他看来，在自由竞争机制下，工人工资下降是必然的趋势。因为人类的数量是稳定增加的，要求女

▲ 造纸工人

布朗痛恨资本主义的竞争制度，认为自由竞争必然导致工人工资的下降。

子节欲只会亵渎赋予她们生育能力的上帝,同时,大机器的使用必然会代替成百上千名员工,使他们被迫失业。人口数量增多加上就业机会减少,资本主义生产就会自动淘汰很大数量的劳动力,并且拉低工人的平均工资。工人们只能从一家工厂涌向另外一家工厂来寻找工作的机会,甚至只能通过长时间、高强度的劳动来获得维持养家的低廉工资。

尽管路易·布朗意识到任由资本主义竞争会导致严重的后果,但他却反对阶级斗争,甚至谴责工会主义。路易·布朗认为,要消除损害工人阶级利益的行为,需要国家出面进行干预和管理。首先,国家要由一群优秀正直的人组成,按照路易·布朗的说法,要选出这些优秀的人就需要通过普选来实现,而普选权就是国家进步和产生福利的中介物。如果普选权的范围得以扩展,工人也得到足够的教育并被组织起来,那么这时的国家就是公正的。路易·布朗把政府看作生产的最高管理者,而且政府权力是有别于平民的,个体没有准备的、孤立的行动总是毫无意义,只有被国家的优秀人才带领,大家才能实现真正的和谐自由。路易·布朗指出,要实现这一目标,具体做法就是成立合作社。

路易·布朗设想中的合作社主要由市场小生产者构成,资本家也可以加入合作社,进行生产投资。此时,政府要成为"穷人的银行家",这要求政府专门成立一个公共银行,并为合作社提供贷款,以实现工厂正常生产。资本家的投资也会被用于生产。作为投资回报,资本家将会获得一定数量的收益,这些收益按照他们的投资比例来计算,并由政府提供担保。政府的贷款要用来建立社会工厂,并且是社会生产生活的重要部门。国家掌管这些重要部门的经营权和所有权,并不是为了实现盈利,而是要实现社会的整体目标。这些重要部门通过吸收最好的工人来提高社会工厂的生产和竞争效率,把资本家排除在系统之外,并使资本主义最终消亡。

这就是路易·布朗的国家合作主义思想。合作思想认为,合作社是改造资本主义社会的工具,合作社的发展始终与国家支持紧密联系,在政府资本的支持下,通过整个社会的团结合作,就可以促进工人充分就业,提高工人的福利待遇,平衡国家的经济结构,实现社会稳定和谐。因为路易·布朗的国家社会主义合作思想主张需要通过资产阶级国家的帮助才能运行,所以路易·布朗的合作理论又被称为"生产合作派"。

这种借助国家干预和支持,由市场小生产者自愿组成的合作社,在一定程度上能够使劳动群众避免资本家的剥削和压迫,促进小规模的农业、手工业和国家重点部门的经济发展,但合作社终究无法摆脱对国家的依赖,甚至对资本家的依赖,因为合作社生产所需要的资本都是来自国家公共银行和资本家投资。这也体现了路易·布朗的团结精神,而非阶级斗争精神。虽然这些被详细设计出来的社会主义理论因为不切合实际而最终纷纷以失败告终,但这些合作思想却对世界合作社运动产生了重大的影响。此外,国家干预和合作的思想也被资本主义国家和社会主义国家用到经济管理当中,借助这些思想,他们有力地应对了很多经济困难。

▲布朗反对阶级斗争。图中三人来自不同的阶级,左边是资产阶级的贵族,中间是商人,右边是宫廷女子。

圣西门
——实业制度代替资本主义制度

出生于法国贫穷贵族家庭的克劳德·昂利·圣西门（1760—1825）受到马克思的高度赞誉，马克思和恩格斯将圣西门、傅立叶以及欧文并列为三大空想社会主义者。

圣西门在年幼的时候接受过良好的教育，因为向往民主自由，他反对神学和封建制度。与家庭决裂之后，他作为一名常备军参加了美国的独立战争，并在约克郡战役中崭露头角。北美独立战争结束后，圣西门回到法国，放弃军官头衔的他，在土地国有化过程中成了一名大投机商，利用国家财产进行投机活动。战争期间货币贬值严重，他用赊欠的方式购买，再用迅速贬值的纸币来支付，从中赚了不少钱。可是后来因为社会动乱，圣西门经历了破产和入狱的不幸。正是这些经历，使出狱后的圣西门否定暴力革命，并广交社会名人学者，发奋读书，弥补学识上的不足。

▲圣西门像

重新开始学习的圣西门已经40岁了，可他还是写下了不少关于哲学和经济学的著作。在19世纪20年代之后，圣西门集中出版了一系列社会主义的著作，如《论实业制度》《实业家问答》《论文学、哲学和实业》和《新基督教》，他全新的经济学观点，很多都是来自他对哲学和历史学的认识。比如圣西门认为，人类社会是不断上升和进步的，社会会按照自己的规律有序进行，这种规律就是通过斗争，新生事物必将战胜衰老事物，创造新的时代。他指出，人类经历过的奴隶社会和封建社会都是发展所产生的结果，资本主义社会最终也会被取代。

圣西门批评资本主义制度是变相的奴隶制度，因为在这个社会金字塔的最上面依然是游手好闲、骄奢淫逸的资本家，他们不怎么工作却拥有社会绝大多数的财富，而社会底层的广大劳动者却恰恰相反，他们不分昼夜地劳动却生活得潦倒贫困。

另外，资本主义制度下的资本家并没有给劳动者应有的尊严，可怜的劳动者还是和奴隶社会一样，受到资本家的百般残酷剥削和折磨。劳动者被要求工作极长的时间，被支付极少的劳动工资。资本主义要求市场自由开放，政府无作为的态度也无疑使劳动者的情况雪上加霜。

资本主义的核心就是利己主义，这种利己思想某种时候是会节约社会成本的，但是它的弊端更加明显，受到利己主义侵蚀的人们，唯利是图，一切向金钱和利益看齐，道德则靠边站；贪得无厌的人们甚至还通过对外战争掠夺他国财富，给整个人类都带来了巨大的灾害。

圣西门明确指出，资本主义制度不会是永恒的制度，它只是一个过渡阶段，因为随

▲圣西门批评资本主义就是变相的奴隶制度,资本家和富人阶级处在社会金字塔的上层,享受广大劳动者辛勤创造的大部分财富。

着历史的发展,它终会被一种新的完善的社会制度代替。圣西门称未来的这种完善的社会制度是"实业制度"。实业制度下,就需要有远见、有才能的学者组成最高科学委员会,主管科学、文化和教育事业的发展。同时成立最高行政委员会,该委员会主管行政、生产和财政的工作。实业制度要满足人们的需求,保证人们享有最大程度的自由,要使实业制度发挥它最大的优越性。圣西门认为其核心的任务就是建设完善的财产分配制度。

圣西门指出,分配制度要坚持任人劳动的原则,按照劳动量、劳动者才能和资本进行财产分配。他坚持民主平等,能人治理的理念,旨在使无产者成为享受公平分配的成员。他把懒惰视为罪恶,对待工作与勤奋很虔诚,为了能实现人人劳动,他还对懒惰者发起攻击。在这里,圣西门有一个首创性的贡献,那就是他提出脑力劳动也是劳动的一部分,脑力劳动者也属于劳动者——他把商人、农场主、银行家也都看作劳动者,承认他们私有财产的合法性。

以变革所有制为主导的实业制度,并没有那么彻底,因为圣西门不提倡剥夺私人财产,不主张废除生产资料资本主义私有制。从这些来看,圣西门似乎不是很纯粹的社会主义者。

傅立叶
——和谐的"法郎吉"

法国空想社会主义者夏尔·傅立叶（1772—1837），也因为法国大革命而惨遭破产。从小跟随父亲经商的傅立叶，很熟悉资本主义商业中的种种欺诈勾当，目睹了资本主义社会的贫富差距。经历过破产和战争后，傅立叶开始厌恶革命和战争。出于对旧制度的不满，他开始刻苦学习，汲取各方面的进步思想，努力寻找理想的社会制度。

▲傅立叶像

傅立叶的很多思想和圣西门接近，比如对社会发展的认识。在傅立叶看来，人类社会经历了4种制度，分别是蒙昧、宗法、野蛮和文明，每一种制度也都经历了产生、发展、壮大、衰败的过程，最终被一种新的制度替代，他所处的时代，也是社会发展的一部分而已。而且，傅立叶认为资本主义是万恶之源，所以，他通过多部著作去揭示资本主义制度的罪恶，如《全世界和谐》《四种运动论》和《新世界》等。这些著作中，集中体现着一个思想，那就是通过建立和谐制度来取代资本主义制度。这种和谐社会被命名为"法郎吉"，其本质是一个有组织的合作社。

傅立叶所设想的"法郎吉"打破了以往分散生产的格局。人人都可以申请入股加入"法郎吉"，这样人人都能成为股东，也就是一定意义上的资本家。如此一来，遍地都是资本家，也就意味着没有资本家了，借此就可以消灭阶级对立。在"法郎吉"工作的人们是按照个人兴趣来分配任务的，并且能随时变换工作。在这里人人平等，没有压迫和剥削。傅立叶认为，通过这样合理的机制就能创造大规模的生产，发展高度文明的科学和艺术。产品被生产出来之后，在涉及分配的问题上，傅立叶做出了详细的分配标准。他把"法郎吉"的收入平均分成12份，其中劳动收入占5份，才能收入占3份，资本收入占4份。不难看出，傅立叶和圣西门的观点又出现重合，那就是他们都认为劳动、才能和资本是财富的构成因素。

傅立叶想象着"法郎吉"的中心有着豪华的宫殿般的公共宿舍，而且这个合作社还会提供从摇篮到坟墓的社会保障，在这里工作的成员都能在里面幸福地生活。1832年，傅立叶和几个好友门徒又创建了一个"法郎吉"。

合作的生活方式是傅立叶思想的核心，他反对过分的专业分工，因为那会挫伤工人情绪。傅立叶还提倡两性之间完全平等，提议将妇女从家庭劳动中解放出来，以发挥她们的才能。虽然"法郎吉"最终以失败告终，但合作社成为傅立叶思想的纪念碑，它影响了当时的工人运动，启发后人产生更多的社会主义思想。

> **延伸阅读**
>
> 随着大工厂的出现，工业革命在促进财富增加的同时，却无情地摧毁了传统农业、手工业经济，美好的城乡生活不再，到处充满了贫困、恶行、疾病、饥饿。此时，一些历史学家认为政府放弃经济干预的行为是不正确的，这些希望通过温和改革或者暴力革命实现阶级平等的思想，构成了带有社会主义色彩的经济学。

西斯蒙第
——为人类谋幸福的学说

西蒙·德·西斯蒙第（1773—1842）是一位法裔瑞士经济学家和历史学家，原籍意大利，出生于瑞士日内瓦一个牧师家庭，后移居法国，曾在巴黎上过大学，在里昂当过银行职员。在1793—1994年革命动乱时期，西斯蒙第和父亲因与一些贵族有密切往来而被捕入狱。出狱后，西斯蒙第一家逃到英国避难。他曾因为革命形势的发展，在意大利居住5年，并利用变卖家产所得资本，在意大利购买了一个小农场，从那个时候起，西斯蒙第开始研究政治经济学。1800年，他重返瑞士，在日内瓦完成了他大量的学术著作，包括《中世纪意大利共和史》和《法国民族史》。

西斯蒙第的经济思想经历了两个不同的发展阶段，早年的他是亚当·斯密的忠实热情追随者。在1803年，西斯蒙第出版了他的第一部关于经济学的著作：《论商业财富或政治经济学原理在商业立法上的应用》，这本书中的内容大都支持斯密的学说。到了后期，他看到英国可怕的社会条件之后，于1819年出版了《政治经济学新原理》，在书中他明确指出，自由的资本主义企业一定会导致广泛的贫穷和失业，绝对不会产生像斯密和萨伊所期望的那种结果。由此，他向古典经济学发起了学术攻击。其实，早在现代工业社会兴起的时候，西斯蒙第就反对萨伊的市场定律，否定其供给决定需求的理论，并修改该观点为需求决定供给。

西斯蒙第不是一个纯粹的社会主义者，却为社会主义思想铺平了道路。西斯蒙第颠覆了以往如斯密、李嘉图等传统古典经济学家的观点，否定自由经济，认为自由经济主义会给社会带来灾害，他要求国家出台政策来调节社会经济和人们的生活。这一结论的推断过程为：资本家支付给工人的工资维持在最低水平，将多余资金投入机器设备，生产效率和产量就会得到提高，可是工人没有多余工资进行消费，就造成了生产过剩。过多的产品无法卖出去，就不得不停止再次生产，大范围失业就随之产生，最终导致企业破产。

▲由于18世纪欧洲人民的生活水平不断提高，对食物品种的要求越来越高，从而给商业贸易带来了更多的机会。

西斯蒙第的科学功绩在于提出了生产过剩和经济危机的必然性，不过他没有找到经济危机产生的真正原因，反而认为是消费不足所致，因此他强调生产要有目的性。尽管西斯蒙第并没有意识到是资本主义的基本矛盾导致了经济危机的发生,不过他却是经济周期理论的早期贡献者之一。他还试图建立符合小生产者利益的社会来规避资本社会的弊端,要求用宗法和行会原则来组织社会经济,甚至求助于法律来使私人利益朝着正确方向发展。现在看来,他这种试图恢复小生产所有制的做法是一种不现实的空想主义。

西斯蒙第说:"从政府的事业来看,人们的物质福利是政治经济学的对象。"的确如此,西斯蒙第始终将他的经济学思想用于社会细节,他没有把社会财富总值看得高高在上,而是呼吁政府更多地关注社会小群体的合理分配,保证工人生活工资和最低社会保障。作为小生产的代表,西斯蒙第并没有拒绝与商品生产相关的经济范畴,他鼓励进行小规模生产,认为小规模的家庭农场要比租佃农场更能体现收入的平等分配,把握生产与需求的对等,防止出现产品过剩的现象。

▲18世纪70年代后期的法国油画,描绘了一对知识分子恩爱夫妻正在平等地学习和讨论,自由、平等的观念已经深入人民的心中。

西斯蒙第希望通过强迫雇主为疾病、失业和老年工人提供保障,共享利润,以促进资本家和工人的合作相处;建议政府保护穷人,提供永久就业,给工人一定的闲暇时间和助理教育来增强他们的才能;他还是第一个提出无产者概念的人,用来形容工人工资收入。西斯蒙第以他独特的经济学理论和人道主义精神启发着整个社会,为我们留下宝贵的智慧财富。

欧文
——新拉纳克试验田

罗伯特·欧文(1771—1858年)生于英国北威尔士,他和圣西门、傅立叶一样,是当时著名的社会主义先驱人物。欧文是全家七个孩子中的第六个,由于出生在一个贫苦的家庭,欧文7岁就开始参加劳动,9岁时在伦敦一家小店里当学徒,20岁在纺纱厂做工人,后来因为跟苏格兰一个工场主的女儿结婚,而被任命为该场经理。可以说欧文是从社会底层摸爬滚打上来的,从小便目睹资产阶级对工人的压迫和剥削,深知其中的辛酸和苦楚,所以他对广大的劳动阶级充满了同情。

▲欧文像

欧文从小就很聪明,家境贫寒却酷爱读书,很早就出去谋生的经历使欧文比同龄人更富有远见。成为工场经理后,他有意通过管理改革来减轻工人们的负担,同时还积极进行理论上的研究和学习。这些智慧以各种著作为载体出现在人们的世界里,如《关于新拉纳克工厂的报告》《论工业制度的影响》《致工业和劳动贫民救济协会委员会报告》和《欧文选集》等。他的著作引起人们广泛关注后，欧文也更加积极地为劳动者权益立法而努力工作。在《论工业制度的影响》一书中，他就呼吁制定改善工人劳动条件的议会法案。在他的不懈努力下，议会终于在1819年第一次通过了限制工场女工和童工劳动日的法案。

欧文的思想主要是通过他建立的新拉纳克试验田来实践的。痛恨资本主义制度的欧文希望用公有制来替代资本主义制度，他心目中的公有制要求除了日常生活用品外的财产都是公共占有的，也就是生产资料全民公有。在公有制管理下生产出来的产品要按需分配。按照这个思路，他在新拉纳克进行了一场世界瞩目的改革。

欧文把新拉纳克纺纱厂变成了一个模拟公社，他把成年工人的劳动时间缩短为10个小时，工资也相对提高。这里的儿童从10岁才允许工作，但是欧文鼓励他们12岁以后参加工作，中间的时间要多进行学习，为此，欧文为所有适龄儿童提供了免费的学校教育。他还为生病和年老的工人提供医疗和养老保险，将食品、衣服等日常用品以成本价出售给贫困的家庭。但这并不意味着工人可以养尊处优地生活，那些工作不好的工人还是一样会被解雇。良好和谐的工作环境促使工人们努力工作，欧文也因此获得了比其他工厂更多的利润。

新拉纳克的效率工资高于市场平均工资，这样就可以减少工人的流动，提高生产效率。这也是斯密曾经提出的一个观点，在欧文这里才得以实现。欧文为适龄儿童提供教育，使他成为历史上第一个创立学前教育机构的人。欧文整套的企业管理经验受到后人推崇，这使欧文成为现代管理先驱。同时，规模逐渐扩大后，欧文才发现自己领导着一支日益壮大的无产阶级队伍。由于影响力不断扩大，他赢得了更多与政府和资本家进行谈判的机会，迫使英国政府修改了反工会法，他还创立了全国劳动交易平等市场。

尽管欧文指导的新拉纳克改革以轰轰烈烈的态势进行，可因为工厂工人思想水平不一致，体力劳动者逐渐减少，技术专员也极度匮乏，更为关键的是欧文一味地让利给工人，使得经营经费严重不足，无奈之下，欧文在1829年撤回了投资。虽然这场公有制改革以失败告终，但是欧文的思想激励了整整一代社会主义者。可以说，如果没有欧文空想社会主义理论的阐述和实践，马克思的科学社会主义至少要晚很多年产生。

马克思的《资本论》
点亮人类幸福的圣火

卡尔·海因里希·马克思（1818—1883），全世界无产阶级的伟大导师、科学社会主义的创始人，在政治、经济、哲学领域都有着震古烁今的不朽成就，是伟大的政治家、哲学家、经济学家、社会学家、革命家。经典著作有《1844年经济学哲学手稿》《哲学的贫困》《关于费尔巴哈的提纲》《共产党宣言》《剩余价值论》《资本论》等。

1818年，马克思出生于德意志联邦普鲁士王国莱茵省一个律师家庭中，18岁时，马克思从伯恩大学转学到柏林大学学习法律专业，但是期间他大部分时间都用来学习哲学和历史。1841年，马克思的论文《德谟克利特的自然哲学和伊壁鸠鲁的自然哲学的差别》得到学校委员会一致认可，顺利获得耶拿大学哲学博士。

马克思毕业后的职业生涯尤显坎坷。大学毕业后，马克思被聘用为《莱茵报》主编，这份报纸成了马克思毕业后进行革命工作的重要的第一步。马克思刚去主持这份报纸的工作，遇到了在马克思思想发展史上颇为有名的"林木盗窃问题"——在德国西部有大片的森林和草地，生活在这里的居民可以在这些地方砍柴、放牧。后来，一些贵族地主把森林和草地都霸占了，不少居民想到山林中去拾些柴草，却被认为是"盗窃"。广大居民不满，德国议会不得不认真审议这些事情。可是，他们只为贵族地主考虑，审议结果是居民们的行为确为盗窃。马克思对此感到十分气愤，他便在《莱茵报》上写了一系列文章发表自己的看法，严厉抨击了普鲁士政府的做法。对于《莱茵报》所发表的观点，普鲁士政府非常气愤，他们立刻派人查封了《莱茵报》，迫使它停止印刷。马克思一气之下，辞去了报纸的主编职务。

▲卡尔·马克思像

后来，马克思又因发表批评俄国沙皇文章而失业。幸运的是，其间他认识了一生挚友弗里德里希·恩格斯，出身工场主的恩格斯不仅十分赞同马克思的主张，还经常在生活上资助贫苦的马克思，赞助他开展活动，在马克思逝世后还帮其整理文稿。

痛恨资本家和统治阶级的马克思因为政治立场，曾4次遭受反动政府的驱逐，最后只能失业在家，钻研"复杂的政治经济学分支"。马克思的思想受到了很多人的影响，主要有斯密、李嘉图、恩格斯、达尔文、黑格尔、费尔巴哈以及一些早期的社会主义者。

在阅读斯密和李嘉图著作的时候，马克思对李嘉图的劳动价值论尤其感兴趣。在此基础上，去除李嘉图理论中不足的部分，马克思提出了自己的劳动理论。受社会主义者的影响，他赞成用未来的社会主义取代资本主义社会制度，并通过剥削理论、经济危机理论来证明资本主义社会的罪恶和缺陷。达尔文的进化论、费尔巴哈的唯物论和黑格尔的辩证法被马克思充分吸收融合，进而提出了整套的社会主义科学理论。

《资本论》是马克思以唯物史观思想为指导写出的科学著作，该书研究的是资本主义生产方式和与它相对应的生产关系和交换关系，书中用了6个相关的概念，包括劳动价值论、剥削理论、资本积累与利润率下降趋势、资本积累与经济危机、资本积累与财富集中、阶级斗争，揭示现代社会的经济运动规律。

▲《资本论》书影

《资本论》不仅是一部经济学著作，也是一部划时代的哲学著作，是一部对人类历史进程有着深刻影响的百科全书。

在劳动价值论一章，作为可以获得利润的最直观的因素，马克思以"商品"为起点来分析资本主义社会。首先，马克思明确了商品的两个因素，即使用价值和交换价值。使

▲ 三等车厢

用价值又有以下几个特点：商品依靠自己本身的属性来满足人们的某种需要；有用的商品能从质量和数量上来考察；使用价值只能在使用和消费过程中得到体现；使用价值是商品的自然属性，与人们为了获得它而消耗的劳动没有必然关系。而交换价值的特点则是：交换价值涉及与其他商品交换的数量比例；它可以与任何形式的商品进行交换，不管是有实体存在的还是虚拟的；交换价值体现人类劳动，具有社会属性。最后，马克思总结这两者的关系是：使用价值是交换价值的内容和基础，交换价值是使用价值的表现形式。一件商品必须将使用价值和交换价值统于一身，而人不能兼得商品的使用价值和交换价值。马克思进而总结出价值规律，即商品按照等价交换原则在市场进行流通，但是每次交换不意味着交换价格与价值完全一致，价格总是围绕价值上下波动。

是什么决定了商品价值，也就是交换价值呢？马克思的回答是：在现有社会正常的生产条件、平均的社会劳动熟练程度和劳动强度下，生产该商品所需要付出的社会必要劳动时间。那么什么是社会必要劳动时间？假如生产一个水杯的平均时间是5个小时，那么一个工人因为技术不熟练、偷懒，或者有其他事情耽误，他生产出一个水杯的时间是10个小时，那这个杯子只值5小时的价值。同样，还有一位老师傅手艺熟练，只用了3个小时就生产出一个杯子，那这个杯子也值5小时的价值。这两个师傅对比，就引出劳动生产率的概念。商品价值量与劳动生产率成反比，劳动生产率高的师傅，单位时间生产杯子的数量多，总价值量高。

马克思的劳动价值论和李嘉图的劳动价值论不同，马克思认为劳动时间决定了商品的绝对价值，而李嘉图认为不同商品的相对价值与各自耗费的劳动时间成比例。与此同时，马克思注意到，如果说生产出来的商品都是按照它们社会平均价值出售，那资本家如何获利呢？这个疑惑开启了马克思探究剥削剩余价值的大门。

马克思发现工人身上表现出两个市场因素，一个是工作时间，还有就是工资。迫于生存的工人们说："制定或选择的工资时间长短不完全是为了我们自己。"为什么呢？以马克思的举例来阐述。假设一名工人及其家庭每天必须消费的商品是社会必要劳动下6个小时的价值，但是现实中的工人每人每天的工作时间是12小时，相当于一天工作时间满足了两天家庭需要。资本家发给工人的工资是3先令，在这里马克思是用半先令来表示1小时劳动力价值的，也就是说劳动力工作12小时应该得到6先令，少得的3先令就是被资本家剥削的剩余价值,支付工人低工资以及延长工作时间是资本家剥削工人的主要手段。马克思认为,资本家在消费劳动力的同时也就是创造商品剩余价值的过程。当然这3先令也不是资本家自己全部占用,他们还要向银行交纳利息,给土地主交纳地租。结合劳动价值论,马克思提出可以通过提高生产

▲无产阶级在极其恶劣的条件下从事着繁重的工作。

率代替延长工作时间,增加剩余价值,降低劳动力价值。

按照马克思的思路,资本主义生产重要的方式就是扩大再生产,将剩余价值资本化是其渠道之一。资本积累的结果是社会财富越来越多地集中在少数资本家手中,而穷人阶级却饱经生活折磨,愈加贫困,无产阶级规模壮大,贫富对立的两极分化严重,政治上的阶级斗争就不可避免了。马克思还认为,资本家终究会面临利润率(利润率指剩余价值与投入总资本的比率)下降的问题。他曾发现,在生产成本一定的情况下,劳动密集型行业会以低于价值的价格出售其商品,这样直接导致了生产过剩、生产停滞和企业亏损的现象。马克思指出这是资本主义经济内在的缺陷,不尊重市场规律,资本主义生

▲全世界无产者联合起来
工业革命的到来,使欧洲产生了穷苦的工人阶级,而马克思则成了所有无产者的代言人。

产力和生产关系之间矛盾激化的趋势就是经济危机。

马克思认为,工人劳动创造全部价值,资本家会剥削其剩余价值,这样就会产生利润率下降问题,也会加重穷人的贫困程度,引起不满。生产规模扩大,商品增多,却没有足够的市场去消费,资本市场的产品过剩,进而引发经济危机,最终引起阶级斗争。长久反复这样的经济周期,资本主义社会制度将会走向终结。

纵览马克思的经济理论,也有几个缺陷。首先,马克思从无产阶级立场出发,完全漠视了土地、资本、企业家才能、技术也是生产性的资源,共同构成了商品的价值。另外,资本家之间也会竞相竞争,通过高工资来吸引高素质工人。从历史上看,在马克思的著作问世几十年的时间里,工人的真实工资得到提高,工作时间得以缩短,工作环境也得到改善。最后,马克思坚信资本积累致使利润率下降是引发经济危机的重要原因,事实上,资本收益率和利润率是伴随着经济周期波动的,而不是呈现下降的总趋势。

第五章
边际主义

门格尔
——吃第一块牛肉与第三块牛肉的感觉不同

卡尔·门格尔（1840—1921）生于加利西亚（时为奥地利领土，现属波兰）一个律师家中。早期，门格尔曾在维也纳和布拉格大学学习，后来又获得克拉科夫大学的博士学位。毕业后，门格尔先是做财经记者，撰写一些经济分析的文章，这为其日后进行经济学研究做了不少准备工作。随后他又在奥地利首相办公厅新闻部工作。1871年，门格尔出版了他开创性的著作《国民经济学原理》，该书被视为奥地利学派不可动摇的基石理论。同年，边际学派的另一位代表人物威廉姆·斯坦利·杰文斯发表了《政治经济学理论》。1874年，瓦尔拉斯发表《纯粹政治经济学要义》。他们三位开启了19世纪70年代新古典经济学的"边际革命"，他们的理论使西方经济学发生重大的变革，门格尔也成为奥地利学派当之无愧的开山鼻祖。

门格尔是一个追求完美的人，他的长期目标是出版一本关于经济学的系统著作和一部关于整个社会科学性质的综合著作。为了完成目标，门格尔辞去维也纳大学政治经济学教授的职务，全身心投入到研究写作中去。1883年，门格尔出版了他的第二部著作——《关于社会科学，尤其是政治经济学方法的探讨》。这本书的出版引起了奥地利学派与德国历史学派关于经济学方法的论战，而这场论战持续到20世纪初才偃旗息鼓。此后漫长的几十年，门格尔不断修正自己的经济思想框架，并寻求突破拓展。到了后期，门格尔因不满意自己的写作，很少再出版作品。1921年，在距离81岁生日不到3天时，门格尔溘然长逝，留下大量不完整、混乱的文稿。

门格尔的一生很简单。前一阶段是教学，后一阶段是研究。

世人对教书的门格尔这样评价，"卡尔·门格尔教授虽然年已五十，却精力充沛，思路敏捷。讲课时极少使用讲课笔记，除非确证一个引语或时间。他表达观点的语言简洁明了，强调时所作的姿势也恰到好处，以至于听他的课可谓是一种享受。学生们感到自己是被引导着而非驱赶着——至今很少听说过还有哪一位教授能有如此宽广的哲学思维，杰出的才

▲门格尔像

▲19世纪棉花交易情景

在《国民经济学理论》中,门格尔将"交换"看作货币的起源,当以物易物的形式严重阻碍了交易进程、交易范围时,需要一种中间媒介在物物之间周转,货币就是这种媒介物。

能,能清晰简单地表达思想。即便最笨拙的学生也能听得懂他的讲课,而聪明的学生则总能受到启发"。

门格尔对经济学的影响更是巨大的,边际效用价值理论就是他在经济学上最大的贡献之一。

门格尔的价值论借助效用的概念,没有使用数字,而是选择制表,且用最寻常的事例来解释边际效用递减和边际效用平衡过程。假设一个饥饿难耐的人,终于有牛肉可以充饥了。那么,在吃第一块牛肉时,他一定是狼吞虎咽的,吃完一块后,饥饿感缓解了很多,假定这块牛肉给人带来的效用是10;还没有吃饱,这个人开始吃第二块牛肉,假定第二块牛肉给人带来的效用是9;现在这个人明显状态好多了,不过为了完全消除饥饿感,他又吃下了第三块牛肉,第三块牛肉的效用是8。为什么每块牛肉的效用定值不一样,而且还是递减的呢?拿我们最熟悉的例子来说吧,就好比吃自助餐,带着饥饿的胃进去到餐桌,第一时间看到的食物带给我们的渴望是最强烈的。几串烤肉下去了,饥饿感不明显了,接下来再吃点水果、点心,饥饿感消失了,又喝了些饮料,已经饱了。此时,我们甚至已经没有再吃东西的欲望了。同样的道理,虽然牛肉都能满足食欲,但是第一块的效果比第三块要好,关键是因为在吃第一块的时候,我们处于饥饿状态,是渴望最强的时候,而第一块牛肉就成了满足我们身体需求最有效的食物。

在效用的计算上面,门格尔认为每单位都与边际单位具有相同效用,所以他便把最后一单位的边际效用乘以单位数,以牛肉为例,$8 \times 3=24$。此处和杰文斯不同,杰文斯得出的结果是,$10+9+8=27$。门格尔将交换价值等同于总效用,杰文斯

美味	好吃	满足	有点撑	痛苦	恶心	不再吃
第一个	第二个	第三个	第四个	第五个	第六个	第七个

▲边际效用递减规律图示

将交换价值等同于边际效用。在这个问题上,现代经济学家通常更接受杰文斯的观点。

边际主义者强调消费者需求的重要性,边际效用和总效用的概念指的就是消费者需求。在市场需求方面,门格尔在其著作中谈到对垄断的讨论,就反映出他对向下倾斜的市场需求曲线和不同的需求弹性的正确理解。我们赞扬门格尔,但也要注意到他理论的不准确之处,比如,他没有考虑到边际生产成本上升对确定商品相对价值的作用。瑕不掩瑜,门格尔的真知灼见极大地推动了经济学的进步,也保证了其在经济思想史上的位置。

庞巴维克
——价值论与市场价格

欧根·冯·庞巴维克(1851—1914)师承门格尔的边际主义思想,是奥地利学派主要代表人物之一,该学派的理论思想在庞巴维克这里得到了最完整的表述。

年轻时期的庞巴维克在维也纳大学学习法律,并先后在海得尔贝格大学、莱比锡大学和耶拿大学攻读政治经济学。庞巴维克不只是奥地利学派学说的全面发展者,也是奥地利政府的财政部长。在庞巴维克对经济贡献中,具有突出创意的一点是对时间因素的分析,在他著名的利息贴水理论中,就可以清楚地看到他将时间因素结合到分析之中。他指出在经济生活中导致利息上升的3个因素,是现在为主的导向、对财富增长的预期、

▲18世纪法国食品和燃料的经常性短缺,导致民心不稳,这些运小麦和木材的船只大受欢迎。

迂回的生产。利息就是现期消费品价值和价格的贴水。

当然，作为典型的边际主义者，庞巴维克在边际经济学的研究上面也有高明的见解。他认为效用是价值的本源，强调"稀少"这个因素也是构成价值的特殊动力。他用一个小故事来说明稀缺性对商品价值的影响。

一位名叫戴维的波斯商人，家住在山青水秀的乡镇，他长期出远门经商。有一次，他带领商队去往遥远的东方——中国，途中需要经过茫茫大漠。不幸的是，他们遇到了沙尘暴，被困在沙漠久久不能逃出困境。时间长了，他们带的水不够喝了。饥渴难耐，富余的钱财在此时也没有用途，这时有人出价要买水喝，并且一个高于一个。看到这个场景，戴维想起家乡的清澈泉水，不禁叹息道："真是物以稀为贵啊，在这里水比金币都贵啊。"

▲1873年发明的打字机，由于需求量大而产量少，所以价格高昂。

由此，庞巴维克指出，生产要素的价值决定原理同消费品一样，是"效用和稀缺性"使其具有价值。

庞巴维克认为价值取决于边际效用，他还将商品分为单件商品和整批商品，探讨它们的边际效用递减规律。就单件商品而言，效用会随着满足次数的增加而递减，人们根据财富对自身的有用程度来评价其价值的大小；如果商品具有多种且相互排斥的用途，那么它的价值由最重要的用途来决定。而就整批消费品而言，在需求保持不变的情况下，供给量越多，那么产品的边际效用和价值就越小；随着商品数量的增加，总价值量和总效用量会呈现出从小到大，然后又从大到小直至为零的不规则现象，总价值量则是先升后降。

在完成效用价值理论后，庞巴维克又阐述了市场价格的形成理论。他是从一对孤立的买者和卖者说起的。在马市有8个卖马者，10个买马者，这10个买马者对一匹马的主观评价分别为30、28、26、24、22、21、20、18、17、16英镑；8个卖马者对一匹马的主观评价则为10、11、15、17、20、22、25、26英镑。交换竞争的结果，是马的价格必然在20~22英镑。卖马者会尽量要高价，出现一个价格的最高限，而买者会尽量出低价，出现一个价格最低价。在两者博弈之后，成交价就位于供求双方的上下限之间，价格就由这两者的主观评价决定，这也是城市生活最有生机活力的一幕。若其双方对马的主观评价悬殊，则不可能成交。这样庞巴维克就较好地解决了主观价值论与市场价格之间的矛盾。

同时，庞巴维克在门格尔理论的基础上，还创造性地提出了补全物品价值决定理论。补全物品是指用途相互补充的物品，比如说纸、墨、笔一起用才能书写文字，羽毛球和羽毛球拍也要一起才能发挥的效用，同样的还有两只眼镜框、针和线、左右手、两只手套等。补全物品的价值是由构成整体的几部分效用加和得出的。

庞巴维克认为，补全物品价值的决定分为两种情况：第一，补全物品组（全体）的价值是和它们作为一个整体所能提供的边际效用适应的，比如纸、墨、笔三个产品，它们组成一个书写的补全物品组，那么它们的总效用就是100；第二，如果补全物品组的各个成分都有替代品，或能单独使用，且各替代品单独使用时的效用小于综合使用时产生的效用，全组价值就由各替代品孤立效用综合决定。如原来整体纸、墨、笔的边际效用是100，单独三者的边际效用是40、30、20。此时，全组物品的价值就不再是100了，只是90。

▲古波斯贵族的纯金马战车
虽然这辆战车的效用同现实中的马车相比小得多，但由于黄金及文物的稀缺性却使其具有更大的价值。

在补全物品内部组成部分之间，每个产品价值决定也有两种不同情况。第一，如果物品组中各个成分除了联合使用外无其他用途，又无代替品，那么其中一个成分就具有物品组的全部价值，而其他成分没有价值。生活中有很多常见的例子，如左右手的手套、两只鞋子、一副眼镜的两个眼镜片，丢了一只手套，如果无法买到与丢失手套一模一样的另外一只，那么剩余的一只手套是没有价值的。我们会发现在生活中，类似于这样的产品都是整体销售的，市场上没有人只卖一只手套。鞋子和眼镜也一样，如果没有能力获得与之前一样的物品，那么它们也就没有价值了。第二，物品组中个别成分在联合使用之外还能提供别的较小的效用，且无替代品时，其价值的决定以其单独使用时的边际效用量为最低限制，以全组联合使用的边际效用量减去其他成分单独使用时的边际效用量的差数为最高限度。

每个人对物品主观评价不同，但一种物品的市场价格却是统一的，解决这个矛盾就能说明价格分析交换过程。庞巴维克在主观价值理论基础上提出了客观交换价值论，交换和边际效用是客观价值的理论来源。

在市场中，卖者希望高价售出，获得更多收益，买者希望低价购入，减少货币支出，用效用最小的物品换取效用最大的物品，这些都是以人们的主观评价为基础的。由此得出，市场价格是交换双方对物品评价相互平衡的结果，交换者对物品的主观评价则由物品对他的主观效用而定。所以，买卖双方的讨价还价行为就成了经济生活中最普遍的现象，市场均衡价格的形成就取决于买卖双方对财货的主观评价，这种平衡又是由交换竞争中形成的财货的边际效用决定的。

在庞巴维克看来，商品价格的形成和主观价值的形成极其类似，两者都受到边际的影响。竞争者经济利益的动机，要求与竞争者中最有能力的对偶谈妥生意。由于所有较弱的竞争者都没有绝对影响，而所有较强的竞争者又相互抵消，所以只有他们是直接有效的成分，而市场价格是他们合成的结果。这样，庞巴维克很好地解决了客观价值论和市场价格之间的矛盾。

克拉克
——边际生产力

约翰·贝茨·克拉克（1847—1938），生于英国罗德岛，美国经济学家。著名的经济学派人物托尔斯坦·凡伯伦是克拉克在卡尔顿学院的学生。25岁从阿赫斯特毕业，到德国学习经济学，之后差不多3年的时间里，他都待在海德堡。在这期间，有一位对他影响很大的教授——卡尔·克尼斯。克尼斯给了克拉克很多关于边际效用经济学方面的学术建议。

其后，克拉克前往美国卡尔顿学院执教，在此期间，克拉克发表了他的第一篇经济学论文《财富的新哲学》，该文通篇都在阐述效用，却没有将效用这种主观感受用边际的概念解释清楚。1887年底，在克拉克的另外一篇涉及效用思想的论文中，他详细讨论了需求的问题，在解释如何满足需求的时候，他几乎已经发现边际效用递减规律。1899年，《财富的分配》一书出版。书中，克拉克以静态经济学作为研究对象，提出了边际生产力的理论，被誉为"以现代方式出现的第一部主要的美国著作"。其实早在1880年左右，从未深入研究杰文斯著作的克拉克，似乎就已经形成了相当独立的边际效用概念，所以克拉克的儿子曾说："克拉克提出边际效用价值论虽晚于杰文斯和其他的首创者，但显然是独立的。"

边际生产力指其他要素数量不变，而单位某种生产要素离开（或加入）生产过程时所引起的商品产值减少（或增加）的量。克拉克的边际生产力也是建立在边际收益递减基础上的，不过不同于以往只将该理论运用于农业的做法，而是将土地、资本、劳动力、技术、企业家看作是生产力的组成要素，克拉克将这一结论应用到所有生产要素中。他作了一个潜在假设，那就是当一种要素变动时，所有其他的要素尤其是技术都保持不变。

▲当就业变得相当困难时，虽然工厂里的工作十分辛苦，也要靠不断地努力才能得到。

▲ 由于越来越多地利用机械进行大规模粮食生产，农业工人的工资也越来越低。

所有这些要素都是同质的，可以自由转化的。由此，他进一步在分配方面展开分析。假设资本不变，就是说厂房、设备、材料等资源不变，而增加劳动力的投入，可想而知，每一单位的劳动力所平摊到的设备就少了。为了使用机器，劳动力需要在生产线上排队等待，也许最后一个劳动力一天也没有等到使用机器的机会。这样算下来，平均每一单位劳动力生产出来的商品比以前每单位的产出是减少的。同理，如果劳动力不变，资本是可变并增加的，工人根本没有时间去使用机器和工具，就会造成他们的闲置。产生收益递减的原因是相对于可变要素而言，固定要素被过度投入使用。每增加一单位可变要素的生产力是递减的，这体现出生产力递减或称为边际收益递减的规律。

在资本不变，劳动力增加的例子中，克拉克把最后一单位劳动力生产所得称为边际产量，这也决定了工人的工资水平。他认为工人的工资水平是由最后追加的工人所生产的产量来决定的。如果工人所增加的产出小于付给他的工资，雇主如果继续雇用他，最后只能亏本经营，所以雇主就不会雇佣他。相反，如果工人所增加的产出大于所付给他的工资，雇主就会增雇工人。所以，只有在工人所增加的产出等于付给他的工资时，雇

> **知识点击**
>
> 生于德国迪伦的经济学家赫尔曼·海因里希·戈森是边际效用理论的先驱代表。学习法律和公共管理学毕业的他，曾做过律师和地方政府税务官，退休后才专注于经济学研究和写作。1854 年，赫尔曼出版了《论人类交换规律的发展及人类行为的规范》一书，在该书中，他提出了效用递减规律，即认为人们对商品的需要，随着需要不断被满足，所感受到的享受程度逐渐递减，一直达到饱和状态。在此基础上，他提出边际效用相等规律，指在效用递减规律的作用下，达到最大限度享乐的方式。

主才能既不增加雇佣者也不减少所使用的工人。

克拉克对自己的边际收入分配理论认识清晰，他说这套理论是静态的，很适合做纯粹分析的工具。经济是不断变化发展的，我们无法保证有一套准确预测未来经济发展走势的理论，克拉克理论的前提假设限定比较多，像没有任何经济干扰，劳动力、资本、消费倾向没有变动等。他的这一理论属于经济动态运行过程中的一个静止点，在该均衡点反映出真实规律。也正是借由《财富的分配》，克拉克最早明确地区分了静态经济学和动态经济学。

在克拉克的带领下，美国经济学家队伍迅速成长起来。为了纪念克拉克对经济学的贡献，美国经济学会还设立了约翰·贝茨·克拉克奖章，每隔一年颁发给有前途的年轻经济学家。

帕累托最优
——苹果与梨的组合

生于巴黎的维尔弗雷多·帕累托（1848—1923）一生致力于社会学和经济学的研究。帕累托原籍意大利，属于热那亚贵族阶层。刚开始，他在意大利都灵综合技术大学攻读理科，1891年，帕累托接触到马费奥·潘塔莱奥尼的《纯粹经济学原理》，对经济学产生兴趣。1892年，帕累托接替瓦尔拉斯在洛桑大学教授政治经济学。1893年，他被任命为洛桑大学政治经济学教授。这开启了帕累托新的职业生涯，从此，他在经济学领域的研究道路越走越宽。

▲帕累托像

经济思想史学者习惯将帕累托视为新福利经济学的开创者，而新福利经济学的依托就是瓦尔拉斯的一般均衡理论。帕累托也正是继承发展了瓦尔拉斯的一般均衡代数体系，运用立体几何研究经济变量之间的关系。"帕累托最优"是以帕累托名字命名的经济学概念，是帕累托最重要的贡献之一，他是在经济效率和收入分配中最早使用这个概念的。帕累托最优也可以称为福利最大化或是经济效率，它是指公平与效率、资源分配的理想状态。这种状态下，在没有使任何人情况变坏的基础上，另外至少一个人情况会变得更好。用我国经济学家盛洪在《满意即最佳》中的一句话"一个简单的标准就是，这项交易是否双方同意，双方是否对交易结果感到满意。"而谁也不愿意改变的状态，就是"帕累托最优"了。帕累托最优就意味着：

1. 资源的最优配置。
2. 产品和消费者的最优分配。
3. 产出数量最优。

我们可以通过举例来深入理解帕累托的含义。

这里需要借助边际效用递减的原理，以苹果和梨子为例。假设，A去超市买了5个苹果，邻居 B 在超市买了 5 个梨。回家后 A 发现，吃了一个苹果后，感觉没有什么新鲜感，不太想吃了，但是不吃又怕被放坏，于是他又吃一个，这次 A 发现自己是真的一点都吃不下去了。这也是边际效用递减产生的作用，第一个苹果带来的满足度最高，后面的会逐渐降低。同样的 B 也是这样的情况。后来，A 和 B 两人有了好主意。为了不把水果放坏，还能满足新鲜感，他们决定换着吃。这样 A 吃完两个苹果后，再吃一个梨子，其新鲜感不亚于第二个苹果，甚至是第一个苹果，而 B 也是一样的效果。于是，他们一直相互交换，在 A 水果数量、口感没有变坏的前提下，B 的情况也变好了。这就是水果资源在消费者之间的最优配置。

帕累托最优在为经济学家更好地理解经济效率的同时，也受到很多学者的批评。有些经济学家认为，帕累托标准是建立在静态观点下的最优，这种短期最优如何解释长期或者动态变化呢？也有一些经济学家认为，帕累托并没有强调社会中公平分配收入这一点，仅仅只是确立了任意现存分配的效率条件。这些质疑声对完善该学说起到了很大的推动作用。

帕累托撰写了一系列的学术著作，如《政治经济学讲义》《政治经济学提要》等。1897 年，帕累托偶然注意到 19 世纪英国人的财富和收益模式。在调查取样中，发现大部分的财富流向了少数人手里。同时，他还从早期的资料中发现，在其他的国家也有这种微妙关系一再出现，而且在数学上呈现出一种稳定的关系。于是，帕累托从大量具体的事实中发现：社会上 20% 的人占有 80% 的社会财富，即：财富在人口中的分配是不平衡的。这就是著名的帕累托法则，又称 80/20 法则，其实用领域由经济学推广到社会生活多个领域。与帕累托法则一脉相承，他又制出帕累托图，用来分析质量问题，寻找产生质量问题的主要因素。帕累托的很多经济理论推动了微观经济学尤其是福利经济学研究的不断向前。

马歇尔
——划时代著作《经济学原理》

阿尔弗雷德·马歇尔（1842—1924），近代英国最著名的经济学家。1842 年，马歇尔出生于伦敦郊区的一个工人家庭中。马歇尔曾经走访英国的贫民区，目睹了大量民众贫穷饥饿的窘迫生活环境，进入大学后，他并没有选择自己喜欢的哲学专业，而是选择了经济学。毕业之后的马歇尔投身于大学教育，先后在布里斯托尔大学和牛津大学讲授政治经济学。

马歇尔在经济学方面业绩卓著，建树颇丰。在马歇尔的努力下，经济学成为和人文、历史、物理一样独立的科学性学科。受他的影响，剑桥大学建

▲马歇尔像

▲如趋光的萤火虫一样,很多人聚集在克雷莫纳这个花园寻找着乐趣,因此这个花园持续35年生意一直很兴隆,后来由于忍受了长时间喧闹的当地居民怨声载道,于1877年被关闭,马歇尔认为追求满足是经济行为的动力,而避免牺牲则会制约经济行为。

立了世界上第一个经济学系。不论是任职教授期间还是退休之后,马歇尔始终坚持研究写作工作,撰写了一系列作品,有《对外贸易的纯理论与国内价值的纯理论》《工业经济学》《经济学原理》《经济学精义》《关于租金》《老一代的经济学家和新一代的经济学家》《分配与交换》《工业与贸易》等,其中的《经济学原理》被视为是继《国富论》之后最伟大的也是公认的划时代巨著,在经济学发展史上具有里程碑意义。

马歇尔将经济学定义为一门研究财富及人类欲望关系的科学,研究的目的在于解救贫困和增进福利。他采用折中主义方法,积极借鉴各种经济学理论,尤其是吸收了边际效用学说,最终,将供求、生产费用和边际效用的理论重新呈现在《经济学原理》中。该书可谓集19世纪70年代以后西方经济学发展之大成,在继承和发展英国古典经济学的同时,也为西方经济学微观经济学理论体系的建立奠定了基础。马歇尔也成为新古典经济学派的重要代表。

马歇尔撇开对价值的研究,将均衡价格作为《经济学原理》的基础和中心,提出3种均衡价格,包括几天内变动的暂时市场价格、短期的次政策价格和长期的正常价格。这些不同价格由供给和需求两种相反的作用力形成。擅长数学的马歇尔开始寻找一条可以用坐标表示的曲线:需求曲线。

马歇尔和其他边际学派的学者想法一样,认为人要通过享受效用来满足欲望。在满足欲望的过程中,一种产品的效用会随着人们享受的数量增加而递减。不过,效用是一个主观的东西,无法来衡量多少,只能通过人们愿意购买的数量,以货币数量体现出来,比如爱吃面包的就多买几个，多花些钱，不喜欢的就少买。在分析需求效用的基础上，马歇尔提出了他的需求概念。

在马歇尔看来，消费者愿意而且能够支付的价格是需求价格。他还将这种价格一分为二：消费者被商品吸引购买，产生购买欲望的部分是边际购买量，消费者真正愿意支付货币购买的是边际需求价格。那么，在货币数量、货币购买力不变的情况下，消费者拥有商品数量越多，购买其愿意支付的货币数量就越少。也就是说，他对该商品的边际需求价格是递减的。据此，马歇尔绘制了需求曲线。

横纵坐标轴中，横轴代表商品数量，纵轴代表价格，消费者在购买第一个商品时支付的价格是最高的。随着享受商品数量增多，越是后面购买的商品他愿意支付的价格就越低，这样就形成了一条向右下方倾斜的曲线。马歇尔还从中得出需求的一般规律：对商品需要的数量随着商品价格的下降而增多，随着商品价格的上涨而减少。在需求分析中，马歇尔还创造性地提出了商品弹性需求的概念，意思是当商品的价格出现变动时，消费者对这种商品需求量的变动程度。不同商品的需求弹性是不一样的，金银首饰富有弹性，因为价格高了购买者也就少了，而柴米油盐缺乏弹性，这种生活必需品即使价格上升，也有固定的市场需求。一般而言，生活必需品的需求弹性较小，奢侈品需求弹性大。

同样，供给也被马歇尔以曲线的形式表示出来，供给曲线是一条向左上方倾斜的曲线，表示价格越高，生产者的供给量就越多。马歇尔也对供给做了弹性分析，与需求弹性不同的是，受生产规模、生产成本、生产周期和生产难易程度等因素的影响，供给弹性的分类稍显复杂。生产规模大的企业，调整时间长，产品的供给弹性小；若在其他条件不变的情况下，某企业的生产成本随着产量的增加不会增加太多，那么产品的供给弹性就大，相反，供给弹性就小；生产周期短的产品技术设备调整较快，供给弹性大，相反供给弹性就小。生产工序比较复杂，对技术要求较高的产品，供给弹性小，相反，容易生产的产品供给弹性大。

有了需求和供给的曲线图，马歇尔将两个曲线重合相交，交点对应的即为均衡价格和均衡产量。事实上，价格和产量不会正好稳定在均衡位置，而是像钟摆一样在均衡点左右来回摆动。以上得出的是在正常市场下的均衡价格，马歇尔所处的19世纪末，垄断已成为社会经济中较为普遍的现象，并趋于经济中的支配地位。对此，马歇尔进行了必要的探讨。在对垄断现象的看法上，他认为，垄断只是因为资源稀缺而产生的，如果垄断者将商品定价过高，产额利润会吸引其他生产者进入该行业，众多生产商的竞争就使本来的垄断商失去垄断地位和高额利润收入。鉴于此种情况，垄断者就要降低价格，增加供应量，以占领更多的市场份额。如此一来，不仅对垄断者有利，对消费者和整个市场结构都是有好处的。所以，马歇尔积极建议英国政府不要过于限制垄断企业的发展。现在看来，这种对垄断的判断显然是存在错误的。

> **知识点击**
>
> 马歇尔所处的时代是西方主要资本主义国家向垄断资本主义过渡的时代。在当时的英国，周期性的经济危机经常威胁到资本主义经济的正常运行。在国外，德国和美国工业的迅速发展，很快成为英国在国际贸易上的有力竞争对手。素有"世界工厂"称号的英国，经济实力已相对较弱。英国的统治阶级为了保障其国内外的经济地位，加强资本主义经济的发展，迫切需要一种新的经济学说来为他们服务，马歇尔的经济学说就是为了适应这个新的需要而产生的。

▲ 马歇尔认为土地只有需求价格，没有供给价格，所以，地租只受土地需求的影响。

马歇尔在均衡价格论的基础上，提出了他的分配理论。他认为，国民收入是由劳动、资本、土地和企业家才能这四种生产要素对应创造出的工资、利息、地租和利润构成。他把萨伊提出的3种生产要素首创性地加入企业家才能要素，扩充为4种生产要素，并用均衡价格理论对4种生产要素进行了分析。

马歇尔认为劳动和其他商品是一样的，也具有需求价格和供给价格，两者均衡的体现就是工资。劳动的需求价格由劳动的边际生产力决定（劳动的边际生产力是指在生产资料不变的情况下，随着劳动者数量增加，生产力却递减的现象）。利息作为付出资本的报酬，它的均衡表示资本的需求价格和供给价格达到一致。资本的需求价格取决于资本的边际生产力，也就是资本所能提供的净产量。

我们知道，资本作为生产要素，也符合生产力递减的规律。利润被马歇尔认为是资本家经营企业承担风险的报酬，他的利润理论也被称为"管理工资说"。马歇尔认为利润的大小取决于企业组织管理能力的需求和供给，利润作为企业生产成本的一部分，其数额大小，大约等于资本的供给价格、经营能力的正常供给价格、企业组织的正常供给价格3种价格之和。

关于地租，马歇尔认为土地作为一种天然产物没有供给价格，只有需求价格，所以土地没有生产费用。因为土地供给是固定的，没有供给价格，所以，地租只受土地需求的影响。他肯定农业报酬递减规律的存在，在一定土地上，不断增加资本和劳动，农产品的总产量虽然是在一直增加，但是产量的增长速度却是递减的。

马歇尔作为局部均衡分析的鼻祖，不仅在微观经济学有着卓越贡献，在宏观经济学方面也有不少创新研究。马歇尔提出用购买力平价的概念来解释不同国家货币之间的汇率。他也尤为关注社会贫困问题，认为在劳动市场中，机器的使用致使非技术劳动者的就业选择日益狭窄，影响非技术劳动者的生活水平。

马歇尔还有一项重大的贡献便是发现和培养了庇古和凯恩斯两位著名的经济学大师。马歇尔在剑桥大学任教时，对经济学感兴趣的学生并不多。不过马歇尔留意到庇古这位性格温和却坚定的学生，经过马歇尔的潜心培养，庇古不负所望，成为福利学派的重要代表人物。18岁的凯恩斯在旁听经济学原理课程时，被马歇尔称赞有杰出的天赋，将会在经济学领域成为伟大人物，并在第一次世界大战结束后，请凯恩斯去剑桥大学做经济学讲师。

庇古
——"福利经济学之父"

对福利经济学的研究最早可以追溯到斯密和边沁的古典经济学思想,之后的经济学家也有谈及福利问题,比如马歇尔,而他的学生庇古则进一步继承发扬了老师的学术理论。

阿瑟·塞西尔·庇古(1877—1959)出生在英国怀特岛,父亲是一名军官,母亲出身于政府官员家庭。进入剑桥大学学习历史专业的庇古,在人生重要导师马歇尔的影响和鼓励下,转而开始研究政治经济学。1900年,庇古从剑桥大学毕业,并于1908年接替马歇尔职位,任职剑桥大学的政治经济学教授,直到1943年退休。庇古一生的经济著作有很多,比较出名的作品有《财富和福利》《福利经济学》《失业论》《社会主义和资本主义的比较》《就业和均衡》等,其中1920年出版的《福利经济学》是庇古最著名的作品,该书对西方资产阶级经济学界造成了很大的影响,庇古也因此被称为"福利经济学之父",成为福利经济学的创始人。

与导师马歇尔一样,怀着对穷苦人强烈的人道主义情怀,希望为政府实施各种福利政策提供理论依据,庇古将研究领域更多地投入到社会福利方面。在《福利经济学》的序言中,他提到应该把经济学作为改善人民生活的工具。庇古基本上延续了马歇尔的学术思路和框架,如依靠局部均衡的"旧福利"分析等。不过,庇古生性谨慎,在一些不合社会改革的地方,他做出了更加深入的探讨和修正。

舍弃诸如自由、安全、公平这些广义的社会福利概念,庇古将研究范围缩小为能用货币衡量的狭义福利。在以自由竞争为前提的基础上,他用国民收入作为社会福利的衡量尺度,影响经济福利的因素则是国民收入总量和分配情况。根据边际效用,庇古提出两个基本福利命题:

第一,国民收入总量越多,社会经济福利也就越多。

第二,国民收入分配越是均等化,社会经济福利也就越好。

就第一个命题,庇古引申出要使社会资源达到最优配置的问题。要知道,增加以单位生产要素,在不同阶段不同部门之间所获得的产出是不一样的。只有边际私人纯产品和边际社会纯产品相等时,才能达到资源最优配置。如果边际社会纯产品大于边际私人纯产品,国家就应当进行补贴来扩大这

▲工人排队领取福利救济。

▲ 美国妇女展示她们的社会保险卡。罗斯福总统为保障美国公民的社会福利，引入了养老保险、失业保险和事故保险。

个行业的生产，相反，就要通过征税缩小其生产。庇古认为，通过这种补贴和征税，就能实现外部效应的内部化，这种建议被后人称为"庇古税"。

就第二个命题，庇古提出了收入分配均等化的问题。他认为，效用的不同人之间是可比的，从货币的边际效用来看，富人的货币边际效用要低于穷人。举例说，把货币看作是商品，富人拥有的货币量本身就很多，再给他100元钱，对富人来说没有多大满意度，但是对于穷人来说，满意程度就会很高。所以，庇古建议通过向富人征税的方法，将所得税款用于支持社会福利建设，相当于把富人一部分钱转移到穷人身上，一定程度上促进了收入平等。

此外，庇古还超前地提出自愿转移和强制转移收入的建议。自愿转移就是富人自觉出资，投入到科技、文化、教育、医疗等社会事业上。强制转移是国家对自愿转移的补充，主要是通过税收，比如财产税、所得税、遗产税等，进一步帮助实现收入从富人向穷人的转移。这些分析为现代公共财政学研究奠定了理论基础。但庇古又说政府干预会使人们将资源用于当下，将来的数量就会减少，为了防止经济福利递减，实现最大化经济福利，他提出要鼓励储蓄，减少征税储蓄税。

以庇古的福利经济学为分水岭，包括庇古在内的以前的福利经济学称为旧福利经济学，其后的称为新福利经济学。

除了专注于经济学的福利部分，庇古在经济学其他领域也卓有建树，提出了很多深刻的理论，比如著名的庇古效应、对外部效应的解读，对价格歧视的探讨等，对其后经济学家在垄断定价理论的探讨，提供了理论依据，具有积极意义。庇古也是第一个反对凯恩斯宏观经济学革命的学者。

庇古的性格也有两个阶段，第一次世界大战之前，庇古乐观快乐，爱与人交往，第一次世界大战之后，因不想上战场伤害他人性命，庇古拒绝服兵役，成了一个相当孤僻的隐居者。

> **知识点击**
>
> 新福利经济学又称新古典福利经济学，是在对旧福利经济学进行修改、补充和发展基础上，于20世纪40年代前后形成的一门经济学科。新福利经济学的内容主要包括：1. 效用序数论。该学派认为人与人之间存在差异性，所以效用在每个人之间也是无法比较的，但是每个人都会在收入和市场价格既定的条件下，根据各自的偏好，使效用趋于极大值。2. 最优化条件论。受效用序数论的影响，该学派着重研究"最优化"问题，"帕累托最优"就是其中的代表性理论。3. 伯格森和萨缪尔森的社会福利函数论。该函数论主要研究"最大福利"的伦理标准和满足条件。

第六章 凯恩斯主义

凯恩斯革命序曲
——罗斯福新政

20世纪30年代，西方世界经历了最严重的一次经济危机，这次经济大萧条震撼了各主要资本主义国家，涉及所有的殖民地和半殖民地。从1929到1933年，经历了长达4年之久的大危机，资本主义世界陷入长期的萧条之中。当时，美国5500家银行倒闭，大量工人失业，工厂停止生产，商店关门，商品滞销，人们生活水平直线下降，积累的财富眨眼间付诸东流。资本家宁愿将卖不出去的牛奶倒入大海，把粮食焚烧，也不救济穷人，这无疑加深了阶级矛盾。

▲富兰克林·罗斯福像

1933年，富兰克林·罗斯福临危受命，就任美国第31位总统，上台后就展开了一系列的经济救助措施，这些措施被称为"罗斯福新政"。他的新政内容可以用"三个R"来表示，复兴（Recovery）、救济（Relief）和改革（Reform）。具体内容如下：在金融方面，积极推出挽救银行的改革措施。下令银行休业整顿，财政部监督其重新开业，逐步恢复银行的信用。为了应对钱荒，罗斯福放弃金本位制，停止黄金出口，使美元贬值，促进美国出口，刺激经济。他还通过相关部门制定立法，加强对证券市场、货币市场的改革。

救济是罗斯福新政的重要内容，有以工代赈、社会保障制度。1934年，联邦紧急救济署通过以工代赈，给失业者提供从事公共事业的机会，为众多行业的职员提供了合适的

▲1929年11月初在纽约切尔西银行门口挤兑的人群。

81

工作岗位，维护了失业者的自力更生精神和自尊心。第二阶段，他通过多项立法，包括《社会保险法》《公平劳动标准法》等，为老年人、失业人员提供了保险保障，还着力改善劳动者穿不暖、住不好、吃得差的情况。还在《公平劳动标准法》中明确规定了合理工作时间，提高工资水平，限制童工，提高工资环境质量等。

罗斯福新政犹如一道闪电，截断了经济萧条的路途，新政效果立竿见影。其后，美国经济回升、市场稳定、失业人数大幅度下降，资本主义制度得到调整、巩固与发展。更为关键的是，罗斯福开创了国家干预经济新模式，美国进入国家垄断资本主义时期。新政在美国和世界资本主义发展史上具有重要意义。

罗斯福新政的思想精华与凯恩斯等学者主张的宏观经济不谋而合，经济大危机和罗斯福新政成为凯恩斯经济学产生的催化剂，直接推动了凯恩斯思想的产生。经济大萧条的出现更加印证了国家干预经济的重要性，凯恩斯认为，资本主义不可能通过市场机制自动调节到公共事业健全、充分就业、投资消费均衡的状态，他反对自由放任主义，强调通过政府这只"看得见的手"来维护国家垄断资本主义的利益。在1936年出版的《就业、利息与货币通论》中，凯恩斯系统地阐述了其理论。该书的核心问题是如何达到市场供求双方力量的均衡，实现充分就业。融合心理学、法律学，凯恩斯提出有效需求、简单国民收入、经济周期、充分就业、乘数等理论。《通论》一经出版，便引起了西方经济学界和政界的轰动，有人将《通论》的出版视为是经济理论上的"凯恩斯革命"。

理论的准备
——"投机家"凯恩斯

约翰·梅纳德·凯恩斯（1883—1946），英国著名经济学家，因"凯恩斯革命"而闻名世界。凯恩斯出生在英格兰的剑桥，父亲是一名著名的逻辑学家和政治经济学家，母亲是一名法官，还担任过剑桥的市长，对公共事务和社会化工作极其感兴趣。受父母影响很深的凯恩斯，14岁从伊顿中学毕业后进入剑桥大学国王学院学习。期间，凯恩斯遇到马歇尔和庇古两位出色的经济学导师，并跟随他们攻读经济学，被导师认为是天才。

在印度事务部任职时，凯恩斯写下了他的第一部经济著作：《印度通货与金融》。偏好数学推理的他，因一篇优秀的概率论论文而入选剑桥大学国王学院院士，同样，以一篇指数讨论的文章获得亚当·斯密奖。凯恩斯28岁时成为《经济学杂志》的编辑，同时管理着该杂志出版方——皇家经济学会的投资（在他的管理下取得了非比寻常的成功）。另外，凯恩斯还是英格兰银行管理机构的重要成员，并担任一家人寿保险的董事会主席和其他几家大公司的董事。由此可以看

▲约翰·梅纳德·凯恩斯像

上篇 经济学的故事

▲巴黎和会是一战后帝国主义的分赃会议,帝国主义战胜国都企图借此机会掠夺战败国,抢占弱小国家的丰富资源,以扩大自己的势力范围,凯恩斯作为代表无力影响结果,深以为耻。

出,凯恩斯是一名成功的金融家,也是一名成功的投机者。

1919年,凯恩斯向家人借来数千英镑,创建了一个外汇投机账户,开始了期货交易。最初,他将外汇投机当作一种消遣,只是为了锻炼自己的知识和判断力。很快,通过外汇和外国商品交易,凯恩斯得了50万英镑的收入,这份收入是非常可观的。不过,投机市场的不确定性远远大于其他市场,即便是凯恩斯这样拥有深厚学术知识和实战经验的经济学家依然会被市场打败。好景不长,凯恩斯判断失误,造成大额度亏损,最终导致破产。

这次失败并没有使凯恩斯停滞不前,相反,根据这一事件,他倒也领悟出了一点投机者的含义:如果投机者像泡沫一样漂浮在企业发展的洪流中时,他未必会产生危害,但如果企业成为投机主体时,这种泡沫一定会爆破,那时候的形势会很严峻。比如,人们大多是以投机心态工作时,工作多半是做不好的,而一国积累的资本也会变成是赌场的副产品。

接下来,凯恩斯重整旗鼓,继续外汇操作。后来,他的投资兴趣扩延到棉花、小麦、铜、锌、橡胶、黄麻等大宗商品上去,最后进入证券市场,并获得了成功。1937年以前,凯恩斯主要从事商业经营活动,创建国家投资公司、经营大型保险公司。所有这些市场投资经历和数据信息,都为他日后的

▲伦敦市的新证券交易所,这里吸引着英国各个阶层的人来进行投资。

研究所利用——如在凯恩斯重要的流动性偏好理论中，投机需求就被视为人们持有货币的原因之一。1926年，凯恩斯出版了《自由放任的终结》，这本小薄书有着他对当时市场很多风险、无知、不确定性的认知。他指出，大企业通常是一种彩票，有些人借不确定性和无知获利，这样就导致财富分配的不公平、失业和对理性经济预期的失望。

投机行为还为凯恩斯积累了巨额财富，保证他能够在衣食无忧的情况下，集中精力去完成学术研究。不过，家财万贯的凯恩斯仍然过着简朴的日子，他还慷慨解囊帮助朋友渡过难关。因受母亲关注社会福利事业的影响，作为数个慈善信托机构顾问的凯恩斯，在支持慈善事业方面亦是毫不吝啬，通过各种方式来支持慈善事业的发展。

凯恩斯的《通论》
——经典著作

1936年出版的《就业、利息和货币通论》，是凯恩斯的代表作，这本著作是1929—1933年西方资本经济大危机的直接产物，其中的思想开辟了经济研究的新阵地，更把宏观经济研究提到很高的水平。凯恩斯提出了政府适度干预经济的主张，极大冲击了长期占据统治地位的传统古典经济学派的理论，因而形成了声势浩大的"凯恩斯革命"。有人将这一理论誉为是一场像"哥白尼在天文学上，达尔文在生物学上，爱因斯坦在物理学上一样的革命"。

凯恩斯《通论》中有许多与以往传统古典经济学不同的地方。

首先，凯恩斯理论的立足点是要治疗资本主义存在的弊病，他没有像马克思那么激进，希望通过阶级革命重建新的社会制度，相反，凯恩斯准确地为资本主义把脉开药，寻找出资本主义自身存在的重要防疫系统主体——政府，顺势提出几个已经存在的问题症结。第一，彻底改变以往只依靠市场自动调节的做法，加强政府干预，扩大政府在调节经济中的职能。第二，摒弃过去注重储蓄积累社会财富的观点，他反对节约，提倡消费，甚至是浪费性消费。第三，强调投资，尤其是私人不能涉及的公共领域，因为消费不足所遗留的投资缺口不能交给私人，须由政府掌握。第四，鼓励政府用扩大财经开支的学说代替健全的财政原则，主张财政赤字，弥补有效需求不足。

凯恩斯能提出不同于传统经济学的学说，关键在于他对很多经济概念都有着不同的见解。在对经济危机的问题上，受传统经济学思想的影响，人们信奉萨伊"供给会自动创造需求"的理论，认为产品生产出来会自动与相应的产品进行交换，不用担心产品过剩的情况甚至经济危机的发生。在凯恩斯看来，这是极其荒谬的观点，他以有效需求为切入点，详细解释了需求不足所

▲ 危机来临，许多美国人只能靠领救济金维持生活。

> **知识点击**
>
> 瓦尔拉斯的《纯粹经济学要义或社会财富理论》共8篇,该书围绕产品定价、分配、再生产、流通和经济发展问题,逐章逐节进行了详细阐述。该书第一篇阐述了经济学研究对象。第二篇和第三篇研究消费品和消费服务的价格决定问题。第四篇和第五篇重点讲解分配和再生产问题,研究资本形成和固定资产的价格决定问题。第六篇研究流通资产的决定问题。第七篇从宏观入手,研究决定经济发展的因素。第八篇将研究定位在非完全竞争市场方面,研究垄断和国家赋税对价格形成的影响。

带来的一系列经济不良症状,投资热情的下降、工厂规模的缩减、工人非自愿的失业、经济的不景气。

产生这种分歧的原因是对市场机制作用的不同看法。传统经济学家如斯密相信"看不见手"的作用机制,认为资本主义机制有自动的调节性和完善性。凯恩斯驳斥了这种观点,并认为政府亦是经济发展强大的助推手,尤其是政府,一定要实施积极的财政政策,刺激消费和投资,拉动市场需求,抢救经济危机。

▲1930年一幅卡通画抨击胡佛的《家业减负计划》,图中总统被描述成稻草人,端着一把枪赶走艰难岁月,"尽管它不完美,"胡佛说:"但我相信总会有点帮助。"政策的不合理性加速了经济危机。

凯恩斯的《通论》也并不是十全十美的。比如,他对私人浪费和公共浪费一样赞同,支持蒙德维尔的"蜜蜂的寓言"——一个繁荣社会为了获得储蓄的利益,而放弃豪华住所和娱乐的悲惨故事。虽然凯恩斯存在一些极端的观点,但是不可否认,《通论》以及凯恩斯本人都为经济研究开拓了新空间,是一名伟大的经济学家。

凯恩斯定律
——有效需求

与有效需求的概念相类似的消费不足概念,最早出现在英国经济学家马尔萨斯的《政治经济学原理》中,当时他就预见社会有效需求不足可能就会导致资本社会经济危机的产生。1936年,凯恩斯重提有效需求概念,这一次凯恩斯将其系统化,并尝试结合更多经济现象,寻找它们之间可能存在的联系。那什么是有效需求呢?凯恩斯认为,有效需求就是商品的总供给和总需求达到均衡时的社会总需求。有效需求首先要有效,然后它是一种均衡状态,是长期动态变化中的一种稳定状态。在这里需要指出,均衡并不意味着有效率。

▲位于旧金山以南75千米的硅谷是美国电子科技行业的大本营。它在1950年随着电子计算机的问世应运而生，是由斯坦福大学实验室演进而来的电子高科技园区，目前已成为全世界发展速度最快、规模最大的高科技和微电子科研产业区。

那么通俗来讲，有效需求到底是什么意思呢？假如一位女孩想出嫁，但找不到满意的男孩，这是男孩有效供给不足；反过来，男孩有心娶姑娘，但是达不到姑娘的要求，这对姑娘来说，就是不能满足她的有效需求。

凯恩斯试图用有效需求论来解释经济萧条时商品滞销、工人失业的现象。首先，他认为有3个因素在影响有效需求，即消费倾向、资本边际效率递减规律和流动性偏好。

其一，消费倾向是一种现象，就是人们的消费会随着收入的增加而增加，但是消费的增加量一般比收入的增加量小。可以想象，在满足基本必需的日常生活消费和精神消费后，如果收入还是持续不断增加的话，消费是很难以同样的比例跟进的，这就导致了消费需求的不足。

其二，资本边际效率与边际消费递减相类似，在投资初期和中期，投资和收益能够同比例增长。但是在后期，有些会因为产业发展末期，有些会因为行业有差额利润存在，更多的企业为了抢占市场导致收益下降，收益呈现出下降趋势，这就影响到投资者的投资热情和消费者需求。

其三，流动性偏好融入了心理学内容，人们为日常交易需求预留部分现金，但却不去消费，这称为交易动机；为可能出现的疾病等意外变故预留现金，这是谨慎动机；投机动机则是人们会准备部分现金，去进行市场的投资来获利。出于这三种动机，人们会保持一部分货币现金在手中，而不会用来消费。

有效需求为什么会不足呢？有效需求由消费需求和投资需求组成。边际消费倾向递减、资本的边际效率递减和流动性偏好"三大社会心理因素"造成消费需求和投资需求不足，进而造成商品滞销、失业增加，整个国民经济在大量失业和闲置资源的情况下达到均衡——形成"富裕中的贫困"现象。为了弥补收入与有效需求之间这个缺口，就只有采取必要的政策，刺激投资的增加。因此，凯恩斯指出，有效需求理论可以概括为：根据大众心理，整个生产和就业水平决定于投资总量。

研究有效需求有什么意义呢？在凯恩斯看来，以前的经济学家和工厂企业对需求尤其是有效需求的重视程度不够，认为生产是创造财

▲罗斯福政府为扩大政府支出，修建了一批大型工程以提高就业，图为1937年修建的金门大桥，耗资达300万美元。

富、促进经济不断发展的重要方式。凯恩斯一反他们的观点，认为不是供给决定需求，而是需求决定供给。殊不知，有效需求不足直接导致产品无人消费，生产不景气就只得缩小规模，裁减人员，非自愿失业人数就会增加，经济形势也会严峻起来。当然，过度需求也可能会造成通货膨胀。

总而言之，有效需求理论是凯恩斯宏观经济的核心内容，是增加社会有效需求的对抗经济萧条的对症良药。所以，政府要在经济萧条期刺激社会需求，经济过热期抑制消费需求。

相对收入说
——消费比较

凯恩斯的绝对收入消费理论认为一个人的消费行为只是由收入和边际消费倾向决定的。可是在现实生活中，是不是也有一些可以被量化的因素呢？美国经济学詹姆斯·杜森贝里认为，消费者的消费行为还会受自己过去的消费习惯和周围人消费水平的影响。这样说来，消费行为也是相对的，这就是相对收入消费理论。

詹姆斯·杜森贝里曾先后在麻省理工学院和哈佛大学任教，主要著作有《收入、储蓄和消费者行为理论》《经济周期与经济增长》《货币与信用：冲击与控制》，还与人合著《美国经济计量模型入门》《货币、银行和经济》等书。相对收入消费理论便出自他1949年出版的《收入、储蓄和消费者行为理论》一书，该书因研究消费理论和凯恩斯解说而闻名，有着很深远的影响。

杜森贝里的相对收入消费理论是从社会文化因素做假设出发的，他假定储蓄是文化消费的剩余；另一个假设的竞争是决定消费行为的普遍法则。在杜森贝里看来，消费是为了当下的竞争，储蓄是为了未来的剩余。经过竞争，剩余部分才被储蓄起来。

异于斯密、凯恩斯等人的观点，杜森贝里认为消费的长期和短期影响因素要结合起来。从短期来看，考虑到现期收入、利率等因素，储蓄会有一定波动，那储蓄的剩余也会引来消费部门的波动，但是从长期来看，收入减少对消费影响不大，收入增加对消费影响较大。比如，一个人的收入突然增加很多，那么相应的，他的消费水平肯定也提高

▲ 当一个英国人初至巴黎，他必须尽快寻找裁缝、鞋匠及其他手艺匠，以求达到外在衣着上的一致。模仿是人的本性，图为一些外国旅行者身着巴黎服装在巴黎皇家画廊散步。

很多；如果一个人的收入减少了，那么根据他以往的消费习惯，他的消费水平向下浮动的空间并不会很大，这是因为棘轮效应的存在。

棘轮效应是指消费者的消费习惯形成之后，向上提高容易，向下调整不易，体现出一种不可逆性，尤其是在短期内，这种习惯的特征更加明显。举例来说，富家子弟由于家道中落，生活拮据，消费水平直降，因为受高峰收入时的消费行为影响，他最开始的时候是最难以适应的。这与凯恩斯主张的消费可逆性是截然不同的。

在时间上，人们有成型的消费习惯；在空间上，杜森贝里也认为周围人消费的攀比和模仿也影响着个人的消费行为，这一点可以概括为示范效应。示范效应是指由于人们的欲望，会希望在消费水平上赶上或者超过同一阶层的其他人，或是如果收入相对下降，他们会顾及社会地位。受这种欲望心理的影响，个人就会动用储蓄，增加消费支出，该行为也被称为"打肿脸充胖子"式消费。这种心理会促使短期消费函数随着社会平均收入和消费的提高而上移。

总体来说，杜森贝里的理论可归纳为两个效应说，即棘轮效应和示范效应，相对收入消费理论可以说是在绝对收入消费基础上的细化，进行了一定的修正和发展，我们可以很容易地在身边发现类似的情况。示范效应下，超前消费和过度消费普遍存在。同时，随着世界经济联系的紧密性加强，在国际区域内的消费模仿也逐渐明显：西方欧美时尚着装的传播，刺激很多其他国家的人们盲目追求高档次消费，来迎合社会审美。

当然，该理论本身也有许多不完善的地方，最突出的一点就是没有足够的经验研究佐证。杜森贝里研究的范畴更多的是社会消费行为，人们相互之间的影响，一个团体影响另外一个团体，而不是相互独立个人的消费

知识点击

IS-LM 模型，是由英国经济学家约翰·希克斯和美国经济学家汉森共同提出的分析模型，该模型作为宏观经济的研究工具，主要描述产品市场和货币市场的互动变化关系。IS 曲线代表产品市场的均衡，LM 曲线代表货币市场的均衡，即需求＝供给，在产品市场和货币市场同时均衡条件下，进而研究国民收入和利率的关系。该学说认为，个人或家庭的消费和储蓄水平，仅由家庭的现期收入决定的，长远来看，则是由其劳动收入和财产收入的预期长期收益决定的。这也就意味着，个人或家庭的消费和储蓄水平决定于他们在其生命周期中所处的阶段。

行为。其棘轮效应说明了消费具有一定稳定发展的特性，有稳定经济的作用。不过很多经济学家对杜森贝里消费不对称的说法持怀疑态度，因为从实际情况来看，短期收入和消费呈正相关关系，并不存在很明显的不对称性。

利息
——放弃流动偏好的报酬

经济学中"流动性"的概念，是指在价格合理的市场，持有一种资产需要花费多长时间变通为货币形式的财富。按照时间不同，流动性最高的是货币现金，其次是银行存款，之后就是一些金融理财产品和股票等，耗时最长的就是不动产。当然这个前提就是市场自由、价格合理。

流动性偏好就是偏好手持货币现金的愿意程度，人们出于交易动机、预防动机和投机动机，会手持一定数量的现金。资本本身是具有价值的，既有经济价值也有社会价值。其实，手持货币主要是为了应对社会生活中的一些意外事件，这就是货币的社会价值。比如，如果要借钱给朋友，可能收取一定的利息，同样，要"借钱"给银行，即存钱到银行，也会得到利息。在这里，利息就是对流动性的补偿，这是我们在损失流动性和社会价值的基础上做出的牺牲，需要有等价的价值来弥补。另外，在时间上，今年的100元和明年的100元价值肯定是不一样的。随着时间推移，货币在周转使用过程中发生价值增值的现象称为货币时间价值，利息也是对时间推移做出的补偿。货币价值理论可追溯到节欲论，又被后人进行补充形成。

在不考虑通货膨胀和市场风险的作用下，放弃流动性在数量上会得到绝对数的补偿，即为利息，相对数的补偿是利率。因为有收益，人们会把限制的货币通过各种各样的形式进行投资，通过利率补偿获得利息、股息、红利等各种收益。

以马歇尔、西尼尔等为代表的古典经济学派，认为利率取决于资本的供需双方力量。利率上升，储蓄增加，两者同方向变动；利率下降，投资上升，两者反方向变动。凯恩斯认为，这种理论忽视了收入的作用，收入是储蓄和投资的源泉，没有收入，储蓄和投资无从谈起。凯恩斯加入收入的因素，将范围进一步缩小到纯货币上来，认为利率是由货币市场货币的供给量和需求量所决定的。

货币由央行发行，一定时期内的供给量是固定的，若形成在横纵轴平面坐标中，横轴表示持有货币量（L），纵轴表示利率（i），那么固定的货币供给量就是一条与纵轴平行的直线。货币持有量就是一条向右下方倾斜的光滑曲线，因为在利率高的时候，人们愿意持有的货币量少，随着利率的下降，人们放在银行所获得的利息补偿微乎其微，这时候人们会取出存款或是抛售证券，变为手持现

▲凯恩斯认为利息是人们放弃保存现金的报酬，能给人们带来快乐，所以利率通常为政府所利用来调节社会储蓄与消费的关系，如20世纪末，中国政府为刺激消费而降低利率，取得了很好的效果。

▲由于《银行保密法》颁布,瑞士银行业十分发达,瑞士人的储蓄率十分高,这为瑞士的发展奠定了基础。

金。这条直线和曲线相交的点就是达到均衡水平的利率。那么利率会无限下调吗?凯恩斯认为,当利率下调到一定程度不能再低的时候,人们反而会产生利率上升的预期,货币的需求弹性会变得无限大,无论多少货币都会被人们储蓄起来。体现在坐标图中,在某一利率水平,曲线末端会变成与横轴平行的直线,不再下降,这一段区域被称为是流动性陷阱,并且政府为刺激经济,这一区间的货币政策是无效的,只能依靠财政政策。

因为人们对利率具有高度敏感性,以及利率本身的强大调节功能,在利率公开市场化的一些国家,利率被用来调节经济运行。不过传统上认为的货币政策三大工具是法定存款准备金、再贴现和公开市场操作,这是一个传导机制,本质上都是通过运用货币政策影响金融机构的信贷行为,进而影响社会货币供应量和流通总量,最终实现对宏观经济的调整。

投资
利率与实际GDP

在《就业、利息和货币通论》一书中,凯恩斯曾说,该书首先是研究解决决定总产量和就业规模发生变化的力量到底是什么,而总产量的大小取决于投资支出。关于这一点,凯恩斯在有效需求理论中进行了阐述,即有效需求增加引起投资扩大,进一步增加就业和国民收入。如果说有效需求是核心,那么投资就是直接影响因素,需求不能有效转化成投资,后面的环节就不可能成立。

经济学中所指的投资主要是指新建厂房、购买设备、生产商品等商业投资,不包括购买股票、债券、保险等理财产品。根据投资范围的不同,投资被划分为重置投资、净投资和总投资。从投资形态来看,可以将投资分为自发性投资和引致性投资,自发性投资与收入水平无关,是一种独立进行的投资,与当时的经济状态无关,而是根据将来的预期实施的。引

▲这幅墨西哥壁画用夸张的手法描绘了早期的资本家为了追求利率而不惜一切手段进行贸易掠夺的场景。

致性投资是随着经济状况的变动而变动的,如果收入水平不断增加,就会需要更多的投资,适应生产力的要求,才能生产出足够的产品。

在现实经济生活中,国民收入和利率是决定投资的主要因素。利率是投资最直接的成本体现,货币使用者需要以利息的形式支付给货币供应者相应的报酬。投资和利率的关系如下:利率上升,利息上升,投资成本上升,投资需求下降;反过来,利率下降,利息减少,成本下降,那么企业的投资需求上升。因此投资需求是利率的减函数。简言之,利率提高,投资减少;利率下降,投资增加。影响利率的因素有:第一,平均利润率,利息是平均利润率的一部分,在其他条件不变的情况下,平均利润率上升,利息率也要上升;第二,借贷时间长短,借贷时间长,风险大,利息也就高;第三,物价水平的变动,物价上涨超过利息率,实际收益就成了负数。所以,在一般情况下,利息率要

▲巴拿马运河是连接太平洋与大西洋的海上交通要道,由美国1903年开始投资修建,在此后的几十年里为美国获得巨大的利益。

高于物价指数。

投资是国民收入的增函数。一方面,国民收入的总体水平决定了投资的规模;另一方面,国民收入的预期收益变动促使投资的相应变动。两者之间的关系如下:国民收入上升,储蓄增加,人们消费需求增大,需要更多投资。而国民收入下降的话,人们消费欲望不足,生产也就相对缺乏动力,投资需求也就会下降。由此来说,国民收入和投资是同方向变动的。

市场要进行投资时结合利率和GDP,可以根据投资曲线和投资乘数来确定投资决策。凯恩斯认为,随着投资的增加,资本的边际效率递减,在坐标轴第一象限会形成一条向右下方倾斜的直线,这就是边际资本效率曲线,它表示随着利息的下降,投资量会增加。由投资变动而引起的收入变动,叫作投资乘数。投资乘数发挥作用基于两个条件,一是社会的总供给大于总需求,社会生产力大量闲置;二是经济时间要足够长。

"经济人"的追求
——利益最大化

在亚当·斯密《国富论》中有这样一段话,模糊却生动地给出了"经济人"的概念——每天所需要的食物和饮料,不是出自屠户、酿酒家和面包师的恩惠,而是出于他们自利的打算。也许正是西欧商业经济的兴起,整个社会经济走向货币化,人们作为经济活动的主体才开始渐渐地独立出来。

我们可以看到这个概念的本质特征就是经济人是为追求物质利益,出于自身利益最大化的考虑,而进行经济活动的。这也导致很多经济学家用人性自私论来解释经济人。之后,经过多位经济学家对这一概念的修正,如西尼尔确立了个人经济利益最大化公理,约翰·穆勒又在此基础上总结出"经济人假设",后来的帕累托将经济人这个专有名词引入经济学。1978年,诺贝尔经济学奖获得者西蒙进一步对此概念进行修正,提出"有限理性"的概念,认为人是介于完全理性和非理性的中间状态,试图来纠正其中的局限性。

很多时候,经济人在他人眼中就等同于人性自私。其实不然,在经济人身上体现着3种不同的特质,自利人、理

▲每个人都在衡量自己的付出与回报,以使自己的利益达到最大化。

性人和市场人。首先，自利人是说为了追求私利，经济人在市场活动中会向着金钱利益看齐。见利忘义、认贼作父、颠倒黑白、指鹿为马都是平常之事，这样一来就不难理解那些昧着良心生产假冒劣质产品的行为了。他们生产交换考虑的不是社会的利益，而是自身的利益。追求自由平等固然重要，可是这种自由的观念无意中被扭曲成自我行为过分的借口。其次，理性人是指经济人在经济活动中的头脑要永远保持清醒，这种精打细算的思维使他们在经营上面肯花费大量时间。通过市场考察、成本计算、产品设计等，达到用最少的成本生产最适合市场需要的产品，以获得最大的利润。长期关注投入产出的均衡等问题，为经济趋于合理健康发展提供了丰富的理论和数据资料。第三，市场人。经济人的活动范围是市场，没有市场就没有经济人，所以，他们要自觉遵守市场条件下存在的一些制度、政策，而且不管是买方还是卖方，都不能完全由着自己的想法来，需要等到对方的同意才能达成交易，也就是斯密所谓的"主观为自己，客观为大家"。

对这个主观性色差强烈的经济人概念，我们承认它在推动经济发展、市场完善方面的重要作用，这种自发使部分领域产权清晰的经济行为，促使一些人力、物力、财力资本向高效的地方流动。

不过，经济人理论还存在着很多局限性。首先，它忽视了人的需求是多样性的。人们不只需要利益满足的，在马斯洛的需求层次理论中我们知道，人除了经济利益追求之外还会致力于获得尊重、安全、健康、情感和社会地位。人们生活在社会群体中，首要的身份就是一个社会人，而非经济人，社会环境决定了人的需求的多样性。其次，在现实中，人们不一定追求最大、最优、最满意的结果，而是在自己所知、所能及的情况下，选择行为方式达到最满意程度。比如要实现利益最大可能有牺牲生命的危险，在这种情况下，经济人是不会冒险去做的。再者，经济人研究受到时间限制，在经济发展后期不适用。这点是从历史的发展来反驳的，在经济发展初期，市场资源供应相对不足，那时人们对财富的理解就是真金白银、谷物粮食。为了得到足够供给的财富，人们会有经济人特征的行为出现，不过，在经济发展的后期，随着社会责任感、知识层次不断提高，人们的意识开始慢慢脱离经济人的束缚，着力于社会和个人、经济和环境的协调持续发展。这时候的经济行为所带有的自私自利色彩不再那么凝重。最后，经济人理论适用的研究领域有

▲ 美国的西进运动

人们在权衡了可能的风险与收益之后，纷纷进军开发西部。

限,尤其是在经济联系紧密程度加强、合作意识深入人心的当下,如社会福利、公共产品、区域合作、收入分配等领域,整个社会制度的完善和个人意识的醒悟,使经济人分析的作用更加受限。

如今,在一些领域仍能看到经济人行为,这种行为也产生了或好或坏的作用。针对那些不好的行为作用,就需要社会的道德监督,需要政府的制度引导和约束,使人的自利自私行为能在客观上推动社会的进步与发展。正如哈耶克所说,真正的问题不在于人类是否被自私的行为左右,而在于找到一套制度,使人们既能够根据自己的意愿做出选择,也能尽可能地为满足他人的需要贡献力量。

效率与公平
——神父分粥

我们先分享一个故事。一座教堂里有7个神父,他们每天分食一桶粥,可每次分的粥分量都不相等。为了兼顾公平,让每个神父都能吃饱,神父们尝试过很多分粥的方式。最开始,他们商定由一个最年轻的神父负责分粥,不过很快大家发现,除了他能吃饱外,其他人总是饿肚子,因为最年轻的神父总是自己吃饱后再给别人分剩下的粥。于是,在大家的倡议下换了一个神父,但这次依然是分粥的神父分量最多,其他人还是饿肚子。大家尝试第三种方法,这次提议轮流分粥,每天由一个神父来分粥。结果一周下来,他们只有在自己主持分粥的那天能吃饱,其余六天都是半饥饿状态,显然这种方法也行不通。第四种方法是推选一位德高望重的长者出来分粥。

起初这位长者还算公平,分给大家的粥基本差不多,但好景不长,他也开始为自己和讨好他的人多分粥,神父们认为这是监督不到位才有失公平,对此他们成立了三人的分粥委员会和四人的监督委员会。通过相互监督和提议来解决分粥过程中的不公平现象。

▲美国艾利斯岛在17世纪曾是荷兰人的野餐胜地,在以后的200多年里,填海造陆,大大扩大了岛屿面积,成为移民美国的主要关口。美国在200多年的发展里形成了一个移民大国,多种文化融合冲撞,对每个个体而言都以保护个人利益为第一原则。

可有时议案复杂,争执时间很长,委员们一番征讨下来,粥已经凉了。最后,他们吸取经验教训,想出第五种方法,依然是每天每人轮流分粥,不过当天主持分粥的人要最后给自己盛粥,也就是要先给其他神父分完之后才给自己。

出乎意料的是,依靠这个方法,每人碗里的粥分量几乎差不多,就像用仪器称量过一样。大家这才意识到,分粥人要尽量保证给其他人的量合适才不至于自己分量过少。从此,神父们都能吃上分量均等的热粥了。

在这个故事中,粥的分量是固定的,短时间内不能再增加,剩下的问题就是如何在坚持公平效率相结合的原则下把粥分好,既不能因为提案争执影响效率,更不能因为私心导致不公平。这就启示我们要敢于跳出传统思维去寻找新的解决问题的办法,不断尝试是必经的过程。制度是人们社会中成文或者不成文的规定,约束着人们的行为和利益归属,分粥其实就是一场博弈的过程,体现着制度在其中产生公平和不公平的效应,公平就是使各种力量的博弈达到均衡状态。规则却是至关紧要,有时候比技术更重要,规则是人制定的,它是不断博弈与交易的结果。

然而神父们吃不饱,除了粥分得不够,还可能因为粥的总量不够。也就是说,收入分配涉及效率和公平的关系,其中既包括如何提高粥的总量,也包括如何把粥分得更平等。我们知道,分配的基础是生产,没有经济发展,平等也不过是共同贫穷而已。比如,神父的粥不够吃,这时候就需要想办法扩大财富(粥)的总量——可以让神父们在山上开辟一片土地种植谷物收获粮食,或者是开辟其他的经济来源。

而在现实生活中,小到一个企业,大到一个国家,都是一样的道理,首先要有粥才有可能分粥,而且粥的分量要足,这样在人数一定的情况下,每个人分得的粥才会尽可能地多;粥做好之后,在分配的过程中还需要建立机制,保证公平和效率。其实做粥就是财富积累,很多的经济学家都做过理论解释,可以通过技术革命、产业升级、机构调整等方式来降低成本,提高效率。

萨缪尔森
——用教科书引导几代学子

保罗·萨缪尔森(1915—2009)绝对是美国经济学界极其重要的一位人物,是第一位获得诺贝尔经济学奖的美国人,他的经典著作《经济学》被译成40多种语言在全球销售,是全世界最畅销的经济学教科书,深深影响了几代人。

1915年,保罗·萨缪尔森出生在美国印第安纳州,父亲是一名药剂师。1936年,萨缪尔森从芝加哥获得文学硕士学位后,进入哈佛大学攻读理科科学并获得博士学位。这位公认的数学天才在哈佛学习期间被凯恩斯革命吸引,并希望能把

▲萨缪尔森像

> **知识点击**
>
> 在萨缪尔森《经济学》出版之前,众多西方经济学者将马歇尔为代表的传统经济学奉为圭臬,以马歇尔为代表的传统经济学把单个消费者、单个厂商和单个行业作为分析的出发点。萨缪尔森在充分吸收这些观点的基础上,还把凯恩斯主义的东西融合进来,比如他借鉴了凯恩斯主义的消费、投资概念及对宏观经济的影响。萨缪尔森把马歇尔的"个量分析"和凯恩斯的"总量分析"结合起来,自成一派,形成了萨缪尔森的"后凯恩斯主流经济学"。

数学应用到经济理论研究中去。1947年,萨缪尔森在博士论文中用数学提出证明了经济学的主要问题,这篇名为《经济分析的基础》的论文也为他赢得了很高的学术声誉。毕业后的萨缪尔森在麻省理工学院任职,专心于经济学研究,并发表了大量的文章,这些文章数学性强,很多都是只有专业领域人才能读懂的知识。

1939年,萨缪尔森发表了两篇论文,并提到了乘数和加速数的概念,这不是什么创新的概念,卡尔提出过乘数的概念,凯恩斯也将乘数用于他的研究。萨缪尔森在导师汉森的建议下,用微积分方程来解读了乘数和加速数之间的关系。萨缪尔森用微积分证明了消费(收入)的变化将取决于边际消费倾向的大小和加速数系数的大小,认为总需求的变动是引发经济周期的关键性因素:投资增加通过乘数效应引起需求和国民收入的增加。反过来,国民收入增加通过加速数效用又促使投资进一步增加,如此反复,经济便呈现繁荣的景象。一个环节出现不足,该循环就不会继续下去,经济就会出现衰退。

萨缪尔森还同其他经济学家提出了很多经济学思想,如有效金融市场理论。有效的金融市场指的是,所有的新信息都能很容易地进入到金融市场,并及时为大家所理解。在这样一个理性的市场中,任何一家企业的信息均能反映在股价上。该理论认为市场价格已经包含了所有信息,所以只依靠过去的信息或以往价格变化的形式来赚钱是不可能的,并且从长期来看,投机者是不能从有效市场中收获什么的。

公共支出理论是萨缪尔森与维克赛尔、林达尔、马斯格雷夫一起研究出来的结果。该理论认为,公共产品是所有成员共同享用的集体消费品,比如国防、路灯,不需要社会成员购买,人们却能实实在在地享受到它带来的好处,任何人都不能像私人产品一样占用,这就是公共产品的非排他性。公共产品的"免费搭车"现象隐瞒了消费者的真实需求信息,不能达到帕累托最优,而且公共产品无法靠收益弥补其成本,因此,私人是不愿进入公共产品领域的,这就需要政府公共部门的介入了。

作为首个荣获诺贝尔经济学奖的美国人,没有人对萨缪尔森的获奖感到诧异,萨缪尔森是凯恩斯的集大成者,凯恩斯的交叉图就是萨缪尔森的一个发明。萨缪尔森的研究领域很广,包括消费者行为、线性规划、国民收入决定因素、财政政策与货币政策以及福利经济学等,以至于很难将其归入到哪个学派。1948年,萨缪尔森把数学引入到经济学,编写出版了《经济学》一书,这是一本经济学入门教材,被全世界数以万计的大学生学习应用。

萨缪尔森的很多理论也被其他学派批评,比如对IS—LM曲线的解释就受到了很大的质疑,不过这些并不影响萨缪尔森的荣誉。萨缪尔森的一生有两个重要贡献:将数学引入到经济学;写下了一本被数万大学奉为经典的教科书。在萨缪尔森及其朋友的努力下,新古典主义的微观经济学和凯恩斯主义宏观经济学相结合的经济学原理发展为主流经济学。

格林斯潘
——"他一打喷嚏,全球都得下雨"

格林斯潘是美国任职时间最长的美联储主席,从 1987 年 8 月开始,历经四位总统(里根、老布什、克林顿、小布什)。格林斯潘喜爱音乐和运动,曾经在摇摆乐队中担当小号手,还在派拉蒙剧院下面的一家夜总会里演奏萨克斯管。金融界这样评论格林斯潘,"格林斯潘一开口,全球投资人都要竖起耳朵","他格林斯潘,一打喷嚏,全球都得下雨",甚至美国《财富》杂志曾经在封面写下这样一句话,"谁当总统都无所谓,只要让艾伦当美联储主席就行了。"由此也显现出格林斯潘在全球经济领域不可撼动的地位。

▲艾伦·格林斯潘像

艾伦·格林斯潘,1926 年出生在美国纽约市。在他很小的时候,父母离婚,格林斯潘由母亲抚养成人。中学时期,格林斯潘显示出优于常人的数学才华,不过此时的格林斯潘更钟爱音乐,在 20 世纪 40 年代,他在纽约一所著名的音乐学院接受了两年培训,因为在低音单簧管和萨克斯管方面过人的演奏技巧而进入摇滚乐队担当爵士乐演奏员。那个时候的他,经常会趁着中场休息,一个人躲在角落看经济金融书籍。一年之后,他离开了乐队,转而进入纽约大学攻读经济学专业。

1948 年,格林斯潘以优异的成绩从该校毕业,并获得学士学位。两年后,他继续在纽约大学深造,攻读经济学硕士,随后又在哥伦比亚大学攻读经济学博士。在哥伦比亚大学就读时,他同美丽的画家琼·米契尔结婚。同时,他和著名的经济学家亚瑟·彭斯成为挚友,共同搞研究。

1954 年,因为婚姻的终止,格林斯潘也中断了博士课程。随后他和纽约债券交易人威廉·图森共同创办了图森-格林斯潘咨询公司。这一年,格林斯潘 28 岁。这家公司成为格林斯潘后来 20 年的职业基地。图森去世后,接过公司经营权的格林斯潘扩展经营范围,开始向企业高层管理人员提供经济分析意见,开发了一批在金融和制造业领域颇具影响的客户。正是这一挑战性的思维,成就了格林斯潘的未来之路。

1977 年,格林斯潘拿到在纽约大学攻读的经济学博士学位。虽然已有 20 多年没再进行正规一点的学习,但他私下里给自己请了很多的老师,投入大量时间和精力阅读书籍、撰写论文,在微观宏观经济学、动态经济学、统计学等方面都取得了很大的成绩。格林斯潘有自己的主见,从不盲目跟从。他信奉经济自由主义,反对通货膨胀、垄断法和累进所得税。因为担当财经咨询顾问,从最基层实践中,他学会了如何使用复杂的定量技术去预测分析宏观和微观经济动向。长期的工作经历,使格林斯潘拥有了见微知著的本领,他可以从最小的细节开始,如库存量、产品交货时间等,通过研究数据的联系,最后看到经济发展走势的大轮廓。这些细节被他的朋友夸张地描述为,格林斯潘知道一辆雪佛莱轿车上用了多少个螺栓,他还知道拔去其中 3 个将会对国民经济造成什么影响。

▲ 纽约曼哈顿
这里是世界经济贸易的中心。

　　1974年，赫伯特·斯坦恩声称不想再担任经济顾问委员会主席一职，因为其卓越的才能、良好的工作经验和口碑，白宫向格林斯潘伸出了橄榄枝，希望聘请格林斯潘担任该职位。起初，因不舍得自己一手创办起来的图森－格林斯潘公司，格林斯潘并不愿意接受白宫的聘请。后来，在挚友亚瑟·彭斯的劝说下，格林斯潘才同意担任这项职务，并成为历任经济顾问委员会主席中第一位"商业经济学家"。1987年，格林斯潘被任命为美国联邦储备委员会主席，该消息一经宣布，道·琼斯指数竟下降了22个点，债券价格下滑得更严重，一天之内就降到了5年内的最低点。除了股市的疲软，新上任的格林斯潘还要应对通货膨胀。原油价格跌到了每桶11美元，到了8月，又猛涨到每桶22美元，各种通胀压力促使美联储不得不在1987年9月4日将贴现率提高了0.5个百分点。可是，事情并没有那么简单，除了通货膨胀之外，股市也是危机四伏，甚至出现了骇人听闻的股市"黑色星期一"事件。在10月19日这一天，股票市场大幅度地下降了508点，账面损失高达5000亿美元。这一天下降的百分比为22.6%，竟然是1929年大萧条时著名的"黑色星期二"那一天的两倍。面对挑战，格林斯潘挺身而出，积极召开紧急会议，研究处理危机的对策，并在星期二开市前不到一个小时，发表了声明，称联邦储备委员会为了支撑金融系统，将根据其国家中央银行的责任，准备发挥其清偿来源的作用。这意味着对付危机的紧迫性已远远超过了紧缩银根的政策。接下来，美联储会根据需要，向金融体系注入资金，以防止金融崩溃。

　　结果证明，格林斯潘的政策是有效的。在格林斯潘的主持下，市场很快就平静下来，短短几个月内,人们挽回了黑色星期一中所遭受的全部损失。这是格林斯潘任职打响的第一枪,也是格林斯潘人生最辉煌的一刻。

从此格林斯潘频出"怪招"。格林斯潘非常警惕经济过热这一现象,只要一出现过热的迹象,他就会采取措施把温度降下来。他反对通货膨胀主义,勇于突破经济理论的束缚。在传统理论看来,失业率高于6%将导致经济萎缩,低于5%将触发通货膨胀,而且经济过热必将导致通货膨胀。1994年开始,他一次接一次地提高利率,加紧收紧银根的步伐。在1998年的全球金融危机中,他3次削减利率,不仅使美国免受金融危机的波及,还遏制住了危机蔓延的势头。为了能促进美国经济健康发展,格林斯潘注意到,在不同于以往的经济生产情况下,大规模的高科技投资可以提高生产率,同时能降低生产成本,因此他将自己的注意力放在了推动新技术革命方面。正是被称为影响力仅次于总统克林顿的格林斯潘,指挥着美国经济巨轮驶过了暗礁丛生的经济危机,并迎来了前所未有的经济繁荣。国际经济研究所长伯格斯坦称格林斯潘不仅改变了金融政策,也改变了社会经济和未来,保证美国经济得以平安"软着陆"。一次次的辉煌成就,让人们见识到格林斯潘神奇的经济决策能力。

格林斯潘对美国经济发展的贡献有目共睹。据统计,在美国400多名资深高级主管中,对格林斯潘的支持率是97%,一向苛责的经济学界对格林斯潘也是好评如潮。经济如同军事,在这个战场上,格林斯潘的主导地位是毋庸置疑的。《国家观察》杂志也曾经说过,格林斯潘称得上是一位高明的统帅。

第七章
货币主义

弗里德曼
——货币主义的代表

▲ 弗里德曼像

米尔顿·弗里德曼（1912—2006），美国经济学家，因在"消费理论分析、货币史和货币理论研究领域中的成就"和"对经济稳定政策的错综复杂性的论证"方面的成就，荣获1976年诺贝尔经济学奖。其在世期间主要研究宏观经济学、微观经济学、经济史、统计学，因在凯恩斯主义盛行的时期坚持经济自由放任而闻名。

1912年，弗里德曼出生在纽约一个犹太人家庭。最开始时，弗里德曼的数学功课并不是很好，在拉特格斯大学念书时成绩也非常一般。学成毕业后的弗里德曼做了很多份工作，不过其工作重心始终在喜爱的经济学上。他会每隔几周给一些报刊写文章，用经济的思维阐述当下事件。其著作主要有《实证经济学论文集》《消费函数理论》《资本主义与自由》《自由选择》《价格理论：初稿》还有与施瓦兹合著的《美国货币史》等。

可以说，弗里德曼是站在凯恩斯对面的经济学巨人。与凯恩斯主张政府干预经济所不同，弗里德曼坚持经济自由，尤其强调货币作用。从20世纪50年代开始，在几乎全社会都笃信政府可以解决一切社会问题的时代，弗里德曼就鼓吹"自由经济"。他认为，市场机制在社会经济发展过程中的作用是最重要的，机制合理，那么市场经济本身可以实现充分就业，只是因为价格和工资的调整相对缓慢，需要一定的时间来形成平衡。在这个过程中，如果政府干预过多，无疑会打破它的进展。政府干预多是靠财政政策，弗里德曼这种在货币供给量不变的情况下，增加政府开支就直接导致了利率的上升，利率是投资的重要成本，与投资反方向变动。政府支出会刺激经济，私人消费也能刺激经济，但是私人投资成本随着利率提高而上升，并且政府支出份额多了，就把私人投资和消费的部分挤占了，这就是挤出效应。所以，弗里德曼坚持认为货币政策才是政府施政的政策重心。

现代货币数量论是弗里德曼整个理论体系的基石。1956年，在一片反对声中，弗里德曼出版了《货币数量论——重新表述》一书，标志着现代货币数量论的诞生。在此之前，古典学派、凯恩斯等也都对货币数量的进行过阐述，古典学派主要讨论货币供应量变化和价格水平变化，货币量的改变只会引起价格的变化，却不会引起实际产量的变化，认为货币是中性的。凯恩斯在货币谈论中主要是著名的流动性偏好理论，持有货币的三种动机。弗里德曼基本上继承了传统的货币数量论，他也很看重货币数量和价格水平之间的关系，同时从微观出发，把货币看成是受利率影响的一种特殊资产。在弗里德曼看来，人们对货币的需求主要受3种因素影响：收入或财富总量、持有货币的机会成本、持有货币给人们带来的效用。

首先是收入或财富总量，也称为预算约束。每个人所能持有的货币及其他总财富数量是有限的，而且因为受到经济波动的影响，用一般的现期收入指标来衡量财富是不准确的。他提出用持久性收入（或称恒久性收入）来代表财富。所谓的持久性收入就是指过去、现在和将来的收入平均数，即整个时期的平均收入。

弗里德曼还注意到总财富中有人力财富和非人力财富。人力财富是个人获得收入的能力，非人力财富即物质财富。人力财富和非人力财富各自在总财富中的比率也会影响货币需求。其中，人力财富的流动性最差，若人力资本占财富总量的比值较大

▲1950-1953年的朝鲜战争使得美国国内经济问题严重。

时，就会拉低总财富的流动性。所以，人力财富在总财富中的占比越大，对货币的需求就越大；非人力财富的占比越大，对货币的需求越小。

机会成本是指为了得到某种东西所要放弃的另一些东西的最大价值，比如说即将毕业的大学生，可以选择就业，也可以选择继续深造，如果就业，可以带来每年的工资收入，如果选择升学，那么为了学到更多知识，他就要放弃每年稳定的工资收入，这些工资就是机会成本。持有货币的机会成本就是将范围限制在货币所产生的收益上面了。再比如，假设A有100万元现金，他用这些钱去投资购买了一套房子；但如果他把这100万元存入银行，可以收获5000元利息；若是投资股市，一年内也许还可以获得5万元收益，这100万元货币的机会成本就是用在其他地方带来的最大收益。钱生钱，货币是具有收益性的，其他金融和实物资产包括债券、股票、房屋等也是有收益的，它们的收益可能大于零、等于零、小于零，对它们收益率的不同预期，就会出现不同的选择。有人持有货币，有人会选择投资股票。而且弗里德曼认为，资产预期收益率是变动的，它会随着其他资产收益率的变动而变动，在各种变动的收益产品中，人们可以选择持有货币和不持有货币。

货币所带来的效用，是财富持有者的偏好，比如流通需要，这种偏好与个人的生活习惯、货币制度相关，是一种主观评价，在短期内是稳定的。在此基础上，弗里德曼提

▲20世纪70年代的经济危机，各国的失业人数剧增，造成大量的罢工事件，而凯恩斯主义并不能解释这一现象。

取出变量建立了自己的货币需求函数模型，这些变量有持久收入水平、非个人财产占总财产比率、货币债券的预期收益率、物价水平、预期的通货膨胀率和偏好变量等，最终构成的函数比较复杂，变量过多，为计算和实证研究带来了一定难度，后来有学者对此函数进行了简化。

20世纪70年代的美国处于滞胀状态，经济停滞加高度通货膨胀，伴以失业人数增多，财政赤字规模扩大。从表面来看，这次滞胀是石油危机所引起的，但本质却是长期奉行凯恩斯主义所致。正是这次经济的滞胀为货币学派带来了大展宏图的历史机遇。用弗里德曼的货币理论很好地解释了美国经济滞胀的原因，影响到美国经济政策。

弗里德曼的理论不止撼动了美国政界，改变了领导人在经济政策上一贯的思维方式，在经济学宝库中，亦是奉献了巨大的力量，将货币经济学推向新的历史高度。古典学派认为货币只是交易的一种工具而已，弗里德曼摒弃这一狭隘理念，将货币视为一种资产，从而将货币理论纳入到资产组合选择理论中去。在需求函数中，他将预期因素放在重要的地位，比如预期物价变动率，这些独立变量的设置，使该函数更贴近真实经济生活。同时，他注意到以往经济学家在货币理论中只顾抽象演绎的缺陷，因此他还强调实证研究的重要性，使货币理论变得更具可操作性，以形成具体的货币政策来影响经济发展。因为影响货币供给和需求的因素都是相对独立的，货币流通速度也是一个稳定的函数，加之函数式变量中，有些本身就具有稳定性，所以在弗里德曼看来，该函数具有较强稳定性。由此他指出，货币对总体经济的影响主要来源于货币供给方。

在经济研究上，弗里德曼思路清晰、逻辑缜密，在生活中同样也是如此。经济学家加里·贝克曾这样形容弗里德曼：他能以最简单的语言表达最艰深的经济理论。弗里德曼亦是极出色的演说家，能即席演说，极富说服力："无人敢说能争辩赢他，因为能与他辩论过已是无限光荣，没多少人能与他说上两分钟。"

知识点击

英国人菲利普斯将英国近一个世纪的经济数据进行了研究统计，以此为依据得出的一个纯粹统计方面的函数曲线——菲利普斯曲线，这条曲线反映的是失业率和工资变化速度（也可以理解为通货膨胀）之间的替代关系。具体来讲，就是当失业率较低时，货币工资增长率或通货膨胀率就较高；反过来，当失业率较高时，货币工资增长率或通货膨胀率就较低，甚至出现负数。后来的经济学家也对这个问题进行了大量的理论解释，尤其是萨缪尔森和索洛，他们将原来表示失业率与货币工资率交替关系的菲利普斯曲线发展成为用来表示失业率与通货膨胀率交替关系的曲线。

货币数量论
——关闭货币水龙头

16世纪,法国的重商主义学者让·博丹最早提出了货币数量的概念几个世纪以来,经由洛克、孟德斯鸠、休谟、费雪、马歇尔、庇古、弗里德曼等经济学家进行不断修正予以完善,形成了货币数量论早期、近代和现代3个阶段的发展史。经过历史和实践的检验,现代货币数量论集前者的理论精华和当前经济实情,它的实用性几乎也没有什么争议,成为货币学派的代表思想之一。

用流通中货币数量的变动来说明其对商品价格和货币价值的影响,这就是货币数量论。该理论认为,在货币数量和物价及货币价值之间存在一种因果变动关系。理论的基本观点是:若其他条件不变,商品价格水平和货币价值取决于货币数量,商品价格水平与货币数量成正比,货币价值与货币数量成反比。也就是说,市场上流通的货币数量越多,货币的价值越低,商品的价格越高;相反,如果市场上流通的货币数量越少,货币的价值越高,商品价格越低。

根据这一理论就可以解释通货膨胀和通货紧缩了。通货就是流通货币的意思,包括流通在市场中的纸币、铸币等有形货币,通货膨胀就是流通的货币数量过多了,通货膨胀的典型特征就是货币贬值,物价上涨。反过来,通货紧缩就是市场上的货币数量不够,导致货币价值上涨,物价相对下降。这就是货币数量论中因果联系的体现,货币数量的多和少是原因,货币价值贬值和升值是结果。当然,不是说通货膨胀物价上涨一定是货币数量增多引起的,引起通胀的原因很多,只不过货币数量增加是直接原因。

首先,我们要明白,一定程度内的通货膨胀是被允许的。从人类社会长期发展来看,物价上涨是大的发展趋势,不可阻挡。根据菲尔普斯曲线可以知道,通货膨胀与失业存在着短期的替代关系,在短期中,低程度的通货膨胀可以降低失业率,提高充分就业程度。政府财

▲1948年12月,由于通货膨胀,一大群市民拥挤到上海一家银行门前,准备把自己贬值的金圆券兑换成黄金,在6个月的时间里,物价翻了8.5万倍。

▲ 第一次世界大战以后，德国货币贬值，图为儿童拿贬值的马克堆积木玩。

政赤字也会促使国家增加货币发行量，来偿还债务，扩大社会投资，刺激需求。此外，因为刚性工资的特性，调高容易调低难，低通货膨胀还能达到名义工资不降低，实际工资降低的效果。所以说，只要不出现高强度的通货膨胀，温和的低通货膨胀对经济社会发展是有好处的。从货币数量论角度来说，如何治理严重的高强度通货膨胀呢？毫无疑问，那就是关紧货币的水龙头。弗里德曼给出的一剂良方，就是货币供应的增长率必须要跟世纪经济增长率保持一致。

货币数量论果真会在经济运行中产生作用吗？学者们用数据来检验其准确性，并从各国长期通货膨胀率和货币数量增长率之间的统计数据发现，这两者之间虽然不一定会呈现相同比例的变动，但一定是同方向变动的。无论哪个时期，哪个国家，他们出现超速通货膨胀，皆是因为超发货币所引起的。而且资料显示，货币数量总是先出现变动，通货膨胀随后出现变动，这也证明了货币数量论中的因果关系。1979年上任的美联储主席保罗·沃尔克就主张严控美元供给数量，大幅度提高利率，控制市场流通货币数量，经过两三年的调整期，才逐渐遏止将近十年的滞涨发展。

稳定物价，抑制通货膨胀是任何国家都要承担的政府责任，尤其是发展中国家。由于投资热情高，很容易出现货币超发现象，政府可以根据现代货币数量论的观点，将市场货币数量当作"参照物"，结合本国国情进行理论创新和制度创新。

> **知识点击**
>
> 根据通货膨胀的剧烈程度，可以将通货膨胀分为三类：低通货膨胀、急剧通货膨胀、恶性通货膨胀。
>
> 低通货膨胀：此时物价出现缓慢上涨且这种上涨可以预测，人们对货币还是比较信任的，还可以理解为年通货膨胀率为1位数的通货膨胀。急剧通货膨胀：这个时候的物价水平会以2位数甚至3位数的比率上涨，产生了这种通货膨胀时，局面一旦确定并稳固下来，便会出现严重的经济扭曲。恶性通货膨胀：产生恶性通货膨胀时，货币几乎没有固定价值，物价每时每刻都在增长，受其影响，整个经济都会崩溃。

国际货币体系
——黄金美元金本位制

国际货币体系是国际交易结算所采用的货币制度，规定了国与国之间进行支付的规定和制度，它是随着世界市场和国际贸易的形成和发展逐步形成的。国际货币制度的演变历史大致上经历了国际金本位、国际金块本位、国际金汇兑本位和布雷顿森林体系四个阶段。

大约形成于19世纪80年代末，结束于1914年第一次世界大战之前，世界上出现了最早的国际货币制度——金本位制度。金本位要求各国流通的货币要以一定重量和成色的黄金铸造，并通过不同含金量来建立各国各种货币之间固定的兑换比例。在金本位制下，黄金具有货币的所有功能，包括价值尺度、支付手段、流通手段、储藏手段和世界货币。1816年，英国率先颁布了《金本位制》，欧美其他主要资本主义国家实行金本位

▲ 石油输出国组织1978年在阿布扎比召开会议的情景。石油输出国组织统一提高石油价格，从而导致了20世纪70年代西方世界的经济危机，从而导致了美元—黄金货币体系的终结。

制的时间要比英国晚半个世纪。至此，国际金本位制大致建成。

　　这种国际金本位制有3个特点：第一，黄金是国际货币制度的基础。金币可以自由被铸造、兑换，也允许黄金自由出口；人们早就有储藏黄金的习惯，黄金也被作为储备货币，用来进行国际贸易结算，各国的国际收支都可以通过黄金的进出实现自动平衡。因此，可以说金本位制是一种很稳定的货币制度。第二，各国货币之间的汇率由各自货币的含金量决定。因为各国铸币情况不同，金币可以自由铸造、兑换和输出输入，为了维持各国间汇率水平的稳定，一般一国金币含金量是固定的，这样就使得外汇市场上汇率的波动始终维持在金平价和黄金运输费用规定的黄金输送点之内，国际金本位制是一种相当严格的固定汇率制度。第三，具有自动调节国际收支的功能。要实现自动调节国际收支，就需要使各国货币都与黄金挂钩，以便随时可以兑换，允许黄金自由输入输出，货币当局必须在黄金准备基础上发行货币。在满足这三个条件后，当一国黄金流出，出现对外收支逆差时，国内货币供给量减少，物价和成本都会随着下降，政府会出台刺激出口抑制进口措施，国际收支得到改善。相反，若是一国对外收支顺差，国内黄金增多，物价和成本上升，政府会控制出口，刺激进口，这样国际收支顺差就能很好地得到调控。

　　第一次世界大战的爆发，很多参战国禁止黄金输出，纸币兑换黄金也被叫停。直到一战结束后，一些国家才相继恢复金本位制，实行金块本位制及金汇兑本位制，不过相比战前，黄金的地位明显被削弱了。

　　国际金块本位制是一种不完全的本位制。因为尽管规定金币是本位币，但是国内不能流通金币，只能流通银行券，可是银行券又不具备无限的法偿力；银行券与黄金不能自由兑换，不过在需要进行国际支付的时候，可以拿银行券到中央银行进行兑换。政府不再支持自由铸造金币的行为，但仍然规定每单位货币的含金量及黄金的官方价格。

国际金汇兑本位制也是一种不完全的金本位制。它规定国内流通银行券而不是流通金币，两者不能自由兑换，若需要黄金，可以先把银行券兑换成某种外汇，再用这种外汇在国外市场兑换黄金。从这里可以发现，实现这种货币制度的国家要先将本国货币与另外一个实现金本位制国家的货币挂钩，两者间实行固定汇率，并在该国存放一定数量的外汇和黄金作为储备金。必要的时候还可以通过买卖外汇或黄金来维护本国货币币值稳定。

几近废除金本位制后，各国为了扩充军备，弥补财政赤字，滥发纸币，加剧了通货膨胀，也致使各国货币信用下降；不再以黄金量为基础的汇价开始出现剧烈波动，复杂的汇率决定过程严重影响了国际货币金融关系，金本位制也随着崩溃。

在第二次世界大战即将结束的时候，一些国家认识到，国际经济的动荡和战争的爆发在一定程度上与国际经济秩序的混乱有着直接或间接的关系。因此，重建国际经济秩序能够促进战后各国经济恢复和发展，这种经济秩序首先就是国际货币制度——布雷顿森林体系应运而生。

1944年7月，44个国家在美国新罕布什尔州参加联合国货币金融会议。因为当时美国的黄金储备已经占世界各国官方黄金总储备量的75%以上，这样一来，如果要建立的货币制度仍然与黄金有密切联系的话，那就要以美国为中心了。于是，会议确定建立以美元为中心的国际货币制度。

布雷顿森林体系要求美元与黄金挂钩，其他国家的货币与美元挂钩，相当于美元是黄金的等价物了。布雷顿森林体系的运转与美元的信誉和地位紧密联系。在本位制方面，布雷顿森林体系规定，各国确认1934年1月美国规定的1美元的含金量为0.888671克纯金，35美元兑换一盎司的黄金。美国承担向各国按照官价兑换美元的义务。同时，为了减少黄金官价在国际金融市场受到的冲击，各国政府将与美国政府合作，协同干预市场的金价走势。在汇率方面，布雷顿森林体系规定国际货币基金组织成员国货币与美元挂钩，各国确定自己国家货币的含金量，且不能任意改变。在此基础上，各国货币与美元保持稳定的汇率，以形成国际固定的汇率，国际

▲调节汇率已经成为各国对经济进行调整的重要手段。

货币基金组织允许的汇率波动幅度为上下1%，只有在成员国的国际收支发生根本性不平衡时，才能改变其货币平价。在储备方面，美元成了黄金的等价物，取得了与黄金一样的国际资产储备地位。在国际收支调整方面，会员国对于国际收支的经常项目外汇交易不得加以限制，不得实行歧视性的货币措施或多种货币汇率制度。在组织形式方面，为了能够保证布雷顿森林体系的正常运作，建立了国际货币基金组织和世界银行。

新建的布雷顿森林体系是一种小范围内可调整的固定汇率制度，相对稳定的汇率就利于国际贸易的展开，国际货币基金组织和世界银行在很大程度上促进了国际金融的合作。

不过这种货币机制也是存在很多弊端的，僵硬的汇率体质使各国无法通过浮动汇率自动实现国际收支平衡。此外，特里芬也直指布雷顿森林体系内部矛盾，他认为布雷顿森林体系本身就自相矛盾，各国要进行国际贸易，必须用美元结算，这就导致流出美国的货币在海外不断积累沉淀，使美国形成长期贸易逆差；而美元作为世界货币要必须保证稳定和坚挺，这就要求美国必须是长期贸易顺差。"特里芬难题"也预示了布雷顿森林体系的瓦解。果然，在20世纪60年代末期，美国国内通货膨胀严重，多次发生美元危机，固定僵硬的汇率机制被动摇。1971年8月15日，美国宣布停止美元兑换黄金。从这个时候起，西方主要国家纷纷实行浮动汇率制度，布雷顿森林体系瓦解。

布雷顿森林体系瓦解后，世界各国开始寻求新的国际货币体质，在1976年牙买加会议后，逐渐形成了以国际储备多元化、汇率制度多元化、国际收支调整多样化为特征的新国际货币体系，也就是当下的货币体系。现在，大多数国家的国际储备锁定了美元、日元、英镑、欧元在内的多种外汇，但仍以美元为主导。这个时期还建立了区域货币集团，比如欧元的产生和发展。

> **延伸阅读**
>
> **黄金与货币**
>
> 货币是伴随着商品交换和生产力发展而产生的，它的发展经历了商品货币、贵金属货币、信用货币3个阶段，并且正在向电子货币等新的形态发展。黄金能成为一种货币，因为它具有良好的稳定性、珍稀性，在历史上曾是最好的币材。在过去200多年的时间里，黄金和货币的关系大致经历了4种形态的演变：银本位制、金银复本位制、金本位制、纸币本位制。目前实行的纸币本位制特点是中央政府和银行发行的纸币为本位币。

奥肯定律
——失业率与 GDP 的增长率

美国经济学家阿瑟·奥肯（1928—1980），1956年获哥伦比亚大学经济学博士学位，后任教于耶鲁大学，讲授经济学。奥肯倾向于凯恩斯主义，长期致力于宏观经济的研究，其一生著作颇多，但多是研究报告，主要著作有《平等和效率》《繁荣政治经济学》等。其中，1962年提出的"奥肯定律"成为他重要的学术研究成就。

在经过大量数据分析基础上，奥肯发现经济增长率和失业率之间存在函数关系，并把具体影响数值计算出来了。将美国潜在GDP增长率定为3%，当实际GDP增长率比潜在GDP增长率下降2%时，失业率就会上升约2%；当实际GDP增长相对于潜在GDP增长上升2%时，失业率下降约1%；该理论被称为是奥肯定律，并提供了计算公式，失

▲失业者的示威游行
失业一直是困扰各政府的问题。

业率变动百分比＝－1/2×（GDP变动百分比－3%）。奥肯是拿潜在GDP作为中间衡量标准，研究（实际GDP增长率—潜在GDP增长率）与失业率之间的变化关系，可以理解为劳动力作为生产要素在推动经济增长过程中的贡献率。

首要，我们要知道几个概念。潜在GDP是按照当年的物价计算出社会产品和劳务的最终价值。所以影响潜在GDP的因素就是实际产量价格；实际GDP的数值需要先把从前某一年的价格作为基期价格，进而计算出当年全部产品的市场价值。在这里考虑到了不同时期价格变动，即通货膨胀或是通货紧缩在其中产生的影响；潜在GDP是理想状况下，全社会的生产要素和资源都被充分利用所产生的价值，它会随着技术和管理等条件而变化的，只能估算结果，这个概念首先被奥肯提出。经济学中讲到的在实际GDP下能够实现充分就业，其中的实际GDP就是潜在GDP，但是现实中我们不能实现充分就业，所以按道理来讲，实际GDP是小于潜在GDP的。不过当一个社会通过超常规消耗资源来发展经济时，实际GDP就会大于潜在GDP。如果实际GDP大于潜在GDP，经济发展高涨，就会有通货膨胀的压力。我们知道，任何一个国家、社会都无法实现完全就业，充分就业是指在某一工资水平上，所有愿意工作的人们都能获得就业机会。

奥肯定律告诉我们，要实现充分就业，就需要大力发展经济，提高实际GDP的增长率，不过要小心因过度消耗资源带来的通货膨胀。与奥肯定律一样重要的经验规律还有菲利普斯曲线，该曲线也是在统计美国大量经济数据基础上得来的。这条曲线描述的是通货膨胀率和失业率之间的交替关系：通货膨胀率高的时候，失业率低；通货膨胀率低的时候，失业率高。这两条定律涵盖了宏观经济政策的三个主要目标：高GDP增长率、低失业率、低通货膨胀率。不同的切入点，都得出经济发展要协调好GDP增长与失业、物价的相互关系，也为政府人员抛出了要GDP还是要就业的选择难题。

奥肯定律的成功表现在于它曾经相当准确地预测过美国失业率。数据显示，美国1979—1982年经济滞涨时期，GDP没有增长，而潜在GDP每年增长3%，3年共增长9%。根据奥肯定理，实际GDP增长比潜在GDP增长低2%，失业率会上升1个百分点。当实际GDP增长比潜在GDP增长低9%时，失业率会上升4.5%。已知1979年失业率为5.8%，则1982年失业率应为（5.8%+4.5%）10.3%。而1982年官方统计出的实际失业率为9.7%，与奥肯定律预测的失业率非常接近。不过，奥肯定律来源于美国经济大数据的统计分析，能否成为各国通用定律还需要经过不断验证。

此外，还有学者注意到就业市场中存在的一些细节现象，也成为考验奥肯定律正确性的难题。如在经济出现下滑的一段时间，有些企业并没有急于解雇职工，而是将他们放置在比较悠闲的岗位待职。因为企业担心有一部分技术员工或是熟练员工一旦被解雇，如果经济形势向好，这些空出来的岗位在短期内无法得到及时补充。这些位居闲职的员工就是所谓的隐性失业者。在隐性失业者出现的经济环境下，奥肯定律能否正确预测失业率就有待商榷了。在经济形势发展日新月异的今天，各种形式的经济问题还会出现在我们面前，不断进步将成为经济理论日臻完善的重要方式。

> **知识点击**
>
> 联合国国际劳工局曾给失业下的定义：失业者是在一定年龄范围内，有工作能力，想工作，而且正在找工作，但是现在仍没有工作的人。在工作年龄人口中，除去不愿参加工作的人和无劳动能力的人，其余都是劳动力。官方曾对失业者人群进行了标准划分，他们所承认的失业者属于以下3种，第一，由于被解雇或自己离职没有工作，但在调查前4周一直在找工作的人。第二，由于企业暂时减少生产而没有上班，但并未解雇，等待被重新召回原工作单位，一周以上未领工资的人。第三，第一次进入劳动力市场或重新进入劳动力市场，寻找工作4周以上的人。

国家的资本流向
——对外举债与债务危机

很多时候，国家也会通过对外举债来度过经济的困难期，若选择国内印发货币，则会引起通货膨胀，所以一定数量的外债能避免这种情况，还能够保证国家经济需要。外债概念有两个层次的分类，政府外债和公共外债是指一国政府通过借债、发行债券等形式而产生的对外国的债务。另外，广义的外债是指在特定时期内，一国居民对非本国居民承担的具有契约性的偿还债务。外债具有弥补国际收支经常项目赤字的独特功能。

资本为什么会从一个国家流向到另外一个国家呢？马克思对此问题的回答更倾向于资本的剥削性和趋利性，他说，"资本来到世间，从头到脚每一个毛孔都滴着血和肮脏的东西"，正是各国资本间的利率差即生息性促使，资金在国际市场上的不断流动，外债是资本输出的一种特殊形式，是一国对另一国的扩张。马克思和列宁对于资本输出着重指出的是它的弊端，说它的高利贷会增加借贷国压力。客观来说，资本输出也就是外债往往会成为鼓励和带动债权国商品输出的重要手段，带有双面性。

在世界经济发展史上，外债在推动一国经济发展上起到了很大的积极作用，比如美国、巴西、加拿大、新西兰等国在工业化过程中，

▲临波斯湾的哈尔克岛是海外石油输出港，石油贸易是中东国家经济的支柱，也造就了大批富有的石油商人。

▲ 对外举债是经济起步时期常用的一种方法。图为19世纪美国依靠对外举债修建的铁路。

都不同程度地依赖外债，因为修筑铁路等基础设施而举借外债的事情比比皆是，美国铁路、新西兰铁路以及拉美国家的铁路，都是以举借外债才得以完成的。但是，外债是债权国干预、控制债务国财政经济命脉的重要手段，是影响一国经济健康发展的重大因素。第二次世界大战后，美国的马歇尔计划就是典型的事例。马歇尔计划的真正目的在于控制欧洲国家，同时还对日本、韩国、中国台湾进行了战略控制意图的经济援助。不过，美国一时风光的背后也有因为债务引发的危机。20世纪70年代，因为石油危机传导的债务危机一度威胁到美国很多银行的生存。

对于外债，古典经济学者是持否定态度的。休谟曾说，国家若不消灭公债（包括外债），那么公债必消灭国家。斯密也说，从长远来看，巨大的债务可能会销毁所有欧洲大国。这些古典学派学者对外债如此排斥，是因为当时的政府将外债所得主要用于战争和奢侈消费。西蒙斯就曾指出，公债是政府用来发动战争和进行战争的，有政治野心推动并为之服务的，所以公债是有害无益的。

现代的发展经济学家则比较重视外债的作用，纳克斯就希望利用外债来打破贫困的恶性循环，这个理论是在1953年提出的。纳克斯认为，资本形成问题是不发达国家发展问题的核心，要实现突破只能吸引外国资本进入，具体可以通过FDI（外商直接投资）和外债。纳克斯尤其强调债务国要注意外债的生产性。可事实上，很多发展中国家都将这些外债用于消费。

钱纳里提出"双缺口理论"，集中阐释了引入外资和经济发展之间的关系，这对发展中国家意义重大。该理论认为，欠发达国家客观上存在投资与储蓄之间的缺口，进口和出口之间的缺口，那么外资就可以弥补这两个缺口，接触发展的约束力量，不仅能提高增长的速度，还能加强自我运用资源取得持续发展的能力。外资的需求量最初是由投资和储蓄缺口决定的，但是随着经济的发展，后期主要由进口和出口缺口决定，从依靠援助带来的增长转向自我保持增长，这种依赖外资的程度视国家需要和政策而定。不过仍有不少经济学者提出"债务陷阱理论"。在他们看来，经济外援是握在援助者国家手中的对外武器，外债是发达国家榨取落后国家内部积累的重要手段，外债会助长消费，对一国长期增长率的实际影响是微不足道的，甚至是消极的。

外债有好处也有害处，近年来，欧债危机成为大家关注的重点话题。欧债危机是金融危机后的一系列后遗症，它始于希腊危机。2009年12月，全球三大评级机构纷纷下调了希腊的主权债务评级，成为欧债危机爆发的导火索，后逐步演化为欧洲诸多国家的问题。欧债危机的产生固然有着它的特殊性，但也再一次提醒其他国家的主权债务安全问题，更加均衡地配比外汇储备、外债负担、财政赤字等经济项目，确保债务安全。

橡胶股票风潮
——举债投机

100多年前，上海爆发了一场举国惊慌的金融危机，这场金融危机使中国民族资本主义经济从1903年之后连续6年上涨的势头被打断，不计其数的商号和企业破产，经济步入大萧条时期。这场金融危机的罪魁祸首就是橡胶。

1910年7月，因橡胶股票狂跌，上海股市濒临毁灭，此次风潮也让中国工商业遭受重创，清末新政的成果毁于一旦。粗略统计，华商共损失资金4000多万两白银，而当时清政府的可支配财政收入也不过1亿两左右。巨款外流，让清政府本就入不敷出的财政状况雪上加霜，导致清政府于次年将商办铁路"收归国有"，以路权为抵押向列强借款，甚至间接导致了辛亥革命的爆发。那么这场规模空前的橡胶股票危机到底是怎么回事呢？

20世纪初，交通汽车制造业飞速发展，汽车、三轮车、人力车都装上了橡胶轮胎，套鞋、雨衣等不计其数的橡胶制品也被众多需求者消费。由此，橡胶成为众多工业产品中十分热门的新兴材料。不过当时橡胶的生产规模在短期内并无法扩大，这也就造就了当时橡胶价格持续走高甚至暴涨的现象。资料显示，1908年，伦敦市场橡胶每磅售价是2先令，到

▲20世纪初的汽车生产工业
汽车生产的急骤增长也促进了对橡胶的需求。

▲东南亚的橡胶林
橡胶出口是20世纪初东南亚的主要经济来源。

1910年春期售价已经高达12先令。在伦敦金融市场，价值100万英镑的橡胶股票曾在半小时之内销售一空，可见橡胶投资的疯狂状态。橡胶市场存在的巨额利润使大量国际资本将目光定在了橡胶资源的开发上。南洋群岛地区很适合橡胶的生长，一时间南洋群岛成了各大商的抢夺之地。截止到1910年初，有122家新公司成立，他们专门开发南洋橡胶资源。这122家橡胶公司中，有40多家开设在中国上海，中国最大的资本市场也被深深地卷入到这场国际资本橡胶投机活动中去。

上海的橡胶公司纷纷在报纸上刊登广告，极力宣传公司的美好前景，大肆招徕资金。受到国际金融投机风潮的影响，上海的橡胶股票也大受欢迎。当时很多中国人连橡胶是什么东西都没有弄明白，仅凭道听途说，就疯狂抢购橡胶公司的股票，唯恐失去暴富机会。一些公馆的太太小姐甚至变卖首饰，用得来的钱买股票。仅仅几个月，40多家公司的2500万两股票被抢购一空。在这种躁动环境的炒作下，一个叫"地傍橡树公司"的股票，在上海股票交易所的开盘价格，从1910年2月19日的每股25两，上

▲20世纪初的上海已初现大都市的景象。

涨到 4 月 6 日的 50 两，一个半月上涨了一倍。抢购狂潮让很多人一夜暴富，更加激起了人们的投机欲望，以至于股票的实际价格超过票面价值的数倍，甚至数十倍。据估计，在橡胶股灾爆发之前，中国人大约购买了市场 80% 的股票，而在上海的外国人只抢购了 20%，很多华人甚至不满足于在上海抢购，还调集资金到伦敦，在伦敦投入的资金约 1400 万两。

在这场狂潮中，中外金融机构起着主导作用，在外华商银行向中国钱庄和个人发放了可用于购买橡胶股票的巨额贷款。中国最主要的钱庄、票号和银号，也纷纷介入上海股票投机橡胶买卖，这些是中国最重要的金融机构，而且已经与中外贸易和工业等新经济行业发生密切的联系，成为中国新式金融业的主要力量。正元、兆康、谦余三家钱庄是股票投机的第一批受害者，也是最早倒闭的钱庄。

1910 年 6 月份，伦敦传来消息称橡胶市场行情暴跌，上海股票也随着一路狂泻，股票价值瞬间下降 10 多倍。洋人、洋行先前得到消息，已经先一步将手中的股票售给了其他买家，中国人成为这场股票风波的最终埋单者。先后多家钱庄歇业倒闭，引起了中国国内银行的极度恐慌。投入到上海和伦敦股市的大量资金无法收回，中国钱庄欠下上海外国银行的 139 万余两白银无法偿还，外国银行便扬言要立即收回拆借给上海银钱业的款项。朝廷此时只顾着钩心斗角，完全不顾上海危机对中国的影响，没有出台任何救市措施，这也是导致全国性的钱庄倒闭和经济恐慌的直接原因，随着而来的经济萧条也就在所难免了。

清末发生的这次橡胶股灾，是中国 100 多年的近现代史的一个缩影，因为清末统治者的无知无能，不能出台行之有效的救市政策，反而增加钱庄压力。弱国无外交，年轻的中国在经济上是一片空白，在这种情况下又如何与强大的外国资本家斗争呢？橡胶股灾只能作为一种惨痛的教训留在中国证券业发展史上。

> **知识点击**
>
> 股票期权是指未来可以买卖的一种优惠权利，最初是给公司管理人员的一种特权，属于对员工进行长期激励的众多方法之一。从 20 世纪 90 年代开始，它作为一种金融创新在美国公司间广泛推广。事实上，股票期权也是一种会计制度，在期权第一次给出的时候，不具备任何价值，甚至可以说是"免费"的，正是因为它具有"免费"的性质，几乎所有的科技公司都依赖股票期权制度来吸引、保留核心人才。通过这种机制可以广泛地动员、积聚和集中社会的闲散资金，还可以充分发挥市场机制，打破条块分割和地区封闭。

> **延伸阅读**
>
> 股市泡沫发生的频率远比大家想象的频繁。原本理智的人们在股市中却总是犯着同样的错误。仅在 20 世纪的最后 25 年中，股市就经历过 4 个泡沫期。
> 1970—1974 年，香港股市暴涨 1 200%，随后暴挫 92%。
> 1978—1981 年，墨西哥股市暴涨 785%，随后暴挫 73%。
> 1978—1986 年，科威特海湾股市暴涨 7 000%，随后暴挫 98%。
> 1986—1990 年，台湾股市暴涨 1 168%，随后暴挫 80%。

第八章 新制度经济学

凡勃伦
——制度是一种"社会习惯"

制度学派对世界经济发展有着重要的贡献，它诞生在美国，大约产生于19世纪末20世纪初。制度学派内部并不是一个严格的、观点统一的学派，传统制度主义代表人物有凡勃伦、康蒙斯、米切尔等经济学家。其后在19世纪三四十年代，制度学派有了新的发展。与传统制度主义不同，新制度主义更倾向于理论化、市场导向和反干预主义，代表人物有加尔布雷思、德姆塞茨、科斯、威廉姆森等。我们先就传统制度主义产生就行阐述。

▲托尔斯坦·凡勃伦像

20世纪初期，美国资本主义取得了长足发展，成为垄断资本主义最发达的国家，同时贫富差距也十分突出。综合社会经济、法律、伦理、历史等因素，1899年，凡勃伦发表《有闲阶级论》，1904年发表《企业论》。他采用历史方法、达尔文主义的演进方法、反对平衡的观点，批评传统经济学的方法论，承认资本主义制度存在各种弊端和缺陷，强调对资本主义各种经济关系的改良，创立了制度学派，也形成了制度学派的传统。

托尔斯坦·凡勃伦（1857—1929）生于威斯康星州的一个边陲小镇，因为是挪威移民，他从小一直讲挪威语，十几岁才开始讲英语。在卡尔顿学院，凡伯伦完成了本科教育，并师从克拉克。克拉克是一位新兴的新古典经济学派的重要经济学家，不过，后来的凡勃伦背弃了新古典经济学，转而对克拉克及新古典学派理论展开了尖锐的抨击。

凡勃伦是一个尖刻、悲观、孤独的人，从小在农村长大的他，与教育环境和工作环境格格不入，也因为对宗教信仰的怀疑，很多大学都不愿聘请他做老师。最后好不容易有学校接收他，却因为他行为举止粗鲁，工作上对学生漠不关心、生活上放荡不羁等很多原因而被学校警告，甚至不得不从一个学校转到另外一个学校。所以，在凡伯伦的整个职业生涯中，很长一段时间他都处于失业状态，不得不依靠家人和一些学生的接济过日子。在失业的时间里，他博览群书，坚持观察社会经济并进行创造性思考，在42岁时才出版了他的重要代表作《有闲阶级论》，成为制度经济学派的开山鼻祖。

凡勃伦定义制度为广泛存在的社会习惯，而不是社会组织结构。受达尔文进化思想

▲当人类的思想和习惯经过了自然的淘汰后,充分意识到女性权利的重要性,于是新的制度产生了。图为20世纪初,英国妇女团体为制定新的制度而进行的游行示威。

的影响,他认为制度本身是进化的过程。制度这种固定的思维习惯,会使人们在某一时间、地点做出古典行为,进行权利和财富的分配。当然,必要的时候,这些习惯准则会跟组织结构实体相结合。经济制度就是在生活过程中所接触到它所处的物质环境时如何继续前行的习惯方式。实际上,凡勃伦把人类的思想习惯加入到经济学研究中去了。

在凡勃伦看来,人类社会经济生活中主要存在着两种制度:生产技术制度和私有财产制度,这两种制度都是以人的本能为基础而形成的。生产技术制度与人的工作本能和改进技术本能有关,而私有财产制度与人的虚荣本能及追求利益的本能有关。结合达尔文进化主义,凡勃伦还把人力社会划分为4个时代:草莽时代、野蛮时代、手工业时代和机器生产时代,并指出在每个时代都有这两种制度的体现。

在凡勃伦生活的年代,这两种制度被具体描述为"机器操作"和"企业经营"。运用科技进行的机器生产体现的是生产技术制度,以营利为目的的企业管理体现的是私有财产制度。凡勃伦犀利地指出,这两种制度日益形成技术人员和企业家两大对立阶级。随着社会的不断发展,技术重要性的日益增强,经营不再统治技术,受制于企业家的技术人员与企业家之间的矛盾逐步深化,甚至会出现"技术人员苏维埃"的现象。

在《有闲阶级论》中,凡勃伦提出了"炫耀性消费理论"。有闲阶级被凡勃伦认为是非生产性的,炫耀性消费最初是指上层贵族阶级为了炫耀他们的消费方式,显示他们的权势、声望和成功,而掌握大量对他们作用不大且超出实用范围的物品。受这种现象的影响,就出现很多内部消费简陋、广众下消费奢侈的家庭和个人。因为人们的心

知识点击

制度学派是19世纪末20世纪初诞生在美国的一个经济学派别,重要代表人物有凡勃伦、康蒙斯、米切尔等。制度学派是19世纪德国历史学派在美国的变种,以研究制度和分析制度而著称。T.凡勃伦发表《有闲阶级论》和《企业论》,标志着制度学派的创立。他承认资本主义制度存在各种弊端和缺陷,强调通过温和的改良方式完善资本主义的各种经济关系,形成制度学派的传统。

理评价不是以某人的品行和才干为准的,而是根据他的消费水平做出判断,这种不良风气就促使低层社会群体的消费向高层阶级靠拢。现实中也确实是这种情况,商品价格越高,越能受到消费者的青睐,这反映出人们挥

> **推荐读本**
>
> 英国哲学家赫伯特·斯宾塞是人所共知的"社会达尔文主义之父",他所提出一套的学说,把进化理论适者生存应用在社会学上,尤其是教育及阶级斗争中。《社会学原理》就是赫伯特·斯宾塞关于社会学分析的系统著作,它的最大价值在于其所强调的功能思想,进而提出共存现象。他的理论是哲学和社会科学界在接受进化论方面最集中的体现。由于他的提炼,加速了进化论在哲学和社会科学界的传播,斯宾塞被称为一切进化论者中最高的理论家。

霍奢侈消费的心理愿望,这就是凡勃伦效应。此时人们取得商品所获得的效应不再仅仅取决于该商品一单位所提供的价值,而是取决于消费者为此支付的价格。

作为制度经济学的创始人,凡勃伦以一副批判者的形象闻名于世,他的思想在西方经济学界独树一帜,为很多学者所重视。他的制度二分法和炫耀性消费都对现代经济学研究产生重大影响。

康蒙斯
——"法院的看得见的手"

约翰·罗杰斯·康蒙斯(1862—1945)出生在美国俄亥俄州霍兰斯堡。1888年,康蒙斯从奥伯林学院毕业,并获文学学士学位。1892年,任该学院经济学、社会学教授。1915年,在该学院获法学博士学位。除了在学校任教,康蒙斯还先后在美国工业委员会和美国全国经济研究局工作。康蒙斯的研究集中在制度经济学领域,他不仅从经济学,而且从政治科学、法律、社会学和历史方面吸取知识,在劳动关系和社会改革方面得出真知灼见,并将这些知识理论积极运用到产业关系、行政机构、公共事业管理、工人补偿和失业保险等重大问题的立法和政策制定中。

▲康蒙斯像

受其老师的影响,康蒙斯坚信经济生活是受习俗和法律以及通过产权概念联结的一系列相互交叉的制度所支配的。他批评传统经济学把法律制度排除在研究之外的做法,重视法律制度这只"看得见的手"在经济发展中的作用,并通过"交易"这一基本单位把法律、经济学和伦理学联结在一起,这些可以从他的《资本主义的法律基础》《制度经济学》中看到。康蒙斯把法律制度融合到经济学中,将经济与法律结合起来进行分析。因此,康蒙斯被视为是开创了法学经济学的跨学科研究者。

"交易"这个概念是连接经济和法律的桥梁。康蒙斯认为,交易就是所有权的转移,交易是在法律和习俗的作用下取得和让与对经济数量的合法控制权的手段,而且交易不是实际"交货"那种意义上的物品交换,它是个人与个人之间对物质的所有权的让与和取得。交易是康蒙斯提出的一个独特的概念,他把交易划分为3种类型:买卖的交易、

管理的交易和限额的交易,并指出这3种活动单位包罗了经济学里的一切活动。由于这些交易是地位平等的人们之间或者上级和下级之间的社会活动的单位,那么,"它们的性质兼具伦理、法律和经济特性"。

康蒙斯认为,经济关系的本质就是交易。经济社会正是由无数交易组成的大组织,交易的双方主体从自身利益出发,就免不了会有交易冲突发

▲1787年5月25日,美国13个州的代表于费城召开制宪会议。确定了1787年的《联邦宪法》,极大程度地推动了资本主义的发展。康蒙斯认为制度是经济发展的动力。

生,法律制度就要充当仲裁者的角色。因为有相互信赖的存在,所以市场主体要接受法律对经济行为的仲裁。也正是基于这一点,经济行为才能顺畅进行,经济才能继续发展。这就是康蒙斯的"利益和谐论"。该理论认为,交易包括3种社会关系:冲突、依存和秩序。经济学家通常将重点放在未来理想化的协调研究上,而忽视了冲突的存在。要知道,冲突中产生秩序,其意义也是深远的。所以在康蒙斯看来,交易冲突可以通过公正的仲裁人进行调节,这个公正的仲裁人就是国家、法律、法院,他们需要积极发挥调和利益冲突、维护社会秩序的作用。

制度发展是康蒙斯不同著作的主线,特别是资本主义内部制度的发展,他把制度看成是人类社会经济的推动力量。就约束个人行动的集体行动而言,在集体行动中,最重要的是法律制度约束。他认为,法律制度不仅先于经济制度而存在,并且对经济制度的演变起着决定性作用。从资本主义的产生发展来看,资产阶级法律制度的胜利为资本主义的发展扫清道路,促使封建经济制度解体,最终资本主义经济制度得以确立。而在资本主义经济制度发展后期,诸如工业资本时期和金融资本主义时期,法律制度起着重要的推动作用,推动着一个阶段向下一个阶段的过渡,比如,美国从工业资本主义发展为金融资本主义,主要就是反托拉斯法的作用,这些垄断组织的活动都是经过立法部门允许才得以进行的。公司法是管理资本主义经济最明显的法律表现。法律可以规范企业行为,那么也就可以保障公民经济权益,因此,康蒙斯主张完善相关法律制度,解决诸如工人困苦无保障的情况,维护劳动者的经济利益,这是一种改良性质的资本主义经济管理方案。康蒙斯不同意资本主义社会存在的阶级对抗,相反,在他看来,雇主和雇工之间的冲突只是交易双方在利益上的不协调,既然劳资双方还有相互信赖的一面,那么通过法律调整就可以实现利益均衡。康蒙斯的这一法制决定论,阐述了法制对经济发展的决定性作用,这也是康蒙斯经济学说最大的特点。

在康蒙斯关于法律和经济联系的理论体系中,还有集体行动理论。该理论指出了集体行动对个人行动的控制作用。在《制度经济学》的开篇部分,康蒙斯就指出:"我的观点源于据我参加集体活动的经验,从这些活动中,我得出一种关于集体行动在控制个人行动方面所起的作用的理论。"这表明,康蒙斯研究的是抽象的集体行动,而不是商品、

▲这幅漫画讽刺了美国国会被大腹便便的垄断资本家所控制。

劳动、财富等物质性的东西。

在康蒙斯看来,正是因为集体行动,在人与人之间才建立起权利、义务以及没有权利和义务的社会关系;集体行动要求个人去实行、避免和克制,所以集体行动控制个人行为产生的结果总是对个人有益。集体行动还可以通过它的帮助、强制或阻止来决定一个人能不能做件事情。在一个强有力的社会经济中,集体行动可以用来协调人与人之间的利益冲突,制定合理的行为范本。因此,集体行动相当于为经济生活中的个人行为建立一个行为规则,来指导和约束个人行为,使个人行动更符合社会的利益。同样,康蒙斯认为,要使集体行动达到更好的效果,就需要法律制度的保证。

同为制度学派的科斯曾对康蒙斯这些老制度学派提出了自己的看法。他说,那些老制度经济学家都是一些充满大智能的人物,但是,他们却是反理论的。他们留给后人的是一堆毫无理论价值的实际材料。可事实上,科斯等人关于财产与财产权利的区分也承袭了康蒙斯的观点,其他经济学学者如塞缪尔斯和施密德,在基本精神上都继承了康蒙斯的衣钵,将法律制度看成是协调冲突的规则体系。施密德还把法律制度看作是协调冲突和人们偏好的规则集合,它决定一个人或集团的选择集,并对经济绩效产生影响。显然,这跟康蒙斯主张通过法律从冲突中造成秩序、强调法律对社会经济发展的决定性作用的观点是相通的。而塞缪尔斯则把法律和经济过程之间看成是统一的体系,即法律是经济的函数,经济也是法律的函数,重在分

推荐读本

《拿破仑法典》是资产阶级国家中最早的一部法典,有36章,共2281条,第一篇为人法,主要内容是民事权利主体的规定。第二篇为物权法,是关于财产和所有权的规定,包括了财产分类,所有权、用益权等,贯穿了私有财产无限制的原则。第三篇为法,是关于取得财产各种方法的规定。实行的是体现资产阶级的剥削自由的契约自由原则。这部法典至今仍在使用,但随着法国社会经济和政治的变化,法典也进行了100多次修改。

析二者之间的互动关系及演进趋势。

尽管康蒙斯的思想时常被人们忽略，不过我们仍然能从科斯以及后来的法经济学家那里看到康蒙斯的影子。哈特曾说，"康蒙斯表述上的不成功，无疑使他的理论著作的影响受到了限制。"读过康蒙斯著作的绝大多数人，都纠结于康蒙斯那晦涩含混的语句、杂乱无章的结构。也许是康蒙斯本身理论表述的缺陷，才致使人们忽略他的理论。但这些掩饰不了康蒙斯在经济学领域踏出的新脚步，康蒙斯堪称是法经济学的伟大先行者。

加尔布雷思
——"开放式的经济学"

约翰·肯尼思·加尔布雷思（1908—2006）有两个重要的身份：美国经济学家和重要政府官员。在经济领域，他是制度学派的领军人物，关注社会贫困、萧条、垄断的问题，曾担任普林斯顿大学副教授，《财富》杂志的编辑，从1949年开始担任哈佛大学经济学教授。在政治上，他官居要职，历任美国物价管理局副局长、战后美国战略轰炸调查团团长和美国国务院经济安全政策室主任，还出任过美国驻印度大使，并于1972年当选美国经济学会会长。

加尔布雷思出生在加拿大安大略省的一个农场主家庭，父亲原是一位老师，后来从商，最后从政，他的聪明机智很多是受家庭的影响。1931年，加尔布雷思从加拿大安大略省农学院毕业，获得学士学位，然后出发去了美国。在美国期间，他继续深造，研究农业经济，获得硕士博士学位。加尔布雷思一生写了30多部著作，文笔辛辣。如《1929年大崩盘》《经济学和公共目标》《丰裕社会》《不确定的年代》等。

加尔布雷思是一位典型的新古典主义的批判者。加尔布雷思曾说过："我批判的是传统思维而不是发现和阐述他们的人，因为时代在进步，这些思想已经不合适当下形势，可是人们却浑然不知，还把他们看得神圣不可侵犯。"由此，加尔布雷思提出了几个特别的理论。首先是他的"依赖效应"。按照加尔布雷思的观点，现代资本主义发展形成了大型公司主导的格局，这些公司为了获得更多的利润，开始创造越来越多、形式多样的"欲望"，这些"欲望"会以公司计划和广告的形式出现，进而"诱导"并为消费者提供产品和服务。在这样的体系下，消费者没有自主意识，不再是选择的上帝了。这点显然是与正统古典经济学相违背

▲这幅壁画反映了在不平等的资本主义社会里，穷人更穷，富人更富，许多人没有社会保险，无家可归，而富人却花越来越多的钱消费那些华而不实的东西。

▲ 现代许多国家经济的发展往往是以环境作为代价。图为遭到破坏的原始雨林。

的——正统经济学自始至终认为消费者是需求的唯一主观因素,不接受所谓的推销因素去代表消费者的真实利益。

加尔布雷思异于常人的消费者需求理论还意味着,市场间私人产品过多地投入,就造成了公共产品配置的不足。这在他1985年出版的《丰裕社会》一书中被提到过,提醒人们要关注"公共目标",私人消费部分过于膨胀就占用了本该投入到社会事业的资金,致使交通道路、医院、学校、住房等因为财政拮据而无法筹建发展。书中"私人丰裕"和"公共贫困"两种现象形成了明显的对比,着实吸引了读者的眼球,成为当年非小说类的畅销书,甚至入选纽约图书馆世纪丛书。

加尔布雷思的"生产者主权论"在一定程度上反映出战后美国社会不断发展形成的一部分经济现象。丰裕社会下,很多产品只能满足生存需求,靠推销满足人们欲望的生产方式成为重要的新意识。不过这是一个极端的角度,消费者终究是有自主判断能力的,只不过是在现代社会,其选择过程中所受到的干扰信息更多了。但是我们不能忽视加尔布雷思这一智慧,这将会使正统经济学家暂时停下发展的步伐,接受加尔布雷思的批评和建议,重拾研究路上可能丢失的珍宝。

美国在经历第一次世界大战后,资本主义得到了长足的发展,成为世界上最大最强的工业主体。在繁华景象背后,很多工薪阶层的生活却是极其狼狈:劳动时间长、工资收入低、住房医疗教育一些基础保障设施系统薄弱,工人安全感缺乏。由此,"公共目标"的字眼也同时出现在加尔布雷思的《经济学和公共目标》中,在书中,他详尽地指出了资本主义社会遇到的失业、通货膨胀、贫富差距、经济失衡、环境恶化等一系列问题。

虽然早期的加尔布雷思受到凯恩斯主义学说的影响，不过他是反对凯恩斯主义和经济自由主义的。传统智慧中，按照凯恩斯的理论，可以通过货币政策和财政政策调节通货膨胀。但加尔布雷斯认为，在丰裕社会中，货币政策和财政政策对于控制通货膨胀是无能为力的。货币政策主要通过利率产生作用，但利率的变化将出现不平均的作用；在生产领域，那些寡头垄断的企业将财务成本转嫁给消费者，而那些竞争性行业则只能自己承担，这进一步导致社会资源的分配不均；在消费领域，考虑到消费者信用的创造，消费者对于利率并不敏感，而只是关心分期还款额，只需要简单地做一些金融创新，就可以抵消利率变化对于消费的抑制作用。财政政策的紧缩可以控制通货膨胀，但这又与传统智慧中扩大生产、解决就业的观念相抵触。

生活中的加尔布雷思经常被认为是恃才傲物，《纽约时报》就说他傲慢自负。在回忆录里，加尔布雷思自己也承认偶尔会情绪失控。不过这些都不影响加尔布雷思对经济学发展做出的巨大贡献。

> **知识点击**
>
> 新制度学派形成于20世纪中期，一方面它继承了制度学派的传统，以制度分析、结构分析为标志，并主张在资本主义现存生产资料所有制基础上进行改革；另一方面又根据第二次世界大战后新的政治经济条件提出更为具体的政策建议，主要代表人物有美国的加尔布雷思、博尔丁、瑞典的缪尔达尔等。新制度学派同过去的制度学派一样，内部没有统一的观点，也没有本派的公认领袖人物或最有权威性的著作，该学派成员的学说几乎都是自成体系。

缪尔达尔
——循环积累因果联系

纲纳·缪尔达尔（1898—1987）是瑞典新制度学派和发展经济学的主要代表人物之一。1974年，缪尔达尔和哈耶克一起荣获诺贝尔经济学奖。

缪尔达尔一生中做过的职业很多，做过很多大学经济学课程讲师和教授；作为社会民主党成员被选入参议院，参加政事决策；还兼任瑞典政府的经济顾问、瑞典商业部部长和瑞典银行的理事，甚至任职联合国经济委员会秘书。担任一系列经济部门的要职，也足以证明缪尔达尔丰富的经济学知识和经济管理能力。

其他经济学家的研究放在了纯经济学上，而缪尔达尔对经济学的研究更为开阔，进入到社会和制度的新领域。缪尔达尔很早就注意到当时社会存在的不平等现象，1929—1933年的世界经济危机更是加剧了这种现象，普通人们生活更加贫困，而富裕阶层的财富收入却不断增加。由于长期在政府部门任职，缪尔达尔审视问题的角度更加宏观化，强调区域间协调统筹的重要性。他尝试着把经济分析和社会、人口联系在一起，制度问题成为他关注的重点。

▲缪尔达尔像

▲ 人口与城市繁荣

人口稀少的地方会因外来人员的流入而繁荣起来。反之，人口密集的地方会因增加一所住房或一层楼房而经济衰退。这些地方没有足够的新鲜空气和阳光，也没有足够的供不同年龄的人娱乐和休息的场所，这样就会导致流入城市中的精英遭到浪费。

于是，带有缪尔达尔独特思想的著作《经济理论与不发达地区》出版了。在该书中，他系统地提出了"循环积累因果联系"理论。他认为，社会经济制度是一个不断演进的过程，在发展过程中受到经济、政治、文化、技术等因素的相互影响，如果这些因素的其中一个发生变化，就会引起另外一个或几个相关因素的变化，后来变化的因素反过来推动最初的那个因素发生再变化，即A的变化影响B，B反过来又影响A，A再影响B，这就形成了简单的循环模型。现实中的各个要素之间就是以这种循环积累，通过微妙的、短暂的不守恒来实现整个过程的非均衡状态，并且这种循环具有积累效果。缪尔达尔的循环积累因果联系理论被广泛地应用到区域发展中去。

理论认为，社会发展的市场力量一般倾向于强化而不是弱化区域间的不平衡。这主要是因为各地区间自然禀赋和资源的不同。有些地方最开始就有良好的发展优势，后期的发展自然也会很好；而资源条件本身就相对差的地方，由于不平等约束，会阻碍经济增长，后期的发展情况也是一般的。同时，缪尔达尔还提出，循环积累会在发展过程中带来两种不同的作用，即回流效应和扩散效应。

生活中经常会看到，一些落后地区的优质劳动力会涌向发达地区，享受那里的高工资、高水平社会保障和教育、卫生医疗等资源，这就直接导致落后地区的劳动力数量不足，质量下降，该地区发展阻力更大。这种现象就是循环积累理论提到的回流效应，当然这种效应也不是无限发挥作用的，"大城市病"就是其发展受到节制的体现：由于强大的吸引力，发达地区的人口急剧增加，交通拥挤、环境污染严重、人口与社会资源矛盾尖锐、生活成本不断上升，其外部性效应逐渐下降，经济强势增长的势头受到限制。而扩散效应是指发达地区通过对接支援落后地区人力、技术、资金等资源，以促进其发展。

"大城市病"的出现成为发达地区向周边落后地区转移产业链条的重要原因之一。此外,国家政策引导支持也能产生扩散效应。缪尔达尔认为,若没有制度发现并改变这种不平衡,只靠社会经济自由发展,那么发达地区继续积累优势,落后地区继续积累劣势,区域间的失衡愈加明显,就产生了"地理上的二元经济"结构。

要实现某区域社会经济发展的转变升级,关键是要使扩散效应大于回流效应,刺激落后区域经济发展,缩小区域间的差距。对此,缪尔达尔提出了关于区域发展的政策主张——不平衡发展战略,即在经济发展的初期,政府应当采用不平衡发展战略,对经济基础较好的区域和社会重点行业进行投资建设,以求较好的投资效率和较快的经济增长速度。其中值得注意的是,当经济发展到一定水平时,要防止累积因果循环造成地区贫富差距的扩大现象,政府要及时通过一系列特殊的区域经济政策,结合扩散效应刺激落后地区的发展,缩小区域经济差异,最终消除二元经济结构。

用动态的循环积累因果假说取代传统的静态均衡假说,缪尔达尔认为按照这样的"优先次序"的不平衡增长战略,可以使欠发达地区能够有效地利用有限的资源加快经济增长。认同不平衡发展观点的还有赫尔曼、威廉姆森等学者,他们的不同理论,共同构成了发展经济学重要的理论骨干,为当今发展中国家的社会经济建设提供了理论支持。

科斯定理
——牛走失后的设想

1991年荣获诺贝尔经济学奖的罗纳德·哈里·科斯(1910—2013),与其他获奖的经济学家稍显不同。他没有很多的著作,也几乎没有写出过一条数理方程式,但这并没有影响他成为伟大的经济学家。科斯的主要经济学贡献就是揭示了"交易价值"在经济组织结构的产权和功能中的重要性。

1910年,科斯出生于英国伦敦郊外的一个小镇,父母都是当地邮局的普通电报业务员。年幼的科斯因为腿疾不得不在残疾学校入学。腿上沉重的铁制护腿工具,给科斯生活学习带来了很多不便,不过科斯并没有因此在学习上有一丝懈

▲罗纳德·哈里·科斯像

怠。通过不懈努力,科斯顺利考入伦敦政治经济学院,并获得商科学士学位。其后,科斯凭借《公司的性质》的论文,而在经济学界崭露头角。在这篇文章中,科斯以独特的视角——交易成本的角度来分析企业是如何产生的。科斯认为,市场交易是存在成本的,这些成本包括讨价还价、订立执行合同的费用及时间成本等。若市场交易成本高于企业内部的管理协调成本时,企业便产生了。此外,科斯还指出,企业的产生存在就是为了节约市场交易费用。

长期专注于产权问题的科斯,提出了著名的"科斯定理",并因此获得诺贝尔经济学奖。科斯定理的基本含义出自科斯在1960年发表的《社会成本问题》一文中,"其通俗解释是只要财产的产权清晰,市场交易成本很小或者为零,那么此时无论将财产权给谁,

都能实现资源配置最有效率的市场均衡。

外部性的存在和公共品的属性一直是市场机制难以处理的问题,于是包括科斯在内的众多经济学者对此展开了学术研究,试图揭示人类行为的一般规律。外部性是指一项经济活动对非当事人的第三者产生的影响,这种影响没有通过市场价格机制得到反映,外部性有政府效用。以往解决经济外部性的传统思路是对正外部性经济行为进行补贴和奖励,对负外部性进行征税和罚款。这种政府干预行为不是没有成本的,也存在不确定性,还可能会带来寻租活动,最终不一定能实现资源最优配置。科斯为解决外部性提供了新思路。他认为,之所以会产生外部性,关键是因为没有明确权利的范围。如果在产权充分界定的条件下,通过当事人的谈判纠正和市场机制,使私人成本和社会成本达到一致,从而避免经济外部性的产生。科斯定理就是针对经济外部性提出的解决方案,它有两个重要前提——明确产权和交易成本。科斯定理由三组构成,分为科斯第一定理、第二定理和第三定理。

科斯第一定理是指在交易费用为零的情况下,不管权利如何进行初始配置,当事人之间的谈判都会导致资源配置的帕累托最优。在说明这条定理的时候,科斯通过牛吃草的案例进行了分析。假设,一位种植小麦的农夫和一位养殖奶牛的牧场主在相邻的两块土地上生活,结果就导致牧场主家的奶牛经常跑到农夫麦地里面吃麦子,养牛者得利,农夫则受损,这就是外部性。此时,若养牛者要向农夫做出赔偿,根据第一定理,养牛者要向农夫赔偿小麦损失,使小麦的损失内化成为养牛者的生产成本。若养牛者不承担给农夫造成的损失,农夫要想避免损失,必须给养牛者以补偿,也就是农夫需要购买控制牛群规模的权利。

科斯定理的第二定理是指在交易费用不为零的情况下,不同的权利配置界定会带来不同的资源配置。现实生活中,任何交易都是有成本的,交易成本为正数时,合法权利的初始界定就会对经济制度的运行效率产生影响。

科斯第三定理是指由于存在交易费用,不同的权利界定和分配就会带来不同效益的资源配置,因此产权制度的设置是优化资源配置的基础。交易成本大于零时,若没有产权制度,产权的交易与经济效率的改进就难以展开,而清晰界定的产权将有助于降低人们的交易成本,提高效率。

萨缪尔森曾错误地偷换概念,认为科斯没有考虑到垄断市场形式,批评科斯定理的正确性。最终,学者们用推论证明只要交易费用为零,即便存在垄断,也可以实现帕累托最优。另外也有很多经济学家认为,科斯定理忽视了产权界定对财富分配和资源配置效率的影响,科斯本人对此解释说,要素的市场价格变动会抵消产权安排对财富分配的影响。事实上,零成本的交易费用现象在现实中是不存在的。此外,该定理也存在逻辑悖论,科斯认为只要政府的管理成本小于市场交易成本,那么政府管理就比市场自动机制有效,这点与他的产权论主旨的基本论点相悖。

尽管带有瑕疵,科斯定理仍有闪光之处,他发现

推荐读本

巴塞尔的《经济分析》一书中,起着主要作用的不再是"交易费用",而是"公共领域"概念。博弈论是描述公共领域里寻租者的行为及其结果的最好工具,这本书是新制度经济学从"交易费用"到"博弈均衡"发展的一个转折点。

了交易费用与制度安排之间的关系,为人民在经济生活中做出合适的制度产权安排提供了可行的解决方法。同时,科斯这种独特的分析视角,为解决外部性开辟了一条新的研究途径。

德姆塞茨
——狩猎权的私有化

曾在斯坦福胡佛研究所任职的哈罗德·德姆塞茨(1930—)出生于美国伊利诺伊州,他先后获得工商管理硕士学位和经济学博士学位,1978年后一直在加利福尼亚大学洛杉矶分校任教授。

迄今为止,德姆塞茨主要的研究领域是产权部分,拥有多部作品,如《产权理论探讨》《经济活动的组织》《生产、信息费用和经济组织》《竞争的经济、法律和政治维度》等。他对经济关系的贡献主要是将科斯的产权、交易成本和市场机制进行具体化阐述,扩大和细分了市场产业组织形式,包括垄断、托拉斯、广告投资、进入壁垒、企业性质、所有权和控制权分离等诸多问题,都被德姆塞茨进行了详细研究。对于产权产生以及发生的作用,德姆塞茨有着自己独特的见解,为人类最早经济行为起源提供了理论依据。

产权最早出现在托马斯的人口增长说中,其推理思路是,因为最初社会的人口数量少,资源相对丰富,供给大于需求,就不需要界定产权了。但是后期随着人口的增加,资源数量相比以前也有所减少,为了维持自己部落的资源供给,排他性就出现了,部落之间建立了对外的产权制度,不允许外来人员分享当地资源。可是部落内部成员滥用资源也导致公共资源的枯竭,于是在部落内部成员之间就开始进一步划分产权,这个时候私有权就产生了。德姆塞茨认为以往的经济学家在私有制度产生的解释上还不完善,他以外部性内部化的视角,在《产权理论探讨》中,系统地阐述了产权的概念、作用和形成过程,建立了德姆塞茨的私有产权起源模型。

私有产权是什么?指财产权利完全赋予个人行使,也就是说个人可以在排他性基础上,通过个人意志来支配经济物品多种用途。私有产权具有可分割性、可分离性和可让渡性,所以私有产权并非会使个人永远拥有各种权利。德姆塞茨的私有产权学说是以商业活动增加导致资源缺乏为核心的,当内部化收益大于成本时,产权就会产生,外部性内在化的过程就是产权产生的过程。

▲英国"圈地运动"的盛行,农民失去了对土地的所有权,很多人成为流浪者和乞丐。

▲ 海湾战争时期，多国部队进入伊拉克沙漠区，其最终目的还是对石油所有权的控制。

内部化的动力来源于经济价值的变化、新市场的开辟、技术革新和对旧的不适应的产权制度的调整。总之，在社会因素相对既定的情况下，相对价格变化和技术变革是引起新的私有产权出现和变动的原因。

德姆塞茨用加拿大北部印第安人部落中土地私有产权产生的案例对其观点进行佐证。在18世纪以前，土地私有产权制还未建立。加拿大北部的印第安人部落，人们在共有的土地上自由狩猎，自给自足。这种形式就存在外部性，一个人随心所欲地打猎必造成对其他猎人的成本，每个人从不考虑对其他猎人狩猎的控制，虽然猎物会有所下降，不过这一结果对其他人的影响是微乎其微的，谁也不会在意这些。而且，由于任何人都可以无偿随意占用和使用土地，他们也就没有排他的意识和产权界定。后来，随着毛皮贸易的发展，海狸皮毛的价值大大提高了。需求增加大大刺激了狩猎活动，大家的狩猎目的就从自给自足转变到出售皮毛上来。由于狩猎场是共有的，前一个人成功的狩猎便成为强加于后来打猎者的外部性，过度狩猎现象也就出现了。为了实现财富最大化，人们开始增加对资源保护的投资，并对狩猎者的狩猎行为做出限制，资源排他性意识渐醒：只有建立了私有产权，人们才有积极性投资，实现资源最大化最优配置，而不是过度狩猎造成资源枯竭。同时，森林地区野兽的皮毛价值比平原上的皮毛价值高，在森林地区建立排他性产权的成本较平原地区低。

后来的经济学者麦克马纳斯对德姆塞茨的原始模型进行了研究，发现事实与德姆塞茨的理论之间存在差异。比如，按照德姆塞茨的说法，确定排他性产权后，海狸的数量会逐渐趋于稳定,或是有所增加,不过历史事实是这一地区海狸的数量是急剧下降的。此外,在皮毛贸易开始之后,并没有出现相对价格和技术的变化,为什么会出现这些矛盾呢?麦克马纳斯为此进行了更加详细地研究,原来,部落的人们有权力阻止那些从自己领地获得海狸出售毛皮的行为,却不能阻止他们猎杀后用于个人使用,即只有用于交换部分的权利是排他的,而直接消费使用的权利是大家共有的。

后来的很多学者站在德姆塞茨原始模型的基础上,进一步向前研究产权制度,完善了制度经济学的理论结构。

▲ 正是由于石油的稀缺性,各国对石油的争夺导致了海湾的局势不稳。图为海湾地区的海上油井。

机会主义行为
——"工作中消费"

随着科学技术和市场经济的不断发展,交易范围、资本积累和企业发展都呈现出规模扩大的趋势,经济市场变得越来越复杂。但是,资本所有者可能没有足够的时间、精力和专业知识来进行管理,这时他们会选择将业务交给专业人士或者专业公司;另外,企业规模太大,企业所有者仅靠一人之力是无法支持企业运转的,那么他可能把企业交给他人代为控制和经营,也就是委托代理关系。

在现代公司的一般结构中,董事会是所有者的代表,它拥有公司财产的所有权与支配权,有权把公司委托给别人经营管理。总经理是接受董事会委托的人物,角色是代理人,拥有代行经营管理的权力。这两者之间就是委托代理关系。当然,在公司里面并不是只有这一种委托代理关系。前面作为代理人出现的总经理会把一部分任务下传到各个部门去,总经理和各部门之间也会形成一层委托代理关系。以此类推,部门经理继续将部分工作委托给他的下一级员工……所以说,现代公司就是一系列委托代理关系的总和。

为了保证委托代理关系能够顺利实施,委托人和代理人会采用填写合约的形式,将这种关系固定下来。一般来说,委

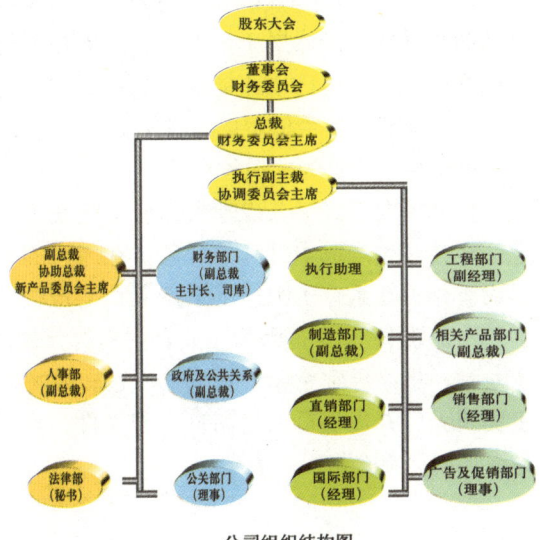

公司组织结构图

▲ 弗雷德里克·温斯洛·泰罗

鉴于劳资关系的对立严重影响生产率，泰罗提出了科学管理理论和方法。

托人与代理人之间签订契约，契约会规定各方的权利、义务及相关行为规范。契约的签订是以信息对称为基础的，这就意味着，委托人与代理人之间的信息越完全，所签订的契约也就越完善。但在现实中，委托人与代理人之间的信息通常是不完全流通的，是不对称的，这就使契约变成了一种不完全契约。基于信息不对称的"道德风险"和"逆向选择"行为就属于机会主义的类型之一，不完全契约就是机会主义的一种表现。

人们逐利本性的机会主义是公司管理中很难避免的问题之一，它主要体现在公司治理目标的异同上面。假如公司内各个经济主体之间的目标是完全一致的，都是为了企业的利润最大化，那么即使是不完全的委托代理契约也不重要。但事实上，经过层层委托代理关系的传递，就可能导致委托人的利益和目标与代理人所追求的异化，比如说董事会作为委托人追求利润最大化，而其他人也都有自己的目标，总经理追求企业的稳定与增长，希望把企业做大，使自己的权力控制欲得到满足；部门经理更多考虑本部门的利益；职工考虑的可能是工资最大化，或在工资既定的情况下尽可能多偷懒和怠工，也就是休闲最大化。

如果契约可以设计制度来统筹这些异化的行动，那么就可以根治机会主义，可现实情况是，契约难以做到这一点。于是，各级代理人就会在不违背契约的情况下，为实现自己的目标与利益而损害委托人的利益，甚至有些代理人会做出损人利己的行为。比如，董事会与总经理的契约中，不可能规定总经理何时可以以公司名义请客或出差，如果可以请客，那么是在什么级别的餐厅消费多少的食物？契约不可能做到事无巨细。在完成委托人指定目标的过程中，细节之处就需要代理人自己把关了。那么总经理可以以公司业务需要为借口，公款请客、频频出差，在社会上扩大自己的影响和知名度，织起一张自己的关系网。既然属于公差，这些不必要的费用就需要董事会支付，而总经理既可以完成委托任务，自己也还能获得利益，这种行为就侵犯了董事会的利益。经济学家把这种以公司业务需要为借口的各种宴会、出差支出称为总经理的"工作中消费"。工作中的消费是机会主义行为的一种形式。

在公司内，每一个代理人都有可能发生机会主义行为。在经济学家看来，很多的企业都存在着生产成本过高的现象，在庞大的组织体系中，个人目标和组织目标不能完全形成正相关联系。美国经济学家莱宾斯坦把这种"家大业大，浪费点没啥"的情况称之为"X无效率"。这是因为企业合同契约无法做到诸事兼备和有效监督，信息传递就存在不对称，最终导致企业管理分化、运转效率低下。学者给出的建议是在制度设计、实施上面施力，并提倡员工提高自身积极性，如果每个人都能发挥自己的主观能动性，X无效率的问题就会解决一大半。

奥尔森
——《集体行动的逻辑》

从斯密时代到 20 世纪这一段时间内，集体行动似乎总是有意无意地被人们忽略掉。尽管个人行动和集体行动同时存在，不过大多数经济学家更关注个人行动，终于到制度经济学派，有了对集体行动的系统研究，奥尔森就是其中一名执着的研究人员。曼瑟尔·奥尔森（1932—1998），美国经济学家和社会学家。这位别具风格的经济学家一生都在专注研究这样一个问题：为什么个人的理性行为往往无法产生集体或社会的理性结果？并将研究成果集中于《集体行动的逻辑》一书中。此外，他还有《国家的兴衰》《权利与繁荣》等作品。

《集体行动的逻辑》是建立在理性人的假设基础上的，奥尔森先是做出了一个前提假设：人是理性的，不会浪费金钱、时间和资源。他认为，理性人不像经济人那么自利，理性人会在现有条件的约束下，根据效用最大化的原则来选择最佳的行动方案。在该书最开始，奥尔森就批评了传统对集体的看法，他们认为为了维护其成员的共同利益才会存在组织或是集体。从理性人的特征出发，很显然这是不成立的说法，因为理性人会根据成本收益做出衡量，不会主动地、单方面地为集体提供服务，比如住在同一栋楼中的人们并不会主动保持楼道卫生。成员提供的服务就是可以无偿享用的集体物品或公共物品，在集体物品生产过程中，总会有成员坐享其成，这种不一起奋斗，坐享其成的现象就是"搭便车"。

在日常生活中也经常看到搭便车的现象，比如说某小区设施维修，费用平摊到每户居民身上，如果这些费用是自愿支付的话，一定有一部分住户拒绝交纳，并且会随着其他住户交纳维修好之后，继续享用这些公共设施。

奥尔森认为搭便车困境会随着集体成员数量的不断增加而愈加严重。因为，当集体成员数量增加时，集体中每个成员能获得的单位集体物品会减少；人数增多也不利

▲1968 年法国爆发"五月风暴"的群众性游行示威，最后法国政府许诺实行改革，提高工人工资 7%，这是占人口不到 40% 的游行示威者为全体公民争取到的利益。

▲ 越是庞大的企业，越是需要科学的管理；建立严密的组织结构，任命称职的管理者、制定明确可行的计划等等。

于成员之间的直接监督，组织集体成员进行一项活动的成本也会大大提高；成员人数增加也会降低每个成员的贡献率，导致成就感、荣誉感下降。

从集团行动的角度，奥尔森给出了解决搭便车的方法：集体性激励无法使每个理性成员都为获得集体物品而奋斗，所以要采取选择性激励措施。选择性激励措施具体分为3种：第一种是小组织原理，一个人是否参加到集体行动中去，是经过理性分析和选择的结果，这一结果会为集体收益带来成本和收益，所以一个成员的加入很重要，对集体行动成败的影响很大，小组织也可以加强成员之间的直接监督；第二种是组织结构原则，大组织机构复杂冗繁，不利于决策的制定，必须分层，这也符合小组织的要求；第三种是不平等原则，组织内部在权利、利益、贡献和分配上不能实行平均主义。奥尔森认为，选择性刺激还是集体行动产生的特定条件之一，另外一个是集体成员的不对称，也就是收益的不对称，只有让个别成员从集体行动中收益比其他成员更多，那么他的成就感、自豪感便会提高，对集体行动的贡献积极性也就越来越高。

1993年，奥尔森所著的《集体行动的逻辑》一书

> **推荐读本**
>
> 美国权威管理学教授斯蒂芬·P.罗宾斯在其著作《管理学》中，借用大量的研究材料和案例，将企业家管理的智慧淋漓尽致地展现在我们面前。作者清晰地分析了企业家精神、企业家社会责任、战略管理、企业组织和职务设计、领导理论和沟通和人际关系技能，让读者从中领悟管理的真谛。

获得美国管理学会颁发的"最持久贡献著作奖",还于 1995 年获得美国政治学会颁发的"里昂·爱波斯坦奖"。1998 年 2 月 19 日,奥尔森因心脏病突发去世,惊闻此消息的诺贝尔经济奖得主罗伯特·梭罗说:"我们大多数人都相当类似,认识其中一个就等于认识了全部。但奥尔森不同,他别具一格。这使我们更加怀念他。"

一枚铁戒指
—— 经济学与人类关怀

经济学的发展也是历史,只不过这些故事里的人物多多少少都被涂上了自私自利的色彩,以追求所得最多为目的。果真如此吗?当然不是。要知道,有很多经济学家穷尽一生只为寻找人类社会的真理,希望能借此指导社会朝着更好的方向发展。在这里,要和大家分享一个真实的故事。中国学生刘冰在日本留学期间,正赶上了日本排华浪潮高涨时期,很多房东都不愿意将房子租给中国人。1999 年 2 月,寒风料峭,东京的天空下起了小雪。为了找房子而奔波一天的刘冰失落孤独地坐在车站的长椅上,

▲诺贝尔和平奖获得者——特蕾莎修女,她在世界各地创建了众多的收容所与医疗机构,帮助那些贫苦无助的人们。

想着自己的处境,竟不由自主地哭泣起来。突然有人轻轻拍她的肩膀,刘冰抬头一看,是一位慈爱的老妇人。老人说:"孩子,不哭,你这么年轻,有什么伤心事一定会过去的。"刘冰满怀感激地点了点头,说道:"谢谢您,我的房东不愿再租给我房子,我马上要沦落街头了。"说着禁不住地又掉了眼泪。

▲联合国拥有众多的基金会,他们靠捐献等方式从发达地区筹集资金去帮助落后国家与战乱地区的人民。图为联合国总部大楼。

老人见状,将她带到一座破旧的住宅楼,说:"如不嫌弃就在这儿住几天,等找到了房子再搬出去,总比流落街头要好。"这让刘冰非常感动,也感受到一种绝处逢生的惊喜。老人的经济状况并不好,家也是破破烂烂的,几乎没有一件像样的家具。后来,刘冰又知道老人患有糖尿病,就忍不住劝老人去医院检查,老人执意不肯。

知恩图报的刘冰偷偷为老人办理了国民健康保险,并把自己的全部积蓄 78 万日元拿出来给老人看病。老人得知后,慌张不已,最后耐不住刘冰的坚持,只能去医院做了检查。结果很不乐观,老

人病情相当严重，有失明危险，随即被安排住院。

有一天，自知时日不长的老人把刘冰叫到身边，拿出一份律师帮忙起草的遗嘱，称要将自己仅有的一些旧书、旧家具、旧照片及一枚她戴在手上的铁戒指全部留给刘冰，以报答刘冰的"恩情"。老人从瘦骨嶙峋的食指上摘下一枚丑陋笨重的铁戒指，小心翼翼地戴在刘冰手指上，并语重心长地告诫刘冰："别看它丑陋，孩子，记住，最珍贵的东西不要从表面来判断它。"原来这枚戒指是她跟丈夫的信物，丈夫死后，老人便一直佩戴着这枚铁戒指。不久，老人去世了，还欠下20万元治疗费。老人的儿子向来不过问老人的生死，自然对老人毫无价值的遗产也不感兴趣，主动放弃继承权，同时声称不会负担老人欠下的治疗费，这些治疗费由刘冰负责偿还。

几年后，刘冰在一家餐厅兼职做服务生，遇到一位二战时的老兵。他看到刘冰手上的戒指，说这跟他当年一位好友戴过的戒指十分相似，还说这是贵族家的传家宝。好奇的刘冰几天后去一家古董铺求店家进行鉴定。店主用放大镜端详了老半天，然后意味深长地说："小姐恕我冒昧，这的确是一枚老戒指，但我说不出来历，因为从重量上看它比铁要轻，不知能否让我打开详细看看？"得到刘冰的允许后，店主打开了那层铁皮，氧化铁被去掉之后，里面竟然是一颗硕大的钻石，足有3克拉大小，镶在白金之中。瞬间，刘冰从寒门学子变成了富人……

一杯味道香浓的咖啡，不在于盛它的容器多么精致，而在于自身的品质；一位受人爱戴的领袖，不在于他穿着的威武，而在于他施政所向直指民心所望。回到经济学来，看着丑陋，满脸皱巴巴的老人，一生也是执着于真理的追求，临终留下破破烂烂的遗产中却是智慧的财富，任何一个精神土地贫瘠的人，在获得他们思想的浇灌后，都能收获精神的财富，让我们向每一位对经济发展做出贡献的学者致敬！

后记

经济学学习和研究方法

经济学理论可谓是通篇充满了数学方程式和推导图形，以至于让大多数人认为要学好经济学非得精通数学不可。其实不然。经济学家用抽象的推理、图形和数学工具来表述经济学道理是理论化本身的需要，这样做也有助于人们对世界的认识更深入、更准确。但是，对于普通人来说，如果我们抛开高难度的理论，而把经济学和生活联结在一起的话，就会发现经济学其实就在我们身边，它既不神秘，也不艰涩。

经济学作为一门研究人类经济行为的科学，也有着自己的规律，所以我们建议大家掌握3种分析方式，以实现对主线大致的把握。

第一，把握均衡分析与非均衡分析。微观经济学与宏观经济学运用的主要分析工具是均衡分析。均衡分析就是假定经济变量中的自变量为已知的固定不变的，以观察因变量达到均衡状态时所出现的情况以及实现均衡的条件。由于在观察过程中，外界条件不断地发生变化，均衡可能是转瞬即逝的一刻，也可能永远达不到，但在均衡分析中，我们只考察达到假想中的均衡时的情况。因为经济现象及其变化的原因是多方面的、复杂的，不能单纯用有关变量之间的均衡与不均衡来加以解释，而要结合历史、制度、社会等因素，通过非均衡分析来把握市场中不同力量的变化。

第二，静态分析与动态分析。这是按照经济时间来划分的。静态分析不涉及时间因素所引起的变动，它只考察一定时期内各种变量之间的相互关系，静态分析属于时间横截面的一种状态分析。动态分析则要引入时间因素，要考察各种变量在不同时期的变动情况。静态分析研究的是经济现象相对静止的状态，而动态分析研究的是经济现象的发展变化过程。

第三，定性分析与定量分析。定性分析与定量分析相互补充，具有不可分离的关系。定性分析就是分析研究经济现象内在的性质与规律性，对获得的各种材料进行去粗取精、去伪存真、由此及彼、由表及里的再次加工，进而揭示其内在的规律。定性分析常被用于对事物相互作用的研究中，主要研究事物"有没有"和"是不是"的问题。定量分析是将所研究的经济现象的有关特征及其变化程度进行量化，对取得的数据进行统计处理，从对事物量变过程的分析中得出结论。定量分析是说明事物"如何变化的"和"变化过程与结果怎样"的方式。

如果要深入学习经济学，那就必须掌握一些基本概念与理论，最好系统地读一些教科书，比如，美国经济学家曼昆的《经济学原理》。因为教科书的正确性、全面性、系统性是毋庸置疑的，读教科书也是一条捷径。教室的学生和跑堂的学徒在本质上是一样的，都是在学习一种方法或者是生活的技术，同样，学会经济学也就是要学会经济学家的思

维方法，运用这些思维方法解决生活中遇到的各种问题。这就要求经济学的学习者，不但要读、要学，还要用。要边学习，边思考，边运用，这样才会在学习中获得乐趣，才能喜欢它、学会它，并在应用的过程中体会到萧伯纳的那句名言：经济学是一门使人生幸福的学问。

西方经济学派一览表

重商主义 16—17世纪 代表人物：伦威尔（英）、考尔白（法）、曼·托马斯（英）

西欧封建社会瓦解和资本原始积累时期产生的经济学派，其最基本观点是把金银及货币说成是社会的唯一财富，强调贸易的重要性，倡导贸易改制均衡——出口顺差。

重农主义 18世纪 代表人物：魁奈·杜邦、维耶尔、杜哥尔

主要在法国盛行的视农业为财富的唯一来源和社会一切收入的基础的理论，其理论推论认为仅有土地才应该被课税，强调生产而非贸易是繁荣的基础。

古典经济学 18世纪末—19世纪初 代表人物：亚当·斯密、配第、李嘉图

主张对资产阶级的经济活动不加任何限制与干涉，因为经济生活是由"自然规律"支配的，国家不应对经济生活进行干预和监督，同时提出了商品价值的来源问题以及剩余价值的性质。

马尔萨斯主义 19世纪初期——19世纪40年代 代表人物：马尔萨斯、普莱斯、卡莱尔

认为人口增长有比生活资料增长更快的趋势是永恒的规律，工人的失业和贫困是人口增长不可避免的结果。

历史学派 19世纪初期—19世纪40年代 代表人物：罗雪尔、施穆勒、李斯特

反对19世纪中叶以前的英法传统经济学，以历史归纳法反对抽象演绎法；以历史反对理论否认经济规律的客观存在，以国家主义反对世界主义，以生产力的培植反对交换价值的追求，以国家干预经济反对自由放任。

奥地利学派 19世纪70年代 代表人物：门格尔、维塞尔、巴维克

其理论核心为边际效用价值论，认为一件东西的价值，除有效用之外，还必须"稀少"，即数量有限，以致它的得失成为物主快乐或痛苦所必不可少的条件，而市场价格无非是根据这种主观价值所做的估价而形成的。

数理经济学派 19世纪70年代初 代表人物：杰文斯、瓦尔拉斯、帕累托

提倡以数学为分析工具对经济进行研究的学派，是以倡导边际效用价值论和边际分析为特点的边际效用学派。

凯恩斯学派 20世纪30年代 代表人物：凯恩斯

该学派认为生产和就业的水平决定于总需求的水平，总需求是整个经济系统对商品和服务的需求的总量，在微观经济理论中，价格、工资和利息会自动调整使总需求趋向于充分就业的水平。

瑞典学派 19 世纪 20 年代初 代表人物：K. 维克塞尔、G. 卡塞尔、G. 缪达尔

该学派提出累积过程理论，主张控制利息率以维持经济稳定，发展了宏观动态论与均衡方法论，建立了经济周期理论，并提出以宏观货币政策为主，以财政政策、产业政策、工资政策为辅的经济政策主张。

剑桥学派 19 世纪末 20 世纪初 代表人物：马歇尔、庇古、罗伯逊

该学派继承了 19 世纪初以来的英国庸俗经济学传统，兼收并容，用折中主义的方法把供求论、生产费用论、边际效用论等融合在一起，建立了一个完全竞争为前提，以"均衡价格论"为核心的完整的庸俗经济学体系。

制度学派 19 世纪末 20 世纪初 代表人物：凡勃伦

以研究制度和分析制度而著称。他采用历史方法、社会达尔文主义和职能主义心理学，批评传统经济学的方法论，承认资本主义制度存在各种弊端和缺陷，强调对资本主义各种经济关系的改良，形成制度学派的传统。

伦敦学派 20 世纪三四十年代 代表人物：奥尼尔·罗宾斯、哈耶克、约翰、希克斯

坚持自由放任，反对任何形式的国家干预，主张以货币的私人银行发行取代国家发行。

弗赖堡学派 20 世纪 30 年代 代表人物：瓦尔特·欧根、路德维希·艾哈德

该学派认为：政府的责任不应是直接干预私营企业的经济事务，而必须是制订和执行私人经济活动所应遵守的规则，鼓励竞争，为市场经济的顺利运行创造适宜的环境。

合理预期学派 20 世纪 70 年代 代表人物：卢卡斯

其认为人们在充分掌握一切可利用的信息后，经过周密的思考和判断会形成切合未来实际的预期，如果政府对经济或货币加以干预，公众的预期行为和预防措施会抵消政府的政策效果，而使其无效。

供给学派 20 世纪 70 年代 代表人物：J. 万尼斯基、P.C. 罗伯茨、N.B 图尔

推崇萨伊定律，重新强调供给的重要性，认为在供给和需求的关系上，供给居于首要的、决定性的地位，并提出通过减税、刺激投资增加供给的政策主张。

货币主义 20 世纪 60 年代 代表人物：弗里德曼

货币学派的思想渊源是资产阶级经济学说中的传统货币数量说，其核心是经济生活中货币最重要，提出货币发行增长率要与经济增长率一样，除此以外不要对经济活动有任何干预。并强调恒久性收入对货币需求的主导作用。

新古典综合派 20 世纪 60 年代 代表人物：萨缪尔森、托宾·索洛

其特色就在于将凯恩斯的经济理论同马歇尔为代表的新古典经济学的价值论和分配论糅合在一起，从而组成一个集凯恩斯宏观经济学和马歇尔微观经济学之大成的经济理论体系。

新剑桥学派 20 世纪五六十年代 代表人物：琼·罗宾逊、卡尔多、斯拉法

新剑桥学派的经济学家认为，分配论是价值论的引申，为了建立客观的价值理论，必须批判边际效用学派的主观价值论，恢复到古典经济学的传统，从李嘉图的劳动价值论出发进行研究。

熊彼特经济思想 19 世纪末 20 世纪初 代表人物：熊彼特

以一般均衡为出发点，将经济体系内在因素的发展作为推动体系本身发展变化的动源，以"创新"概念为中心，把历史的、统计的与理论的分析紧密结合。从经济、政治、文化心理诸方面论证了资本主义的必然崩溃，强调资本主义是由于它的成就而非失败走向崩溃，并从主客观两方面原因进行了分析。

罗斯托经济思想 20 世纪七八十年代 代表人物：罗斯托

罗斯托经济成长阶段论的主要内容，是把近代史分为一系列的成长阶段。他认为人类社会由低级成长阶段向高级成长阶段的一次过渡是必然规律，并主要说明了以下几个阶段：传统社会、过渡阶段、起飞阶段、向成熟推进阶段、高额群众消费阶段、追求生活质量阶段。

激进经济学派 20 世纪 60 年代后期 代表人物：巴兰、斯威齐、爱德华兹

激进经济学派试图用马克思主义经济学的基本观点和方法来分析、研究当代经济问题，同资产阶级正统学派分庭抗礼，特别是对当代资本主义、发展中国家的贫困根源、不发达国家和发达国家之间的经济关系等重大问题做了有意义的探索。

诺贝尔经济学奖获奖名单（1969—2013）

从 1969 年至 2013 年，在这 40 多年中，共有 73 位经济学家获得诺贝尔经济学奖，除了 2009 年获奖的美国经济学家奥斯特罗姆以外，其余清一色都是男性，以下为各诺贝尔奖获奖者的主要观点，其往往是经济学发展的方向，重要程度不可替代。

1969	拉格纳·弗里希	1895—1973	挪威	创立经济计量学理论，运用动态模型分析经济活动。
1969	简·丁伯根	1903—1994	荷兰	创立经济计量学，发展与应用动态模型研究和分析经济活动，使实证分析数量化及经济假说的统计检验成为可能。
1970	保罗·安·萨缪尔森	1915—2009	美国	以科学方法研究静态与动态经济理论，对提高经济科学的分析水平有显著贡献。
1971	西蒙·库兹涅茨	1901—1985	美国	对国民生产总值、经济增长和发展的统计研究。
1972	约翰·希克斯	1904—1989	英国	在动态的一般均衡理论和福利经济学方面具有开创性的研究成果。
1972	肯尼斯·约瑟夫·门罗	1921—	美国	在动态的一般均衡理论和福利经济学方面具有开创性的研究成果。
1973	华西里·里昂惕夫	1906—1999	美国	创立了投入—产出分析方法理论体系，并将其应用于重要的经济问题。

1974	纲纳·缪尔达尔	1898—1987	瑞典	对货币均衡理论、经济周期理论,以及经济社会和制度相互依存关系等方面的开创性研究。
1974	弗·冯·哈耶克	1899—1992	英国	对货币均衡理论、经济周期理论,以及经济社会和制度相互依存关系等方面做出了开创性研究。
1975	列奥尼德·康托罗维奇	1912—1986	苏联	在资源最优利用理论和建立线性规划方法方面的卓有成就的研究。
1975	佳林·库普曼斯	1910—1985	美国	在资源最优利用理论和建立线性规划方法方面的卓有成就的研究。
1976	米尔顿·弗里德曼	1912—2006	美国	对消费分析和货币历史与理论方面的成就,以及论证稳定经济政策的复杂性方面的贡献。
1977	戈特哈德·贝蒂·俄林	1899—1979	瑞典	对国际贸易理论和国际资本流动理论作开拓性研究。
1977	詹姆斯·爱德华·米德	1907—1995	英国	对国际贸易理论和国际资本流动理论作出开拓性研究。
1978	赫伯特·亚·西蒙	1916—2001	美国	对经济组织内决策程序的开创性研究。
1979	西奥多·舒尔茨	1902—1998	美国	对第三世界国家经济发展特别是对农业发展所需要的人力资本投资作用的分析。
1979	威廉·阿瑟·刘易斯	1915—1991	美国	对经济增长理论,特别是对发展中国家经济增长理论的首创性研究。
1980	劳伦斯·罗·克莱因	1920—	美国	创立宏观计量经济学模型,并广泛应用于经济预测和经济政策分析方面。
1981	詹姆士·托宾	1918—	美国	对金融市场及其与各项支出的决策、生产、就业和物价等方面的相互关系的分析。
1982	乔治·斯蒂格勒	1911—1991	美国	在研究产业结构、消费者行为、市场信息作用以及政府管制性政策等方面做出贡献。
1983	罗拉尔·德布鲁	1921—2004	美国	在价格和自由市场经济之间的平衡、生产供应与消费需求之间的平衡等方面创造性的研究,以及对一般经济均衡理论严格地再阐述。
1984	理查德·约翰·斯通	1913—1991	英国	对建立国民经济核算体系及完善经验经济分析的基础做出了重大的贡献。
1985	弗兰科·莫迪利亚尼	1918—2003	美国	在家庭储蓄和公司资金筹集活动方面的创造性研究。

1986	詹姆斯·布坎南	1919—	美国	奠定了经济政治决策理论的基础，并对政治决策和公共经济理论做出的重要贡献。
1987	罗伯特·索洛	1924—	美国	对经济增长理论和对增长过程的经验主义的研究所做出的杰出贡献。
1988	莫里斯·阿莱	1911—	法国	在市场理论和资源有效配置方面的开创性贡献。
1989	特里夫·哈韦尔莫	1911—1995	挪威	对经济计量学的发展，即用推算和检验数量经济关系的方法所做的开创性贡献。
1990	哈里·马尔科维茨	1927—	美国	在现代金融经济学理论方面的开创性工作，为投资者、股东和金融专家们提供了衡量不同的金融资产投资的风险和收益的工具。
1990	默顿·米勒	1923—2000	美国	通过解释资本结构和公司股得政策之间的关系，公司的市场价值和资本成本之间的关系，对公司财务研究理论产生了重大影响。
1990	威廉·夏普	1934—	美国	建立了资本资产定价模型并成为现代金融市场价格理论的核心。
1991	罗纳德·科斯	1910—2013	美国	对经济的体制结构取得突破性的研究成果。
1992	加里·贝克尔	1930—2014	美国	运用微观经济分析理论对人类行为等领域研究所取得的丰硕成果。
1993	罗伯特·福格尔	1926—2013	美国	使用经济理论和定量分析的方法来解释经济和结构的变化。
1993	道格拉斯·诺思	1920—	美国	使用经济理论和定量分析的方法来解释经济和结构的变化。
1994	约翰·海萨尼	1920—2000	美国	将博弈论运用于经济分析方面取得的卓越成就。
1994	约翰·纳什	1928—	美国	将博弈论运用于经济分析方面取得的卓越成就。
1994	莱因哈德·谢尔顿	1930—	德国	将博弈论运用于经济分析方面取得的卓越成就。
1995	罗伯特·卢卡斯	1937—	美国	对理性预期理论的发展和应用，从根本上改变了宏观经济分析方法。
1996	詹姆斯·米尔利斯	1936—	英国	对不对称信息下的激励理论做出的奠基性贡献。
1996	威廉·维克里	1914—1996	美国	对不对称信息下的激励理论做出的奠基性贡献。
1997	罗伯特·默顿	1944—	美国	在期权和衍生证券方面所做出的开创性的贡献。

1997	迈伦·斯科尔斯	1941—	美国	在期权和衍生证券方面所做出的开创性的贡献。
1998	阿玛蒂亚·森	1933—	印度	在福利经济学的基础研究方面的重大贡献，以及对贫困和不平等问题的突破性的创见。
1999	罗伯特·蒙代尔	1932—	美国	对不同汇率体制下的货币与财政政策，以及最佳货币区所做的分析。
2000	詹姆斯·赫克曼	1944—	美国	提出分析样本选择的理论和方法。
2000	丹尼尔·麦克法登	1937—	美国	提出分析个人选择的理论和方法。
2001	约瑟夫·斯蒂格利茨	1943—	美国	为信息经济学的创立做出了重大贡献，对充满不对称信息市场进行分析，领域贡献突出。
2001	乔治·阿克尔洛夫	1940—	美国	为信息经济学的创立做出了重大贡献，对充满不对称信息市场进行分析，领域贡献突出。
2002	丹尼尔·卡尼曼	1934—	美国	把心理学分析法与经济学研究结合在一起，为创立一个新的经济学研究领域奠定了基础。
2002	弗农·史密斯	1927—	美国	开创了一系列实验法，为通过实验室实验进行可靠的经济学研究确定了标准。
2003	罗伯特·恩格尔	1942—	美国	用"随着时间变化的易变性"分析经济时间数列。
2003	克莱夫·格兰杰	1934—	英国	用"共同趋势"分析经济时间数列。
2004	芬恩·基德兰德	1943—	挪威	在动态宏观经济学领域做出了贡献。
2004	爱德华·普雷斯科特	1940—	美国	在动态宏观经济学领域做出了贡献。
2005	罗伯特·奥曼	1930—	以色列、美国	在促进对冲突与合作的理解方面做出了贡献。
2005	托玛斯·谢林	1921—	美国	在促进对冲突与合作的理解方面做出了贡献。
2006	埃德蒙·费尔普斯	1933—	美国	在通货膨胀领域做出了贡献。
2007	莱昂尼德·赫维奇	1917—	美国	在创立和发展"机制设计理论"方面做出了贡献。
2007	埃里克·马斯金	1950—	美国	在创立和发展"机制设计理论"方面做出了贡献。
2007	罗杰·迈尔森	1951—	美国	在创立和发展"机制设计理论"方面做出了贡献。
2008	保罗·克鲁格曼	1953—	美国	在分析国际贸易模式和经济活动的地域方面做出了贡献。
2009	埃莉诺·奥斯特罗姆	1933—2012	美国	对经济管理行为尤其对企业边界经济管理的分析做出的卓越分析。

年份	获奖者	生卒	国籍	贡献
2009	奥利姆·E.威廉森	1932—	美国	对经济管理行为尤其对企业边界经济管理的分析做出的卓越分析。
2010	彼得·戴蒙德	1940—	美国	对于存在搜索摩擦情况的市场的分析有着特别贡献。
2010	戴尔·莫滕森	1939—2014	美国	对于存在搜索摩擦情况的市场的分析有着特别贡献。
2010	克里斯托弗·皮萨里德斯	1948—	英裔、塞浦路斯籍	对于存在搜索摩擦情况的市场的分析有着特别贡献。
2011	托马斯·萨金特	1943—	美国	对宏观经济学成因与效果所投入的实证研究。
2011	克里斯托弗·西姆斯	1942—	美国	对宏观经济学成因与效果所投入的实证研究。
2012	阿尔文·罗思	1951—	美国	创建稳定分配理论,并进行市场设计的实践。
2012	劳埃德·沙普利	1923—	美国	创建稳定分配理论,并进行市场设计的实践。
2013	尤金·法马	1939—	美国	对资产价格的经验分析。
2013	拉尔斯·彼得·汉森	1952—	美国	对资产价格的经验分析。
2013	罗伯特·席勒	1946—	美国	对资产价格的经验分析。

下篇
生活中的经济学
Economics Of Our Life

第一章
不可不知的经济学原理

鱼和熊掌之间的权衡取舍

经济学是一门理性选择的学问,它与人自身最根本的利益息息相关,教人从对自己、对社会最有利的角度去分析、解决问题,给我们的生活提供了理性且有益的帮助,给我们警示,让我们清醒。

"有得必有失""鱼与熊掌不可兼得"之类的俗语,说明人生总是处在选择中。早上起来要穿哪一套衣服出门,你在选择;中午要去哪里吃饭,你又在选择;女孩子有众多的追求者,在考虑结婚的时候,到底哪一位男士比较适合自己,你要选择;毕业后找工作时,面对多家企业,你也要作出选择。虽然以上的选择有大有小,但每日、每月所有的选择累积起来,就影响了你的人生。

经济学家正在房间里埋头忙着做自己的学问。这时,一个中意他的女子大胆地敲开了他的房门:"让我做你的妻子吧,错过我,你将再也找不到比我更爱你的女人了。"经济学家虽然也很中意她,但仍回答说:"让我考虑考虑!"于是,他陷入长期的苦恼之中,迟迟无法作决定。最后,他终于得出一个结论:"我该答应那个女人的请求。"

于是,经济学家来到女子的家中,对女子的父亲说:"你的女儿呢?我决定娶她为妻。"老父亲冷漠地回答:"你来晚了10年,她现在已经是3个孩子的妈妈了。"经济学家听了,整个人近乎崩溃,他万万没有想到向来自以为傲的经济学头脑,最后换来的竟然是一场悔恨。

每个人对同样的问题都有不同的认知,在经济生活中也是如此。面对一件相同的商品,不同的人可能会有不同的选择。有人作选择是从经济学的成本收益角度来看,比如人们选择一项投资,总是选择投入最少、收益最大的。有人作出选择是从物品的使用价值角度来实现的,例如人们在沙漠中对水的珍视就比其他物品要高。还有人是从自己的兴趣爱好方面来作出选择的,如有人喜欢集邮,花费千金也要集齐一套完整的邮票。如果非要说谁作出的决策或者选择是最优的,恐怕谁也不能说服谁。

实际上,世界上有许多美好的东西,追求不尽,每个人的价值观、客观条件各不相同,只有适合自己的才是最佳选择。日常生活中,我们经常可以看到有不少人见到别人作出了某种选择,于是自己也跟着作出同样的选择,全然不顾自身的条件,这种选择和决策往往不能得到令人满意的结果。

其实,无论作出何种选择,适合自己的才是最佳的。在别人看来并非最佳选择,但对自己而言是最佳的，这就够了。比如，小李和小黄都拥有100万元资本准备投资，小李对塑料刷颇有研究，小黄对装潢设计十分在行。但是，如果小李将资本投入装潢设计行业，小黄将资本投入塑料刷业，对他们来说恐怕都不是最佳选择。

其实我们在作出选择的时候，都知道要追求最佳，但是自己却没有一个判断的标准，不知道什么才是最佳选择。其实，很多时候，我们在作选择时，认真思考之后并不一定能作出最佳选择，在短时间内作出的却往往是现存的最佳选择。有一个古老的命题：当你的母亲、妻子、孩子都掉进水中时，你先去救谁？不同的人会给出不同的答案，众说纷纭。这一次，一位农民给出了他的答案。他的村庄被洪水冲没，他从水中救出了他的妻子，而孩子和母亲都被洪水冲跑了！事后，大家七嘴八舌，有的说救对了，有的说救错了。当有人问农民当时是怎么想的，农民说："我什么也没想。洪水来的时候妻子正在我身边，我抓住她就往高处游，当我返回时，母亲和孩子找不到了。"如果这个农民当时仔细思考哪个才是最佳选择，到最后必然是错失了选择的机会。因此，当面对需要付出差不多的机会成本的选择时，我们不用多犹豫，就选择那个离我们最近、最容易实现的目标。

不过，我们在考虑绝大部分问题的时候，理性是作出选择和决策的必要步骤。当我们还在为选择什么而犹豫不决的时候，我们更应该理性思考，从而作出最适合自己的选择。

以下是一则非常有趣的经济学分析：

一个美女想知道如何才能傍到大款。她在一个大型网站论坛的金融版上发了帖子："本人24岁，非常漂亮，是那种让人看一眼就觉得惊艳的漂亮；谈吐高雅，举止端庄，想找个年薪百万的富翁做情侣。可是，怎样才能做到这一点呢？"

照理说，如此年轻优秀的美女，即使是百万富翁也会乐意选择她。但是，有个华尔街的生意人给她写了回帖，他说："从生意人的角度来看，选择你是个很糟糕的决定（至少像我这样的有钱人不会选择你）。

"通过你的描述，我们可以理解男女之间的关系是一笔简单的'财'和'貌'的交易：甲方提供迷人的外表，乙方出钱，交易平等，绝无欺瞒。但是，这里有个致命的问题，你仅仅拥有美貌而已，时间长了，美貌会消逝，我的钱却不会减少。

"更残酷点说，从经济学的角度看，我是增值资产，你是贬值资产，不但贬值，而且是加速贬值！你现在20多岁，在未来的10年里，你仍可以保持窈窕的身段，虽然每年可能会略有退步。但美貌消逝的速度会越来越快，如果它是你仅有的资产，10年以后你的价值堪忧。所以，你仅仅想靠美貌来完成这个交易，估计是不太现实的，或者交易不会持续太久。与其苦苦寻找有钱人，为什么不想办法把自己变成有钱人呢？"

这个商人不愧是以经济学理性思考的高手！其实每个人都会面临选择和决策的问题，会体现如下的规律：每个人都会自然地作出趋利避害的决策，选择对自己利益最大化的结果；人们会清楚认识到自己面临的选择约束条件，以尽可能实现自己付出的代价最小化。选择的情况越多，意味着人们的选择和自由度越大。

现代社会可供选择的对象太多，我们该如何选择，也是在考验我们"权衡取舍"的智慧。选择与决策是一门高深的学问，以经济学的思维思考问题，根据自己的实际情况和条件，才能做出使自身利益最大化的最优决策。

两堆稻草间饿死的驴子：机会成本

有一头驴子，它非常饿，到处找吃的，终于看到了两堆草。它迅速跑过去，却为难了，因为两堆草同样鲜嫩，它不知道应该先吃哪一堆。它犹豫不决，在两堆草之间徘徊，一直在思考先吃哪一堆。因为不知道如何选择，最终这头驴子饿死了。

这则选自《拉封丹寓言》的故事，其实讲的就是机会成本。经济学家常说世界上没有免费的午餐，就是指任何选择行为都有机会成本。

机会成本是指为了得到某种东西所要放弃的另一样东西。简单来说，可以理解为把一定资源投入某一用途后所放弃的在其他用途中所能获得的利益。我们在做一件事情上权衡利弊，然后作出最优选择，那个被放弃的价值最高的选择，就是机会成本。

比如一个农民有一块土地，他可以用来种小麦、种蔬菜、养猪。假设这块地种小麦的成本是100元，种蔬菜的成本是150元，如果养猪的话，将会收益200元。如果农民拿这块地用来种蔬菜了，相应的他就没法去种小麦或养猪，那么他种蔬菜的成本是多少呢？是150元吗？不是，150元只是会计成本，真正的成本是200元，即他舍弃的另外两个项目中价值最大的那一个项目的价值！

明确机会成本的概念，必须明确以下几点：

一是机会成本中的机会必须是你可选择的项目。若不是你可选择的项目便不属于你的机会。比如农民只会种小麦、种蔬菜和养猪，搞房地产就不是农民的机会；又比如你只想吃豆沙糕或者巧克力薄饼，那么油条就永远成不了你的机会。

二是机会成本必须是指放弃的机会中收益最高的项目。放弃的机会中收益最高的项目才是机会成本，即机会成本不是放弃项目的收益总和。例如农民只能在种小麦、种蔬菜和养猪中选择一个，三者的收益关系为养猪＞种蔬菜＞种小麦，那么种小麦和种蔬菜的机会成本都是养猪，而养猪的机会成本仅为种蔬菜。

可见，如果农民把地用来种蔬菜或种小麦，他的经济利润是负的，只有他把地用来养猪，他才能获得利润。

经济学假设人们在理性的指导下，将有限的资源进行最优化的配置，以实现效益的最大化。可以看出，产生机会成本是因为资源稀缺。由于任何一种资源都是有限的，而有限的资源又可以有多种用途，把资源用于某种用途就必须同时放弃其他选择。

机会成本可以解决很多领域的问题，生活中到处存在着机会成本，善于利用机会成本分析利弊作出效用最大化的选择是理性人的首选。

值得注意的是，有些机会成本是可以用货币进行衡量的。比如，要在某块土地上发展养殖业，在建立养兔场还是养鸡场之间进行选择，由于二者只能选择其一，如果选择养兔就不能养鸡，养兔的机会成本就是放弃养鸡的收益。在这种情况下，人们可以根据对市场的预期大体计算出机会成本的数额，从而作出选择。但是有些机会成本是无法用货币来衡量的，它们涉及人们的情感、观念等。

我们必须不断地决定如何使用我们有限的时间或收入。当你决定是否购买汽车，或是否上大学时，你必须考虑作出一个选择需要放弃多少其他的机会。

不管怎样，我们在作选择的时候，应该时刻谨记机会成本的概念。经济学告诉我们，必须面对机会成本的选择。如果去KTV（配有卡拉OK和电视设备的包间）和去电影院对你同样有吸引力，不妨掷硬币决定去哪儿。当然，如果是重大决策，还是多犹豫一下为好。如果选择爱人，可不能用掷硬币的方法。机会成本越高，选择越困难，因为在心底我们从来不愿轻易放弃可能得到的东西。的确，有时作出一个选择真是太难了，可我们不得不选，而我们的人生轨迹将随着我们选择的坐标前行，回头看看我们的选择，仔细算算我们所付出的机会成本，值吗？

　　机会成本广泛存在于生活当中。一个有着多种兴趣的人在上大学时，会面临选择专业的困难；辛苦了5天，到了双休日，究竟是出去郊游还是在家看电视剧；面对同时间的面试机会，选择了一家单位就不能去另一家单位……对于个人而言，机会成本往往是我们作出一项决策时所放弃的东西，而且常常比我们预想中的还多。按经济学观点，做任何事情都需要一定的成本，下面以读研究生为例作一番分析。

　　先算一下经济方面的机会成本。拿考研来说吧。应届大学毕业生的考研费一般比较昂贵，在职考研者的花费也不会少到哪儿去。还有心理压力成本。几乎每个考过研的人都认为那段时间（复习时间）非常难熬，来自社会、家庭以及自身的压力都很大。特别是家庭状况不是很好的考生，意味着不仅不能为家里创收，还要拿家里的钱。再算算其他方面的机会成本。时间方面，考研者的时间成本都大于其直接用于考研的时间，考的次数越多，时间成本也越大。相反的例子莫过于比尔·盖茨了，他停学创业，而不是继续求学。如果真选择后者，说不定他也错过了时机，成就不了今日的微软。从某种意义上说，那些考研者是不是错过了很多机遇呢？

　　考研也应该考虑机会成本的问题。首先，仔细考虑一下，考上了这个专业的研究生，两年或三年之后，你的就业方向和出路在哪里。这样的出路，是否令你感到满意？是否令你觉得为其付出的时光是非常值得的？再想一想，自己所要考的专业以及这个专业的毕业生所从事的工作是否是你真正喜欢的，还是说只是迫于形势的无奈而作出的选择？要知道，一个人只有热爱他的工作，对他的工作时刻保有兴趣和激情，才可以做出好的成绩。最后要想，考上这个专业的研究生，是否能为你将来的就业增加一定分量的砝码，当然，这个砝码并非单指一纸文凭，还应该包括你自身学识的积累和能力的提高。

　　思考过以上的问题后，如果你当初的考研信念仍然坚定不移的话，那么考研仍是你的最优选择，那就静下心来全力以赴地准备考试吧；而如果你对自己是否考研产生了动摇，那么，奉劝你勇敢面对应该面对的问题，不要盲目作出选择。

我们只看最后新增的一个

　　在经济学上，边际的意思是"最后的"，或者"新增的"。边际考虑就是只考虑最后的一个或者新增加的一个所引起的变化，从而判断事情的整体性质。

　　19世纪70年代初出现的边际概念，是西方经济学自亚当·斯密以来提出的一个极为重要的经济学概念。经济学家把它作为一种理论分析工具，可以应用于任何经济中的任何可以衡量的事物上。正因为这一分析工具在一定程度上背离了传统的分析方法，故有人称之为"边际革命"。

经济学认为，某种要素的贡献，是由其边际的一单位的贡献决定的。举一个例子，是关于农民种粮食的：

假定只有一亩地，如果一个人种，可以打1000斤稻米，但是两个人却不会打2000斤，只能打1800斤，3个人只能打1900斤，等等。想想，如果人数不断增加，在这一亩地里有1万个人，能打多少斤稻米？0斤！因为1万个人一块儿上去会把土地踏平。

从中可以观察到一个规律，第二个人没有第一个人打的稻米多，第三个人没有第二个人打得多，以此类推。总之，后一个人没有前一个人打得多。经济学家把这个规律叫作"边际产量递减"，也就是说，新增加的人所增加的总产量越来越少。

我们可以想象，如果产量不递减，那就是递增或者不变。我们看看这是否可能。如果边际产量不变，那就意味着后一个农民的产量永远与前一个一样多，那我只要用一亩地，就可以生产出养活全国人需要的粮食，只要不断地增加农民就行了。这当然是不可能的。

如果有100个人来种这一亩地，那么每个农民应该得到多少工资，也就是多少稻米呢？因为每个农民没有差异，所以他们得到的稻米应该是一样多的。农民得到多少，取决于农民的劳动贡献有多大。他们每个人都得到1000斤，还是所有这100个人的产量总和的平均数，抑或是其他呢？

当然不可能是1000斤，因为一共也没有这么多的稻米。所以，一般人会说是平均数，也就是把所有100个人的产量加起来，除以100。这似乎有道理，既然每个人得到的都一样多，当然得是平均数。但是，如果每个人拿走平均的产量，农民就把所有稻米都拿走了，土地的主人不会同意。

每个人到底能分得多少稻米？必须进行边际考虑，也就是看最后一个人，即第100个人的产量是多少。比如说99个人打了1490斤，第100个人来了之后，能打1500斤，那么最后所增加的产量是10斤，这个产量就叫"边际产量"。经济学家说，每个人应该获得的稻米就是这个边际产量，即10斤。为什么？因为每个人劳动的贡献只有10斤！

最后一个人对粮食的贡献只有10斤，其实每个人，包括第一个人的劳动的贡献也只有10斤。

首先，稻米能生产出来，不仅仅靠农民的劳动，还要有土地，因此，稻米是劳动和土地共同作用的结果，缺一不可。

其次，如果让第一个农民排到第100个，他能打的稻米也只能是10斤，而不再是1000斤；让最后一个人排到第一个，他打的稻米也将是1000斤，而不再是10斤。第一个来的和最后一个来的区别在于：第一个人自己用1亩地，而最后一个人只能用1%亩的地！这说明，他们劳动的贡献是没有差别的，都是10斤。农民应该按照自己劳动的贡献分得稻米，也就是每人10斤。

与边际产量递减类似，效用也是递减的。为了加深理解，先讲一个简单的例子。俄国的克雷洛夫写过一则寓言《杰米扬的汤》。

杰米扬准备了一大锅汤，请朋友福卡前来品尝。

杰米扬热情地说："请啊，老朋友，感谢你的光临！这个汤是特别为你预备的。"

福卡回答："不，亲爱的朋友，吃不下了！我已经吃得塞到喉咙眼了。"

"没关系，才一小盆，总会吃得下去的。这汤味道多鲜啊！"

"可我已经吃过三盆哩！"

"嗨，何必计数呢？尽量喝吧，只要你喜欢。凭良心说，这汤真香，真稠，看那层浮油在盆子里凝结起来，简直跟琥珀一样。请啊，老朋友，替我吃完它！吃了有好处的！喏喏，这是鲈鱼，这是肚片，这是鲟鱼。只吃半盆，吃吧！"杰米扬喊自己的妻子，"亲爱的，你来敬客，客人会领你的情的。"

杰米扬就这样热情地款待福卡，一个劲儿劝他吃，不让他休息，不让他喘气。福卡的脸上大汗如注，勉强又吃了一盆，并装作吃得津津有味的样子，把盆子里的汤吃了个精光。

杰米扬嚷道："这样的朋友我才喜欢，我最讨厌那些吃东西挑三拣四的人了。看你吃得这么香，我真高兴！好，再来一盆吧！"

可怜的福卡虽然喜欢喝汤，但这样喝却跟受罪一样。他马上站起身来，抓起帽子、腰带和手杖，用足全力跑回家去了，从此再也不来杰米扬的家了。

当福卡喝第一碗汤时，感到无比鲜美，在经济学家看来，就是这碗汤发挥了效用。所谓效用就是指人们消费某种物品时所得到的满足程度。例如，吃一个面包得到的物质上的满足，或看一场电影得到的精神满足。效用完全是消费者的主观感觉，取决于个人的偏好，没有什么客观标准。

尽管效用是主观的，但所有人的消费都遵循一个共同规律，这就是随着所消费同一种物品的增加，该物品给消费者带来的满足程度是递减的。例如，福卡喝杰米扬的第一碗汤时，一定感到味道鲜美（满足程度高），喝第二碗汤的感觉不如第一碗汤那么好（满足程度减少了）。当喝了一碗又一碗时，满足程度越来越低，最后成为痛苦（负效用），以至于不得不逃之夭夭。经济学家把这种普遍现象概括为边际效用递减规律。

边际学派认为，人们在资源有限的情况下，不能使全部欲望得到满足，他们只能根据欲望的重要性进行分配，首先满足最重要的和较重要的。但是总有一个是最后被满足的最不重要的、意义最小的处在边沿上的欲望，它是随着资源的减少而首先放弃的欲望，这种欲望就是边际欲望，满足这种边际欲望的能力就是边际效用。

中国号称瓷器大国，但市场上却几乎都是图案与造型极为相似的青花瓷。同一类型的瓷器，你顶多需要一套就可以了。相同的瓷器多了也会产生边际效用递减，没地方放，边际效用甚至就为负的了。但是不是只有瓷器市场是有限的呢？当然不是。相同的瓷器才会带来边际效用递减，不同的瓷器就不存在边际效用递减——记住，边际效用递减是对同样东西数量增加而言的，不同的东西满足消费者的不同需要，就不会发生边际效用递减。瓷器可以有不同造型与图案，每种瓷器可以满足不同需求，带来不同的效用。例如，实用性的瓷器可以在生活中用；艺术瓷器可以给消费者带来精神享受；为儿童喜爱的动画瓷器，可以满足父母爱孩子的需求。这样的瓷器当然就不存在边际效用递减，因而也就不会没有需求了。

消费者对物品有多大需求取决于他消费这种物品得到了多少边际效用。消费者从一种物品中得到的边际效用大，就愿意出高价买。反之，消费者从一种物品中得到的边际效用小，就只愿出低价。如果边际效用为零，甚至负数，像杰米扬的第三、第四碗汤，消费者决不会买。经济学家常说，没有卖不出去的产品，只有消费者不需要的产品。只要不是杰米扬的汤，一定可以卖出去。

可以说，边际分析法是经济学的基本研究方法之一，不仅在理论上，而且在实际工作中也起着相当大的作用。

朝三暮四与朝四暮三的区别

《庄子·齐物论》中有个"朝三暮四"的故事：

宋国有一个很喜欢饲养猴子的人，名叫狙公。他家养了一大群猴子，他能理解猴子的意思，猴子也懂得他的心意。狙公宁可减少全家的食用，也要满足猴子的要求。然而过了不久，家里越来越穷困了，狙公打算减少猴子的栗子供应量，但又怕猴子不顺从自己，就对猴子说："给你们的栗子，早上三个，晚上四个，够吃了吗？"猴子一听，都站了起来，十分恼怒。过了一会儿，狙公又说："给你们的栗子，早上四个，晚上三个，这该够吃了吧？"猴子一听，一个个都趴在地上，非常高兴。

这个成语故事原本是揭露狙公愚弄猴子的骗术，告诫人们要注重实际，防止被花言巧语所蒙骗。在这个故事里，猴子是作为一种愚蠢的动物而出现的。实际上，我们从经济学的角度来看，可能会得出不一样的结论。古人认为总量是没有变化的，因此觉得早上三个晚上四个和早上四个晚上三个是完全一样的。其实不然，朝三暮四和朝四暮三还是有些区别的，它们能给猴子带来不同的效用。那么，什么才是效用呢？

在经济学的发展史中，"效用"概念的出现无疑是一个突破。物品的效用在于满足人的欲望和需求。任何物品能满足人类天生的肉体和精神欲望，才能成为有用的东西，才拥有价值。在经济学中，效用是用来衡量消费者从一组商品和服务之中获得的幸福或者满足的尺度。有了这种衡量尺度，我们就可以在谈论效用的增加或者降低的时候有所参考，在解释一种经济行为是否带来好处时就有了衡量标准。效用不同于物品本身的使用价值，使用价值产生于物品的属性，是客观的，效用是消费者消费某种物品时的感受。

在度量效用的问题上，西方经济学家先后提出了基数效用和序数效用的概念。在此基础上，形成了分析消费者行为的两种方法：基数效用论的边际效用分析法和序数效用论的无差异曲线分析法。

在19世纪和20世纪初，西方经济学中普遍使用基数效用概念。基数是指1、2、3……是可以加总求和的。基数效用论认为，效用可以具体衡量并加总求和，具体的效用量之间的比较是有意义的。表示效用大小的计量单位被称作效用单位。例如：对某消费者而言，看一场精彩的电影的效用为10效用单位，吃一顿麦当劳的效用为8效用单位，则这两种消费的效用之和为18效用单位。

序数效用论认为，效用无法具体衡量，也不能加总求和，效用之间的比较只能通过顺序或等级表示。自20世纪30年代至今，西方经济学中多使用序数效用概念。序数是指第一、第二、第三……只表示顺序或等级，是不能加总求和的。例如，消费者消费了巧克力与唱片，他从中得到的效用是无法衡量，也无法加总求和的，更不能用基数来表示，但他可以比较从消费这两种物品中所得到的效用。如果他认为消费一块巧克力所带来的效用大于消费唱片所带来的效用，那么就可以说一块巧克力的效用是第一，唱片的效用是第二。

效用价值论强调物品对人的满足程度，而满足程度完全是主观的感觉，主观价值是客观交换价值的基础。物品的有用性和稀少性都是价值形成不可缺少的因素，都是主观价值的起源。经济学依赖一个基本的前提假定，即人们在作选择的时候倾向于选择在他们看来具有最高价值的那些物品和服务。效用是消费者的主观感觉，取决于消费者对这种物品的喜欢程度。消费者对某种物品越喜欢，这种物品带来的效用就越大，他就越愿意购买，需求就越高。比如有人喜欢抽烟，那么香烟对他而言的效用就很高，但对于一位不愿意闻烟味的女士来说，香烟的效用就会很低甚至是负效用。很显然，在作决定的时候，烟民自然会把香烟视为至宝，而女士们可能更钟情于化妆品或者衣服之类的东西。

我们也可以通过红皮鸡蛋与白皮鸡蛋的差价来解读效用。根据科学研究，不管是鸡蛋的味道还是营养价值，都跟蛋壳的颜色毫无关系。那为什么以前满市场的白皮鸡蛋都不见了？这是因为，在我国很多地区，人们都喜欢红皮鸡蛋，红色给人一种吉利的象征。当它大量涌入市场，价钱与白皮鸡蛋差不多的时候，多数市民都会选择红皮鸡蛋，如此一来，红皮鸡蛋便抢占了市场。正是因为人们对红皮鸡蛋有更大的满足感，所以才造成了市场上"尽是红皮鸡蛋"的状况。

现在的红皮鸡蛋还具有以前的效用吗？答案是否定的。红皮鸡蛋本来是很吸引人的，越稀少就越受到尊崇。当红皮鸡蛋充斥市场时，人们对于红皮鸡蛋的满足感是逐渐降低的，这就是边际效用递减。这也就解释了为什么现在的白皮鸡蛋反倒比红皮鸡蛋贵了。

某种商品给消费者带来的效用因人而异，效用大小完全取决于个人的主观感受，没有客观标准。比如有的消费者会认为购买胶卷相机带给他们的效用比购买数码相机更大，喝矿泉水比喝啤酒带给他们的效用更大，吃米饭比吃面更能带给人愉悦感。这些，都需要由消费者的主观感受来决定。

实际上，一种商品对消费者是否具有效用，取决于消费者是否有购买这种商品的欲望，以及这种商品是否具有满足消费者欲望的能力。从这个意义上来看，消费者购买商品就是为了从购买这种商品中得到物质或精神的满足。效用是消费者消费某物品时的感受，本身就是一个主观的、抽象的、虚无的概念，而不是一个客观的尺度。

我们总是追求物美价廉的商品，但随着商品的丰富、营销手段的多样以及竞争的加剧，物美与否并非我们所能简单判断的。商家常常在商品上标明"原价××，现价××"，商家这样做是想通过所谓的"原价"增加商品的预期效用，即使"原价"从来没有出现过。较低的现价使消费者认为用较低的支出会得到效用较高的商品，销售量自然会增加。

如果在使用商品之前不清楚商品的效用，我们就会根据价格判断商品的效用。"便宜没好货"就是这个道理。于是很可能价格越高，人们对它的评价就越高，购买的欲望就越强，购买的人就越多，这就形成了"越贵越买"现象。当然贵到一定程度，商品可能会成为奢侈品，买的人就会少。

有时候效用是无法衡量的，这时只能根据价格来判断物品的效用。举例说，这类商品有药品、衣服、珠宝首饰等。患者一般对药品效用不清楚，所以常觉得好药应该贵一些，并且价格不是病人考虑的主要因素，所以会有一段需求曲线是上升的。衣服有其特殊性，我们每次买的衣服都不一样，这时候经验就不起作用了，因此对其效用评估的一个重要标准是价格，况且很多人并不把衣服价格作为考虑的主要因素，甚至有人把衣服的价格作为炫耀的资本。珠宝首饰也是如此，特别对于玉器、玛瑙等需要专业鉴别知识的商品，我们判断它们的预期效用更依靠价格，所以常常发生有人高价买来假货的悲剧。

生活中的黄金搭档

春秋时期，鲁国非常弱小，有很多鲁国人在其他国家沦为奴隶。为了振兴国力，鲁国国君颁布了这样一条法律：如果鲁国人在其他国家遇见沦为奴隶的同胞，可以先把这个奴隶赎回来，回国后国家报销赎金。

孔子有一位学生子贡，家里比较富裕，他曾多次将沦为奴隶的鲁国人赎回，而且事后并不去找国君报销。子贡觉得自己是在施行老师的"仁"，为此非常得意。

后来，孔子知道了此事，非但没有表扬子贡，还批评他说："我知道你追求高尚，也不缺钱花，可是这个补偿你一定要去领。现在你掏钱救人，受到社会的赞扬。但是从今以后，当别人在国外再遇见沦为奴隶的鲁国人时，他就会想自己是不是应该去赎人呢？如果赎了人，回国后还去不去找国君要钱呢？不去找国君，自己会损失一大笔钱；去找国君，别人又会拿你的高尚来讽刺他。这样一来，他们再看到身为奴隶的鲁国人就会装作没有看见，你的行为正好是阻碍解救沦为奴隶的鲁国人的根源！"子贡听完老师的话，顿感羞愧。

还有一次，孔子的另一位学生看到有人掉进河里，于是他把遇难者救上岸来。被救的人为了表示感谢，送给这位学生一头牛，学生收下了。孔子对这个学生的行为大加赞赏，因为这会激励更多的人去救人。

这两件事体现的正是经济学中的帕累托效率准则。意大利经济学家帕累托曾针对资源的最佳配置提出了帕累托效率准则：经济的效率体现于配置社会资源以改善人们的境况，主要看资源是否已经被充分利用，如果资源已经被充分利用，要想再改善就必须损害别人的利益。

帕累托最伟大的成就，是提出了"帕累托最优"这个理念。所谓帕累托最优，指的是资源分配的一种理想状态。一旦达到了这种理想状态，想要使某些人的处境变好，就必定要使另外某个人的境况变坏。换句话说就是，你的得到是以他人的失去为代价的。在某种意义上，我们可以认为，帕累托最优是一个兼顾公平与效率的"理想王国"。相反，如果还可以在不损害其他人利益的情况下改善某个人的处境，我们就可以认为资源尚未被充分利用,这时就没有实现帕累托最优。

鲁国原有的制度其实已经发挥出很好的效果,人们开始积极赎回沦为奴隶的同胞,而子贡的做法,很可能会破坏这种积极性,从而使鲁国已有的制度出现问题。

根据帕累托的说法,如果社会资源的配置已经达到任何调整都不可能在不使其他人境况变坏的情况下,使任何一个人情况变得更好,那么,这种资源配置的状况就是最佳的,是最有效率的。如果没有达到这种状态,即重新调整可以使某人境况变好,而不使其他任何一个人情况变坏,那就说明这种资源配置的状况不是最佳的,是缺乏效率的。试举一例:

球迷们去体育场观看一场精彩的足球比赛,球场能坐50000人。假如在比赛开场前,坐到了49000人,那么,体育场在此时还没有处在"帕累托最优"的状态,因为如果再进入1000名球迷,他们也可以看到比赛,即"他们的处境会变得更好",这个增加球迷的过程就是"帕累托改进"。但是如果已经坐满了50000人,如果再进入1000名甚至更多的球迷,这些新增加的球迷可能会因为看到球赛而使"自己的处境变好",但对于原有的那50000名观众来说,处境却会变差,原因很简单,超过规定人数,安全性就受到损害了。

同样的情况也适用于长途汽车。在没有满员的情况下,可以再上乘客,以达到"帕累托最优",但是满员后再超载,全体乘客的安全就会受到影响。

在经济学上,"帕累托最优"无疑是一颗闪烁着迷人光泽的宝石。在这种状态下,每个人都不会为了自己的利益而损及他人,最终将实现社会的充分富裕。由此看来,"帕累托最优"确实令人神往。但是,需要指出的是,在经济学上,"帕累托最优"描述的是一种过于理想化的状态,在现实的经济生活中比较难以达到。为了达到"帕累托最优",便有了"帕累托改进"。"帕累托改进"是指在没有使任何人处境变坏的前提下,使得至少一个人的处境能变得更好。

"帕累托改进"的特点是自己变好,同时又不使他人变差。正是由于"帕累托改进"没有损害到他人的利益,其行为所遇到的阻力往往很小。以我国初期的改革开放为例,其政策大多都是帕累托改进,比如"分田到户"和"联产承包责任制",它们的特点是广大农民获得了切实的好处,而其他行业也没有受到什么损失,所以推行起来阻力不大。但是,如果不是帕累托改进的话,即在使一部分人变好的同时,使另一部分人变差,阻力就会增大。

在工作生活中,要学会合理利用帕累托效率准则,当你的资源配置达到最佳状态时,只需要保持就能实现效益最大化。

开放比封闭更美好

有一个妈妈把一个橙子给了两个正在玩耍的孩子。于是这两个孩子便讨论如何分这个橙子,两个人吵来吵去,最终达成了一致意见,由一个孩子负责切橙子,而另一个孩子选橙子。结果,这两个孩子按照商定的办法各自取得了一半橙子,高高兴兴地拿回家去了。

第一个孩子把半个橙子拿回家，把皮剥掉扔进了垃圾桶，把果肉放到果汁机里榨果汁喝。另一个孩子回到家把果肉挖掉扔进了垃圾桶，把橙子皮留下来磨碎，混在面粉里烤蛋糕吃。

我们可以看出，虽然两个孩子各自拿到了看似公平的一半，然而，他们各自得到的东西却未物尽其用。这说明，他们在事先并未做好沟通，也就是两个孩子并没有申明各自的利益所在，导致双方盲目追求形式上和立场上的公平，结果，双方各自的利益并未达到最大化。

后来，这两个孩子变得聪明了，他们充分交流，各取所需，爱喝果汁的孩子把他的橙子皮给了另一个小孩，然后从另一个小孩那里换回了他需要的果肉。两个孩子将皮和果肉分开，一个拿果肉去榨汁，另一个拿皮去烤蛋糕，双方的利益都达到了最大化。

这其实就是贸易。我们都希望自己有一天能够富有起来，希望自己能够拥有别人数倍的财产。从人们开始交换手中的剩余物品的那天开始，贸易就产生了。

我们能够同意一桩交易，是因为我们期望以尽可能小的成本获得尽可能大的收益，符合条件时，贸易才能够发生。因此，贸易能够产生效益，贸易的基础就是互利。从贸易中获利的主要来源有三个：

第一，贸易把东西从认为其价值较小的人那里转移到认为其价值更大的人手里。

人们的偏好、知识和目标有很大的不同，对一个人而言毫无价值的东西也许对另外一个人来说就是价值连城的。将莫奈的画交给一位做农活的妇人，也许在她看来这就是一张脏兮兮的纸，而在懂得欣赏艺术的人眼里，就是价值连城。交易使产品移向那些认为其价值更大的人，交易的产生增加了购买者的财富。

第二，贸易让更高水平的产量和消费成为可能，是由于其允许我们每一个人更加专注于做那些我们擅长的事情。

从原始社会开始，人类就出现了社会的分工，当人们专心致力于其能以低成本来生产的产品和服务时，他们可以通过贸易，用得到的收入交换自己不能制造的产品。

例如，大多数的医生可能擅长记录档案和护理病人的工作，但一般不会有医生亲自去做那些工作，他们更愿意雇佣人来提供这些服务。他们则用记录档案、护理病人的时间去替更多的人看病，因为花在看病上的时间更有价值。如果他们花大把的时间用来记录档案而不是看病，那他们的收入就会减少。问题的关键不是医生能否比雇佣的助手记录档案做得更好，而是医生如何更有效地利用他的时间。

第三，资源交易使企业通过采用大规模生产的方法来降低单位成本成为可能。

在现代社会中，无论怎样强调贸易在生活中的重要性都不为过，毕竟我们不是鲁宾孙，我们不能够自己制造生活所需的一切商品，我们也很难仅凭一己之力制造电视、网络、汽车、电话以及食物、房屋。

我们现在能够拥有这些，很大程度上是因为我们的经济是以这样的一种方式组织起来的，人们一直能够合作从事更专业的领域和参与更加频繁的交易活动。

第二章
供需：推动价格变化的神奇力量

供需机制：经济学的永恒话题

美国著名经济学家萨缪尔森曾经说过，学习经济学是再简单不过的事了，你只需要掌握两件事：一个叫供给，一个叫需求。什么叫供给和需求？供给指的是生产者在一定时期内在各种可能的价格下愿意而且能够提供出售的该商品的数量。这种供给是指有效供给，必须满足两个条件：生产者有出售的愿望和供应的能力。需求指的是消费者在一定时期内的各种可能的价格下愿意而且能够购买的该商品的数量，指的是消费者想得到某种商品的愿望。需求不是自然和主观的愿望，而是有效的需要，它包括两个条件：消费者有欲望的购买和有能力的购买。

关于供给与需求的关系，人们普遍认为需求决定供给，如人们有穿皮鞋的需求，市场上才会出现皮鞋的生产与销售。不过，供给学派强调经济的供给方面，认为需求会自动适应供给。

一般来说，供需平衡时，市场价格就是正常价格。当供大于求时，市场价格低于正常价格；当供不应求时，市场价格高于正常价格。鲁迅先生在《朝花夕拾》中的《藤野先生》一文中有这样的句子："大概是物以稀为贵吧。北京的白菜运往浙江，便用红头绳系住菜根，倒挂在水果店头，尊为'胶菜'；福建野生着的芦荟，一到北京就请进温室，且美其名曰'龙舌兰'。"供需不平衡使这些商品变得尊贵，因此，白菜在浙江能卖出好价钱，而芦荟在北京也能卖出好价钱。而"洛阳纸贵"的故事说明了供不应求，从而导致纸的市场价格成倍增长。

《晋书·文苑·左思传》中记载：

西晋太康年间出了位很有名的文学家——左思。在左思小时候，他父亲就一直看不起他，常常对外人说后悔生了这个儿子。等到左思成年，他父亲还对朋友们说："左思虽然成年了，可是他掌握的知识和道理，还不如我小时候呢。"左思不甘心受到这种鄙视，开始发奋学习。

经过长期准备，他写出了一部《三都赋》，依据事实和历史的发展，把三国时魏都邺城、蜀都成都、吴都南京写入赋中。当时人们都认为其水平超过了汉朝班固写的《两都赋》和张衡写的《两京赋》。一时间，在京城洛阳广为流传，人们啧啧称赞，竞相传抄，一下子使洛阳纸贵了几倍。原来每刀千文的纸一下子涨到两千文、三千文，后来竟倾销一空。不少人只好到外地买纸，抄写这篇千古名赋。

为什么会"洛阳纸贵"？因为在京都洛阳，人们"竞相传抄"《三都赋》，以致纸的需求越来越大，而纸的供给却跟不上需求，这样一来纸的价格才会不断上涨。

在一般情况下，需求与价格的关系成反比，即价格越高，需求量越小；价格下降，需求量上升。例如，如果每勺冰激凌的价格上升了2毛钱，你将会少买冰激凌。价格与需求量之间的这种关系对经济中大部分物品都是适用的，而且，实际上这种关系如此普遍，以至于经济学家称之为需求规律：在其他条件相同时，一种物品价格上升，该物品需求量减少。

另外，供需的变化与市场环境的变化也息息相关。例如，当"非典"袭击中国的时候，全国食醋、消毒液、药用口罩的价格都上升了，一些日用品也成了普通消费者的抢购对象，这主要是因为突如其来的"非典"病毒造成了消费者对这些物品需求的剧增。在欧洲，每年夏天当新英格兰地区天气变暖时，加勒比地区饭店房间的价格就会直线下降。当中东爆发战争时，美国的汽油价格上升，而二手凯迪拉克轿车价格下降。这些都表现出供给与需求对市场的作用，而所有的这一切都是通过价格来反映的。在少数情况下会出现相反的情形，即价格越高，需求量越大；价格越低，需求量反而越小。这种商品通常是社会上具有象征地位的炫耀性商品，比如钻石、古董等，它们常常会因为价格的提高需求量反而增加。

供求机制是市场机制的主体。供求联结着生产、交换、分配、消费等环节，是生产者与消费者关系的反映与表现。供求运动是市场内部矛盾运动的核心，其他要素（如价格、竞争、货币流通等）的变化都围绕供求运动而展开。

供求机制对社会经济的运行和发展具有重要功能。供求机制可以调节商品的价格，调节商品的生产与消费的方向和规模；供求结构的变化能调节生产结构和消费结构的变化。

供求机制起作用的条件是：供求关系能够灵活地变动，供给与需求背离的时间、方向、程度应当是灵活而适当的，不能将供求关系固定化。供求关系在不断变动中取得相对的平衡，是供求机制作用的实现形式。供求机制的直接作用具体表现为：

第一，调节总量平衡。供不应求时，价格上涨，从而吸收更多的投资；供过于求时，一部分商品的价值得不到实现，迫使部分滞销企业压缩或退出生产。

第二，调节结构平衡。供求机制通过"看不见的手"使生产资料和劳动力在不同部门之间合理转移，导致经济结构的平衡运动。

第三，调节地区之间的平衡。它促使统一大市场的各个地区调剂余缺，互通有无，使总量平衡和结构平衡得到具体落实。

第四，调节时间上的平衡。它促使部分劳动者从事跨季节、跨时令的生产经营活动（如温室种植、跨季节仓储等），在一定程度上满足了市场需求，缓解了供求矛盾。

欲望与供给的永恒矛盾

稀缺性的概念在整个经济理论中起着至关重要的作用，一些经济学家认为稀缺性是经济学存在的前提条件，所以往往用稀缺性来定义经济学。由于稀缺性的存在，决定了人们在使用经济物品中不断作出选择，如决定利用有限的资源去生产什么，如何生产，为谁生产以及在稀缺的消费品中如何进行取舍及如何用来满足人们的各种需求，这些问题被认为是经济学所研究的主题。

我们所处的社会最大的遗憾就在于：人的需求是无限的，而资源总是有限的。

满足这种欲望的物品，有的可以不付任何代价随意取得，称之为"自由取用物"，如阳光和空气。但绝大多数物品是不能自由取用的，因为世界上的资源（包括人力资源和物力资源）有限，这种有限的为获取它必须付出某种代价的物品，称之为"经济物品"。这样，一方面人类对经济物品的欲望是无限的，另一方面用来满足人类欲望的经济物品却是有限的。相对于人类无穷的欲望而言，经济物品或生产这些经济物品的资源是不足的。这种获得人们所需物品上存在的自然限制叫"稀缺"，所以经济物品又称"稀缺物品"。

因此，稀缺不是就资源和物品的绝对数量而言，而是就有限的资源和物品相对于人类的欲望而言，所以它是相对的，但它又是绝对的，存在于人类的任何地方和任何时期，是人类普遍存在的永恒问题。

对某些稀缺的产品来说，其价格往往会高到令人瞠目结舌的地步。以手机号为例：在2009年新版的吉尼斯世界纪录中，卡塔尔电信运营商Qtel被认定拍出了全球最昂贵的手机号码。一个6666666的手机号是于2006年5月23日被拍卖的，最终成交价格为1000万卡塔尔里亚尔，根据当时汇率水平计算约合275万美元。吉尼斯世界纪录此前记载的最昂贵的手机号码是中国四川航空以48万美元拍得的88888888手机号。

花钱买房产、汽车等，这些都是实实在在的物品，或有一定的使用价值，或日后有升值的潜力；花钱买服务，也能得到实实在在的享受。而天价手机号码既不是实在的物品，也不是实在的服务，那么，人们如此狂热地追捧本身并没有什么特殊价值的号码，甚至不惜血本将其收入囊中，到底图什么呢？

我们从资源的稀缺性角度来分析。这些数字往往由于谐音或传统的思维习惯形成。比如说，我国有很多人认为"8"字能给自己带来好运，主要就是因为8与"发"谐音，例如"168"（一路发）、"888"（发发发）、"518"（我要发）等号码深受人们的喜爱。但是这些号码毕竟是有限的，有限的资源不可能使每个人都得到满足。因此，在资源稀缺的前提下，对于这些吉祥号码，就必须以高价才能获得。这也正是"物以稀为贵"的一个佐证。

其实资源的稀缺性，有些是天生的，如金子、钻石等；有些是衍生的，如耕地，随着人口的增多，人均耕地越来越少，因为稀缺才能更凸显其价值。用经济学中的稀缺性解释我们生活中的许多现象，会使我们明白很多经济学道理。

资源的稀缺性是经济学的前提之一。其对社会、对人们的生活产生巨大的影响。我们必须深刻认识稀缺性。

首先，稀缺性导致竞争和选择。也就是说，稀缺性促进了社会的发展。想象一下，如果资源不是稀缺的，而是极大富足的，那么世界会完全变样。自然界中不会有优胜劣汰，不会有厮杀，每个生物都可以得到满足。人们不用工作，不用考虑衣食住行，不用考虑买房子，因为土地是富足的，一切资源都是富足的。那这样的世界就没有任何活力，就会变成死水一潭，最终毁灭。

生产多少，市场说了算

1986年，艾滋病的发现引起了世人的恐慌，转眼间，全美的乳胶手套脱销。所有的人都害怕被该病毒感染，美国医护人员套上两三层手套以加强防护，甚至警察不戴上乳胶手套就绝不对嫌疑犯下手。于是，国际市场上的乳胶手套一时供不应求，价格上扬。这一消息被我国某报披露后，全国各地许多企业闻讯纷纷投产上马，一哄而上。但多数企业都是在既不知道国际上到底有多大的需求，也不清楚国内生产能力到底形成了什么规模的情况下盲目建设投产的。如江苏省张家港市到1988年春，便建成了77条乳胶手套生产线，大有方兴未艾之势。结果，这些不重视商品供求关系的行为，不久即遭到市场经济规律无情的惩罚。1988年下半年，国际乳胶手套市场出现疲软。据《市场报》报道，仅江苏就积压了乳胶原料5800吨，成品手套22.5万双。

上述案例形象地向我们说明了市场的供求定律。在经济学中，供给是指在一定时期内，在每一价格水平上，生产者愿意而且能够提供的商品的数量，包括新提供的和库存的物品。一般来说，市场上的供给涉及企业愿意生产和销售一种商品的条件。例如，西红柿的供给量反映的就是在市场每一价位上西红柿的销售量。对于厂商而言，生产者提供商品最主要的目的是利润。例如，20世纪90年代摩托车曾风靡一时，在有利可图的情况下很多厂商投资生产摩托车；当摩托车市场饱和，利润率下降的情况下，厂商又纷纷转产汽车或进入其他行业。影响厂商供给的另外一个重要因素就是产品的成本。当一种产品的生产成本相对于市场价格较低的时候，生产者大量提供该产品就有利可图。例如，20世纪70年代，石油价格急剧上升，提高了制造商的能源开销，从而提高了其生产成本，进而便降低了其产品的供给。

供给量随着价格上升而增加，随着价格下降而减少，也就是说，某种物品的供给量与价格是正相关的。价格与供给量之间的这种关系被称为"供给规律"。

供给曲线表明了价格与产量的关系。供给是指在某种价格水平时，整个社会的厂商所愿意供给的产品总量，取决于厂商在提供这些产品时所得到的价格，以及他们在生产这些产品时所必须支付的劳动与其他生产要素的费用。

当水价是1美分的时候，自来水公司只愿意供应20万桶自来水；当水价是5美分的时候，自来水公司愿意供应110万桶自来水；当水价是6美分的时候，自来水公司愿意供应120万桶自来水，详细数据见下表。

某自来水公司水价与供给量关系表

价格（美分）	1	2	3	4	5	6	7
供给量（万桶）	20	60	80	100	110	120	130

我们把这些信息转化成图表（见下页），纵轴OP表示可能的水价，横轴OQ表示自来水公司在不同的价格下愿意供给的水量。把表中相应的数字标在图中，并连接起来，我们就得到了一条向右上方倾斜的曲线S，经济学家称其为"供给曲线"。

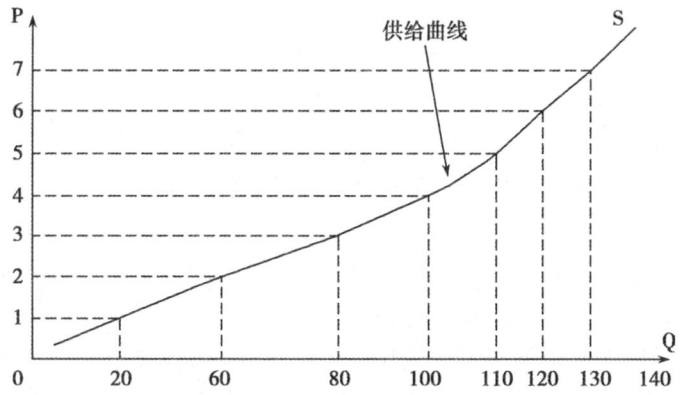

价格越高，需求越少

需求是指消费者在某一特定时期内，在某一价格水平上愿意而且能够购买的商品量。需求定律认为，价格与需求是成反向变动的。下面这则趣味小故事就从一个侧面反映了需求定律：

20 世纪 80 年代，斯坦福大学教授保罗·埃尔里奇认为，由于人口爆炸、食物短缺、不可再生性资源的消耗、环境污染等原因，人类的前途堪忧；而马里兰州立大学教授朱利安·西蒙认为，人类社会的技术进步和价格机制会解决人类社会发展中出现的各种问题，所以人类社会的前途还是光明的。他们都有自己的支持者，形成了两个派别——悲观派和乐观派。由于公说公有理，婆说婆有理，谁也说服不了谁，只好用时间来检验。为此他们打了个赌，赌不可再生性资源是否会消耗完。如果像埃尔里奇说的那样，不可再生性资源总有一天会消耗完的话，它们的价格必然会大幅度上升；如果像西蒙说的那样，技术的进步和价格机制会解决人类社会出现的各种问题的话，它们的价格不但不会大幅度上升，还会下降。他们选了 5 种金属：铬、铜、镍、锡、钨，各自以假想的方式买入 1000 美元的等量物质，每种金属各 200 美元。以 1980 年 9 月 29 日的各种金属价格为准，假如到 1990 年 9 月 29 日，这 5 种金属的价格在别除通货膨胀的因素后上升了，西蒙就输了，他要付给埃尔里奇这些金属的总差价。反之，假如这 5 种金属的价格下降了，埃尔里奇就输了，他将把总差价支付给西蒙。经过等待漫长的 10 年，事情终于有了结果：西蒙赢了，5 种金属无一例外都降了价。

为什么这 5 种不可再生性资源的价格都下降了呢？这是因为世界上任何资源都有替代品，当这些资源的价格上升时，会刺激人们去开发和使用它们的替代品，它们的需求就会减少，需求的减少又会使其价格下降，这就是需求定律。比如在青铜器时代，人们用铜做器物，铜锅、铜盆、铜剑，甚至镜子和货币也是铜做的。现在为什么只能在博物馆看到这些东西呢？就是因为随着科学技术的进步，人们发现了很多青铜的替代品，比如用铁制锅和剑，用塑料制盆，用玻璃制镜，用纸制钱，等等。铜的需求大大减少，价格也就下降了。

在其他条件不变时，我们对某物品的需求量与其价格呈反向变动，这就是需求定律。

在理解需求定律时要注意以下几点：

1. "其他条件不变"是指影响需求的其他因素不变，离开了这一前提，需求定律就无法成立。例如，如果收入增加，商品本身的价格与需求量就不一定呈反方向变动。

2. 需求定律指的是一般商品的规律，但这一定律也有例外，如炫耀性商品。

3. 需求定律反映了商品价格与需求量之间的反方向变动关系，这种变动关系是由收入效应和替代效应共同作用形成的。

4. 贵的优势商品和差的劣势商品各加上一个相同的固定费用，那么贵的优势商品就相对便宜，根据需求定律，相对便宜即意味需求量上升。

我们以某种品牌的口香糖为例，当它的单价为1元时，你可能会消费6块；当单价为2.5元时，你可能买3块；当单价为5元时，你可能就会选择购买其他的品牌。我们可以把这些关于价格和购买（需求）量的信息整理成下表：

某品牌口香糖价格与需求量表

价格（元）	1	1.5	2	2.5	3	4	5
供给量（万桶）	6	5	4	3	2	1	0

我们把表中的数字标在图中，并连接起来，就可以得到一条向右下方倾斜的曲线D。我们称之为"需求曲线"。

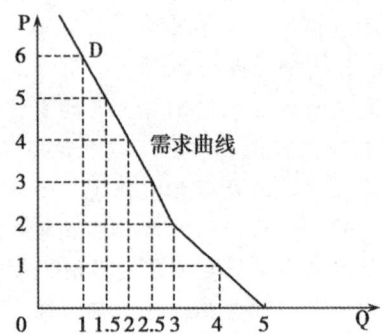

薄利不一定能够多销

需求规律表明，一种物品的价格下降会使需求量增加。需求价格弹性就是用来衡量需求量对其价格变动的反应程度的。如果一种物品的需求量对价格变动的反应大，可以说这种物品的需求是富有弹性的。反之，需求是缺乏弹性的。用公式可以表达为：

需求价格弹性 =ED= 需求量变动的百分比 / 价格变动的百分比

当弹性大于1，需求是富有弹性的；小于1，需求是缺乏弹性的；等于1，需求是单位弹性；等于0，需求完全没有弹性。在我们的现实生活中，有很多商品的需求是缺乏弹性的，比如粮食。如今，商品打折已经成了一种风气，无论大街小巷，总会看到"大甩卖""跳楼价""大放血"等字样，但我们很少看到粮食等商品打折销售，缺乏弹性就是其主要原因。

在商业活动中，对于需求富有弹性的商品可以实行低定价或采用降价策略，这就是薄利多销。"薄利"是价格低，每一单位产品利润少，但销量大，总利润也就不少。因此，降价策略适用于这类物品。但是对于需求缺乏弹性的商品不能实行低定价，也不能降价出售，降价不仅不能获利，反而会使总收益减少，所以现实中很少有米面、食盐之类的商品降价促销。

那么，究竟是什么因素决定一种物品的需求是富有弹性，还是缺乏弹性呢？决定某种物品需求弹性大小的因素很多，一般来说有以下几种：

1. 消费者对某种商品的需求程度。越是生活必需品如食盐、蔬菜，其需求弹性越小；反之，如奢侈品的需求弹性就大。

2. 商品的可替代程度。如果一种商品有大量的替代品则该商品的需求弹性大，如饮料；反之则需求弹性小，如食用油。

3. 商品本身用途的广泛性。一种商品用途越广，如水电，其需求弹性就越大，反之一种商品用途越窄，如鞋油，其需求弹性就越小。

4. 商品使用时间的长短。使用时间长的耐用品比如电视、汽车的需求弹性大，而晚报等易抛品需求弹性小。

5. 商品在家庭支出中所占的比例。比重小的商品如筷子、牙签等，其需求弹性小；而电视、汽车等商品比重大，需求弹性也大。

从生活中，我们也能得到这样的体会，必需品倾向于需求缺乏弹性，而奢侈品倾向于需求富有弹性。例如，当看病的价格上升时，尽管人们会比平常看病的次数少一些，但不会大幅度地改变他们看病的次数。同理，小麦、大米这些生活必需品的需求量并不会因为价格的变动而起太大的改变。与此相反，当游艇价格上升时，游艇需求量会大幅度减少，原因是大多数人把小麦、大米作为必需品，而把游艇作为奢侈品。同样，一些珠宝或者名牌服饰很容易因为价格的下调而导致抢购风潮，这也是因为珠宝以及名牌服饰是奢侈品的缘故。

另外，有相近替代品的物品往往较富有需求弹性，因为消费者从这种物品转向其他物品较为容易。例如，CD（compact disc，激光唱盘）机和MP3（MPEG I audio layer3的缩写，一种常用的数字音频压缩格式）播放器就很容易互相替代。当前者的价位上升时，就很容易导致后者需求量的增加。此外，物品往往随着时间发展而变得需求更富有弹性。当汽油价格上升时，在最初的几个月中汽油的需求量只略有减少。但是，随着时间推移，人们购买更省油的汽车，转向公共交通，或迁移到离工作地方近的地点居住。在几年之内，汽油的需求量会大幅度减少。

再如，2004年禽流感的出现在一定程度上打击了家禽类相关产品的生产，但并没有从整体上影响整个农村经济的发展。因为在禽流感流行期间，人们在饮食上对鸡肉的抵制是最明显的，对于鸭、鹅等家禽的相关产品也颇有顾忌。家禽本来是人们主要的肉食对象，而如今它们的供应量却大幅度减小。于是，人们的肉食对象集中在猪、牛、羊、鱼等动物上。

需求弹性对企业营销的影响很大。例如，生产饮料的企业，对价格的调整就要非常谨慎。因为饮料的需求弹性很大。类似的饮料很多，如各种可乐或各种果汁或各种奶茶，如果某饮料突然涨价,就会让顾客转而消费其他品牌的类似饮料。这种取代性商品众多、需求弹性很大的商品,调高价格将会导致销量迅速变化。

如果商品需求弹性很小,商品的供给方提高价格,需求量减少幅度不大,收入会升高;反之降低价格,收入会降低;如果商品有弹性,供给方提高价格,需求量减少的幅度较大,收入会降低;反之降低价格,收入会增加。因此,供给方在制定价格时必须考虑到商品的价格弹性,弹性低不妨提高价格,弹性高就降低一点价格。

躲不开的刚性需求

某粮店开张,但顾客并没有老板预想的多。老板发现满街的商店降价促销的吆喝声不绝于耳,打折出售的招牌随处可见,这些商店的生意红红火火,老板心想"薄利多销"是很有道理的。

于是,老板将贴在外面的价目表改了一下,将原来的"1.8元1斤"换成了"1.7元1斤"。价格便宜了1角,但是并没有吸引多少顾客。老板想,可能是因为降价的幅度不大,于是将"1.7元1斤"换成了"1.5元1斤",这是非常便宜的价格了。但老板发现,吸引的顾客还是不多。等到晚上算账的时候,销售收入几乎没有增加。

这使粮店老板十分纳闷:为什么销售收入没有增加?

的确如此,我们看到很多商品打折销售的同时,却很少看到粮食等商品打折销售。这是为什么?因为,粮食消费是我们的刚性需求,我们不会因为价格上升而减少对其的消费。

其实,刚性需求是相对于弹性需求而言的,指商品供求关系中受价格影响较小的需求,这些商品包括日常生活用品、家用耐耗品等等,也可理解为人们日常生活中常见的商品和必需品。一般来说,生活必需品的需求的价格弹性较小,非必需品的需求的价格弹性较大,因而生活必需品才能成为人们的刚性需求。

以香烟为例,香烟的刚性需求可以理解为:香烟是需求的价格弹性较小的商品,对于吸烟上瘾的人来说,价格上涨不会减少消费;对不吸烟的人来说,香烟的价格再低他也不会消费。吸烟对本人、对社会都是不利的,因此,为限制香烟的消费,政府对香烟征收重税,但是烟厂的利润依然相当可观,因为消费者对香烟有依赖,生产者因此可以将其税负转嫁给消费者,结果香烟的税主要由消费者来承担。

从人们生活的角度讲,粮食比其他商品对生命更重要,历史上就有"手中无粮心中慌""一日无粮千兵散"的说法。因此在所有的刚性需求里,最"刚性"的需求莫过于对粮食的消费。耕地的减少从根本上制约了粮食的进一步增产,一些国家对农业的投入较少使得粮食单产提高有限,粮食供给无法大幅度扩张。而发展中国家对粮食需求的增长,以及全世界对生物能源的持续需求,共同构成了未来对农产品的长期刚性需求。

只不过,我国粮食却在10多年前就逐步放开了,而世界上许多国家都对食盐实行专营。例如,美国号称市场经济的典范,许多商品的生产销售都是由市场供求来决定的,可对食盐却控制得特别严格。美国对制盐业采取的管理模式是协会和政府共同管理,政府负责盐开采的审批，制盐企业都必须在美国食品医药管理局进行登记，而美国盐业协会等行业协会和政府部门制定各种盐的技术指标，并有专门机构对不同用途的盐的指标进行监督检查。

这种对盐的严格控制，有很多种原因。但从经济学的角度来说，需求弹性是其中的一个主要因素。需求弹性指的是价格变化对需求的敏感度。正是由于食盐没有替代品，其需求弹性很小，所以国家对食盐的管制非常严格。对于人们来说，不管食盐价格涨多高，都必须消费。如果国家放开对食盐的控制，导致食盐市场出现混乱，对人们生活影响非常大。当然，粮食的需求弹性也非常小，但相对于食盐来说还是大一些，因为粮食的品种非常多，大米、小麦、玉米等都可以相互替代，这种价格高了就可以吃另外一种，而原盐就只氯化钠一种，至少目前尚无其他物质可以替代。

这是比较极端的刚性需求，其实，我们每个人都有自己特定的刚性需求。比如影碟并非生活必需品，按理来说价格弹性比较高，但有人爱电影如命，价格再高也照买不误，对他们来说，对影碟的消费就是他们的刚性需求。

值得注意的是，刚性需求也是不断变化的：现代社会的刚性需求和汉朝的刚性需求，早已产生了天翻地覆的变化。

手机，刚出现时，还属于"有钱人"的弹性需求，这些年下来，手机已经成为"人人必需"的刚性商品；电脑，过去并非刚性需求，如今已经变成最坚挺的刚性需求产品，而电脑都离不开的基本软件——操作系统，也毫无悬念地成为刚性需求；还有私家车，在中国也是越来越"刚性"。

丰产不丰收，其实并不奇怪

有种现象，我们已经见惯不怪，比如我国出现过的粮食产品价格上升，引起产量增加，这时供大于求，接着价格下降，产量又减少的波动。举个具体的例子：

1979年，我国大幅度提高粮价，粮食生产逐年提高，到1984年总产量突破4000亿公斤；1985年由于粮食实际价格水平比前两年降低，粮食生产迅速滑坡，连续4年徘徊不前；1989年，国家又一次大幅度提高粮价，粮食生产又获丰收，到1993年总产量突破4500亿公斤；1994年粮食生产滑坡，粮食产量减少，当年比上年粮食减产240亿公斤，价格上涨50%。1995年后，粮食连续4年大丰收，粮价一路下跌，1999年粮食生产开始滑坡，2003年粮价又开始上涨。

粮食出现这几次大的周期性波动，与经济学中的蛛网理论是相符的。蛛网理论指出，当供求决定价格，价格引导生产时，经济中就会出现一种周期性波动。例如，某种产品在第1期中供小于求时，价格上升，第2期必定生产增加，价格下降；由于第2期价格下降，生产减少，又引起价格上升，再引起第3期生产增加，价格又下降。把各个时期的价格与产量波动画出一个图，这个图就类似于一张蜘蛛网，故有"蛛网理论"之称。

蛛网理论是一种动态均衡分析。古典经济学理论认为，如果供给量和价格的均衡被打破，经过竞争，均衡状态会自动恢复。蛛网理论却证明，按照古典经济学静态下完全竞争的假设，均衡一旦被打破，经济系统并不一定能自动恢复均衡。这种根据的假设是：

（1）完全竞争，每个生产者都认为当前的市场价格会继续下去，自己改变生产计划不会影响市场。

（2）价格由供给量决定，供给量由上期的市场价格决定。

（3）生产的商品不是耐用商品。这些假设表明，蛛网理论主要用于分析农产品。

蛛网模型示意图如右图所示，P、Q、D、S分别是价格、产量、需求函数和供给函数。根据上述模型，第一时期的价格P1由供给量Q1来决定。生产者按这个价格来决定他们在第二时期的产量Q2。Q2又决定了第二时期的价格P2。第三时期的产量Q3，由第二时期的价格P2来决定，以此类推。由于需求弹性、供给弹性不同，价格和供给量的变化可分为以下三种情况：

1.当供给弹性小于需求弹性（即价格变动对供给量的影响小于对需求量的影响）时，价格和产量的波动将逐渐减弱，经济状态趋于均衡。

2.当供给弹性大于需求弹性（即价格变动对供给量的影响大于对需求量的影响）时，价格和产量的波动逐步加剧，越来越远离均衡点，无法恢复均衡。

3.当供给弹性等于需求弹性时，波动将一直循环下去，既不会远离均衡点，也不会恢复均衡。

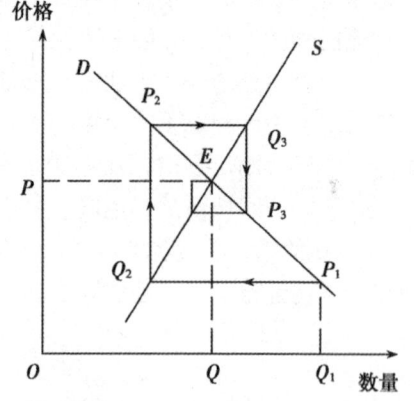
▲蛛网模型示意图

从蛛网型波动中，我们得到了这样一个启示：不能让农民单独面向市场。因为他们没有足够的力量作出较正确的市场预测，也不能在某种程度上控制市场或承担市场风险。在市场经济的大海中，农民就像是一叶掌握不了自己命运的扁舟，单独去闯市场恐怕是凶多吉少。2007年的大白菜供大于求正是由于2006年大白菜价格较高造成的，因为农民往往根据上年的价格来决定当年的生产。

蛛网理论出现的现实背景是西方农民的一些经历。那么，他们是如何从"蛛网"中走出来的呢？

在美国，种植柑橘的农民就曾有过上述痛苦经历。因柑橘的生产具有周期性，且需要一定的保存费用，所以，每当柑橘歉收时，农民会高兴；柑橘丰收时，农民却烦恼。由于他们掌握不了这种生产的变化，因此被类似波浪一样的价格波动折磨得头昏脑涨。

为了摆脱这种困境，他们终日冥思苦想，寻找出路。最后，有人想出了一个高招，组建了一个农民与市场之间的中介组织，即新奇士协会。新奇士协会与以前的农业生产合作社不同，它是由农民自己组建的销售组织。

果农将柑橘卖给协会，由协会去面对市场。新奇士协会控制了供给，在市场上也就有了发言权。当供大于求时，协会可以控制供给与价格，来减少农民损失。同时，它也为农民提供了许多有用的信息及实用的技术。

除此之外，协会还做了许多农民自己无法做到的事情。比如注册柑橘的"新奇士"商标；组织产品出口；对产品进行储藏、加工、宣传及调节供给等。

这些做法稳定了供给，平衡了市场力量，从而使柑橘的价格有了保障。如此一来，农民种植柑橘的积极性自然得到提高。同时，良好的销售业绩也保障了农民的收入和利益。

由此可见，要想让农民走出这种蛛网理论的局限，不能光靠其自身力量，在农民和市场之间建立一个有效的中介组织才是好的解决办法。通过它将农民和市场联系起来，让农民从价格波动的困境中走出来。

第三章
价值："值不值"与"贵不贵"

价值规律，商品经济的基本规律

价值规律是商品生产和商品交换的基本经济规律。即商品的价值量取决于社会必要劳动时间，商品按照价值相等的原则互相交换。

值得注意的是，价值规律是商品经济的基本规律，但并不是商品经济中唯一的经济规律。商品经济中有许多经济规律，价值规律是基本的规律。价值规律作为商品经济的基本规律，同其他任何规律一样，是客观的，是不以人的意志为转移的。

价格围绕价值上下波动正是价值规律作用的表现形式。因商品价格虽然时升时降，但商品价格的变动总是以其价值为轴心。另外，从较长时期和全社会来看，商品价格与价值的偏离有正有负，可彼此抵消。因此总体上商品的价格与价值还是相等的。

价格是一种从属于价值并由价值决定的货币价值形式。价值的变动是价格变动的内在的、支配性的因素，是价格形成的基础。但是，由于商品的价格既是由商品本身的价值决定的，也是由货币本身的价值决定的，因而商品价格的变动不一定反映商品价值的变动。例如，在商品价值不变时，货币价值的变动就会引起商品价格的变动；同样，商品价值的变动也并不一定就会引起商品价格的变动，例如，在商品价值和货币价值按同一方向发生相同比例变动时，商品价值的变动并不引起商品价格的变动。

因此，商品的价格虽然是表现价值的，但是，仍然存在着商品价格和商品价值不相一致的情况。在简单商品经济条件下，商品价格随市场供求关系的变动，直接围绕它的价值上下波动；在发达商品经济条件下，由于部门之间的竞争和利润的平均化，商品价值转化为生产价格，商品价格随市场供求关系的变动，围绕生产价格上下波动。

价值规律告诉我们，商品价值是价格的本质，价格只是商品价值的货币表现。价值就是体现在商品里的社会必要劳动，即凝结在商品中的无差别的人类劳动。简单来说，社会必要劳动时间长，则价值大；社会必要劳动时间短，则价值小。社会必要劳动时间一般是指社会生产这种商品的平均时间，如生产一把铁锹的社会平均劳动量是2个小时，这2个小时就是生产铁锹的必要劳动时间，这2个小时的劳动量就是生产铁锹的价值。而随着社会的发展和技术的进步，劳动生产率不断提高，单位商品所包含的社会必要劳动时间缩短，也就是说，商品的价值不断贬值，商品会越来越便宜。

商品价格由两大因素组成：生产成本和利润。商品的生产成本，包括生产商品所消耗的原料、能源、设备折旧以及劳动力费用等；商品的利润，则是劳动者为社会所创造的价值的货币表现。值得指出的是,生产成本应当是生产商品的社会平均成本或行业平均成本,利润应当是平均利润。按照社会平均成本加上平均利润制定的价格,便是商品的市场价格。

价值规律表明,价格围绕价值上下波动,也就是说,价格高于或低于商品价值都是价值规律的表现形式。实际上,商品的价格与价值相一致是偶然的,不一致却是经常发生的。这是因为,商品的价格虽然以价值为基础,但还受到多种因素的影响,使其发生变动。但是,价格不能过分偏离商品的基本价值。市场经济条件下,绝大多数商品实行市场调节价。因此,一些生产经营者认为自己可以随意确定自己商品的价格,实际上,他们的定价必须遵循价值规律和相关法律。

郑州一家名叫保罗国际的理发店,它创造了一项惊人的纪录,两个顾客理发,收费12000元,平均一个人就是6000元。消费者在购买一些产品和服务时,其天价让人们瞠目结舌。而理发作为一种有偿服务,其所定的价格可以有多高?价格制定的依据在哪里?为什么郑州的天价理发事件会引起人们的诧异?在市场经济条件下,理发作为一项有偿性服务,其定价必须遵循价值规律的基本原则,即价格不能过分远离价值。"1.2万元"的天价理发无疑偏离了"理发"这项服务的基本价值,这明显是商家的消费欺诈行为。由此,"天价理发"已经不是单纯的商品价格定价过高,而是涉嫌犯罪了。

那么,价值规律有哪些作用呢?

(1)调节作用。价值规律调节生产资料和劳动力在各生产部门的分配。这是因为价值规律要求商品交换实行等价交换的原则,而等价交换又是通过价格和供求双向制约实现的。所以,当供不应求时,就会使价格上涨,从而使生产扩大;供过于求会使价格下跌,从而使生产缩减。这里价值规律就像一根无形的指挥棒,指挥着生产资料和劳动力的流向。当一种商品供大于求时,价值规律就指挥生产资料和劳动力从生产这种商品的部门流出;相反,则指挥着生产资料和劳动力流入生产这种商品的部门。当然,价值规律的自发作用,也会造成社会劳动的巨大浪费,因而需要国家宏观调控。

(2)刺激作用。由于价值规律要求商品按照社会必要劳动时间所决定的价值来交换,谁首先改进技术设备,劳动生产率比较高,生产商品的个别劳动时间少于社会必要劳动时间,谁就获利较多。因而,同部门同行业中必然要有竞争,这种情况会刺激商品生产者改进生产工具,提高劳动生产率,加强经营管理,降低消耗,以降低个别劳动时间。

(3)筛子作用。促使商品生产者在竞争中优胜劣汰,这是第二个作用的结果。在商品经济中存在竞争,由于竞争,促使商品生产者想方设法缩短个别劳动时间,提高劳动生产率,也会促使优胜劣汰。这是不以人的意志为转移的。

有用的物品,为什么不值钱

庄子曾经讲过一个"大瓢无用"的故事。惠施对庄子说:"魏王送给我一粒大葫芦种子,我把它种了下去,没想到培育出来的葫芦太大了,竟然能在里面存放五石粮食。我想用它来存水,可是皮太脆,没有力量承受;我想把它剖开当瓢用,可是它太大,没有水缸能够容纳它。它太大,大到了无所适用的地步,所以我一生气,就把它给砸碎了。"庄子回答说:"现在先生有一个可放五石粮食的葫芦,为什么不把它剖开做成小舟,漂浮于江湖之上呢?"

庄子重点论述了大瓢的使用价值,大瓢不能存放粮食,不能当普通的瓢用,但是仍旧有它的使用价值——可以做成小舟。

简单来说,使用价值就是能满足人们某种需要的物品的效用,如粮食能充饥,衣服能御寒。使用价值是商品的基本属性之一,是价值的物质承担者,是形成社会财富的物质内容。空气、草原等自然物,以及不是为了交换的劳动产品,没有价值,但有使用价值。我们为什么要购买某种物品,其背后的原因就在于这种商品具有某种使用价值。

通常情况下,同一事物蕴含着多种使用价值;同一使用价值又可由多种事物表现出来;同一事物对于不同使用主体可表现出不同的使用价值;同一事物对于同一使用主体在不同使用时间或在不同的环境条件下又可表现出不同的使用价值。

商品的使用价值是指能够满足人们某种需要的属性。使用价值是一切商品都具有的共同属性之一。任何物品要想成为商品都必须具有可供人类使用的价值;反之,毫无使用价值的物品是不会成为商品的。

沉香和沉香木可以用来雕刻佛像,制作念珠,制作供香,装藏供佛,配制中药等,具有十分广泛的使用价值,而普通树木却不能有如此之多的使用价值,不同的使用价值决定了两者价值相差极大。我们购买商品,其实购买的是商品的使用价值。一般来说,我们不会购买没有任何使用价值的商品。

生活中一个明显的事实是,物品的使用价值总是相对于人的需要而言的,因而是在人与物之间需要与被需要的关系中产生的,离开了这种关系,物品就无所谓使用价值。消费者在购买和消费一种商品时,的确只对该种商品的具体的有用性感兴趣,即看中的只是商品的具体的使用价值。消费者之所以购买粮食,是因为粮食可以满足吃的需要,之所以购买衣服,是因为衣服可以满足穿的需要。

因此,我们可以说人类劳动的每一产品都有一种使用价值。不过,"使用价值"一词有两种不同的意思。我们说一件商品有使用价值,只是把使用价值本身看成一件东西,比方说,我们说一个社会只生产使用价值,这时候我们的意思是说,这个社会中的产品是为了其直接消费而生产的,不管是由生产者本人来消费抑或是由消费者来消费。

使用价值之外,人类劳动的产品存在另一种价值,即交换价值。有时候,一件产品不是为了生产者或富有阶级的直接消费而生产的,而是为了在市场上交换、出卖而生产的。一大批为了销售而创造出来的产品,不再是单纯使用价值的生产,而是商品的生产。因此,商品便是为了在市场上交换而创造出来的产品,即非为了直接消费而生产的产品。每一件商品都必须同时具备使用价值及交换价值。

商品必须有使用价值,不然就没有人愿意买它了。购买者关心的是最后消耗掉这商品,关心的是借此购买以满足他的某一项需要。一件商品若对任何人都没有使用价值,最后的结果便是卖不掉,形成了无用的生产,正因为它没有使用价值,所以也不会有交换价值。

但在另一方面，有使用价值的产品却又不一定都有交换价值。一个产品有没有交换价值，要看产生这产品的社会本身是否以交换制度为基础，如果每个人都是自己生产自己消费，不参加社会交换，那就无所谓交换价值了。

发达到某一程度的社会分工，是交换价值以及更进一步贸易及市场的基础。如果要让产品不致直接被生产者消耗掉，首要条件是不要让每一个人都生产同样的东西。一个社会如果毫无分工可言，那么显然不会有交换现象存在。一般言之，两个麦农之间是没有什么东西可以交换的。但是，只要有了分工，只要生产不同使用价值的两个社团有了接触，便会发生交换。起先他们之间也许只是偶然交换，但随后交换会变得更恒常、更固定。这样，逐渐地，在生产者只是为了自身消费而制造的产品之外，便出现了为了交换而制造的产品，亦即商品。

不过在现代社会中，生产也仍并非完全都是商品的生产，有两类产品仍然仅具使用价值。第一类仅具使用价值的产品，是农民为了本身消费而生产的产品，即农民生产出来而被农民直接消费掉的产品。这种目的在于农民自身消费的生产，即使在市场经济高度发达的国家如美国，也依然存在。当然，这种产品在其整个农业生产中只占极微不足道的一小部分。一般而言，一个国家的农业愈落后，其农业生产中供农民自身消费的比例便愈大。由于这个原因，我们平常很难准确估计这种国家的国民所得。

现代社会另外一种只有使用价值而不构成商品的产品，是家庭中自己生产的一切东西。虽然极可观数量的人类劳动都属于这种家庭生产，但是它仍然仅是使用价值的生产，而不是商品的生产。煮一碗汤、缝一颗扣子，都是生产，但却不是为了交换而进行的生产。

使用价值和交换价值反映了事物对于人类生存和发展所产生的积极作用。大千世界里，各种事物以千姿百态的使用价值为人们所喜爱，构成了人们丰富多彩的物质生活和精神生活内容，人们的一切活动都离不开这些事物的使用价值和交换价值。

价值悖论，钻石比水更有价值

亚当·斯密曾在《国富论》中写道："没有什么东西比水更有用，但它几乎不能够买任何东西……相反，一块钻石有很小的使用价值，但是通过交换可以得到大量的其他商品。"一吨水才几块钱，而成千上万吨的水才换得的一颗钻石，除了能让人炫耀他的财富外，几乎没有什么用途。但为什么水的用途大而价格低，钻石的用途小却价值大呢？这就是著名的"钻石与水悖论"，也就是"价值悖论"。

这的确是一个"悖论"！水的使用价值大，却不值钱；而钻石没有多少使用价值，却价值连城。

令人遗憾的是，斯密没有准备回答这个悖论，他仅仅创造了一个奇特的二分法，水有使用价值，而钻石有交换价值。然而，斯密以前的教授海彻森和其他学院的老师认为，商品的价值或价格首先由消费者的主观需求决定，然后再由商品的相对稀缺性或丰富程度决定。简而言之，由需求和供给决定。较丰富的商品，价格较低；较稀缺的商品，价格较高。

亚当·斯密在一次演讲中曾经提到:"仅仅想一下,水是如此充足便宜以至于提一下就能得到;再想一想钻石的稀有……它是那么珍贵。"当供给条件变化时,产品的价值也会变化。斯密注意到,一个迷失在阿拉伯沙漠里的富裕商人会以很高的价格来评价水。如果工业能成倍地生产出大量的钻石,钻石的价格将大幅度下跌。

经济学家约翰·劳认为水之所以用途大、价值小,是因为世上水的数量远远超过对它的需求;而用途小的钻石之所以价值大,是因为世上钻石的数量太少,不能满足人们对它的需求。

而经济学家马歇尔则用供求均衡来解释这一"悖论"。他认为,人们对水所愿支付的价格,由于水的供应量极其充足,而仅能保持在一个较低的水平;可是,钻石的供应量却非常少,而需要的人又多,所以,想得到它的人,就必须付出超出众人的价格。

由此可见,大多数经济学家的观点是以数量与需求的关系,即供需关系来决定物品价值的。这些解释不无一定的道理,让我们再来看看西方边际学派如何用"边际效用"来说明价值悖论。

由于水的数量一般来说总是取之不尽的,而人对水的需要总是有一定的限度,不可能无休止。就拿喝水来说,随着人的肚子逐渐鼓胀起来,最后一单位水对他来说就变成可喝可不喝的了,也就是说,最后一单位水对人增加的"效用"很小。西方边际学派认为边际效用决定商品的价值,边际效用小,其价值也小。钻石的数量相对人的需求来说少得可怜,因此它的边际效用很大,于是价值也大。这就足以解释"水与钻石的悖论"了。

我们通过一个通俗的小故事,从边际效用的角度来解释"价值悖论"。

有一个穷人家徒四壁,仅有的财产是一只旧木碗。一天,穷人上了一只渔船去帮工。不幸的是,渔船在航行中遇到了特大风浪,被大海吞没了。船上的人几乎都被淹死了。穷人抱着一根大木头,才幸免于难。穷人被海水冲到一个小岛上,岛上的酋长看见穷人的木碗,感到非常新奇,便用一口袋最好的珍珠、宝石换走了木碗。

一个富翁听到了穷人的奇遇,心中暗想:"一只木碗都能换回这么多宝贝,如果我送去很多可口的食品,该换回多少宝贝?!"富翁装了满满一船山珍海味和美酒,历尽艰辛终于找到了穷人去过的小岛。酋长接受了富人送来的礼物,品尝之后赞不绝口,声称要送给他最珍贵的东西。富人心中暗自得意。一抬头,富人猛然看见酋长双手捧着的"珍贵礼物",不由得愣住了:它居然是穷人用过的那只旧木碗!原来木碗在这个岛上是绝无仅有的,是最珍贵的东西。

这个故事也可以用边际价值理论来解释。一般情况下,随着人类手工业的发展,只要有木材,就能造出木碗,于是木碗比比皆是,因此,最后一只木碗对于人们来说是几乎不可能出现的。因此,最后一只木碗对人增加的效用是极小的,但人类社会的宝石极其稀少,所以,宝石的价值或价格远远高于木碗。

而这个海岛上的情况却完全相反:宝石数量极多,木碗仅此一只。对于这个海岛上的人来说,木碗不仅造型奇特,还具有实用功能,显而易见,木碗的边际效用价值远远大于宝石。

因此，我们也可以用边际效用解释生活中的其他一些常见现象：某些物品虽然使用价值大，但是却廉价；而另一些物品虽然使用价值不大，但却很昂贵。

有了你我之别，商品才有价值

可以说，产权是市场交易得以进行的第一前提。那么究竟什么才是产权呢？不同的经济理论和派别对其所下的定义是不尽相同的，一个为多数理论学派所接受的定义是这样的：产权不是指人和物的关系，而是指物的存在及关于它们的使用所引起的人们之间相互认可的行为关系。也许这个定义听起来有点拗口，我们不妨举个例子来说：

假设小黄有一套房产，他将这套房子租给小李，小李每年付给小黄5万元人民币。

实际上，小黄就拥有这套房产的完整产权，具体来说：

（1）拥有房屋的占有权。这种占有权具有排他性，即产权是属于小黄的，他在占有房产的同时，意味着其他人不能占有这种财产。

（2）拥有房屋的使用权。小黄能够自主决定房产使用的权力，比如他可以选择自己住，也可以选择出租，他对房产有自主处理的权力。

（3）拥有房屋的转让权。其实小黄的这套房产还可以在市场上自由地买卖，因此产权可以像任何一种商品一样自由交易、转让。

（4）拥有房屋的受益权。是说所有者可以获得并占有财产使用和转让所带来的利益，又称为剩余索取权。比如小黄向小李收取的每年5万元的租费，就是房屋产权的收益。

产权的问题之所以引起人们的重视，在于产权与经济效率有密切的关系。如果没有产权制度，就会导致资源浪费、效率低下等后果。我们不妨通过一个通俗的故事了解产权制度缺失所导致的可能结果。

王戎是"竹林七贤"之一，小时候就聪明过人。一天，他同村里的孩子发现路边长着一棵李子树，树上长满了鲜润的李子，十分诱人。小伙伴们都跑去摘李子，王戎却是一副漠不关心的样子，并跟其他人说，李子肯定是苦的。

这时尝过李子的人不禁叫苦连天。他们就问王戎："你怎么知道这些李子是苦的呢？"王戎说："路边的李子树不归任何人所有，来来往往的人这么多，如果好吃的话，李子早被人摘光了，哪还轮得到我们？"

为什么王戎能够从李子树不归任何人所有这点，就推断出树上的李子是苦的？这就牵涉到经济学中的产权概念。"路边苦李"的故事表明，既然李子树的产权是属于公众的，不属于某个人，自然就没有人愿意对李子树进行培育，结出苦李子也就情有可原了。如果李子树结的是好李子，自然会被别人摘光了。

因此，只有通过产权界定，才能使资源得到有效的保护和利用，同时，市场交易行为才能得以延续。市场经济的制度基础是产权明晰，所以，实行市场经济的国家的立法无一不把保护产权作为基本原则。产权之所以重要是因为产权使所有者权责一致，即所有者有权使用自己的资源，获得由这种使用得到的利益，也承担使用不当的责任。在这种情况下，所有者就会最有效地利用自己的资源。

面对目前产权制度缺失的实际情况，我们更应该在实际的经济生活中，注意保护自己的财产权利，在经济活动中要保护好财产获得的法律依据，比如购买房屋的凭证，它是你合法取得房屋的主要凭据，据此你才可以在房产管理部门办理房屋产权登记证，有了这个证件，你的房产才能够被合法地使用、抵押、保险、出租、转赠、出售等。

产权是市场交易得以进行的根本前提，如果不能保护个人的产权，市场交易秩序将不能维持，因此，现代法律强调个人的产权保护。

1866年，刚打赢对奥地利战争的普鲁士国王威廉一世，来到他在波茨坦的一座行宫。他兴致勃勃地登高望远，然而，行宫前的一座破旧磨坊让他大为扫兴。威廉一世让侍从去跟磨坊主交涉，付他一笔钱，让他拆除磨坊。磨坊主不肯，说这是祖业。威廉一世很生气，命令人强行拆除了磨坊。

不久，磨坊主一纸诉状将威廉一世告到法庭。法庭裁定：威廉一世擅用王权，侵犯原告由宪法规定的财产权利，被责成在原址重建一座同样大小的磨坊，并赔偿磨坊主的损失。威廉一世只好派人将磨坊在原地重建了起来。

现在这座磨坊还屹立在波茨坦的土地上，成为著名的游览景点。

磨坊属于磨坊主所有，他作为这一财产的所有者，其财产所有权和产权得到国家法律的相应保护。威廉一世的权力再大，也得服从法律。磨坊主的磨坊挡住了国王的视线，但磨坊的产权属于磨坊主，国王无权处置。也就是说，产权是受到法律保护的。

可以说，产权制度是市场交易的基础，建立一套完整、有效、可操作性强的产权保护制度，无疑是重要和必要的。

第四章
价格：买卖双方的妥协

在讨价还价中走向均衡

买者：你这件衣服卖多少钱？

卖者：500元。

买者：太贵了，这衣服也就值200元。

卖者：200太少了，你要是诚心买，我以进价卖给你！450！

买者：唉！还这么贵？！要我说，最多300元！

卖者：300元，您给的也太低了。要不咱们来个对折，400元成交！

买者：不行，350元顶天了。350元，你卖不卖？不卖我就走了。

卖者：等会儿等会儿，算了，350就350吧。这次绝对是亏本卖给你了。

这件衣服最终以350元成交，这个350元就是买卖双方都能接受的均衡价格。均衡价格是商品的供给量与需求量相等，商品的供给价格与需求价格相等时的价格。在市场上，由于供给和需求力量的相互作用，市场价格趋向于均衡价格。均衡价格是在市场上供求双方的竞争过程中自发地形成的。均衡价格的形成过程也就是价格决定的过程。因此，价格也就是由市场供求双方的竞争所决定的。

均衡价格就是消费者为购买一定商品量所愿意支付的价格与生产者为提供一定商品量所愿意接受的供给价格一致的价格。需要强调的是，均衡价格的形成完全是在市场上供求双方的竞争过程中自发形成的，有外力干预的价格不是均衡价格。

看均衡价格和均衡数量示意图我们知道，当供过于求时，市场价格会下降，从而导致供给量减少而需求量增加；当供不应求时，市场价格会上升，从而导致供给量增加而需求量减少。供给与需求相互作用，最终会使商品的需求量和供给量在某一价格水平上正好相等，这时既没有过剩（供过于求），也没有短缺（供不应求），市场正好均衡。这个价格就是供求双方都可以接受的均衡价格，市场也只有在这个价格水平上才能达到均衡。

如图所示，我们用横轴OQ表示商品数量，纵轴OP表示价格，D表示需求曲线，S表示供给曲线，那么D和S相交的E点被称为均衡点，与E点相对应的价格P_e成为均衡价格，与E点相对应的商品数量Q_e

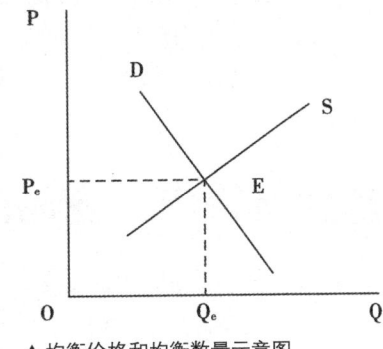

▲均衡价格和均衡数量示意图

成为均衡数量。

当市场价格高于均衡价格时，物品的供给量将超过需求量，这样就会存在物品的过剩。例如，当水果市场上存在超额供给时，水果商就会发现，他们的冷藏室中装满了他们想卖而卖不出去的水果，他们对这种超额供给的反应是降低其价格，价格要一直下降到市场达到均衡时为止。同样，当水果市场出现超额需求时，买者不得不排长队等候购买几个水果的机会，由于太多的买者抢购太少的物品，卖者可以做出的反应是提高自己的价格，随着价格上升，市场又一次向均衡变动。

在物品销售市场上，作为理性人，买卖双方都会追求自身利益的最大化。一方面，对于商家来说，追求的是收益的最大化，所以，通常会制定远远高于进货成本的价格；另一方面，对于消费者来说，追求的是商品效用的最大化，所以会尽力压低价格。而买卖双方所能接受的价格即为均衡价格。市场上无数的买者与卖者的活动自发地把市场价格推向均衡价格。

不过，市场均衡分为局部均衡和一般均衡。如果市场上只有一种或几种商品达到供求平衡，这是局部均衡。如果所有的商品都达到了供求平衡，这就是一般均衡。必须强调，一般均衡才是真正的均衡，局部均衡只是暂时的均衡。

当市场价格偏离均衡价格时，一般在市场机制的作用下，这种供求不相等的非均衡状态会逐步消失，自动恢复到均衡价格水平。当市场价格高于均衡价格时，商品供给量大于需求量，出现商品过剩，一方面会使需求者压低价格，另一方面又会使供给者减少商品供给量，这样商品的价格必然下降到均衡价格水平。相反，当市场价格低于均衡价格时，需求量大于供给量，出现商品短缺，一方面迫使需求者提高价格，另一方面又使供给者增加商品的供给量，这样该商品的价格必然上升，一直上升到均衡价格的水平。

一旦市场达到其均衡价格，所有买者和卖者都得到满足，也就不存在价格上升或下降的压力。在不同市场上达到均衡的快慢是不同的，这取决于价格调整的快慢。但是，在大多数自由市场上，由于价格最终要变动到其均衡水平，所以，过剩与短缺都只是暂时的。

商品均衡价格是商品市场上需求和供给这两种相反的力量共同作用的结果。需求与供给变动对均衡价格的影响如下：

1. 需求变动引起均衡价格与均衡数量同方向变动。即需求增加，均衡价格上升，均衡数量增加；需求减少，均衡价格下降，均衡数量减少。

2. 供给变动引起均衡价格反方向变动，均衡数量同方向变动。即供给增加，均衡价格下降，均衡数量增加；供给减少，均衡价格上升，均衡数量减少。

是什么决定了商品的价格

价格是商品价值的货币表现，是商品的交换价值在流通过程中所取得的转化形式。商场里，每种物品的标价各不相同，例如香皂、卫生纸、洗衣粉等，虽然同是生活用品，价位却高低不一。那么，是什么决定了它们各自的价格？

经济学大师弗里德曼认为任何商品的价格都是由供给和需求共同决定的。弗里德曼在其文章中强调，既然谈到供给和需求，就不得不提到供给量和需求量。

1.需求规律：在影响商品需求量的其他因素不变时，商品的需求量同其价格有反方向的依存关系。即商品价格上升，需求量减少；商品价格下降，需求量增加。

2.供给规律：在影响商品供给量的其他因素不变时，商品的供给量与其价格之间存在着正向的依存关系。即商品价格上升，供给量增加；商品价格下降，供给量减少。

在研究和运用这两个规律时，要清楚一点，这两个规律有一个假设前提，即"影响商品需求量（供给量）的其他因素不变"。因为现实中，影响需求量和供给量的因素很多，而需求规律和供给规律只研究价格与需求量、供给量之间的关系，所以为了屏蔽其他因素对研究的干扰，就必须先假设影响需求量（供给量）的其他因素都不变。

根据弗里德曼的分析，需求和供给共同决定商品在市场上的一般价格，也就是均衡价格。接下来，我们就来看需求和供给是如何相互作用并形成均衡价格的。他认为，在市场上，首先要了解需求和供给是如何变动的，然后才能研究两者对价格的决定作用。

所谓需求的变动，指的是某商品除价格变动的因素外，由于其他因素变动所引起的该商品的需求数量的变动。更具体地说，根据需求的定义，需求变动是指一定时期内，在其他条件不变，各种可能的价格下，消费者愿意且能够购买的该商品的数量有了变化。

一般来说，可以影响需求变动的因素有收入变动、相关商品的价格变动、消费者偏好的变化和消费者对商品的价格预期的变动等。

所谓供给的变动，是指因为产品本身价格以外的因素而引起的供给量的变化。同样，根据供给的定义，供给变动是指一定时期内，其他条件不变，在各种可能的价格下，生产者愿意且能够提供的该商品的数量有了变化。

一般来说，影响供给变动的因素有生产成本的改变等。举个例子来说，2007年，由于国际市场上部分地区因受灾几乎颗粒无收，而增加了对大米的需求（在各个价格下，消费者需要的大米数量都增加），假设其他条件不变（大米的供给不变），则将使得大米的数量供不应求。

将这些因素结合起来考虑，看它们是如何决定市场上一种物品的价格的。假定在完全竞争的市场中，商品的供给和需求变动处于自发状态。在其他条件不变的情况下，现在以商品甲为例，在各种可能的价格下，消费者对商品甲有不同的需求量；而在各种可能的价格下，生产者有不同的愿意提供的商品甲的数量。

若在某一价格下，生产者愿意提供的产品数量多于消费者所要求的需求量，结果就会出现过剩，这些剩余的产品没人买；而在另一价格下，如消费者的需求量多于市场上生产者能提供的商品量，结果就会出现商品的短缺。这两种情况都会造成资源配置的不平衡，甚至浪费。

然而，在同一市场里，为了让生产者和消费者都能够获得满意，商品甲的供给和需求将在消费者和生产者的行动下，自动地被推向供需均衡。当商品甲在市场上的供给和需求在一定时期，在某个价格上，数量刚好达到平衡时，就形成了均衡价格。在这一情况下，供给和需求刚好都能满足，市场不存在剩余和短缺，此时，价格也不会再变动。用弗里德曼的原话说就是："均衡状态是这样一种状态，它一经确立，就将被维持下去。"

这时市场上最稳定的价格形成了，需求者和供给者都会以这个价格来提供或消费货物，结果，供给和需求最终共同决定了这个物品在市场上的价格。不过这种均衡状态会在需求和供给再次出现变动时被打破，然后均衡价格也将重新稳定。

在日常生活中，价格同我们息息相关，它的波动带动着我们消费金额的波动。一般，当价格上涨的时候，我们手中的钱能买的东西就少了；当价格下跌的时候，我们所能买的东西就多了。在不同的情况下，我们可能会为价格的上涨抱怨，为价格的下跌欣喜，但大家是否仔细想过，价格具有哪些作用呢？

1.价格是商品供求关系变化的指示器。借助于价格，可以不断地调整企业的生产经营决策，调节资源的配置方向，促进社会总供给和社会总需求的平衡。在市场上，借助于价格，可以直接向企业传递市场供求的信息，各企业根据市场价格信号组织生产经营。与此同时，价格的水平又决定着价值的实现程度，是市场上商品销售状况的重要标志。

2.价格水平与市场需求量的变化密切相关。一般来说，在消费水平一定的情况下，市场上某种商品的价格越高，消费者对这种商品的需求量就越小；反之，商品价格越低，消费者对它的需求量也就越大。而当市场上这种商品的价格过高时，消费者也就可能做出少买或不买这种商品，或者购买其他商品替代这种商品的决定。因此，价格水平的变动起着改变消费者需求量、需求方向，以及需求结构的作用。

3.价格是实现国家宏观调控的一个重要手段。价格所显示的供求关系变化的信号系统，为国家宏观调控提供了信息。一般来说，当某种商品的价格变动幅度预示着这种商品有缺口时，国家就可以利用利率、工资、税收等经济杠杆，鼓励和诱导这种商品生产规模的增加或缩减，从而调节商品的供求平衡。

最高限价，价格天花板

限制价格是指政府为了限制某些生活必需品的物价上涨而规定的这些商品的最高价格，一般来说，限制价格低于市场均衡价格。实际上，政府制定最高价格的原因一般是出于对公平的考虑。如在战争或饥荒时，政府会对生活必需品制定最高限价，使穷人能够负担得起，以利于社会稳定。

2007年，兰州市民发现，他们钟爱的大碗牛肉面竟一夜之间上涨0.5元。小碗牛肉面由原来2.3元上涨到2.8元，大碗牛肉面由原来2.5元上涨到3元。许多市民惊呼：吃不起牛肉面了！兰州物价部门在"掂量"了"牛大碗"的轻重厚实后首次限定：凡兰州市普通级牛肉面馆，大碗牛肉面售价不得超过2.5元，小碗与大碗差价为0.2元，违规者将严厉查处。

政府实行最高限价的目的是保持市场物价的基本稳定，保持人民生活的基本安定，并且体现国家的价格政策。但是，老百姓似乎并不买账。他们发现政府强行限价，即使牛肉面降了价，牛肉面的质量也会受到影响，市民很难吃到一碗真正的牛肉面，最后，损害的还是消费者的利益。

在牛肉面限价的问题上，政府可能是好心做了错事。作为一个消费者，他永远希望东西越便宜越好；作为一个生产者，他希望他的东西越贵越好。这都是市场的问题，政府不能因老百姓要求降低价格，你就强迫生产者降低价格，这两者之间要靠市场的力量来平衡，而不能只听消费者的。比如去吃面，所有人都希望面是便宜的，但是希望和事实之间的利益分配关系是另外一回事情。其实在牛肉面的价格高了以后，牛肉面馆多了，他们就会把牛肉面的价格竞争下来。

"牛肉面限价"作为一种最高限价，在经济学上，叫作价格天花板。在20世纪90年代中期，因为通货膨胀，不少地方政府对肉类、蔬菜产品等就制订过不少最高限价，其目的主要有两个，一是抑制物价上涨，二是平息老百姓对物价上涨的抱怨。如果牛肉面的分量、质量下降，政府就很有可能卷入本应该由市场来完成的活动中。显然，政府不喜欢商家短斤缺两、粗制滥造，可是，如果一定要将政策贯彻到底，就必须派出大量工商执法人员定期抽查，这样的结果无外乎有两个，要么指令被变相架空，要么付出极高的监督成本。

牛肉面限价只是一个很小的问题，不过小问题折射出大道理。就拿房屋来说，20世纪七八十年代，一套二居室的房屋，几万块钱就能搞定。但现在今非昔比了，不要说几万块钱，几十万块钱在北京这样的中心城市也买不了一套房子。很多人只能望房兴叹，能贷款的人，也为每个月的月供压得喘不过气来。怎么办呢？这就需要政府出面来调节这一价位的波动——限制价格。

我们可以用住房的限制价格为例来说明限制价格的作用。

第一，限制价格导致住房供给严重不足。在计划经济体制下，决定住房供给的并不是价格，而是国家计划。所以，住房不足的基本原因不能完全归咎于租金的高低，但应该指出，除了计划失误外，房租过低也是原因之一。由于房租过低，甚至比住房的维修费用还少，这就造成住房部门资金严重不足，建房困难。

第二，黑市和寻租。在房租受到严格管制，住房严重短缺的情况下，就会产生黑市和寻租。在我国公有单位住房绝大多数是由各单位拥有的住房。在这种情况下，人们都想尽办法分到国家住房，这种想办法走门子，这种寻求活动增加了住房的交易成本。黑市活动包括两方面：以极高的价格租用私人住房，以及个人把分配到的住房高价出租。除了寻求活动和黑市外，在租金受到严格限制，住房采取配给的情况下，必然产生寻租现象。这主要表现在，掌握分配住房权的人，利用权力接受贿赂。

解决住房问题的出路，一是住房市场化。一方面通过有偿转让使公有住房私有化；另一方面开放对房租限制，由住房市场的供求决定房租。二是创造住房市场化条件。我国实行住房市场化，但由于职工收入水平低，工资中实际不包括买房支出以及住房的分配不公平等因素，造成普通家庭严重困难。因而我们必须创造条件，推动住房市场化。

根据上述实例，对于限制价格的利弊可以概括如下：限制价格有利于社会平等的实现，有利于社会的安定，但这种政策长期实行会引起严重的不利后果。第一，价格水平低不利于刺激生产，从而会使产品长期存在短缺现象；第二，价格水平低不利于抑制需求，从而会在资源短缺的同时又造成严重的浪费；第三，限制价格之下所实行的配给，会引起社会风尚败坏，产生寻求活动、黑市和寻租。

正因为以上原因，经济学家都反对长期采用限制价格政策，一般只在战争或自然灾害等特殊时期使用。

支持价格给谁带来了实惠

　　支持价格又称最低限价，是政府为了扶植某一行业的发展而规定的该行业产品的最低价格。一般来说，支持价格高于市场均衡价格。

　　不管是什么样的企业，不管是国营还是私营，都离不开政府的支持。就一个小城镇来说，如果要发展，必须抓住本镇的优势来创办适合当地发展的产业，但这种产业的发展必须要有成本的投入。按本地的生活水平来说，能拿出这样一笔资金来经营这一产业，应该说是相当不容易的。所以政府为了加快落后地区经济的发展，就必须对这些产业给予一定的保护，比如对它们的产品给予最低的保护价格，以确保产品、货物不积压。如果一旦出现产品积压现象，政府会主动收购，从而确保这些小企业的继续运转。经济学上把政府给予弱势企业的这种保护称作支持价格。

　　支持价格的作用可以用农产品支持价格为例来说明：许多经济和自然条件较好的国家，由于农产品过剩，为了克服农业危机，往往采取农产品支持价格政策，以调动农民生产积极性，稳定农业生产。农产品支持价格一般采取两种形式：一种是缓冲库存法，即政府或其代理人按照某种平价收购全部农产品，在供大于求时增加库存或出口，在供小于求时减少库存，以平价进行买卖，从而使农产品价格由于政府的支持而稳定在某一水平上。另一种是稳定基金法，即政府按某种平价收购农产品，在供大于求时维持一定的价格水平，供小于求时使价格不至于过高。但不建立库存，不进行存货调节，在这种情况下，收购农产品的价格是稳定的，同样可以起到支持农业生产的作用。

　　美国根据平价率来确定支持价格。平价率是指农场主销售农产品所得收入与购买工业品支付的价格之间的比率关系。法国是建立政府、农场主、消费者代表组成的农产品市场管理组织来制定支持价格。欧共体1963年成立欧洲农业指导委员会和保证基金，用于农产品的收购支出和补贴出口。

　　在供大于求的情况下，如果不使用支持价格政策，将导致这样的结果：一是存货调节。当市场供大于求，价格低时，生产者把部分产品作为库存贮藏起来，不投入市场，从而不形成供给，这就会使供给减少，价格上升。反之，当市场上供给小于需求，价格高时，生产者把原来的库存投入市场，这就在产量无法增加的情况下增加了供给，从而使价格下降。这种自发存货调节，对市场的稳定起到作用，但也为投机倒把提供了便利。二是地区套利。在现实生活中，市场往往是地区性的。这样在总体上供求平衡时，也会出现地区性不平衡。这种地区间不平衡所引起的价格差就产生了跨地区套利活动。这种活动就是把供大于求的价格低的产品运到价格高的地区。只要这种价格差大于运输费用，这种投机活动就不会停止。

　　我国通过最低保护价收购、免缴农业税、粮补、直补等一系列惠农、支农政策，减轻了农民负担，提高了农民种粮的积极性，使粮食连续多年获得丰收。粮食丰产，价格必然下降，国家又推行支持价格政策，成立于2000年的大型国有企业——中国储备粮管理总公司（中储粮）一举收购了全国小麦总产量的40%，使小麦成功地实现了顺价拍卖。

但是，支持价格是否实现了增加农民收入的初衷了呢？实际上，支持价格在一定程度上确实使农民得到了实惠，但很有限。按亩产400千克小麦计算，一亩地政府给补贴52元，农民实际得到了每千克4分钱即每亩16元的补贴，其余36元作为中储粮的小麦收购、仓储的费用。可见，农民仅从粮价上调中得到了20%的实惠，余下的80%的好处却被加工、流通和销售环节瓜分了。

另一方面，支持价格也产生了负面影响。首先，它对农产品生产和贸易产生误导，扭曲了价格机制的资源配置功能。在高于均衡价格的最低收购价的刺激下，农民会进一步扩大生产，导致粮食生产更为严重的过剩。其次，支持价格政策会产生收入分配的扭曲效应。粮价上涨使得猪肉、鸡蛋、食用油价格也上涨。最后，支持价格增加了政府财政压力。《2006年小麦最低收购价执行预案》表明，每收购0.5千克粮食，政府给予2.5分钱补贴；每存储0.5千克粮食，政府给予4分钱补贴，这就使政府财政压力加大。

但是，不可否认的是，支持价格对于经济发展的稳定有着极其重要的意义。其作用是：第一，稳定生产，可以减缓经济危机的冲击；第二，通过对不同产业产品的不同的支持价格，可以调节产业结构，使之适应市场变动；第三，实行对农产品的支持价格政策，可以扩大农业生产，可以促进农业劳动生产率的提高。

不论是限制价格还是支持价格，都是政府利用国家机器的力量对商品供求实行的价格管制。限制价格是远远低于均衡价格的商品最高价格，支持价格一般是高于均衡价格的最低价格。前者的长期实行会造成商品持续的严重供不应求，后者的长期实行会造成商品的供过于求，二者都会对市场正常供求关系的实现造成不利的影响。

市场：看不见的手

分工与交换催生了市场

对市场的研究是我们进入经济学殿堂的重要入口，可以说，没有市场，就没有现在高度发展的商业文明。那么，市场是怎样出现的？它的出现给人类社会带来了什么变化呢？

远古时期没有商品，也没有市场。人类的祖先以狩猎为生，由于狩猎工具非常原始，捕获的猎物常常不够吃，所以猎物都是由部落统一分配的。后来，部落里有一个聪明的小伙子发明了弓箭，捕获的猎物就多了起来。但是这个做弓箭的人自己亲自参加捕猎所获得的食物却没有他制作一张弓与别人交换得到的食物多，于是他索性不参加狩猎了，一心制作弓箭，然后与别人交换食物。于是，部落里出现了分工和交换。后来，随着分工的扩大，又出现了一些制作别的物品的人，他们也像这位聪明的小伙子一样，拿自己制作出来的物品去交换自己所需要的东西。

这是亚当·斯密在《国富论》中讲到的一个故事。我们可以看出，随着分工和交换的发展，市场渐渐出现了。

《周易》里说道："日中为市，召天下之民，聚天下之货。交易而退，各得其所而货通。"这里说的就是以物易物的场景。它的意思是，中午的时候形成市场，把附近的很多货物都聚集起来，人们前来进行交换，各自进行交易后离开，每个人都得到了自己需要的货物。《周易》所描绘的这种远古生活场景就是市场的雏形。

市场是商品经济特有的现象，凡是商品经济存在的地方都会有市场。市场体系是由各类专业市场，如商品服务市场、金融市场、劳务市场、技术市场、信息市场、房地产市场、文化市场、旅游市场等组成的完整体系。同时，市场体系中的各专业市场均有其特殊功能，它们互相依存、相互制约，共同作用于社会经济。

从市场行为方面看，它具有两个突出的特征，一个是平等性，另一个是竞争性。平等性是指相互承认对方是其产品的所有者，对其所消耗的劳动通过价值形式给予社会承认。市场行为的平等性是以价值规律和等价交换原则为基础的，它不包含任何阶级属性，它否定了经济活动中的特权和等级，为社会发展提供了重要的平等条件，促进了商品经济条件下资源的合理流动。市场的竞争性来自要素资源的自由转移与流动，表现为优胜劣汰，奖优罚劣。市场竞争有利于提高生产效率和对要素资源进行合理利用。

经济学家弗里德曼认为，自由市场和个人创造力是社会进步的源泉，大多数经济学家极力倡导自由的市场模式。在弗里德曼眼中，最理想的市场就是完全不受政府控制、自由竞争的市场，这样的市场将是极其美妙的。曾经，他在文章中对自由市场有这样的表述："自由、私有、市场这三个词是密切相关的。在这里，自由是指没有管制的、开放的市场。"而这样的市场具有如下的优点：

1. 能使交易的任何一方都获益

弗里德曼曾经指出："在一个自由贸易的世界里……任何交易的条件，都由参加各方协议。除非各方都相信他们能从交易中得到好处，否则就做不成交易。结果，各个方面的利益取得了协调。"所以，当一切运行正常时，自由市场能够让交易的双方都获益。

2. 能使资源达到最优配置

在自由市场下，资源能够得到最优配置，此时，市场能够将社会中有限的资源很好地转化为人们需要的产品和服务。

3. 能使收益达到最大化

在自由竞争市场上不存在浪费或者无效率生产。因为，企业只生产那些能让世界变得更富足的产品，所以其生产出的产品成本将达到最低，并且有限的资源将被用来生产那些收益超过成本的产品。自由市场上收益远远大于成本。

4. 能让就业充分

在自由市场中，市场机制能够充分发挥作用，所以，市场经济具有达到充分就业的自然趋势。虽然这可能需要一定时间，但要比政府强制干涉的效果好。

设想中的自由市场的存在和正常运行都需要满足如下几个条件：

1. 产权明晰

在自由市场中，双方要进行交易，其行为的基础就是交易标的产权明晰，而且在资本主义世界，私有制为基本经济制度，所以，就更强调产权的明确。

2. 市场上的供给和需求呈自发状态

当市场上的供给和需求不受过多市场外因素的干扰，呈自发状态时，是自由市场正常运行的最佳时机。因为此时，价格作为市场调度资源的信号，能最大化发挥其功能，使得供给和需求基本相适应。

3. 买卖双方掌握充分的信息

买卖双方作为市场上的交易者，应当彼此掌握足够的信息，从而使交易更具有公平性。

4. 市场的参与者都是价格接受者

这是西方经济学家常用的一个假设——价格接受假设，即市场上的参与者，无论是卖者还是买者，都是价格的接受者，谁都不能影响价格。

市场的神奇作用

市场是应运而生的交易场所，是社会和文明发展选择的结果，市场的发达程度也往往反映了一个国家的经济活力。历史经验告诉我们，开放才能更好地发展，从20世纪上半期美国经济大萧条到后半期的经济繁荣发展，我们可以更清楚地看到这一点。

1930年，美国政府错误地认为，由于外国的工资和制造成本低，美国制造商无法成功地与外国制造商竞争，因此建立了史无前例的贸易壁垒。《斯姆特·霍利关税法》试图以高关税壁垒保护美国市场，使之免于外国竞争。结果是灾难性的，贸易伙伴随即采取报复措施，以限制外国进口来保护本国市场。20世纪30年代初，世界贸易额下降了70%，几千万人失业，加剧了大萧条。从那以后，美国的历任总统与历届国会在关贸总协定（GATT）及其继承者世界贸易组织的构架之下，不断为和平的经济合作与共享繁荣奠定基础、建立共识。自由市场和贸易让美国成为世界最开放的重要经济体。

市场为自由贸易的发展提供了平台和场所，是经济发展的重要推动力。从美国20世纪30年代经济大萧条到中后期的繁荣发展，我们可以看到市场和贸易对于经济发展的重要性。概括来讲，市场和贸易主要有以下几个功能：

1.市场和贸易可以促进社会分工

市场和贸易可形成互相有利的劳动分工，两个地区之间的贸易往往是因为一地在生产某产品上有相对优势，如有较佳的技术、较易获取原材料等。

在全球化市场和国际贸易中，各国可按照自然条件，比较利益和要素紧缺状况，专门生产其有利较大或不利较小的产品。这种国际分工可带来很多利益，如专业化的好处、要素的最优配置、社会资源的节约以及技术创新，等等。

2.市场和贸易可以创造财富，提高国民收入

市场和贸易可以扩大国民收入。各国根据自己的条件发展具备比较优势的部门，要素就会得到合理有效的分配和运用，再通过贸易以较少的花费换回更多的东西，从而增加国民财富。

3.市场和贸易可以增加社会福利

市场和贸易可以增加社会福利。市场化和贸易分工为更多的人提供了就业的机会，使更多的人有能力养育家庭、追求梦想。经济的发展也为国家提高社会福利提供了必要的物质基础。

4.市场和贸易可以促进经济增长

市场和贸易可加强竞争，优胜劣汰，减少垄断，提高经济效益。在全球化市场和自由贸易条件下，企业要与外国同行进行竞争，就会消除或削弱垄断势力，从长远看，能促进一国经济增长。

自由贸易有利于提高利润率，促进资本积累。通过商品进出口的调节，可以降低成本，提高收入水平，增加资本积累，使经济得以不断发展。

除此之外，市场还有调节收入分配、信息引导等功能，是经济运行的一种重要协调机制。

分工合作带来效率革命

市场是随着专业化和劳动分工的不断发展而出现的。市场未出现之前，绝大部分的经济体是处于自给自足、自产自销的状态。为什么这种自给自足的状态会被打破？专业化和劳动分工与自给自足的生产方式相比，究竟有哪些优势和进步呢？下面我们通过两个小案例来看一下分工和专业化的优势：

周先生是温州一家金属打火机制造厂的老板，他认为分工合作是自身企业竞争获胜的秘诀。他介绍说，同样一个电子点火的小部件，日本公司生产一只成本为人民币 1 元，他的进价是 0.1 元，为他的企业跑龙套的家庭企业生产成本仅 0.01 元。而类似协作配套的作坊式小厂在他手下有数百家，且生产同一零部件的企业可能有几家或数十家，这数百家配套企业之间，不是统一管理和内部调拨关系，而是自我管理和市场交易关系。这样，下游企业就可以从上游企业中优中选优，选择价格最低、质量最好、供货最及时的进行合作。就这样，温州的金属打火机打败了日本厂商，占据了全球 70% 以上的市场份额。

分工与专业化生产大大提高了生产效率，是企业经营制胜的秘诀。同样，在科学研究方面，分工协作也起着巨大的作用：

美国于 1942 年耗资 50 亿美元研制原子弹的"曼哈顿工程"，其工程技术的总负责人奥本海默博士在总结其成功经验时指出："使科学技术充分发挥威力的是科学的组织管理。"美国从 1961—1969 年组织和实施了宏大复杂的"阿波罗登月计划"，其研制和发射的火箭"土星 -5"有 560 万个零件组成，参与的研究人员共计 400 万之多，最多的一次就有 42 万人。120 所大学与 200 家公司分工协作，8 年里共耗资 300 多亿美元，终于在 1969 年获得成功。负责"阿波罗登月计划"的韦伯博士也深有感触地说道："我们没有使用一项别人没有的技术，我们的技术就是科学的组织。"科学的组织管理就是建立在高度专业化分工基础上的计划、组织、指挥和协调的过程，如果没有专业化分工，也就不会有相互间的协同需要，就只能是个人管个人，因而也就不会有任何的组织管理行为发生和存在了。

通过上面两个例子，我们可以看出分工协作在现代组织管理中的巨大作用。

例如，公司中有各个职能部门，财务部负责财务、销售部负责销售、行政部负责日常公司事务……在这样的分工下，各个部门高效率地完成各自的工作。分工让工作更有效率，试想让一个人同时做 N 件事他会力不从心，但是让他只做一件事，他就能专心做好。同时，专业化分工使得生产的规模不断扩大，从而可以使企业降低平均成本，而实现规模经济。

当今社会，劳动分工的程度越来越高。分工不仅局限于个人与个人之间，而是已经扩展到全世界范围内。比如，波音 747 喷气式客机的 450 万个零部件是由世界上 8 个国家的 100 个大型企业和 15000 个小型企业参与协作生产出来的。在比较优势和分工交换的指引下，跨国公司不断努力降低交易成本和要素成本，并且让分工遍及世界每一个角落。

经济学有只"看不见的手"

一群武校的学生要毕业了,老师告诫他们:"出去以后,千万不能和经济学家过招,因为他们都有一只看不见的手。"

在谈到市场时,我们常常会提到"看不见的手",因为"看不见的手"是市场机制的同义替代词。"看不见的手"是亚当·斯密在《国富论》中提出的命题。最初的意思是,个人在经济生活中只考虑自己的利益,受"看不见的手"驱使,即通过分工和市场的作用,可以达到国家富裕的目的。后来,"看不见的手"便成为表示资本主义完全竞争模式的形象用语。这种模式的主要特征是私有制,人人为自己,都有获得市场信息的自由,自由竞争,无须政府干预经济活动。

斯密较为详细地描绘了看不见的手作用的过程:"每种商品的上市量自然会使自己适合于有效需求。因为,商品量不超过有效需求,对所有使用土地、劳动或资本而以商品供应市场者有利;商品量少于有效需求,则对其他一切人有利。

"如果市场上商品量一旦超过它的有效需求,那么它的价格的某些组成部分必然会降到自然率以下。如果下降部分为地租,地主的利害关系立刻会促使他们撤回一部分土地;如果下降部分为工资或利润,劳动者或雇主的利害关系也会促使他们把劳动或资本由原用途撤回一部分。于是,市场上商品量不久就会恰好足够供应它的有效需求,价格中一切组成部分不久就会升到它们的自然水平,而全部价格又与自然价格一致。

"反之,如果市场上商品量不够供应它的有效需求,那么它的价格的某些组成部分必定会上升到自然率以上。如果上升部分为地租,则一切其他地主的利害关系自然会促使他们准备更多土地来生产这种商品;如果上升部分是工资和利润,则一切其他劳动者或商人的利害关系也会马上促使他们使用更多的劳动或资本,来制造这种商品送往市场。于是,市场上商品量不久就会充分供应它的有效需求,价格中一切组成部分不久都下降到它们的自然水平,而全部价格又与自然价格一致。"

参与经济生活的每个人在一种利益机制的制约下,都不得不去适应某个一定的东西,这就是有效需求。假若劳动、土地或资本在某一行业比另一行业获得较高的报酬,这些生产要素的所有者将把它们从报酬较少的行业转移到这些行业上来。原来供过于求的行业提供的较少报酬引致部分业主向报酬高的行业转移,直到所提供的报酬与其他行业大致相等为止;而原来供不应求的行业因为新的业主的加入而报酬降低,直到与其他行业报酬大体相同为止。每个人适应社会有效需求的努力,使得供给与需求达到均衡,尽管这个均衡可能是暂时的,大多数情况是或者供过于求,或者供不应求,但会适时得到修正,重又回到均衡。均衡状态,对一切人有利。

在商品经济或市场经济下,都存在一只看不见的手在幕后调节着参与经济生活的每个人的行为,调节着有限的社会资源合理地在各部门和各生产者之间的配置。这是一只只要有商品交换行为就存在的手,是商品经济条件下无所不在的手。

亚当·斯密的后继者们以均衡理论的形式完成了对于完全竞争市场机制的精确分析。在完全竞争条件下,生产是小规模的,一切企业由企业主经营,单独的生产者对产品的市场价格不发生影响，消费者用货币作为"选票"，决定着产量和质量。价格自由地反映供求的变化，其功能一是配置稀缺资源，二是分配商品和劳务。通过看不见的手，企业家获得利润，工人获得由竞争的劳动力供给决定的工资，土地所有者获得地租。供给自动地创造需求，储蓄与投资保持平衡，通过自由竞争，整个经济体系达到一般均衡。在处理国际经济关系时，遵循自由放任原则，政府不对外贸进行管制。"看不见的手"反映了早期资本主义自由竞争时代的经济现实。

看不见的手，揭示了自由放任的市场经济中所存在的一个悖论。认为在每个参与者追求自己的私利的过程中，市场体系会给所有参与者带来利益，就好像有一只看不见的手，在指导着整个经济过程。

市场机制就是依据经济人理性原则而运行的。在市场经济体制中，消费者依据效用最大化的原则作购买的决策，生产者依据利润最大化的原则做销售决策。市场就在供给和需求之间，根据价格的自然变动，引导资源向着最有效率的方面配置。这时的市场就像一只"看不见的手"，在价格机制、供求机制和竞争机制的相互作用下，推动着生产者和消费者作出各自的决策。

正常情况下，市场会以它内在的机制维持其健康的运行。其中主要依据的是市场经济活动中的理性经济人原则，以及由理性经济人原则支配的理性选择。这些选择逐步形成了市场经济中的价格机制、供求机制和竞争机制。这些机制就像一只看不见的手，冥冥之中支配着每个人自觉地按照市场规律运行。

从商品经济到市场经济

简单来说，市场经济就是指通过市场机制来实现资源优化配置的一种经济运行方式。市场经济的本质是与"私有""契约""独立"相对应的"产权""平等""自由"等具有鲜明价值判断特性的行为规范性质的制度，是建立一种通向文明的人与人之间的关系的主张和追求。市场经济是自由的经济、平等的经济、产权明晰的文明经济，是市场交换规则普遍化的经济形态。

从本质上来讲，市场经济必然导致以雇工经营和机器大生产为主要特征的现代经济制度。但市场经济的发展与自给自足的小农经济是对立的，它一方面刺激小农家庭增加消费，另一方面又在竞争中竭力排挤家庭手工业，从而促成小农经济的瓦解。

市场经济时代最基本的特征是，工业取代农业占据了社会经济的主导地位，市场营销成为最普遍的经营形式，由此导致社会经济各个方面发生一系列深刻的变化：

1. 由封闭走向开放。市场营销要求根据市场需求，广泛利用各种市场资源，在极其广阔的时空范围内进行生产，而不是像传统小农经济那样局限在一个家庭范围内，使用家庭资源，为满足家庭需要而进行生产。

2. 机器化。面对巨大的市场需求，手工生产是无法满足的，必须大量应用机器生产；在市场经济背景下，广泛的社会分工协作，为各种机器的发明和制造提供了充分的现实可行条件。于是，经过人们坚持不懈的努力，终于实现了机器大生产，其主要特点是：

以煤炭、石油等非生物能源为动力,能够大功率、高效率、长时间连续作业。

3. 科学化。由于面向市场经营,使用机器大生产,这就要求人们改变以往小农经济状态下那种凭经验靠估计的做法,而代之以科学的定量测试、计算和分析。这里的"科学化"并不简单地局限于科学技术成果在生产中的应用,而是主要指人们观察和分析问题时的思维方式的科学化。

4. 雇工经营。面对巨大的市场需要,仅靠家庭劳动力显然是无法满足的,必须大量引入家庭外劳动力,市场经济条件下只能通过支付工资的办法来雇用自由人从事生产劳动。

5. 专业化和社会化。使用机器大生产和雇工经营的结果,是社会分工变得越来越细,整个社会经济呈现专业化和社会化的特点,社会成员普遍养成分工协作的习惯和理念,这也是社会生产效率大幅度提高的重要原因。

6. 厂商(或企业)成为最基本的经济组织形式。机器大生产和雇工经营必然突破家庭经营的局限,使厂商(或企业)成为最基本的经济组织形式。与小农家庭相对简单的内部结构相比,厂商(或企业)内部结构要复杂得多,其中包含了种类繁多、数量巨大、分工精细的各种生产要素,是一个巨大复杂的经济系统。

7. 利润是生产的目的。由于在极其广阔的时空范围内组织市场经营,厂商生产的目的不再像小农经济那样以获取产品为直接目标,而是以利润为直接生产目的,产品的生产变成了获取利润的手段。

8. 生产要素资本化。随着利润成为直接的生产目的,一切生产要素都相应地变成了赚取利润的手段,即通常所谓的"资本"。整个社会经济从此都置于资本的支配之下,受资本统治。

9. 实行市场机制。市场分配成为最基本的分配形式,包括各种市场资源和劳动产品,都通过市场交换来进行分配,即个人向厂商提供生产要素,并得到各自的报酬,形成个人收入,个人再以其收入按等价交换的原则向厂商购买各种消费品。

10. 广泛而激烈的市场竞争。由于市场分配成为最基本的分配形式,一切生产要素和产品都要通过市场来分配,于是千千万万的厂商和个人便在市场上围绕有限的市场资源展开了广泛而激烈的市场竞争,使每一个人和每一家厂商都随时面临严酷的市场压力,从而推动市场经济不断向前发展。

11. 规范化。市场经济是一个由千千万万的厂商和个人参与的行为,因此必然要求对人们的行为作出严格的规范,包括国家法律制度、厂商内部的管理制度、各种技术性操作规范以及产品和服务的质量标准等。

不过,值得注意的是,市场经济作为一种资源配置的方式,也有其局限性。在市场经济中有一只看不见的手在指挥,这只看不见的手就是市场的价值规律。一般来说,商品的价格是受供求关系影响,沿着自身价值上下波动的。所以在交易过程中,我们常能看到同一种商品在不同时期价格不同。当涨价时,卖方会自发加大生产投入;当减价时,卖方会自发地减少生产投入,这就是市场经济的自发性。市场的范围之大使得谁也无法客观宏观地去分析观察,参与者们大多以价格的增幅来决定是否参与以及参与的程度,这就往往使个体陷入一种盲目中。参与者盲目自发地投入生产,而生产相对于价格变动而言是一个耗时较长的一个过程,所以我们常能看到一种商品降价后,它的供应量却在上升,这就是市场经济的滞后性。

市场并不能解决所有问题

在自由市场上,商品价格总是要波动的。一旦商品减少,不能满足供给,同时也意味着价格上涨,利润增加,生产者积极性被调动起来,于是商品逐渐增多,能够满足供给;但此后,往往又会因商品过多,利润下降,生产者积极性遭受打击,于是商品减少,不能满足供给……这就是市场本身的逻辑。

一般意义上的市场失灵是指成熟市场经济体制下市场运行所存在的缺陷,是对市场不灵敏或完全不起作用的描述。从西方国家的实践历程来看,这包括两个层次:一个是指在国家安全、公共秩序与法律、公共工程与设施以及公共服务等领域"天然"存在的"市场失灵";另一个层次主要是指与市场经济的外部性、垄断、分配不公、经济波动、信息不对称等相关的"市场失灵"。这些缺陷导致市场机制运行出现低效率、两极分化、盲目竞争与浪费、对环境的破坏等市场经济成本,使得市场经济不能正常、有效地运转。

在垄断、外部性、公共品、信息不对称等方面,市场机制本身存在失效的缺陷。由于我国尚处于"旧体制尚存约束、新体制尚待完善"的阶段,与成熟的市场经济体制相比,不完全竞争的程度更大,市场机制在这些领域失去效率的情况更加严重。

以医疗为例,霍乱、鼠疫、非典型性肺炎等具有极强传染能力和很高死亡率的恶性传染病,能够在相互接触的人中间很快流传。这样,任何人感染这一类传染病并受其伤害,就不仅仅使他个人的福利受到损失,而且会给其他人带来极其严重的威胁和伤害。用经济学的术语说,个人"感染传染病"这一事件具有极强的"外部性",只不过个人"感染传染病"这一事件并不是对个人有好处的一种"物品",而是对个人造成极大伤害的"坏东西"。

个人"感染传染病"这一事件的严重外部性,使对传染病的预防和医治成了一个公共物品。像任何公共物品一样,对"传染病的预防和医治"这种物品的"消费"是非争夺性的和非排他的:受到各种预防和医治传染病措施保护的绝不是单个的个人,而是全体居民中的每一个人;每一个居民受这种措施保护不妨碍其他居民受同一措施保护,而且每一个居民受这种措施保护时也不能不让其他居民受同一措施保护。在提供公共物品方面,市场通常是没有效率的:让每一个人仅仅为自己去生产或购买"传染病的预防和医治"这种"物品",不仅效率极低,有时甚至根本就不可能。

市场经济的逻辑是:对任何物品,个人如果不愿意消费或没有能力购买和消费,他就不应消费这种物品。但是这种逻辑不应使用于"传染病的预防和医治"这种"物品"上。这是因为,一个人感染非典型性肺炎这样的恶性传染病并因此而死亡,绝不仅仅是他一个人的健康和生命问题,而是涉及全体居民健康和生命安全的全社会性的问题。因此,听任任何一个不愿或不能购买"传染病的预防和医治"这种"物品"的人死于恶性传染病,这不仅是对个人不人道,而且是对整个社会的犯罪,因为一个由于无钱医治而死亡的传染病人会在整个地区传播恶性传染病。

很显然，传染病的预防和医治问题不能交给市场去解决。世界卫生组织这个国际性政府间组织的主要任务之一，就是组织和协调各国政府防范和医治各种恶性传染病的工作。由此看来，市场并不是万能的。

既然市场机制本身不能保证在一切场合都能导致资源有效配置的结果，政府在这些场合进行某种干预就是必要的。但是，市场机制失效并不等于政府干预就有效，政府干预也同样存在一些缺陷，也可能出现非但不能有效克服市场的内在缺陷和不足，反而导致资源配置效率下降、社会资源浪费严重的情况。

消费品：享受有差别的生活

认识消费品

消费品是指满足人们物质和文化方面消费需求的物品。市场上提供的种种有关衣食住行方面的产品或者劳务，例如家电、食品、理发等等都可以称为消费品。人们通过消费品满足自身欲望的经济行为就是消费。

根据消费者的购买行为和购买习惯，消费品可以分为便利品、选购品、特殊品三类。

（1）便利品。又称日用品，是指消费者日常生活所需、须重复购买的商品，诸如粮食、饮料、肥皂、洗衣粉等。消费者在购买这类商品时，一般不愿花很多的时间比较价格和质量，愿意接受其他任何代用品。因此，便利品的生产和销售，一般具有分销的广泛性，经销网点遍布城乡各地，以便消费者能及时就近购买。

（2）选购品。指价格比便利品要贵，消费者购买时愿花较多时间对许多家商品进行比较之后才决定购买的商品，如服装、家电等。消费者在购买前，对这类商品了解不多，因而在决定购买前总是要对同一类型的产品从价格、款式、质量等方面进行比较。因此，选购品的销售网点一般都设在商业网点较多的商业区，且同类产品销售点相对集中，以便顾客进行比较和选择。

（3）特殊品。指消费者对其有特殊偏好并愿意花较多时间去购买的商品，如电视机、电冰箱、化妆品等。消费者在购买前对这些商品有了一定的认识，偏爱特定的品牌和商标，不愿接受代用品。为此，企业应注意争创名牌产品，以赢得消费者的青睐，要加强广告宣传，扩大本企业产品的知名度，同时要切实做好售后服务和维修工作。

基础消费品与人们的生活息息相关，人们每天的所吃、所穿、所用包含了各种各样的消费品。基础消费品一旦短缺，人们的生活将会陷入巨大的混乱中。

苏联解体前，基础消费品短缺的现象时有发生，甚至在一些主要人口聚居区也如此。这些商品在一些大城市偶尔得依靠配给供应，并不是每一件可以看到的商品就一定能以它们的标价买到。例如，国营商店货架上展示的商品仅仅意味着它们是用来配给的，不能随意购买。在大多数情况下，短缺就意味着空空的货架和长长的队伍。到19世纪80年代末，短缺更严重了。到1991年末苏联解体的时候，几乎每种食品都得配给，非配给消费品事实上已经在国营商店消失了。尽管在19世纪80年代中期出现的非国营商店已经部分缓解了消费品短缺，但非国营商店的商品价格比国营商店的要高出5~10倍，普通人无力承受。

可以说，消费品供应的问题是造成苏联解体的重要因素。在经济发展的前提下，消费品市场上供应的各类消费品极大提高了人们的生活水平，如今，除了基础消费品外，奢侈品消费已经越来越受到人们的消费青睐。

奢侈品在国际上被定义为"一种超出人们生存与发展需要范围的，具有独特、稀缺、珍奇等特点的消费品"，又称为非生活必需品。奢侈品在经济学上讲，指的是价值与品质的关系比值最高的产品。从另外一个角度上看，奢侈品又是指无形价值与有形价值的关系比值最高的产品。从经济意义上看，奢侈品消费实质是一种高档消费行为，本身并无褒贬之分。

简单来说，人类追求奢侈品主要有四个动机：

（1）富贵的象征。奢侈品是贵族阶层的物品，它是贵族形象的代表。如今，虽然社会民主了，但人们的"富贵观"并未改变。劳斯莱斯汽车就是贵族车的象征。

（2）看上去就好。奢侈品的高级性应当是看得见的。正因为其奢华显而易见，才能为主人带来荣耀。所以说，奢侈品理当提供更多的可见价值——让人看上去就感到好。那些购买奢侈品的人完全不是在追求实用价值，而是在追求全人类"最好"的感觉。

（3）个性化。正是因为商品的个性化，才为人们的购买创造了理由。也正因为奢侈品的个性化很不像大众品，才更显示出其尊贵的价值。

（4）距离感。作为奢侈品，必须制造出令普通百姓望洋兴叹的感觉。在市场定位上，奢侈品就是为少数"富贵人"服务的。因此，要维护目标顾客的优越感，就当使大众与他们产生距离感。奢侈品要不断地设置消费壁垒，拒大众消费者于千里之外。

对于人的消费而言，维持和延续人体基本生存的生活资料属于必需的消费品，如满足人体新陈代谢所需的食物、满足人们保暖的住房等。在不同的经济发展阶段上，生存资料的标准与范围也不相同，随着消费水平的不断提高，必需消费品的种类不断增加、质量不断提高。满足人的高级享受需要的消费品就是奢侈消费品。在经济发展的不同阶段，奢侈消费品的内涵也不尽相同，在经济发展水平低的阶段是奢侈消费品，随着经济发展就有可能转化为必需消费品。

无处不在的替代效应

2009年岁末，一场大范围降雪使得各地的青菜价格猛地涨了不少。细心的人会发现，青菜价格是涨了，但买的人也少了。据卖菜的摊主说，虽然青菜价格涨势汹涌，但整体上还不如正常天气下卖菜赚得多。这是为什么呢？

随着鲜菜价格的大涨，精打细算的消费者们开始盯上了价格一向稳定的腌制蔬菜。"菜价涨得凶，只有腌菜价格没动。一年到头都可以吃到新鲜蔬菜，偶尔换换口味也不错。"很多消费者都这样想。于是，腌制的萝卜、雪菜、苋菜、梅干菜等，都卖得不错，风头明显超过了平时颇受青睐的新鲜蔬菜。不过，随着天气转好，鲜菜价格恢复平稳，鲜菜的销量也随之上升了，腌菜又重新回复"冷门"了。

这其实就是替代效应在发挥作用。由于一种商品价格变动而引起的商品的相对价格发生变动，从而导致消费者在保持效用不变的条件下，对商品需求量的改变，称为价格变动的替代效应。比如，你在市场买水果，一看到橙子降价了，而橘子的价格没有变化，在降价的橙子面前，橘子好像变贵了，这样你往往多会买橙子而不买橘子。对于两种物品，如果一种物品价格的上升引起另一种物品需求的增加，则这两种物品被称为替代品。

替代效应在经济生活中发挥着重要的作用。

2007年3月2日，信产部发布了中国联通公司申请停止30省（自治区、直辖市）寻呼业务的公示。该文件表示，中国联通向信产部申请停止经营全网（除上海市）198/199、126/127、128/129无线寻呼服务，已经基本完成北京、天津、河北等30省（自治区、直辖市）范围内在网用户的清理和转网等善后处理工作。联通在全国范围内停止寻呼业务，预示着BP（beeper，无线寻呼）机将正式告别历史舞台，成为一个时代的背影。BP机刚出现时，价格贵得惊人，一部要几千元，而当时人们的工资一般才几百元。谁要是有一部这样的机子，是很叫人羡慕的。中国的寻呼业获得飞速发展，在20世纪90年代曾经辉煌一时，全国用户发展的增长幅度曾高达150%，用户规模一度逼近一个亿。但是繁华易逝，自1999年年底开始，随着手机的迅速普及，寻呼业被打入漫长的冬天。

尽管寻呼企业也曾尝试转向股票、警务等专业化服务，但依然无法扭转颓势。2002年，联通还高调接收了另一家著名的寻呼企业——润讯通讯的用户，仅广东就接纳了50万户之多。但是，兼并与重组也不能改变寻呼企业每况愈下的经营状况，寻呼业务再也没有寻到翻身之日。

寻呼机为何只发展了短短的十几年，就从辉煌走向了衰落？从经济学角度解释，替代效应发挥了巨大的作用。人们有了更方便实用的手机，谁还会选择BP机？BP机完全被手机替代了！

替代效应在生活中非常普遍。我们日常的生活用品，大多是可以相互替代的。萝卜贵了多吃白菜，大米贵了多吃面条。一般来说，越是难以替代的物品，价格越是高昂。比如，产品的技术含量越高价格就越高，因为高技术的产品只有高技术才能完成，替代性较低，而馒头谁都会做，所以价格极低。再如艺术品价格高昂，就是因为艺术品是一种个性化极强的物品，找不到替代品。王羲之的《兰亭序》价值连城，就是因为它只有一幅。

在生活中，我们往往具有这样的智慧：当我们发现某种经常使用的消费品涨价后，通常会选择价格更为便宜的商品。

其实，在我们的工作中，替代效应也在发挥作用。那些有技术、有才能的人在企业里是香饽饽，老板见了又是加薪，又是笑脸，为什么？因为这个世界上有技术、有才能的人并不是很多，找一个能替代的人更是不容易。而普通员工，企业很容易从劳务市场上找到替代的人，中国是人力资源大国，你不愿意干，想干的人多得是。因此，对于别人的薪金比自己高，不要吃惊和不平，只要使自己具有不可替代性，自己的待遇自然会提上来。

替代效应在人们的日常生活中无处不在，我们要认识并充分利用这种效应，做一个聪明的经济人。

买得起车，却用不起油

　　汽油价格居高不下的时候，经常听到有人说："买得起车，用不起油啊。"这是因为，消费汽车的同时必须消费汽油，即使汽车价格比较低，我们还要考虑汽油的价格问题。从经济学的角度来说，汽车和汽油就是互补品的关系。

　　商品本身的性质不同决定了它们之间存在着替代性、互补性和无关性关系，据此可将商品分为替代品、独立品、互补品。

　　所谓替代品是指两种商品在效用上相似并可以相互代替，消费者可以通过二者的组合来满足同一种需要，并可以通过增加一种商品的消费而减少另一种商品的消费来保持商品的组合效用不变。如肥皂和洗衣粉、牛肉和猪肉等，它们之间的关系是互相替代的。

　　独立品是指一种产品的销售状况不受其他产品销售变化的影响。假设存在两种产品A和B，那么，A是独立品的情形会有两种。一是A和B完全独立，不存在任何销售方面的相关关系，日光灯与空调机之间的关系就属此类；二是尽管A和B从功能上讲是独立的，但是，产品A的销售增长可能会引起产品B的销售增长，而产品B的销售变化决不会作用于产品A的销售状况。换句话说，A对B的影响关系是单向的，B不会影响A，那么A相对B而言仍是独立品。

　　所谓互补品是指两种商品在效用上是互相补充的，二者必须结合起来共同使用才能满足消费者的需求，也可以把这种需求叫作联合需求，即一种商品的消费必须与另一种商品的消费相配套。一般而言，某种商品的互补品价格上升，将会因为互补品需求量的下降而导致该商品需求量的下降。也就是说，两种商品必须互相配合，才能共同满足消费者的同一种需要，如照相机和胶卷。胶卷的需求量会与照相机的价格有着密切关系，一般而言，照相机价格上升，胶卷的需求量就会下降，两者呈现反方向变化。所以，如果X和Y是互补品，X的需求量就与Y的价格成反向变化。

　　20世纪60年代初，柯达公司意欲开辟胶卷市场，他们并不急于动手，因为他们深知要使新开发的胶卷在市场上脱颖而出，并非易事。于是他们采用发展互补品的办法，在1963年开发大众化相机，并宣布其他厂家可以仿制，一时出现了自动相机热。相机需求量的暴增，给胶卷带来广阔的市场，柯达公司乘机迅速推出胶卷，一时销路遍及全球。

　　为了确立DOS（磁盘操作系统）、WINDOWS（视窗操作系统）在计算机操作系统中的霸主地位，比尔·盖茨鼓励别的厂商开发DOS、WINDOWS上的应用程序。盖茨的这一决策促使DOS、WINDOWS相对于其他操作系统更具竞争力，用户选择的天平最终倒向了微软。最终用户和信息系统的管理者选择WINDOWS是因为他们要使用其他29997种应用软件，而许多这样的软件没有MACINTOSH（麦金塔电脑）、OS/2（Operating System 2，第二代的操作系统）的版本。应用软件是操作系统的互补产品，微软通过鼓励其他应用软件厂商开发基于此平台上的程序，大力地发展了DOS、WINDOWS的互补产品——与DOS、WINDOWS兼容的应用软件。随着此类应用软件数量的增加，微软操作系统对顾客的价值也在不断提高。这就是微软在操作系统上获得巨大成功所采用的互补品战略。

如果一个产品与其互补产品都处在成熟的市场上，互补品所产生的互补效应恐怕不那么明显。众所周知，对于消费者来说，洗衣机与洗衣粉是典型的互补产品，但今天的消费者则对两者的购买倾向于独立决策，他们对洗衣机与洗衣粉都有自己独立的品牌偏好。这时候，厂家推荐的 A 牌洗衣机与 B 牌洗衣粉组合的方案就不一定能奏效了。在一个尚未发育成熟的市场中，对产品信息了解不多的消费者占了绝大多数。企业通过广告宣传等方式强化消费者对互补产品联系的主观感知，可能确立互补产品之间的战略重要性，微软推出的互补战略就是显证。反之，在一个较充分了解产品信息的消费者占绝大多数的成熟市场中，互补产品之间的紧密联系则较难建立。美国早期的城市电车系统就是一个很好的例子。早期的电车运营商们投入了庞大的资金来修建专门的道路网络，可让他们万万没有想到的是，虽然电车在上下班的时候客流量很大，但高峰期之外却很少会有人搭乘电车。毫无疑问，这种客流量的不均衡性大大降低了运营商们的赢利能力。为了提高非高峰期的客流量，运营商们想到了一个绝妙的主意：他们决定在市中心之外修建娱乐公园。到 1901 年，美国有超过一半的市区交通公司都修建了类似的公园。这些公园不仅增加了电车的客流量，还提高了发电机的使用率，从而大大提高了电车运营商们的资本效率。一般来说，作为互补产品有如下运作方式：

1. 捆绑式经营

以单一价格将一组不同类型但是互补的产品捆绑在一起出售，仅仅同时出售这一组产品。例如，IBM（国际商业机器公司）公司曾将计算机硬件、软件和服务支持捆在一起经营，微软公司将 OFFICE（办公软件）系列、IE（网页浏览器）探索器挂在 WINDOWS 操作系统上经营。捆绑式经营广泛地存在于商业活动中，不过人们并不总能辨识出来。例如，作为交通工具的汽车与车类的音像设备构成互补产品关系，但消费者往往将它们作为一个整体来看待。

2. 交叉补贴

通过有意识地以优惠甚至亏本的价格出售一种产品，而达到促进销售赢利更多的互补产品，以获得最大限度的利润。在"剃须刀与剃须刀片"这种涉及互补产品的战略中就用到了这样的策略。将剃须刀以成本价或接近成本价的价格出售，目的是促使顾客在将来购买更多的、利润更高的替换刀片。

3. 提供客户解决方案

从客户的实际需要着手，通过降低客户成本，如时间、金钱、精力等，增加客户从消费中获得的价值，将一组互补性的产品组合起来，为顾客提供产品"套餐"，从而达到吸引顾客、增加利润的目的。

4. 系统锁定

实施系统锁定战略的要义在于，如何联合互补产品厂商一道锁定客户，并把竞争对手挡在门外，最终达到控制行业标准的最高境界。微软是最典型的例子。80%~90% 的电脑软件商都是基于微软的操作系统（比如 WINDOWS 系列）作为一个客户，如果你想使用大部分的应用软件，你就得购买微软的产品。

第七章
消费心理：花钱买满意

面子很值钱

《孟子·离娄下》记载了这样一个故事：

齐国有一个人，家里有一妻一妾。他每次出门后，必定是吃得饱饱的、喝得醉醺醺的才回家。他的妻子问他一起吃喝的都是些什么人，据他说全都是些有钱有势的人。

时间一长，齐人的妻子起了疑心，她就对妾说："丈夫出门，总是酒醉肉饱地回来；问他和什么人一起，他说都是些有钱有势的人，但我们从没见到什么有钱有势的人物到家里来过，我们明天偷偷跟着，看看他到底去了哪儿。"

第二天一早，齐人的妻妾便尾随着他出了门。走遍全城，没有看到一个人同齐人说过话。最后，齐人来到东郊的墓地，等祭扫坟墓的人走后，就大吃起祭品来。原来这就是齐人酒足饭饱的办法。

齐人对妻妾撒谎的原因，就在于"面子"问题。中国人在交往中很注重面子。从"给面子""留面子""死要面子活受罪"，到"打狗还看主人面""不看僧面看佛面"，类似有关面子的种种说法在人们的言语中随处可见。甚至有人说，不了解面子，就不了解中国人。

面子同时也影响了中国人的消费观。中国人很好面子：穿名牌，面子；喝茅台，面子；开靓车，面子；抽高级烟，面子。无论城市还是农村，无论过去还是现在，为了面子一掷千金，为了面子送大礼，为了面子主动或被动进行攀比消费等现象屡见不鲜。那么面子究竟是什么呢？它为什么能影响人们的日常消费行为呢？

首先，人都想追求最大的效用。这里的效用是指一个人一生的总体效用。而一个人的生活总体包括物质、精神这两个方面，因此，总效用水平来自物质产品和精神产品两个方面。面子本身属于精神产品，所以，有了面子，就直接增加了一个人的精神收益，从而也就直接增加了一个人的生活总效用水平。

其次，面子也会产生间接经济价值。面子是一个人的品牌和形象，和一般人相比，人们更乐于和有面子的人打交道，进行各种交易。在这种情况下，有面子的人就比一般人有着更多的谋利机会，并且交易成功的可能性也较大。所以，从长远看，面子本身也具有潜在的经济价值，是为一个人带来物质收益的重要保证条件。

"面子"是中国传统文化、传统价值观、人格特征、社会文化的耻感取向共同作用的综合体。人们在穿着打扮、住宅、轿车、头衔、办公室布置等方面都会顾及面子，即不论自己是否喜欢、是否在意，都要考虑他人会怎么看自己。

比如，朋友或者熟人之间见面，顺便递上一根"中华"香烟，既是客气，也可以借此机会拉近彼此之间的感情，更让双方都觉得有面子。

"中华"香烟自从诞生之日起，其神秘的尊贵形象就备受人们的关注，在上个世纪50—70年代，"中华"就一直作为特供烟专供外使馆和来华外宾享用。"中华"是中国政府用于招待中外宾客的指定卷烟牌号，外交部每年都会向上海卷烟厂定购一批"中华"香烟，用于国内接待并分发到中国驻外使馆招待来宾。其中，"中华"特制听装香烟还曾作为礼品被赠送给东欧国家领导人。"中华"香烟于1954年开始出口，受到了海外华侨和华人们的特别喜爱，最早的客户是香港德信行和澳门信中行，在上个世纪60—70年代的广州出口商品交易会上，上海卷烟厂的"中华"香烟在当时更是供不应求。

此外，"中华"香烟长期作为特供商品进入外轮供应公司、友谊商店以及华侨商店。由于"中华"香烟生产数量极为有限，市场上很难买到，外宾、华侨与海员在国内购买"中华"香烟需要用外币到外轮、友谊或华侨商店购买，所以，"中华"也被称为特供烟。这些都给"中华"香烟蒙上了一层既神秘又尊贵的面纱。

因此，"中华"香烟也就具备了"政治烟"和"外交烟"的双重功能，而这种双重功能，无疑加深了"中华"在广大消费者心目中的身份和地位象征的重大分量。

在大多数中国人心目中，"中华"一直都是高端香烟中当仁不让的第一品牌。在广大消费者心目中，红色的"中华"早已不仅仅是一包香烟那么简单，它代表的更多的是一种身份、一种地位、一种荣耀、一种卓尔不群的尊贵气质。

无论是"中华"，还是其他的高端烟酒品牌，它们之所以能够持续畅销，并受到消费者的特别青睐，"面子消费"无疑在当中起到了重大驱动作用。

价格低于预期的购买喜悦

在一场纪念猫王的小型拍卖会上，有一张绝版的猫王专辑在拍卖，小秦、小文、老李、阿俊四个猫王迷同时出现。他们每一个人都想拥有这张专辑，但每个人愿意为此付出的价格都有限。小秦的支付意愿为100元，小文为80元，老李愿意出70元，阿俊只想出50元。

拍卖会开始了，拍卖者首先将最低价格定为20元，开始叫价。由于每个人都非常想要这张专辑，并且每个人愿意出的价格都远远高于20元，于是价格很快上升。当价格达到50元时，阿俊不再参与竞拍。当专辑价格再次提升为70元时，老李退出了竞拍。最后，当小秦愿意出81元时，竞拍结束了，因为小文也不愿意出高于80元的价格购买这张专辑。那么，小秦究竟从这张专辑中得到了什么利益呢？实际上，小秦愿意为这张专辑支付100元，但他最终只为此支付了81元，比预期节省了19元。

这节省出来的19元就是小秦的消费者剩余。消费者剩余是一种主观评价，这种主观评价表现为他愿意为这种物品支付的最高价格，即需求价格。决定这种需求价格的主要有两个因素：一是消费者满足程度的高低，即效用的大小；二是与其他同类物品所带来的效用和价格的比较。

消费者剩余是指消费者购买某种商品时，所愿支付的价格与实际支付的价格之间的差额。在西方经济学中，这一概念是马歇尔提出来的，他在《经济学原理》中为消费者剩余下了这样的定义："一个人对一物所付的价格，绝不会超过，而且也很少达到他宁愿支付而不愿得不到此物的价格。因此，他从购买此物所得的满足，通常超过他因付出此物的代价而放弃的满足，这样，他就从这种购买中得到一种满足的剩余。他宁愿付出而不愿得不到此物的价格，超过他实际付出的价格的部分，是这种剩余满足的经济衡量。这个部分可以称为消费者剩余。"

消费者愿意出的最高价格并不一定等于供求双方决定的市场价格。消费者剩余可以用下列公式来表示：

$$消费者剩余 = 买者的评价 - 买者的实际支付$$

也就是说，人们希望以一个期望的价格购买某商品，如果人们在消费时实际花费的金钱比预期的花费低，人们就会从购物中获得乐趣，仿佛无形中获得了一笔意外的财富；相反，如果商品的价格高于他的预期价格，他就会放弃购买行为。

在南北朝时，有个叫吕僧珍的人，世代居住在广陵地区。他为人正直，很有智谋和胆略，因此受到人们的尊敬和爱戴，而且远近闻名。因为吕僧珍的品德高尚，人们都愿意和他接近和交谈。同时代有一个名叫宋季雅的官员，被罢免南郡太守后，由于仰慕吕僧珍的名声，特地买下吕僧珍宅屋旁的一幢普通的房子，与吕为邻。一天吕僧珍问宋季雅："你花多少钱买这幢房子？"宋季雅回答："1100金。"吕僧珍听了大吃一惊："怎么这么贵？"宋季雅笑着回答说："我用100金买房屋，用1000金买个好邻居。"

这就是后来人们常说的"千金买邻"的典故，"1100金"的价钱买一幢普通的房子，相信任何一个经济人都不会作出如此选择。但是宋季雅却认为很值得，因为其中的"1000金"是专门用来"买邻"的。

一般来说，在购买商品时，每个购买者都希望以低于自己支付意愿的价格买到商品，而拒绝以高于支付意愿的价格购买该商品。而宋季雅之所以愿意出"1100金"购买与吕僧珍比邻的房屋，是因为"1100金"仍在自己可接受的价格范围内。

在日常生活中，消费者剩余可以用来衡量消费者购买并消费某种物品或劳务所得到的经济福利的大小。消费者购买和消费物品或劳务是为了得到经济福利，一种物品或劳务给消费者带来的消费者剩余越大，即市场价格越低于消费者愿意出的最高价格，消费者就越愿意购买；反之，如果市场价格高于消费者愿意出的最高价格，那么消费者就会认为购买该物品或劳务不值得，或者说消费者剩余为负数，那么消费者就不会购买。

在市场经济中，很多商家为了让自己赚取更多的利润，会尽量让消费者剩余成为正数，于是采取薄利多销的销售策略，以此来吸引更多的消费者前来购买商品。但是有很多时候，我们会发现一种非常奇怪的现象，你在高档的精品屋里打7折买来的东西，却与一般的商场里该商品的全价差不多。因为你被打折的手法诱惑了，你只获得了过多的消费者剩余——心理的满足，而付出的是自己的真金白银。

商家想方设法把消费者剩余转化为利润的例子在日常生活中比比皆是，当你在水果摊档看到刚上市的荔枝时,新鲜饱满的荔枝激起了你强烈的购买欲望,并且这种欲望溢于言表。卖水果的人看到你看中了他的荔枝,他会考虑以较高的价格卖给你。其实,你对荔枝的较强的购买欲望,表明你愿意支付更高的价格,从而有更多的消费者剩余。所以,当你询问价格的时候,他会故意提高价格,由于你的消费者剩余较多,对这个价格还挺满意,就会毫不犹豫地把荔枝买下来。结果,你的消费者剩余就转化为水果摊主的利润了。

这个例子告诉我们,在购买商品时应该如何维护自身利益的一些经验,比如,当我们想购买某种商品时,不要眼睛直勾勾地看着这件商品,不妨表现出无所谓的态度,甚至表现出对该商品的"不满",这样,商家以为你不太想买,就不敢提高价格。

满意是可以衡量的

斯宾诺的西装里经常装着大量的发票及各式收据。一次洗衣服时,西装口袋里有一张数额不菲的支票被洗了,等到发现时,支票已经残损不堪。这张支票足以让他破产。当他听说英国银行新提供了一种服务,能将破损的支票还原。尽管斯宾诺对这种服务并不抱太大期望,他还是走进了银行。经过一番鉴定后,支票被还原了,斯宾诺得到了全部的钱。当银行的服务员让他为自己的服务打分时,斯宾诺毫不犹豫地给出了"非常满意"!

在这个故事里,当斯宾诺听说银行有恢复残损支票的服务时,我们可以假定他对银行服务的预期评价为30(假定顾客评价100时为满意),而当他得到全额的还款时,现实就远远超出了自己的预期,他不仅对此感到满意,甚至还很激动,则我们可以假定他的实际效果评价为120。通过这样的数值表示,我们就能很清楚地看到斯宾诺的满意程度。

在消费经济学中,有个消费预期的概念。消费预期是消费主体在对市场和经济状况作出判断情况下的消费倾向,也就是消费者在购买产品之前对厂商提供的产品和服务的价值判断。而消费者的预期价值和他们在实际消费过程中的感知价值所形成的差距直接影响了消费者的满意度。并且消费者的预期价值直接决定了顾客需求的现状和趋势,影响了他们的购买决策。

一般来说,消费者在使用商品(包括有形产品和服务)以后,会根据自己的消费经验,对商品作出一个自我评价,并在此评价的基础上形成对该产品的态度,即是否感到满意。生活中还存在着这样一个公式:满意=实际效果>预期。也就是说,对于我们来说,在购买和接受服务之前,都会预先设想到我们应该会有怎样一个体会,也就是说有了一个期望值。自然而然地,在体验产品和服务时,顾客就会产生一个实际的效果感受。倘若这些效果远远低于客户的期望值,那么客户心理就会亮起不满意的红灯;如果实际效果与期望值差不多,客户会感觉到一般满意;如果实际效果超过了期望值,甚至带来惊喜,客户就会非常满意。

实际上,人总是根据预期来作出决策的,而这种预期往往并不一定就说得上是理性的。比如我们在菜名前加一点异国情调、时髦的词语,如"墨西哥辣椒芒果酱"或"北美草原水牛肉"等,这些描述会引导我们对该菜肴抱有非常大的期望,这种心理暗示往往往会让我们觉得这些"芒果酱"和"牛肉"确实好于平常吃的芒果酱和牛肉。当然,预期的影响力并不局限于饮食。如果请朋友看电影,你事先告诉他评论家们对该片评价如何高,他们就会更喜欢这部影片。

在现实生活中,人们的预期具有特殊的引导作用,能隐蔽地发射一种能量,让被预期者朝着预期的方向行进或改变。也可以说,预期是一种带有暗示性的软性指令。

消费预期容易形成一种成见。在美国曾经有一则"百事挑战"的电视广告,广告里任意挑选顾客,请他们品尝可口可乐和百事可乐,然后让他们当场说明喜欢哪一种。结果当然是百事可乐超过可口可乐。同时,可口可乐的广告表明人们对可口可乐的偏爱超过百事可乐。事实上,两家公司对他们的产品采用了不同的评估方式。据说可口可乐公司采用的是让消费者根据偏好公开挑选,而百事可乐采取的挑战方式则是让参与者蒙起眼睛,在两种可乐中品尝打分。难道说百事可乐在"盲目"测试中味道较好,而可口可乐在"可见"测试中味道较优?实际上,多年来可口可乐在广告、品牌上已经占据了优势,人们对可口可乐的预期已经让人们产生了一种成见:可口可乐比百事可乐好喝。其实,这就如同我们看到老年人用电脑,就会想到他不会上QQ,看到清华学生就想到他们一定很聪明一样。成见为我们提供了特定的预期,也可能对我们的认识与行为有不利的影响。

预期具有非凡的作用,它能让人们在嘈杂的房间里聊天,虽然不时地有词听不清,但仍然可以正确理解对方说的什么。有时手机信息上出现一些乱码,我们也照样能读懂它的意思。尽管预期有时候让人显得很傻,但却是用途多多。

很多人也许有这样的体验:冬天感冒,在小店买的感冒药吃了不见好,大药房的高价药吃了就觉得畅快;患哮喘病,普通药品总不见效,著名厂家刚上市的新药一定能药到病除。换句话说,事关自己的身体健康,你还会对这些讨价还价吗?普通感冒先放下不说,如果到了性命攸关的时刻,还有多少人会锱铢必较呢?我们会为自己、为孩子、为亲人竭尽全力,花多少钱都在所不惜,一定要选择最好的药。为什么会选择价格高的药品呢?这是因为我们对价格高的药品治愈疾病有较高的期望。通过美国的行为经济学家丹·艾瑞里所做的实验得知:一分钱,一分货,付多少钱,就有多大疗效。说到底,这种非理性行为的背后其实蕴藏着心理预期的作用。

如果某种商品在价格上打了折扣,得到的东西注定就差吗?如果我们依赖自己非理性的直觉,就会这样认为。如果我们看到半价商品,我们本能地断定它的质量比全价的差——事实上是我们把它看得差了,它就真的差了。怎么纠正呢?如果我们定下心来,理性地拿产品与价格做一番比较,就能克服那种无意识的冲动,不再把产品的销售价格与内在质量挂钩了。

你对价格敏感吗

日常生活中,如果仔细观察货架上的价格标签,不难发现,商品的价格极少取整,且多以8或9结尾。比如,一瓶海飞丝怡神舒爽去屑洗发水标价22.1元、一袋绿色鲜豆浆标价0.8元、一台惠普笔记本电脑标价8999元……不禁令人不解,如果采取像22元、

1元、9000元这样的整数价格容易让人记住并便于比较,收银台汇总几件商品价格的时候更加便捷,也不用找零。

其实这样的定价策略就是尾数定价策略。尾数定价是指利用消费者感觉整数与比它相差很小的带尾数的数字相差很大的心理,将价格故意定成带尾数的数字以吸引消费者购买的策略。目前这种定价策略已被商家广泛应用,从国外的家乐福、沃尔玛到国内的华联、大型百货商场,从生活日用品到家电、汽车都采用尾数定价策略。

西方主流经济学的一个基本假设是,经济活动中的人都是理性人,任何行为都是追求效用最大化。但是现实生活中,消费者并非完全理性,而且很多情况下显得非常不理性,仅仅是价格尾数的微小差别,就能明显影响其购买行为。当人们的行为变得不再理性,这种条件下,将关系到另一门经济学科——行为经济学。据心理学家的研究表明,价格尾数的微小差别,能够明显影响消费者的购买行为。在西方国家,许多零售商利用这一心理特点来为商品定价。在美国市场上,食品零售价格尾数为9的最普遍,尾数为5的价格的普遍程度仅次于尾数为9的价格。据调查,尾数为9和5的价格共占80%以上。近年来,随着我国经济的发展,许多企业也逐渐采用这一定价策略。

"尾数定价"利用消费者求廉的心理,制定非整数价格,使消费户在心理上有一种该商品便宜的感觉;或者是价格尾数取吉利数,从而激起消费者的购买欲望,促进商品销售。

尾数定价为什么会产生如此的特殊效果呢?其原因主要表现在:

1. 便宜

标价99.95元的商品和100.05元的商品,虽然仅差0.1元,但前者给消费者的感觉是还不到"100元",而后者却使人产生"100多元"的想法,因此前者可以使消费者认为商品价格低、便宜,更易于接受。

2. 精确

带有尾数的价格会使消费者认为企业定价是非常认真、精确的,连零头都算得清清楚楚,进而会对商家或企业的产品产生一种信任感。

3. 吉利

由于民族习惯、社会风俗、文化传统和价值观念的影响,某些特殊数字常常会被赋予一些独特的含义,企业在定价时如果能加以巧用,其产品就会因此而得到消费者的偏爱。例如,"8"字作为价格尾数在我国南方和港澳地区比较流行,人们认为"8"即"发",有吉祥如意的意味,因此企业经常采用。如果经营者将孕妇内衣定价148元,销售效果就会比定价150元更好。又如"4"在中国及"13"在西方国家,被人们视为不吉利的数字,因此企业在定价时应有意识地避开,以免引起消费者对企业产品的反感。

但尾数定价也并不是适宜所有的商家。超市、便利店等以中低收入群体为目标顾客、经营日常用品的商家适合采用尾数定价策略,而以中高收入群体为目标顾客、经营高档消费品的大商场、大百货不适合采用尾数定价法,而应该用声望定价策略。

超市、便利店的市场定位决定其适用尾数定价策略。超市经营的商品以日用品为主,其目标顾客多为工薪阶层,其消费动机的核心是"便宜"和"低档"。人们进超市买东西,尤其是大超市,如沃尔玛、家乐福、华联多是图价格低廉和品种齐全,而且人们多数是周末去一次把一周所需的日用品均购全,这样就使商家在定价方面具有一定灵活性,其中尾数定价策略是应用较广泛而且效果比较好的一种定价法。因为尾数定价不仅意味着给消费者找零,也意味着给消费者更多的优惠,在心理上满足了顾客的需要,即价格低廉,而超市中的商品价格没有特别高的,基本都是千元以下,而且以几十元的居多,因此顾客很容易产生冲动性购买,这样就可以扩大销售额。

大型百货商场应以城市中高收入阶层为目标市场。在购物环境、经营范围、特色服务等方面展现自己的个性,力争在目标消费者心中树立"高档名牌商店"的形象,以此来巩固自己的市场位置。大型百货商场应采用声望定价策略。声望定价策略是指利用消费者仰慕名牌商品或名店的声望所产生的某种心理来制定商品的价格。消费者具有崇尚名牌的心理,往往以价格判断产品的质量,认为价高质必优。这种定价策略既补偿了提供优质产品或劳务的企业的必要耗费,也有利于满足不同层次的消费需求。

据有关资料介绍,我国消费者中有较强经济实力的虽然相对比例不大,但其所拥有的财富比例却占了绝大多数,这部分人群消费追求品位,不在乎价格。倘若买5000元的西装他们会很有成就感,而商场偏要采用尾数定价策略,找给他们几枚硬币,就有点不合时宜了。

如今尾数定价在商场中过多、过频使用的现象刺激消费者产生了逆反心理,如由原来的尾数定价给人定价准确、便宜很多的感觉,变成定价不准确、不便宜,甚至是商家在有意识地利用人们的心理,进而产生对企业定价行为不信任的心理。

在我国目前现有的主要零售业态形式中,都可以看到类似的尾数心理价格的影子。不仅包括超市的大量日常用品,而且包括百货商店的服装、家用电器、手机等。如果从价格形式上不加区分地采用技法雷同的尾数价格,必然混淆各种业态之间的经营定位,模糊业态之间的经营特色,不利于商家发挥先进零售业态的优势,实现企业快速发展的目标。

商品必须符合你的档次

18世纪,欧洲掀起了一场轰轰烈烈的启蒙运动,法国人丹尼·狄德罗正是这场运动的代表人物之一。他才华横溢,不但编撰了世界上第一部《百科全书》,还在文学、艺术、哲学等诸多领域作出了卓越贡献,是当时赫赫有名的思想巨人。

有一天,一位朋友送给狄德罗一件质地精良、做工考究、图案高雅的酒红色长袍,狄德罗非常喜欢。于是,他马上将旧的长袍丢弃了,穿上了新长袍。可是不久之后,他就产生了烦恼。因为当他穿着华贵的长袍在书房里踱来踱去时,越发觉得那张自己用了好久的办公桌破旧不堪,而且风格也不对。于是,狄德罗叫来了仆人,让他去市场上买一张与新长袍相搭配的新办公桌。当办公桌买来之后,狄德罗神气十足地看着自己的新书房。可是他马上发现了新的问题:书房墙上的挂毯针脚粗得吓人,与新的办公桌不配套!

狄德罗马上打发仆人买来了新挂毯。可是,没过多久,他又发现椅子、雕像、书架、闹钟等摆设都显得与挂上新挂毯后的房间不协调，需要更换。慢慢地，旧物件挨个都更新完了，狄德罗得到了一个神气十足的书房。

这时，这位哲人突然发现"自己居然被一件长袍胁迫了"，更换了那么多他原本无意更换的东西。于是，狄德罗十分后悔自己丢弃了旧长袍。他还把这种感觉写成了一篇文章，题目就叫《丢掉旧长袍之后的烦恼》。

整整过了200年之后，在1988年，美国人格兰特·麦克莱肯读了这篇文章，感慨颇多。他认为这一个案例具有典型意义，集中揭示了消费品之间的协调统一的文化现象，并借用狄德罗的名义，将这一类现象概括为"狄德罗效应"，也称为配套效应。1998年，美国哈佛大学的一位女经济学家朱丽叶·施罗尔出版了《过度消费的美国人》，在这本畅销书中对这种新长袍导致新书房、新领带导致新西装的攀升消费模式进行了详细分析。此后，配套效应引起了越来越多人的关注，而且被运用到社会生活的各个方面。

在人们的观念里，高雅的长袍是富贵的象征，应该与高档的家具、华贵的地毯、豪华的住宅相配套，否则就会使主人感到"很不舒服"。这种"配套效应"在事物的联系中为整个事物的发展提供了动因，从而促进了周围事物的变化发展和更新。

狄德罗效应在生活中可谓屡见不鲜。在服饰消费中，人们会重视帽子、围巾、上衣、裤子、袜子、鞋子、首饰、手表等物品之间在色彩和款式上的相互搭配。在装修时，我们会注重家具、灯具、厨具、地板、电器、艺术品和整体风格之间的和谐统一。这些都是为了实现"配套"，达到一种和谐。

生产厂家和商场可谓最善于利用这种配套效应了。配套效应的核心并不在于那件新长袍的风格样式，而在于它所象征的一种生活方式，后面的一切都是为了这种生活方式的完整构成而被迫选择的。所以，厂家和商家往往会想方设法，利用这一效应来推销自己的商品。他们会告诉你这些商品是如何与你的气质相配，如何符合你的档次，等等。总之一句话，它们都是你不能不拥有的"狄德罗商品"。比方说，劳力士手表和宝马汽车都宣称自己是成功和地位的标志，所以如果你拥有了一块劳力士手表，那么你就应该考虑以宝马代步，这样才不会失掉自己的"面子"。

现如今，我们已经不太能够听到"三大件"这个词了。不过二三十年前，这个词的出现频率绝对很高。有意思的是，代表了我国普通百姓心目中理想生活方式的"三大件"，其含义是在不断变动的。最初在改革开放之前，它指的是手表、缝纫机、自行车。在结婚时，这"三大件"是必不可少的彩礼。到了20世纪80年代，又出现了"新三大件"——电视机、电冰箱、洗衣机。当时谁家凭关系弄到了这几样电器，就会成为邻居们羡慕不已的对象。又过了10年，"新新三大件"——电脑、电话、空调又成了人们街谈巷议的话题。

"三大件"的不断更新不但是我国老百姓生活水平提高的直观表现，也是配套效应的一个极好的例证。我们知道，市场上商品的种类可谓五花八门，琳琅满目，这些商品之间往往有着一种搭配关系。各种不同的消费品，虽然满足的可能是不同的生活需求，但如果它们都是与某种生活水平相一致的，这些消费品就是相互搭配的。如果人们的这些消费需求之间构成了一个系统，那么满足这些需求的消费品也构成了一个完整的系统。如果其中某个物品缺失，就会导致生活水平的缺损和消费心理上的缺憾。在20世纪80

年代，如果一个工薪阶层的家庭有了一定积蓄，他首先就会去买电视机，然后，他又会想要电冰箱。有了这两样，他就会觉得没有洗衣机也不行。之所以产生这种配套效应，就是因为这"三大件"共同构成了当时人们对小康社会生活方式的理解，只要缺了一样，这种生活方式就有了缺口。弥补这种缺口，便成为当时人们消费的主要动力。

很多人都有这种经历：在外出购物时明明只想买一件东西，结果却买回了一大堆商品。比方说，出门时只想买一件衬衫，但买下衬衫之后，又觉得跟裤子不配套，于是又去买了一条新裤子。穿上新裤子，又觉得皮鞋的式样不般配，只好又去买双皮鞋。回到家才发现，原本只想花几十块钱，最后却花了好几百。

又比方说，买到一套三室两厅的新住宅之后，自然要好好装修一番。首先是铺上大理石或木地板，然后以黑白木封墙，再安装像样的吊灯。四壁豪华之后，自然还想配上一些高档家具。一旦住上了这样的高档住宅，出入时显然不能再穿旧衣烂衫，必定要有"拿得出手"的衣服与鞋袜。如此这般下去，所有这一切，都只是为了跟这套房子配套。

其实，我们应该警惕这种预料之外的开支。很多人还没有到月末，就发现这个月已经大大超支，原因是买了许多不在计划之中的"狄德罗商品"。再比如原本计划得好好的日程安排，却由此被弄得乱七八糟。

配套效应给人们一种启示：对于那些非必需的东西尽量不要买。因为如果你接受了一件，那么外界的和心理的压力会使你不断地接受更多非必需的东西。

由俭入奢易，由奢入俭难

商朝时，纣王登位之初，天下人都认为在这位精明国君的治理下，商朝的江山一定会坚如磐石。有一天，纣王命人用象牙做了一双筷子，十分高兴地使用这双象牙筷子就餐。他的叔叔箕子见了，劝他收藏起来，而纣王却满不在乎，满朝文武大臣也不以为然，认为这不过是一件很平常的小事。箕子为此忧心忡忡，有的大臣问他原因，箕子回答说："纣王用象牙做筷子，必定不会再用土制的瓦罐盛汤装饭，肯定要改用犀牛角做成的杯子和美玉制成的饭碗，有了象牙筷、犀牛角杯和美玉碗，难道还会用它来吃粗茶淡饭和豆子煮的汤吗？大王的餐桌从此顿顿都要摆上美酒佳肴了。吃的是美酒佳肴，穿的自然要绫罗绸缎，住的就要求富丽堂皇，还要大兴土木筑起楼台亭阁以便取乐。对这样的后果我觉得不寒而栗。"仅仅5年时间，箕子的预言果然应验了，商纣王恣意骄奢，断送了商汤绵延500年的江山。

在这则故事中，箕子对纣王使用象牙筷子的评价，就反映了现代经济学消费效应——棘轮效应。"棘轮效应"最初来自对苏联计划经济制度的研究，美国经济学家杜森贝利后来使用了这个概念。古典经济学家凯恩斯主张消费是可逆的，即绝对收入水平变动必然立即引起消费水平的变化。针对这一观点，杜森贝利认为这实际上是不可能的，因为消费决策不可能是一种理想的计划，它还取决于消费习惯。这种消费习惯受许多因素影响，如生理和社会需要、个人的经历、个人经历的后果等。特别是个人在收入最高期所达到的消费标准对消费习惯的形成有很重要的作用。杜森贝利认为，对于消费者来说，增加消费容易，减少消费则难。因为一向过着高水平生活的人，即使实际收入降低，多半也不会马上因此降低消费水准，而是会继续保持相当高的消费水准。即消费"指标"一旦上去了，便很难再降下来，就像"棘轮"一样，只能前进，不能后退。

简单来说，棘轮效应即人的消费习惯形成之后有不可逆性，易于向上调整，而难于向下调整。尤其是在短期内消费是不可逆的，其习惯效应较大。这种习惯效应，使消费取决于相对收入，即相对于自己过去的高峰收入。实际上棘轮效应可以用宋代政治家和文学家司马光一句著名的话来概括：由俭入奢易，由奢入俭难。

狭义的棘轮效应是指即使收入水平下降，个人消费习惯也不会随之下降。广义的棘轮效应是指经济活动中的不可逆性。猪肉禽蛋等原材料价格下降了，但是相应的制成品如牛肉拉面、肯德基、方便面以及饭店的价格不会相应地下降。这也与我们的生活经验相吻合，在居民的生活中，这种"能上不能下"的事件经常出现。比如石油价格上涨，导致成品油价格大幅上涨，以及出租车打车价格的上涨，广州增加了1元钱的特别附加费，北京则将每公里的单价从2元/公里调为2.3元/公里。但是在之后的国际油价下调过程中，这些价格并没有相应下调。

在房价问题上，棘轮效应的表现就更加明显。现在，房价已经形成了棘轮效应，易上难下。这是因为，尽管房价上涨的各种负面影响很大，但一旦涨上去再跌下来，就将引发严重的经济问题。就整个经济体系来说，房价可以不涨，但绝对不能暴跌，否则就有可能引发严重的经济危机。

在子女教育方面，因为深知消费的不可逆性，所以聪明之士更是十分重视棘轮效应。如今，一些成功的企业家虽然家境富裕，但仍对自己的子女要求严格，从来不给孩子过多的零用钱，甚至在寒暑假期间要求孩子外出打工。他们这么做的目的并非苛求孩子多赚钱，而是为了教育他们要懂得每分钱都来之不易，懂得俭朴与自立。这一点在比尔·盖茨身上体现得十分明显。比尔·盖茨是微软公司的创始人，曾连续10多年位居全球富豪排行榜之首。然而，他却将自己的巨额遗产返还于社会，用在慈善事业上，只留给3个孩子并不多的钱。

实际上，消费者这种不可逆的消费行为，在经济衰退、萧条和复苏时期有着巨大的能效，甚至能使经济重新达到繁荣，但我们在利用这一理论时也要有所慎重。对于经济"过热"的形势，棘轮效应的负面作用是不可小看的。消费物价指数的不断上涨，钢铁与石油的高价无不使关于通货膨胀的争论四起。在这种情况下，如果旅游市场进入旺季太早，价格持续走高，虽然会对旅游产业的发展有一定促进作用，然而会加重物价指数不断攀高的危险。在这种情况下，蒙受损失的只能是普通百姓。一方面，促使物价上涨得更快，通货膨胀的压力更大；另一方面，由于消费者的实际收入不变，物价上涨之后，其实际收入无疑减少了，而由于棘轮效应的作祟，消费者此时并不会降低自己的消费支出，那样只能导致整个经济发展的混乱。

棘轮效应是出于人的一种本性，人生而有欲，"饥而欲食，寒而欲暖"，这是人与生俱来的本能。人有了欲望就会千方百计地寻求满足。从经济学的角度来说，一方面，资源的稀缺性决定了不能放任棘轮效应任意发挥作用，无限制地利用资源来满足人类无尽的欲望；另一方面，也应该利用棘轮效应的特点来拉动经济的增长和繁荣。

第八章
消费行为：消费者在为谁埋单

你注意到自己的消费惯性了吗

某学生从国外留学回来，曾在淘宝网购买过图书，此后就经常光顾淘宝网。
一日，女友问他："网上哪里买化妆品便宜？"
某学生："淘宝网。"
女友："网上哪里买衣服便宜？"
某学生："淘宝网。"
女友："网上哪里买手机便宜？"
某学生："淘宝网。"
突然，女友笑着推了他一下："你家是开淘宝网的？"

此学生只因使用了一次淘宝网，就如此大力推荐，反过来想想，就如他的女友说的那样，买东西一定要上淘宝网吗？

回答当然是否定的。还有很多网站可供选择，例如卓越、当当等。那这个学生为什么给女友推荐淘宝网？因为他熟悉淘宝网，让女友直接去买，提高了行为的效率（尽管未必会减少甚至可能增加付出的成本）。这在经济学中就是典型的路径依赖效应。

路径依赖效应，用通俗的话来讲，就像是人们的一种经济惯性，这种力量会使这一选择不断自我强化，让你轻易走不出去。该学生陷入的就是这种困境，因为他在头脑中形成了淘宝售货的概念，就倾向于去淘宝购物，从没想过要更换商家。

在日常生活中，某项事物的一次选择，或许是历史的偶然，像美国铁路的宽度，像该学生购买淘宝网的图书。但在这一次之后，使用者就会觉得继续这样做是有效率的，于是过去的选择影响了现在以及未来的选择，然后，人们就会在没有任何质疑的情况下，在一条路上一直走下去。

诺斯关于路径依赖的理论很快得到了证实，实验者们甚至可以发现，个体的全部行为几乎都受到路径依赖的影响。区别只在于，不同情况下，好的路径效应能带来正面作用，提高行为的效率而进入良性循环，甚至形成规模效应；坏的路径效应则让行为一直锁定在低效率的状态。

路径依赖又译为路径依赖性，它的特定含义是指人类社会中的技术演进或制度变迁均有类似于物理学中的惯性，即一旦进入某一路径（无论是"好"还是"坏"），就可能对这种路径产生依赖。

有人将5只猴子放在一只笼子里,并在笼子中间吊上一串香蕉,只要有猴子伸手去拿香蕉,就用高压水枪教训所有的猴子,直到再没有一只猴子敢动手。

然后,用一只新猴子替换出笼子里的一只猴子。新来的猴子不知这里的"规矩",伸手去拿香蕉,结果触怒了笼子里原来的4只猴子,于是它们代替人执行惩罚任务,把新来的猴子暴打了一顿,直到它服从这里的"规矩"为止。

试验人员如此不断地将最初经历过高压水枪惩戒的猴子换出来,最后笼子里的猴子全是新的,但仍然没有一只猴子敢去碰香蕉。

起初,猴子怕受到"株连",不允许其他猴子去碰香蕉,这是合理的。但后来人和高压水枪都不再介入,而新来的猴子却固守着"不许拿香蕉"的制度不变,这就是路径依赖的自我强化效应。

在当前经济学界,"路径依赖"是一个使用频率极高的概念,它说的是人们一旦选择了某种制度,就好比走上了一条不归之路,惯性的力量会使这一制度不断"自我强化,让你轻易走不出去"。

在淘宝上买东西、炒股的系统交易、企业管理,其实也是缘于路径依赖。你选择的系统交易、企业治理模式不一定对,但若你使用了很长时间,就会对其产生依赖,即便明知是错误的,也可能一直使用下去。

物价涨跌中的消费决策

当一种商品的价格发生变化时,会对消费者产生两种影响:一是使消费者的实际收入水平发生变化;二是使商品的相对价格发生变化。这两种变化都会改变消费者对该种商品的需求量。

例如,在消费者购买 X 和 Y 两种商品的情况下,当商品 X 的价格下降时,一方面,对于消费者来说,虽然名义货币收入不变,但是现有的货币收入的购买力增强了,也就是说实际收入水平提高了。实际水平的提高,会使消费者改变对这两种商品的购买量,从而达到更高的效用水平,这就是收入效应。

另一方面,商品 X 价格的下降,使得商品 X 相对于价格不变的商品 Y 来说,较以前便宜了。商品相对价格的这种变化,会使消费者增加对商品 X 的购买而减少对商品 Y 的购买,这就是替代效应。

总之,一种商品价格变动所引起的该商品需求量变动的总效应可以被分解为替代效应和收入效应两个部分,即:总效应 = 收入效应 + 替代效应

按照一般的消费理论,引起消费变化的主要因素包括替代效应和收入效应。不管是发生了收入效应还是替代效应,还是两者都发生了,总之,在这两种效应的作用下,当一种物品的价格下降时,其购买量会增加,反之当价格上升时,其购买量会减少。这是人人凭生活经验就可以感受到的需求规律。

显然,依靠商品价格的下降提高消费不是消费增长的长期可持续源泉。因此,提高消费在国民经济中的比重,关键是提高消费者的收入。政府对落后地区的农村劳动力转移进

行补贴，以促进农村剩余劳动力的重新配置的政策无疑是正确的，但对于提高整体消费还是远远不够的。

我国消费长期低迷的症结不是老百姓热衷储蓄，不愿花钱，而是居民收入水平跟不上经济发展速度，如工资水平作为衡量居民收入的指标，其在经济指标中的比重呈持续下降态势。

长期以来，我国治理消费低迷的措施全部集中于替代效应上，也就是出台政策令消费变得"更便宜"，而储蓄"更贵"（如低利率、加征利息税等）。这些措施的目的是要引导储蓄向当期消费转化。其实，相对于替代效应，收入效应是消费增长的长期可持续源泉，不过就一个国家增加居民收入而言，并不是意味着是要过多地干预企业与职员的工资合议。

据有关资料统计，我国仍有40%以上的劳动力在从事生产率较低的农业，而农业的劳动生产率仅为其他经济部门的1/6左右。这部分农业劳动力有一半为剩余劳动力，若重新配置到其他行业中，特别是劳动密集型的服务业，就业类型的转变可能会给这些劳动力的收入带来质的变化。一旦收入提高的速度超过价格水平的上涨速度，将会有效刺激市场需求。

在现实中，税收也会对人们产生收入效应和替代效应。如果把所得税看作是人们向政府购买公共物品所付出的价格的话，所得税的税率提高了，就相当于公共物品的购买价格提高了，由于公共物品是政府提供的一种共享资源，所以个人不会因为享受它们而产生比别人更多的满足感，而且税收是强制性缴纳的，所以又不能选择减少公共物品的购买。在这样一种背景下，税率提高会使人们产生两种感觉：第一，感觉自己的实际收入降低了，从而会更加心疼钱，而且为了补偿税收的损失，人们会工作更长的时间或做多种工作以增加收入，这就是收入效应；第二，工作是为了取得收入，而取得收入是为了提高生活水平，得到快乐和满足，但闲暇娱乐也会使人们感到快乐和满足，税率提高尤其是累进税，会让人们觉得自己挣钱越多越不值得，工作越多越不值得，于是，闲暇的快乐具有了更强烈的吸引力，人们会更多地选择闲暇来替代工作。

这么看来，所得税税率提高使这两种效应分别对经济发挥了不同方向的作用：正面的和负面的。但这两种效应并不是平均起作用的，那么什么情况下收入效应占主导，什么情况下替代效应占主导呢？

如果你新挣了1元钱，而这1元钱中要纳税8角，那么你肯定不会去挣这1元钱了。所以新增加的收入税率越高，人们就越不愿意多工作，宁愿闲着。所以，新增收入的税率（边际税率）越高，税收的替代效应越明显。

如果平均税率较高，那么无论人们的收入在何种档次上，税收比例都是一样的。这时人们则会倾向于多增加收入，因为多增加的收入不用多缴税。如果所得税是比例税，挣多挣少都缴同样比例的税，那么多挣钱就没有什么阻碍，所以这时候收入效应就会发生主导作用，人们就会多工作来增加实际收入。

由此可见，税收的替代效应会导致人们工作努力程度的降低，是一种对经济的阻碍力量，也被称为税收的抑制效应。而反过来，努力降低替代效应的作用，降低所得税的边际税率和减少税率档次，则可以作为振兴经济的一条政策出路。

你被价格歧视了吗

3位乘客乘飞机从北京回大连,在飞机上闲聊,结果发现他们的机票价格各不相同。第一位乘客通过旅行社订机票去大连旅游,票价340元;第二位乘客提前一个月预订机票,票价580元,第三位乘客去大连有急事,临时买的机票,票价740元。

在市场经济条件下,商品的交换在价值规律的作用下进行,实行等价交换,体现公平原则,怎么会出现同物不同价呢?

这里涉及一个商业用语——差别定价,所谓差别定价又叫价格歧视。价格歧视通常指商品或服务的提供者在向不同的接受者提供相同等级、相同质量的商品或服务时,在接受者之间实行不同的销售价格或收费标准。经营者没有正当理由,就同一种商品或者服务,对条件相同的若干买主实行不同的售价,则构成价格歧视行为。

商家为什么要这么做呢?

对于商家而言,实行价格歧视的目的是获得较多的利润。如果按较高的价格能把商品卖出去,生产者就可以多赚一些钱。因此,生产者将尽量把商品价格定得高些。但是如果把商品价格定得太高了,又会赶走许多支付能力较低的消费者,从而导致生产者利润的减少。如何采取一种两全其美的方法,既以较高的商品价格赚得富人的钱,又以较低的价格把穷人的钱也赚过来,这就是生产者所要达到的目的,也是价格歧视产生的根本动因。

航空公司就较好地运用了这一原理,实现了利润最大化。

在生活中,实行价格歧视的事例比比皆是。以前公园卖门票,对本国人卖低价,对外国人卖高价;大学生放假回家,只要手持学生证,就可以买到半价票;在北京坐公交车,如果刷卡便可以打四折;有的舞厅为了使舞客在跳舞时成双配对,甚至只对男士卖票,女士可以免费……

生活中商家的价格歧视策略远不止这一种形式。只要符合价格歧视的一般条件,产品个性化、有差异,就可以利用这种差异把产品冠名为不同品牌、不同系列或各种各样的组合,然后再运用这种策略。

比如商家可以利用同一产品的不同数量实行差别定价。对一种商品按不同数量进行分组,制定不同的价格实施价格歧视。这样就在销售领域为企业赢得了规模经济,销售量的上升带动了产量的上升,企业的平均成本和边际成本都随规模增大而下降,消费者从中获益,厂商则获得更大的收益。

还有一种是按时间段的不同对同一商品实行差别定价。如一些旅游景点的门票价格在淡季和旺季是不一样的,旺季人多往往会贵一点;又如电影院的日场电影票和夜场电影票的价格也是不一样的;出租车白天和晚上的起步价不同,都是利用时间段不同进行差异定价的典型例子。

利用代金券或优惠券实现差异化定价是我们在现实生活中经常遇到的。优惠券可以人为地制定群体差异。如一家超市为本市市民送出优惠券,且规定该优惠券只有与本人身份证一起使用才有效,每张优惠券提供七五折优惠。这样就把本市居民与外地居民区分开了。又如一家瓜子公司宣称,剪下其宣传单的优惠券,在购买本产品时可以当2元钱用。该公司没有直接降价，而是用这种策略把顾客分为价格敏感性和不敏感性两组。不敏感性顾客一般是公司的白领，经济充裕，对此会不屑一顾，照样按原价购买。如此一来，产品不但销量会增加，而且原有的利润来源也不会受到较大影响。

此外，还有搭售、打折等价格歧视，不胜枚举。在生活中，如果我们知道了价格歧视，就不会陷入商家的语言陷阱，所谓的"让利""优惠"似乎很符合消费者的利益，其实是商家区分不同的需求，追求利润最大化的行为。

怎样搭配才能花钱最少

在消费者的收入和商品的价格既定的条件下，当消费者选择商品组合获取了最大的效用满足，并将保持这种状态不变时，称消费者处于均衡状态，简称为消费者均衡。消费者的货币收入总是有限的，他要把有限的货币收入用于购买各种物品，以满足自己的欲望。他应该如何进行收入分配才能获得最大程度的满足，使得心理平衡呢？

如果我们用 Px 和 Py 分别表示 X 商品和 Y 商品的价格，再用 MWx 和 MWy 分别表示 X 商品和 Y 商品的边际欲望，那么，消费者均衡将由以下公式反映：

$$MW_x/P_x = MW_y/P_y$$

如果消费者认为 X 商品的边际欲望与价格之比大于 Y 商品的边际欲望与价格之比，那么，消费者就会增加 X 商品的购买量，减少 Y 商品的购买量，直至两个比值相等为止。虽然消费者均衡公式只有一个，但是，消费者均衡的比值却不计其数，因为每一个消费者的欲望尺度都有可能不相同。

那么究竟什么是消费者均衡呢？举一个生活中的例子来说明。李大妈是个很会过日子的人，买东西精打细算。这天她准备做午饭，看着家里没什么菜了，就去菜市场买菜。她先买了白菜、萝卜和西红柿，花了 10 元钱；又买了豆腐和粉条，花了 5 元钱。一看钱包里只剩下 2 元钱了，本来还想买一斤肉，可钱不够了。这怎么办？不能不买肉，家里已经没有荤菜了。李大妈这时才觉得白菜、萝卜和西红柿买多了，于是找卖菜的想退掉一些。好在卖菜的见李大妈是老主顾，就退了她 5 元钱的菜。于是李大妈花 7 元钱买了点肉，心满意足地回家了。

我们来分析李大妈的消费活动。李大妈带的钱是有限的，一共只有 17 元钱，她必须用这 17 元钱满足她买各种菜的需要。白菜、萝卜和西红柿花了她 10 元钱，随着购买量的增加，边际效用减少了。想买肉而钱不够了，这时肉的边际效用就增加了。由于每元钱用于购买菜和肉的边际效用并不相等，李大妈心理不平衡，所以她要去退货，以便重新将货币分配于菜和肉的购买上。后来她用退回来的 5 元钱，再加上剩下的 2 元钱买了肉。这样，每元钱用于购买菜和肉的边际效用就相等了，实现了消费者均衡，因而她心满意足。

由此，我们可以看出消费者均衡的原则是：在消费者的货币收入固定和物品的价格已知的条件下，消费者总是想让自己购买的各种物品的边际欲望与各自价格的比值都相等。换句话说，消费者总是幻想自己的每一单位货币所获得的边际效用都相等。

同时，实现消费者均衡必须具备以下假设性条件：

1. 消费者的偏好既定。消费者对各种物品效用的评价是既定的，不会发生变动。也就是说，消费者在购买物品时，因对各种物品的需要程度不同，排列的顺序是固定不变的。比如一个消费者到商店中去买盐、电池和点心，在去商店之前，对商品购买的排列顺序是盐、电池、点心，这一排列顺序到商店后也不会发生改变。这就是说花第一元钱购买商品时，盐在消费者心目中的边际效用最大，电池次之，点心排在最后。

2. 消费者的收入既定。由于货币收入是有限的，货币可以购买一切物品，所以货币的边际效用不存在递减问题。因为收入有限，需要用货币购买的物品很多，因而不可能全部都买，只能买自己认为最重要的几种。因为每一元货币的功能都是一样的，在购买各种商品时最后多花的每一元钱都应该为自己增加同样的满足程度，否则消费者就会放弃不符合这一条件的购买量组合，而选择自己认为更合适的购买量组合。

3. 物品的价格既定。由于物品价格既定，消费者就要考虑如何把有限的收入分配于各种物品的购买与消费上，以获得最大效用。由于收入固定，物品价格相对不变，消费者用有限的收入能够购买的商品所带来的最大的满足程度也是可以计量的。因为满足程度可以比较，所以对于商品的不同购买量组合所带来的总效用可以进行主观上的分析评价。

免费的诱惑实在太大

某酒店开业，在电视和报纸上做了一个广告，称开业当天全天免费。几个好友当天正好闲来无事，便相约去吃这顿免费的午餐。去吃饭之前大家都兴致勃勃的，吃完饭后却一个个闷闷不乐，为什么？原来酒店所说的全天免费，并不是让你随便吃，而是根据酒店的规定，每人免费供应一份定餐，所谓的定餐，不过是一碗米饭、一个小菜、一小碗鸡蛋汤而已。

如果想要吃其他的，就得自己掏腰包。看来，这全天免费只是酒店钓鱼的诱饵而已。再看酒店里前来消费的人挤得针插不进，大家都是冲着免费来的。虽然被骗了，但有火没地方发，谁叫你来的，姜太公钓鱼，愿者上钩，人家广告上明明写着，解释权归酒店所有，虽然字很小，不太醒目。再说你也不好意思理论，吃人家的免费餐，还要挑三拣四，大庭广众之下，面子上也过不去呀。送的免费餐吃不饱，只好自己再点上些炒菜、酒水，一结账，几百块钱出去了。这顿免费餐吃得还真不便宜。

作为商家，追求的都是利润最大化，他们怎么可能给你提供免费餐呢？但现实生活中，总有一些人相信这样的事情。原因何在？因为虽然每一个人都是经济人，也追求自身利益的最大化，但是，经济人的理性是有限的，在利益，尤其是能轻易获得的利益面前，人们就容易失去理性。

我们经常看到此类广告：本店清仓大甩卖，商品一律四折！其实商品的标签早已在打折前进行了修改，不过是将现在的价格提高为原来的两倍而已。说到底，没有谁会赔钱赚吆喝。

商家的目标是赢利，所以商场也好，酒店也罢，都不可能免费为你提供商品和服务，免费的午餐是不可能存在的。

也许有人会提出反对意见，很多酒吧里花生米是免费的。可是你注意到没有，酒吧里花生米可随意索要，饮品则贵得很，连一杯清水都要好几块钱。按常理，花生的生产成本要比水高，酒吧为什么要这么做呢？

理解这种做法的关键在于，弄明白水和花生米对这些酒吧的核心产品——酒精饮料——的需求量会造成什么样的影响。花生和酒是互补的，花生吃多了，会有干渴感，要点的酒和饮料也就多了。相对于酒和饮料的利润来说，花生是极其便宜的。多吃花生米能带动酒和饮料的消费，而酒吧主要靠酒和饮料来赚取高额利润，所以，免费供应花生米只是为了提高酒吧的利润而已。

反之，水和酒是不相容的。水喝得多了，要点的酒类自然少了。所以，即使水的成本很低，酒吧也会给它定个高价，减弱顾客的消费积极性。酒吧的做法正是应了那句——世上没有免费的午餐。

大多数去美国参观旅游过的人都知道，位于华盛顿的国家美术馆是免费对游人开放的。这么说，是不是国外就有免费的午餐呢？其实不然，华盛顿的国家美术馆一楼是展览大厅，楼下是画廊，有出售画家作品的，还有出售美术期刊、画册、图书、工艺品的。最多的是出售世界名画仿制品和印刷品的，一楼每一幅展出的名画在楼下都能找到其仿制品和印刷品，两者的价格相差悬殊。例如，一楼展出的凡·高名画《向日葵》，其标价是几百万美元，而楼下出售的仿制品却只卖20美元，印刷品更是便宜，几美元就能买到。面对如此大的差价，人们对仿制品和印刷品的购买欲望怎能不强烈？

试想，如果国家美术馆收门票，前来参观的人肯定会少很多，楼下买仿制品和工艺品的人也将随之减少，售出的商品也会减少，楼下的铺位对外出租的价格就会降低。如此一来，门票收入可能还不及铺位对外租金的减少额。所以，虽然从表面上看，国家美术馆没有收门票，是赔钱的买卖，其实暗地里他们早已通过高额的铺位租金费把比门票更多的钱赚到口袋里了。

商家总是将引起消费者对其生产商品的购买欲望作为自己的最大成功。他们会不断创造出各种"免费"来刺激消费者的需求。面对这种"免费"的陷阱，无尽欲望则是诱使人们走入商家陷阱的最大诱因。

如此看来，作为一个消费者、一个经济人，面对商家免费的诱惑时，我们应该清醒地提醒自己"免费"的成本与收益。

利率：神奇的指挥棒

神奇的指挥棒

利率又称利息率，它表示的是一定时期内利息量与本金的比率，通常用百分比表示，按年计算则称为年利率。其计算公式是：

利息率 = 利息量 / 本金 / 时间 × 100%

利率，就其表现形式来说，是指一定时期内利息额同借贷资本总额的比率。利率是单位货币在单位时间内的利息水平，表明利息的多少。利率通常由国家的中央银行控制。利率是经济学中一个重要的金融变量，几乎所有的金融现象、金融资产均与利率有着或多或少的联系。

利率与人们的生活联系较为紧密。在生活中，常常有民间借贷，有承诺的也好，无承诺的也好，还款时常要与同期的储蓄存款利息比一比。在炒股生涯中，常常要对自己的股票或资金算一算，自然而然要想到与同期的利率作比较。储蓄存款利率变了又变，涉及千家万户。但令人费解的是，利率为什么在不同的时期有不同的变化？这代表着什么？利率的高低又是由什么决定的？

现代经济中，利率作为资金的价格，不仅受到经济社会中许多因素的制约，而且，利率的变动对整个经济产生重大的影响。因此，现代经济学家在研究利率的决定问题时，特别重视各种变量的关系以及整个经济的平衡问题。

凯恩斯认为储蓄和投资是两个相互依赖的变量，而不是两个独立的变量。在他的理论中，货币供应由中央银行控制，是没有利率弹性的外生变量。此时货币需求就取决于人们心理上的"流动性偏好"。而后产生的可贷资金利率理论是新古典学派的利率理论，是为修正凯恩斯的"流动性偏好"利率理论而提出的。在某种程度上，可贷资金利率理论实际上可看成古典利率理论和凯恩斯理论的一种综合。

英国著名经济学家希克斯等人则认为以上理论没有考虑收入的因素，因而无法确定利率水平，于是他们于1937年提出了一般均衡理论基础上的IS-LM模型。从而建立了一种在储蓄和投资、货币供应和货币需求这四个因素的相互作用之下的利率与收入同时决定的理论。

根据此模型，利率的决定取决于储蓄供给、投资需要、货币供给、货币需求四个因素，导致储蓄投资、货币供求变动的因素都将影响到利率水平。这种理论的特点是一般均衡分析。该理论在比较严密的理论框架下，把古典理论的商品市场均衡和凯恩斯理论的货币市场均衡有机地统一在一起。

各种利率是按不同的划分法和角度来分类的，以此更清楚地表明不同种类利率的特征。按计算利率的期限单位可划分为：年利率、月利率与日利率。按利率的决定方式可划分为：官方利率、公定利率与市场利率。按借贷期内利率是否浮动可划分为：固定利率与浮动利率。按利率的地位可划分为：基准利率与一般利率。按信用行为的期限长短可划分为：长期利率和短期利率。按利率的真实水平可划分为：名义利率与实际利率。按借贷主体不同划分为：中央银行利率，包括再贴现、再贷款利率等。商业银行利率，包括存款利率、贷款利率、贴现率等；非银行利率，包括债券利率、企业利率、金融利率等。按是否具备优惠性质可划分为：一般利率和优惠利率。

利率的各种分类之间是相互交叉的。例如，3年期的居民储蓄存款利率为4.95%，这一利率既是年利率，又是固定利率、差别利率、长期利率与名义利率。各种利率之间以及内部都有相应的联系，彼此间保持相对结构，共同构成一个有机整体，从而形成一国的利率体系。

通常计算利率的途径有若干种，现值是最简单的方式。其中最重要的就是到期收益率。也就是使债务工具所有未来回报的限制与其今天的价值相等的利率。所谓到期收益，是指将债券持有到偿还期所获得的收益，包括到期的全部利息。

综合说来，利率出现的主要原因包括：

（1）延迟消费。当放款人把金钱借出，就等于延迟了对消费品的消费。根据时间偏好原则，消费者会偏好现时的商品多于未来的商品，因此在自由市场会出现正利率。

（2）预期的通胀。大部分经济会出现通货膨胀，代表一个数量的金钱，在未来可购买的商品会比现在较少。因此，借款人需向放款人补偿此段期间的损失。

（3）代替性投资。借款人可以选择把金钱放在其他投资上。由于机会成本，借款人把金钱借出，等于放弃了其他投资的可能回报。

（4）投资风险。贷款人随时有破产、潜逃或欠债不还的风险，放款人需收取额外的金钱，以保证在出现这些情况下，仍可获得补偿。

（5）流动性偏好。人会偏好其资金或资源可随时交易，而不是需要时间或金钱才可取回，利息也是对此的一种补偿。

这里存在一个问题，作为利率应该通过市场和价值规律机制，在某一时点上由供求关系决定的利率，它能真实地反映资金成本和供求关系。但是实际上，利率是由中央银行实施利率管制的，使利率尽力与市场变化相适应。

在现代社会中，利息和利率是沟通实物市场和货币市场的桥梁。无论你是大企业家还是一名普通工人都会关注利息和利率的变化情况。如果你是企业家，那么你会非常乐意在利率大幅下调后向银行进行巨额贷款以增加投资扩展自己的业务；如果你是普通工人，那么在利率大幅上升的时候，你也许会缩减自己的消费，将节省的钱存入银行来赚取利息。

最神奇的财富增值工具

西方人把国际象棋称之为"国王的游戏"。相传国际象棋是一个古波斯的大臣所发明，国王为这个游戏的问世深感喜悦。当时该国正在与邻国交战，当战争进入对峙阶段，谁也无法战胜谁时，两国决定通过下一盘国际象棋来决定胜负。最后，发明国际象棋的这个国家赢得了战争的胜利。国王因此非常高兴，决定给大臣以奖赏。大臣就指着自己发明的棋盘对国王说："我只想要一点微不足道的奖赏，只要陛下能在第一个格子里放一粒麦子，第二个格子增加一倍，第三个再增加一倍，直到所有的格子填满就行了。"国王轻易地就答应了他的要求："你的要求未免也太低了吧？"但很快国王就发现，即使将自己国库所有的粮食都给他，也不够百分之一。因为从表面上看，大臣的要求起点十分低，从一粒麦子开始，但是经过很多次的翻倍，就迅速变成庞大的天文数字。

这就是复利的魔力。虽然起点很低，甚至微不足道，但通过复利则可达到人们难以想象的程度。但复利不是数字游戏，而是告诉我们有关投资和收益的哲理。在人生中，追求财富的过程，不是短跑，也不是马拉松式的长跑，而是在更长甚至数十年的时间跨度上所进行的耐力比赛。只要坚持追求复利的原则，即使起步的资金不太大，也能因为足够的耐心加上稳定的"小利"而很漂亮地赢得这场比赛。

据说曾经有人问爱因斯坦："世界上最强大的力量是什么？"他的回答不是原子弹爆炸的威力，而是"复利"。著名的罗斯柴尔德金融帝国创立人梅尔更是夸张地称许复利是世界上的第八大奇迹。

那么我们有必要了解一下复利与单利的区别。无论从事何种行业，生活中总会遇到一些存款和借款的情况，因此学会计算利息是很有必要的。利率通常有两种计算方法，单利和复利。

单利的计算方法简单，借入者的利息负担比较轻，它是指在计算利息额时，只按本金计算利息，而不将利息额加入本金进行重复计算的方法。如果用 I 代表利息额，P 代表本金，r 代表利息率，n 代表借贷时间，S 代表本金和利息之和。那么其计算公式为：

$I = P \times r \times n$

$S = P \times (1 + r \times n)$

例如某银行向某企业提供一笔为期 5 年、年利率为 10% 的 200 万元贷款，则到期时该企业应付利息为：

$I = P \times r \times n$
$= 200 \times 10\% \times 5$
$= 100$（万元）

本金和利息为：

$S = P \times (1 + r \times n)$
$= 200 \times (1 + 10\% \times 5)$
$= 300$（万元）

复利是指将本金计算出的利息额再计入本金，重新计算利息的方法。这种方法比较复杂，借入者的利息负担也比较重，但考虑了资金的时间价值因素，保护了贷出者的利

益,有利于使用资金的效率。复利计算的公式为:

$I = P \times [(1+r)^n - 1]$

$S = P \times (1+r)^n$

若前例中的条件不变,按复利计算该企业到期时应付利息为:

$I = P \times [(1+r)^n - 1]$

$= 200 \times [(1+10\%)^5 - 1]$

$= 122.102$(万元)

本金和利息为:

$S = P \times (1+r)^n$

$= 200 \times (1+10\%)^5$

$= 322.102$(万元)

由此可见,和复利相对应的单利只根据本金算利,没有利滚利的过程,但一般人却容易忽略这两种方式所带来的利益差别。假如投入1万元,每一年收益率能达到28%,57年后复利所得为129亿元。可是,若是单利,28%的收益率,57年的时间,却只能带来区区16.96万元。这就是复利和单利的巨大差距。

我们完全可以把复利应用到自己的投资理财活动中。假设你现在投资1万元,通过你的运作每年能赚15%,那么,连续20年,最后连本带利变成了163665元,想必你看到这个数字后感觉很不满意吧?但是连续30年,总额就变成了662117元,如果连续40年的话,总额又是多少呢?答案或许会让你目瞪口呆,是2678635元,也就是说一个25岁的年轻人,投资1万元,每年盈利15%,到65岁时,就能获得200多万元的回报。当然,市场不会一直景气,无法保证每年都挣15%,但这里说收益率是个平均数,如果你有足够的耐心,再加上合理的投资,这个回报率是有可能做到的。

因此,在复利模式下,一项投资所坚持的时间越长,带来的回报就越高。在最初的一段时间内,得到的回报也许不理想,但只要将这些利润进行再投资,那么你的资金就会像滚雪球一样,变得越来越大。经过年复一年的积累,你的资金就可以攀登上一个新台阶,这时候你已经在新的层次上进行自己的投资了,你每年的资金回报也已远远超出了最初的投资。

当然,复利的巨大作用也会从投资者的操作水平中体现出来。因为,为了抵御市场风险,实现第一年的赢利,投资者必须研究市场信息,积累相关的知识和经验,掌握一定的投资技巧。在这个过程中,需要克服一些困难,但投资者也会养成一定的思维和行为习惯。在接下来的一年里,投资者过去的知识、经验和习惯会自然地发挥作用,并且会在原来的基础上使自己有一个提高。这样坚持下来,使投资者越来越善于管理自己的资产,进行更熟练的投资,这是在实现个人投资能力的复利式增长。而投资理财能力的持续增长,使投资者有可能保持甚至提高相应的投资收益率。

这种由复利所带来的财富的增长,被人们称为"复利效应"。不但利率中有复利效应,在和经济相关的各个领域也广泛存在着复利效应。比如,一个国家,只要有稳定的经济增长率,保持下去就能实现经济繁荣,从而增强综合国力,改善人民的生活。

储蓄也要收税

2008年10月9日，国务院决定对储蓄存款利息所得暂停征收个人所得税。自此，实行了将近十年的利息税政策暂时告一段落。

什么是利息税呢？利息税实际是指个人所得税的"利息、股息、红利所得"税目，主要指对个人在中国境内储蓄人民币、外币而取得的利息所得征收的个人所得税。对储蓄存款利息所得征收、停征或减免个人所得税（利息税）对经济具有一定的调节功能。

新中国成立以来，利息税曾三度被免征，而每一次的变革都与经济形势密切相关。1950年，我国颁布《利息所得税暂行条例》，规定对存款利息征收所得税。但当时国家实施低工资制度，人们的收入差距也很小，因而在1959年停征了存款利息所得税。1980年通过的《个人所得税法》和1993年修订的《个人所得税法》，再次把利息所得列为征税项目。但是，针对当时个人储蓄存款数额较小、物资供应比较紧张的情况，随后对储蓄利息所得又做出免税规定。

根据从1999年11月1日起开始施行的《对储蓄存款利息所得征收个人所得税的实施办法》，不论什么时间存入的储蓄存款，在1999年11月1日以后支取的，从11月1日起开始滋生的利息要按20%征收所得税。全国人大常委会在2007年6月27日审议了国务院关于提请审议全国人大常委会关于授权国务院可以对储蓄存款利息所得税停征或者减征的决定草案的议案。国务院决定自2007年8月15日起，将储蓄存款利息所得税的适用税率由20%调减为5%。而到了2008年10月8日，国家宣布次日开始取消利息税。

征收利息税是一种国际惯例。几乎所有西方发达国家都将储蓄存款利息所得作为个人所得税的应税项目，多数发展中国家也都对储蓄存款利息所得征税，只是征税的办法有所差异。

美国纳个人所得税，一般约39%。没有专门的利息税，但无论是工资、存款利息、稿费还是炒股获利，美国纳税局都会把你的实际收入统计得清清楚楚，到时寄张账单给你，你的总收入在哪一档，就按哪一档的税率纳税。

德国利息税为30%，但主要是针对高收入人群。如果个人存款利息单身者低于6100马克、已婚者低于1.22万马克，就可在存款时填写一张表格，由银行代为申请免征利息税。

日本利息税为15%。

瑞士利息税为35%，而且对在瑞士居住的外国人的银行存款也照征不误。

韩国存款利息被算作总收入的一部分，按总收入纳税。银行每3个月计付一次利息，同时代为扣税。

瑞典凡通过资本和固定资产获得的收入，都要缴纳资本所得税，税率为30%。资本所得包括存款利息、股息、债息及房租等收入。但政府为了鼓励消费，会为那些申请了消费贷款的人提供30%的贷款利息补贴。

菲律宾利息税为20%，在菲的外国人或机构（非营利机构除外）也照此缴纳。

澳大利亚利息计入总收入，一并缴纳所得税。所得税按总收入分不同档次，税率为20％至47％不等。

当然，也有不征收利息税的国家，例如埃及、巴西、阿根廷及俄罗斯等。而关于中国是否征收利息税，向来有所争论。取消利息税是基于以下理由：

（1）利息税主要来源于中低收入阶层，加重了这些弱势群体的经济负担。中低收入者与高收入者相比很难找到比银行存款回报率更高的投资渠道；征收利息税使中低收入者的相对税收重于高收入者。

（2）自从1999年征收利息税以来，利息税的政策目标并没有很好地实现。恢复征收利息税以来，居民储蓄存款势头不但没有放慢，反而以每年万亿元以上的速度增长。

2008年，在央行下调存贷款利率的同时，国务院做出暂停征收利息税的决定。这两个政策一道出台，特别是自1999年11月1日开征以来便一直争议不断的利息税的暂停，对老百姓究竟有啥影响呢？

我们以2008年政策的出台为界点，免征利息税对老百姓的影响很小。在存款利率和利息税调整前，一个人1万元的一年期定期存款，按照调整前4.14%的存款利率，扣除5%的利息税后，一年实际可以拿到393.3元的利息收入；在下调存款利率和暂时免征利息税后，一个人1万元一年期的定期存款按照目前3.87%的利率，拿到手里的利息收入有387元，仅比政策调整前少了6.3元钱。

免征存款利息税，部分弥补了降低利率给普通百姓带来的利息收入的损失，尽管这种补偿是象征性的，但重大财经政策背后的这种"补偿民生"的思维值得肯定。毕竟在现实中，将自己财产的很大一部分放在银行存着以使今后的生活有保障的还是普通百姓。他们多数人对投资理财并不擅长，市场上也无太多投资工具可以为他们服务，因此，他们最信赖的还是存款。

预期通货膨胀率与利率的关系

著名的经济学家费雪第一个揭示了通货膨胀率预期与利率之间关系的一个发现，他指出当通货膨胀率预期上升时，利率也将上升。

假如银行储蓄利率为5%，某人的存款在一年后就多了5%，是说明他富了吗？这只是理想情况下的假设。如果当年通货膨胀率3%，那他只富了2%的部分；如果是6%，那他一年前100元能买到的东西现在要106元了，而存了一年的钱现在只有105元，他反而买不起这东西了！这可以说就是费雪效应的通俗解释。

费雪是美国经济学家、数学家、经济计量学的先驱者之一。他生于纽约州的少格拉斯。1890年费雪开始在耶鲁大学任数学教师，1898年获哲学博士学位，同年转任经济学教授直到1935年。1926年开始在雷明顿、兰德公司任董事等职。1929年，他与熊彼特、丁伯根等发起并成立计量经济学会，1931—1933年任该学会会长。

费雪对经济学的主要贡献是在货币理论方面阐明了利率如何决定和物价为何由货币数量来决定，其中尤以贸易方程式（也叫费雪方程式）为当代货币主义者所推崇。费雪方程式是货币数量说的数学形式,即 MV=PQ。其中 M 为货币量,V 为货币流通速度,P 为价格水平,Q 为交易的商品总量。该方程式说明在 V、P 比较稳定时,货币流通量 M 决定物价 P。

费雪方程式将名义利率与预期通胀联系起来,用来分析实际利率的长期行为,并因此把我们的注意力引向一个关于货币增长、通货膨胀与利率的重要关系:长期中当所有的调整都发生后,通货膨胀的增加完全反映到名义利率上,即要求名义利率对通货膨胀的一对一的调整,这种长期效应被称之为"费雪效应"。

在某种经济制度下,实际利率往往是不变的,因为它代表的是你的实际购买力。于是,当通货膨胀率变化时,为了求得公式的平衡,名义利率,也就是公布在银行的利率表上的利率会随之而变化。正是因为这个原因,在上世纪 90 年代初物价上涨时,中国人民银行制定出较高的利率水平,甚至还有保值贴补率;而当物价下跌时,中国人民银行就一而再再而三地降息。费雪效应表明:物价水平上升时,利率一般有增高的倾向;物价水平下降时,利率一般有下降的倾向。

如果费雪效应存在,则名义利率的上升并非指示紧的货币政策,而是反映通货膨胀率的上升,因此必须慎用名义利率作为货币政策松紧程度的指标。

费雪效应可分为长期费雪效应和短期费雪效应。长期费雪效应的存在,意味着当通货膨胀和名义利率水平值都显示出强劲的趋势时,这两个时间序列会按同一趋势变化,从而表现出较强的相关性。在长期中通货膨胀与利率之间存在近似一对一的调整关系,表明高的名义利率反映存在高的预期通胀率,并不反映货币政策的实质内容。通货膨胀上升多少,名义利率就上升多少,因此货币政策可能影响通货膨胀率,但却并不影响实际利率。

同时,短期费雪效应成立说明即使在短期中名义利率的变化也主要反映预期通胀而不是实际利率的变化,从而无论在长期还是在短期,名义利率与货币政策之间的联系都没有得到反映。既然利率不能反映银根的松紧变化,也就不适宜作为我国货币政策的中介目标。这一特殊性一方面是因为我国存贷款利率没有市场化,受政府及央行管制,因此缺乏一个灵敏、有效的市场利率体系;另一方面在于利率作为一种政策工具主要被政府用来控制通胀。此外,利率对平稳物价所起的杠杆作用不仅取决于利率的实际水平,还取决于利率每年的调整幅度,这对将来利率调整幅度的具体确定与计算具有潜在的应用价值。

低风险的赚钱方法

在一般情况下,各个国家的利息率的高低是不相同的,有的国家利息率较高,有的国家利息率较低。利息率高低是国际资本活动的一个重要的函数,在没有资金管制的情况下,资本就会越出国界,从利息率低的国家流到利息率高的国家。套利是指投资者或借贷者同时利用两地利息率的差价和货币汇率的差价,流动资本以赚取利润。套利分为非抵补套利和抵补套利两种。

1. 非抵补套利

非抵补套利指套利者仅仅利用两种不同货币所带有的不同利息的差价,而将利息率较低的货币转换成利息率较高的货币以赚取利润。在买或卖某种即期通货时,没有同时卖或买该种远期通货,承担了汇率变动的风险。

在非抵补套利交易中,资本流动的方向主要是由非抵补利差决定的。设英国利息率为 Iuk,美国的利息率为 Ius,非抵补利差为 UD,则有:

$$UD = Iuk - Ius$$

如果 Iuk > Ius,UD > 0,资本由美国流向英国,美国人要把美元兑换成英镑存在英国银行或购买英国债券以获得更多利息。非抵补套利的利润的大小,是由两种利息率之差的大小和即期汇率波动情况共同决定的。在即期汇率不变的情况下,两国利息率之差越大套利者的利润越大。在两国利息率之差不变的情况下,利息率高的通货升值,套利者的利润越大;利息率高的通货贬值,套利者的利润减少,甚至为零或者为负。

设英国的年利息率 Iuk = 10%,美国的年利息率 Ius = 4%,英镑年初的即期汇率与年末的即期汇率相等。在1年当中英镑汇率没有发生任何变化,设为2.8∶1,美国套利者的本金为1000美元。这个套利者在年初把美元兑换成英镑存在英国银行,折换成357英镑。那么1年后所得利息为35.7英镑,也就是100美元。这是套利者所得到的毛利润。如果该套利者不搞套利而把1000美元存在美国银行,他得到的利息为40美元,这40美元是套利的机会成本。所以,套利者的净利润为60美元。

实际上,在1年当中,英镑的即期汇率不会停留在2.8∶1的水平上不变。如果年末时英镑的即期汇率为2.4∶1,由于英镑贬值,35.7英镑只能兑换成85美元,则套利者的净利润由60美元减到45美元。这说明套利者在年初做套利交易时,买即期英镑的时候没有同时按一定汇率卖1年期的远期英镑,甘冒汇率变动的风险,结果使其损失了15美元的净利息。从这个例子可以看出,英镑贬值越大,套利者的损失越大。当然,如果在年末英镑的即期汇率达到3∶1,这个套利者就太幸运了,化险为夷,他的净利润会达到67美元。

2. 抵补套利

汇率变动也会给套利者带来风险。为了避免这种风险,套利者按即期汇率把利息率较低通货兑换成利息率较高的通货。存在利息率较高国家的银行或购买该国债券的同时,还要按远期汇率把利息率高的通货兑换成利息率较低的通货,这就是抵补套利。

还以英、美两国为例,如果美国的利息率低于英国的利息率,美国人就愿意按即期汇率把美元兑换成英镑存在英国银行。这样,美国人对英镑的需求增加。英镑的需求增加,在其他因素不变的情况下,英镑的即期汇率会提高。另一方面,套利者为了避免汇率变动的风险,又都按远期汇率签订卖远期英镑的合同,使远期英镑的供给增加。远期英镑的供给增加,在其他因素不变的情况下,远期英镑的汇率就会下跌。于是,得出这样一条结论:利息率较高国家通货的即期汇率呈上升趋势,远期汇率呈下降趋势。根据这一规律,资本流动的方向不仅仅是由两国利息率差价决定的,而且是由两国利息率的差价和利息率高的国家通货的远期升水率或贴水率共同决定的。抵补利差为 CD,英镑的贴水率或升水率为 F£,则有:

CD = Iuk − Ius+F £

如果英国利息率 Iuk = 10%，美国利息率 Ius = 4%，远期英镑的贴水率 F £ = −3%，CD = 10% −4% −3% = 3% >0，这时资本会由美国流到英国。因为套利者认为，尽管远期英镑贴水使他们利润减少，但仍然有利润可赚。如果远期英镑的贴水率 F £ = −8%，其他情况不变，CD = 10% −4% −8% = −2% <0，这时，资本会由英国流向美国。因为套利者认为，远期英镑贴水率太高，不但使他们的利润减少，而且使他们的利润为负。而英国人则愿意把英镑以即期汇率兑换成美元，以远期汇率把美元兑换成英镑，使资本由英国流到美国。

下面，再用一个例子说明抵补套利的实际情况。设套利者的本金为 1000 美元，Iuk = 10%，Ius = 4%，英镑即期汇率为 2.8∶1，英镑远期汇率为 2.73∶1。套利者年初把美元换成英镑存在英国银行，也就是 357 英镑。1 年后所得利息为 35.7 英镑。

根据当时签订合同的远期汇率，相当于 97 美元（35.7×2.73），这是套利者的毛利润，从中减去套利的机会成本 40 美元（1000×4%），套利者所得的净利润为 57 美元（97-40）。这个例子说明，套利者在买即期英镑的同时，以较高远期英镑汇率卖出英镑，避免英镑汇率大幅度下降产生的损失，在 1 年之后，即期英镑汇率为 2.4∶1，套利者仍按 2.73∶1 的汇率水平卖出英镑。

实际上，套利活动不仅使套利者赚到利润，在客观上起到了自发地调节资本流动的作用。一个国家利息率高，意味着那里的资本稀缺，急需资本。一个国家利息率较低，意味着那里资本充足。套利活动以追求利润为动机，使资本由较充足的地方流到缺乏的地方，使资本更有效地发挥了作用。通过套利活动，资本不断地流到利息率较高的国家，那里的资本不断增加，利息率会自发地下降；资本不断从利息率较低国家流出，那里的资本减少，利息率会自发地提高。套利活动最终使不同国家的利息率水平趋于相等。

第十章
理财：用今天的钱打理明天的生活

你不理财，财不理你

有一对兄弟，哥哥善于理财，成为富人，弟弟则是穷人。哥哥看弟弟很可怜，就送了弟弟一头牛，说你把牛养着，到了来年春天，我再送给你些种子，种下去，到了秋天就可以有收获。弟弟就开始悉心养牛，可是养了一段时间，觉得原来只是供自己吃，现在又要供牛吃，日子过得更加艰难了。

弟弟实在忍受不下去了，心想："我不如把牛卖了，买几只羊吧，先杀一只羊，犒劳自己，然后再让剩下的羊生羊羔繁殖。"于是，他就把牛牵到集市上卖了，买回几只羊，杀了一只，美美地吃了一段时间。可是过了一段时间，他又忍受不下去了，就又杀了一只羊，最后只剩一只羊了。他就把那只羊卖了，买了几只鸡，心想鸡吃得少，将来通过鸡蛋孵小鸡也不错。可是过了一段时间，他又忍不下去了，开始一只一只地杀鸡。

好不容易熬到了来年春天，可是只剩最后一只鸡了。他的生活也越来越艰难，实在没有办法，就把心一横，连那最后一只鸡也给杀了。哥哥来给他送种子的时候，他正在吃鸡肉、喝鸡汤。他热情地邀请哥哥入座，哥哥什么也没有说，拂袖而去。

后来，这个弟弟一直在贫困线上挣扎。

有句话叫"你不理财，财不理你"，这个故事说明了理财的重要性。理财之路并不平坦，理财需要毅力，更需要智慧。

理财的实质是牺牲眼前的消费以增加未来的消费，而人性的弱点是贪图眼前，总是被眼前利益所诱惑。理财是要付出成本的，理财所要付出的成本就是牺牲眼前的消费，收益则是未来消费的增加。牺牲眼前的消费是一笔小钱，到了将来却会得到一笔大钱。理财最简单的方法是量入为出，一个人如果每天收入20元，却花掉21元，那将是一件非常危险的事情；相反，如果他每天收入20元，却只花掉19元，他则会有1元的节余。这个道理谁都懂，但是知道是一回事，能不能身体力行又是另外一回事，很多人就是在明知这个道理的情况下破产的。

世界上不想发大财的人是没有的，问题是如何发大财。一般来说，发大财的人都经历过一个挣小钱的过程。在这个过程中，小钱不断积累，时间久了，你就有了大钱，这不但是钱财的积累，更重要的是经验、能力、社会关系等人力资本的积累，到了一定程度，你就具备了挣大钱的素质。你开始做小生意，一天赚10块钱，生意慢慢做大了，一天就会赚几万块钱。投资家沃伦·巴菲特的投资生涯是从卖报纸开始的，橡胶大王王永庆也是从小作坊开始做起的。可是许多人，就是不想经历挣小钱的过程，整天做着发财梦，直到想白了少年头，仍是两手空空。

可能不少人会有这种感觉：一到月底就觉得手头很紧，可是回头看看，发现自己虽然花了很多钱却没有买几样有价值的东西或办几件重要的事，一年下来自己没办成什么大事情，也没有存下钱来！这是为什么呢？原因是你没有给自己制定科学的理财规划，或者虽然制定了理财规划却没有坚持执行。

理财是一门高深的学问，太节省的人要学会花钱，太浪费的人要学会省钱。花钱，绝不是拿1元钱买价值1元的货这么简单。花了1元钱，却得到了价值1.2元甚至价值1.5元的货，这才叫真正会花钱。

小李善于持家，周围人很羡慕他。

这天，几个好朋友聚在一起，大家要小李介绍一下自己的经验。小李一点儿都不谦虚，说："这有什么问题？最近我刚刚发现一个既能省钱，又不影响花钱的好办法！""什么办法？"大家显得很急切，异口同声地问道。

小李说："那我就给你们举个例子吧！比如上周我在家乐福看上一条裙子，我忍住了，就把买裙子的钱省下来了。"大家不禁一片赞叹，都很钦佩她的忍功。小李又说："这周我在商场看上了一件真丝衬衫，忍住了没买，把买真丝衬衫的钱也省下来了！""这是截流理财法。"旁边一个朋友的话还没说完，小李突然间果断地说道："今天我实在忍不住了，就把不买裙子省下来的钱去买了衬衫，再用不买衬衫省下来的钱去买了裙子。"

看来，小李会持家理财只是徒有其名。理财之路不平坦，我们不仅仅需要知难而进的精神和坚忍顽强的毅力，还需要不断地学习、探索和实践，才能让自己的财富之树茁壮成长。要想增加自己的财富，必须拥有理财的智慧。

理财并不是要等到有钱了才开始，其实不论你是购物还是到银行存款、购买保险，都是在理财。简单说来，理财规划包括以下这些内容：

1. 证券投资规划

每个人总有一些储蓄，这些储蓄或者是留在手里以备不时之需的"活钱"，或者是为将来某项大额支出预备的"基金"，或者是积攒下来的纯粹的"余钱"。对于"活钱"，必须能够随时变现，否则一遇紧急情况就周转困难了；对于支出"基金"，需要在一定时期变现；对于纯粹的"余钱"，要求保值增值。这些钱如果全部存到银行，收益是比较低的，因此可以拿出一部分进行风险虽高但收益也高的证券投资。

2. 不动产投资规划

如果你还没有房子，那么你就需要计划怎么解决住的问题。租房子划算还是买房子划算？抑或是先租后买，或者先买后出租？如果打算买房子，买房时是一次付清还是按揭贷款？按揭贷款的首付比例又是多少合适？如果你已经拥有了第一套住房，你还可以考虑再购买房子以保值增值，那么你应把资产的多大比例投资到不动产上？选择什么时机买入，又选择什么时机卖出？

3. 子女教育规划

子女的教育支出是越来越多的家庭面临的大项支出，因此你必须早作打算。按照你的承受能力，子女要接受什么水平的教育？需要多少支出？在现有的支出约束下，怎样才能受到更好的教育？

4. 保险规划

风险时刻存在，你必须为自己的家庭计划好保险保障，防止一旦发生意外导致整个家庭陷入困境。拿出多少钱来购买保险？购买些什么保险？

保险实际上是一种分散风险、集中承担的社会化安排。从经济学角度看，保险是对客观存在的未来风险进行转移，把不确定损失转化为确定成本——保险费。拿意外伤害来说，我们每个人每时每刻都面临着遭受意外伤害的风险，但谁也无法确定到底会不会发生、何时发生，有时一旦发生就可能非常严重，昂贵的医疗费用甚至会使有的家庭走向崩溃的边缘。保险则由保险公司把大家组织起来，每个人缴纳保费，形成规模很大的保险基金，集中承担每个人可能发生的意外伤害损失。可见对于个人而言，保险就是在平时付出一点保费，以期在发生风险的时候获得足够补偿，不致遭受重大冲击。

保险中的可保风险仅指纯风险，就是只有发生损失的可能，而没有获利的可能。比如身体生病、财产被偷等就是纯风险。投资股票就不是纯风险，因为投资股票不仅可能亏损，也可能赚大钱。所以，保险公司是不会为股票投资上保险的。

个人理财，理性第一

旅鼠是一种普通、可爱的小动物，常年居住在北极，体形椭圆，四肢短小。旅鼠的繁殖能力极强，从春到秋均可繁殖，妊娠期20~22天，一胎可产9子，一年多胎。照此速度，每只母鼠一生可生下上千只后代。

当旅鼠的数量急剧膨胀，达到一定的密度，例如一公顷有几百只之后，奇怪的现象就出现了：这时候，几乎所有的旅鼠都变得焦躁不安起来，它们东跑西颠，吵吵嚷嚷，且停止进食，似乎是大难临头，世界末日就要到来似的。

旅鼠的数量实在太多，渐渐形成大群，开始时似乎没有什么方向和目标，到处乱窜，就像是出发之前的忙乱一样。但是后来，不知道是谁下了命令，也不知是谁带头，它们忽然朝着同一个方向，浩浩荡荡地出发了。往往是白天休整进食，晚上摸黑前进，沿途不断有旅鼠加入，而且队伍愈来愈大，常常达数百万只，逢山过山，遇水涉水，勇往直前，前赴后继，沿着一条笔直的路线奋勇前进，绝不绕道，更不停止，一直奔到大海，仍然毫无惧色，纷纷跳下去，直到被汹涌澎湃的波涛所吞没，全军覆没为止。

巴菲特将投资者盲目随大流的行为比喻为旅鼠的成群自杀行为。他的一句话指出了投资的关键所在："你不需要成为一个火箭专家，投资并非智力游戏，一个智商160的人未必能击败智商为130的人。理性才是投资中最重要的因素。"

20世纪40年代，纽约的某银行来了一位妇人，要求贷款1美元。经理回答，当然可以，不过需要她提供担保。

只见妇人从皮包里拿出一大堆票据说："这些是担保，一共50万美元。"经理看着票据说："您真的只借1美元吗？"妇人说："是的，但我希望允许提前还贷。"经理说："没问题。这是1美元,年息6%,为期1年,可以提前归还。到时,我们将票据还给你。"

虽心存疑惑,但由于妇人的贷款没有违反任何规定,经理只能按照规定为妇人办了贷款手续。当妇人在贷款合同上签了字,接过1美元转身要走时,经理忍不住问:"您担保的票据值那么多钱,为何只借1美元呢?即使您要借三四十万美元,我们也很乐意。"

妇人坦诚地说:"是这样,我必须找个保险的地方存放这些票据。但是,租个保险箱得花不少费用,放在您这儿既安全又能随时取出,一年只要6美分,划算得很。"妇人的一番话让经理恍然大悟,茅塞顿开。

这位妇人不愧是理财的高手!其实,在我们身边也有些看似平凡者,却积累了非凡的财富,其秘诀就是他们善于理财,因而比旁人获得了更多的成功。

让财富增值,就需要投资,有投资就有风险。风险是由市场的变化引起的,市场的变化就像一个陷阱,会将你投入的资金吞没。变化之中,有你对供需判断的失误,也有合作方给你设置的圈套。股票市场,一不小心就会被套牢;谈判桌上,一不小心,就会受制于人;市场竞争,一不小心就会被对手挤出市场。

美国著名经济学家萨缪尔森是麻省理工学院的教授,有一次,他想与一位同事掷硬币打赌,若出现的是他要的一面,他就赢得1000美元;若不是他要的那面,他就要付给那位同事2000美元。

这么听起来,这个打赌似乎很有利于萨缪尔森的同事。因为,倘若同事出资1000美元的话,就有一半的可能性赢得2000美元,不过也有一半的可能性输掉1000美元,可是其真实的预期收益却是500美元,也就是$50\% \times 2000 + 50\% \times (-1000) = 500$。

不过,这位同事拒绝了:"我不会跟你打赌,因为我认为1000美元的损失比2000美元的收益对我而言重要得多。可要是扔100次的话,我同意。"

对于萨缪尔森的同事来说,掷硬币打赌无疑是一项风险投资,不确定性很大,无异于赌博,任何一个理性的投资人都会拒绝的。

有人做过一个标准的掷硬币实验,结果显示,掷10次、100次与1000次所得到正面的概率都约为50%,不过掷1000次所得到正面的概率要比扔10次更加接近50%。重复多次这种相互独立而且互不相关的实验,萨缪尔森同事的风险就规避了,他就能稳定地受益。我们在投资的时候,也要像萨缪尔森的这位同事一样,要稳扎稳打,而不要抱着赌徒的心态去冒险。

因此,并不是每个人都具备投资的条件。可以说,大多数人是心有余而力不足,投资者应该具备哪些条件呢?

第一,应该审查一下家庭和个人的经济预算。如果近期要等钱用的话,最好不要投资股票,哪怕是被认为的最优股也不宜购买。因为股票即使从长期来看是好的,但两三年内股价是升是降很难说。只有在不等钱用的时候,或者即使损失了本钱,生活也不致受影响的时候,才能投资。所以,投资者应有充分的银行存款足以维持一年半载的生活以及临时急用。除了购买公债没有风险外,其他投资都有风险。

第二,不应在负债的情况下投资。应将债务先偿清,或在自己还贷能力绰绰有余时再投资。因为投资的收益没有100%保障,所以投资者不宜借贷投资。

第三，在投资前应有适当的保险，如人寿保险、医疗保险、住宅保险等。

第四，投资应从小额开始，循序渐进。投资过多是大多数投资者失败的原因之一。不把所有的鸡蛋放到一个篮子里，分散投资，使投资多元化，也是规避风险的重要手段之一。

如果没有一定的心理素质和辨别能力，随时都有可能跌入陷阱。你必须眼观六路，耳听八方，你要不断地提升你自己，才能应对突如其来的变化，才能避开风险，走上坦途。

投资组合就是由投资人或金融机构所持有的股票、债券、衍生金融产品等组成的集合，它的目的在于分散投资风险。投资者选择适合自己的投资组合，进行理性投资，以不影响个人的正常生活为前提，把实现资本保值、增值、提升个人的生活质量作为投资的最终目的。因此，个人投资首先必须使财产、人生有一定保障，无论采取什么样的投资组合模式，无论比例大小，储蓄和保险都应该是个人投资中不可或缺的组成部分。

如何才能惬意地生活

美国第一理财大师苏茜·欧曼被誉为"全球最出色，最富有激情，也是最美丽的个人理财师"，也可能是身价最高的理财师——和她共进晚餐的费用是1万美元。尽管如此，人们依然求之不得，因为从她那里获得的理财建议，带给你的财富可能远远不止1万美元。她被《今日美国》杂志称作是"个人理财的发电站"。

她原本只是一个平凡的女子，但对财富的追求改变了她的一生，也改变了很多人。这位美国个人理财权威曾经现身上海，接受了《钱周刊》的专访，对于什么是财务自由，苏茜给出了她自己的答案：

财务自由不是拥有百万、千万美元，而是感觉到自由，了解你自己和你所拥有的，知道即使明天因为生病或是公司裁员而丢了工作，你也不会有大麻烦，仍旧可以舒适地生活一段时间，不必发愁立即找工作。等你年老退休时，也许你的生活不算豪华奢侈，但你可以生活得很舒适，不会欠账，偶尔出去旅行，能自给自足。等你去世的时候，你留给家庭的财富会超过你原本拥有的。

想达到这种财务自由，首先要做的就是树立理财的意识，使已有的钱既保值又增值。现在适合个人投资理财的方式有很多种：储蓄、股票、保险、收藏、外汇、房地产等，面对如此多的理财方式，最关键的是要选择适合自己的理财方式。

1. 职业

有的人认为个人投资理财首先需要投入大量的时间，即如何将有限的生命进行合理的分配，以实现比较高的回报。你所从事的职业决定了你能够用于理财的时间和精力，而且在一定程度上也决定了你理财的信息来源是否及时充分，由此也就决定了你的理财方式的取舍。例如，如果你的职业要求你经常奔波来往于各地，甚至很少有时间能踏实地看一回报纸或电视，显然你选择涉足股市是不合适的，尽管所有的证券公司都能提供电话委托等快捷方便的服务，但你所从事的职业也必然会影响到你的投资组合。

2. 收入

投资理财,首先要有一定的经济基础,对于一般普通家庭而言就是工资收入。你的收入多少决定了你的理财力度,那些超过自身财力,"空手道"式的理财方式不是一般人能行的。所以很多理财专家常告诫人们说将收入的1/3用于储蓄,剩余1/3用于投资生财。按此算来,你的收入就决定了这最后1/3的数量,并进而决定了你的理财选择。比如,同样是选择收藏作为理财的主要方式,若资金太少而选择收藏古玩无疑会困难重重。相反,如果以较少的资金选择投资不大,但升值潜力可观的邮票、纪念币等作为收藏对象,不仅不会对当前的生活产生影响,还会获得相当的收益。

3. 年龄

年龄代表着阅历,是一种无形的资产。一个人在不同的年龄阶段需要承担的责任不同,需求不同,抱负不同,承受能力也不同,所以不同年龄阶段有不同的理财方式。对于现代人而言,知识是生存和发展的基础,在人生的每一个阶段都必须考虑将一部分资金投资于教育,以获得自身更大的发展。当然,年龄相对较大的人在这方面的投资可以少些。因为年轻人未来的路还很长,偶尔的一两次失败也不用怕,还有许多机会重来,而老年人由于生理和心理方面的原因,相对而言承受风险的能力要小一些。因此,年轻人应选择风险较大、收益也较高的投资理财组合,而老年人一般应以安全性较大、收益比较稳定的投资理财组合为佳。

4. 性格

性格决定个人的兴趣爱好以及知识面,也决定其是保守型的,还是开朗型的;是稳健型的,还是冒险型的,进而决定其适合哪种理财方式。个人理财的方式有很多种,各有其优缺点。比如,储蓄是一种传统的重要的理财方式,而国债是众多理财方式中最为稳妥的,股票的魅力在于收益大、风险也大,房地产的保值性及增值性是最为诱人的,至于保险则以将来受益而吸引人们,等等。每一种投资理财方式都不可能让所有人在各个方面得到满足,只能根据个人的性格决定。如果你是属于冒险型的,而且心理素质不错,能够做到不以股市的涨跌而喜忧,那么,你就可以将一部分资金投资于股票。相反,如果你自认为属于稳健型的,那么,储蓄、国债、保险以及收藏也许是你的最佳选择。

不把鸡蛋放在一个篮子里

组合投资有三句箴言:"不要把所有的鸡蛋放在同一个篮子里",意味着要分散风险;"不要一个篮子里只放一个鸡蛋",即组合投资并不意味着把钱过度分散,过度分散反而会降低投资收益;"把鸡蛋放在不同类型的篮子里",不同类型的篮子是指相关系数低的投资产品,例如股票基金与债券基金各买一些,这样才能发挥组合投资的优势。

"股神"巴菲特在为他的恩师,同时也是其上一代最成功的投资大师本杰明·格雷厄姆的巨著《聪明的投资者》所作的序言中写道:"要终身投资成功,不需要超高的智商、罕见的商业眼光或内线消息,需要的是作决定的健全心态架构、避免情绪侵蚀这种架构的能力。"在书中格雷厄姆也给投资者这样的忠告,即投资者应合理规划手中的投资组合。比如说50%的资金应保证25%的债券(或与债券等值的投资)和25%的股票投资,另外50%的资金可视股票和债券的价格变化而灵活分配其比重。当股票的赢利率高于债券时,投资者可多购买一些股票;当股票的赢利率低于债券时,投资者则应多购买债券。当然,格雷厄姆也特别提醒投资者,上述规则只有在股市牛市时才有效。一旦股市陷入熊市时,投资者必须当机立断卖掉手中所持有的大部分股票和债券,而仅保持25%的股票或债券。这25%的股票和债券是为了以后股市发生转向时所做的准备。

美国经济学家马科维茨1952年首次提出投资组合理论,并进行了系统、深入和卓有成效的研究。该理论包含两个重要内容:均值-方差分析方法和投资组合有效边界模型。马科维茨的真知灼见是,风险为整个投资过程的重心,一项投资计划若没有风险,困难将不存在,但利润亦相应低微。风险意味着可能发生的事较预期发生的更多!我们并不期待居住的楼宇发生火灾,但火灾可能发生,为了避免这种可能损失,只有买保险;同理,我们不希望所持的股票跌价,然而它可能下跌,因此我们不把所有资金购买一种股票,即使它看起来前景很美好。马科维茨用资本资产定价模型来解答投资者如何在风险和收益之间作出取舍,即如何建立一个风险和报酬均衡的投资组合。所谓理性投资者,是指投资者能在给定期望风险水平下对期望收益进行最大化,或者在给定期望收益水平下对期望风险进行最小化。

人们进行投资,本质上是在不确定性的收益和风险中进行选择。投资组合理论用均值-方差来刻画这两个关键因素。所谓均值,是指投资组合的期望收益率,它是单只证券的期望收益率的加权平均,权重为相应的投资比例,用均值来衡量投资组合的一般收益率。所谓方差,是指投资组合的收益率的方差。我们把收益率的标准差称为波动率,它指出了投资组合的风险。

提供最高回报率的有效投资组合的投资基金在20世纪70年代风起云涌,如雨后春笋般纷纷成立,带热了华尔街甚至全球的金融业,令基金市场成为以万亿美元计的大生意。这是建立在马科维茨投资组合理论之上的,而马科维茨也因此获得了1990年的诺贝尔经济学奖。

由于投资者类型和投资目标不同,我们选择合理投资组合时可以参考下面三种基本模式:

1. 冒险速进型投资组合

这一投资组合模式适用于那些收入颇丰、资金实力雄厚、没有后顾之忧的个人投资者。其特点是风险和收益水平都很高,投机的成分比较重。

这种组合模式呈现出一个倒金字塔形结构,各种投资在资金比例分配上大约为:储蓄、外汇、房地产等投资为50%左右。

投资者要慎重采用这种模式,在作出投资决定之前,首先要正确估计自己承受风险的能力(无论是经济能力,还是心理承受能力)。对于高薪阶层来说,家庭财富比较殷实,每月收入远远高于支出,那么,将手中的闲散资金用于进行高风险、高收益组合投资,更能见效。由于这类投资者收入较高,即使偶有损失,也容易弥补。

2.稳中求进型投资组合

这一类投资组合模式适用于中等以上收入、有较大风险承受能力、不满足于只是获取平均收益的投资者,他们与保守安全型投资者相比,更希望个人财富能迅速增长。

这种投资组合模式呈现出一种锤形组织结构。各种投资的资金分配比例大约为:储蓄、保险投资为40%左右,债券投资为20%左右,基金、股票为20%左右,其他投资为20%左右。

这一投资模式适合以下两个年龄段的人群:从结婚到35岁,这个年龄段的人精力充沛,收入增长快,即使跌倒了,也容易爬起来,很适合采用这种投资组合模式;45~50岁,这个年龄阶段的人,孩子成年了,家庭负担减轻且家庭略有储蓄,也可以采用这种模式。

3.保守安全型投资组合

这一类投资组合模式适用于收入不高,追求资金安全的投资者。保守安全型投资组合市场风险较低,投资收益十分稳定。

保守安全型的投资组合模式呈现出一个正金字塔形结构。各种投资的资金分配比例关系大约为:储蓄、保险投资为70%(储蓄占60%,保险10%)左右,债券投资为20%左右,其他投资为10%左右。保险和储蓄这两种收益平稳、风险极小的投资工具构成了稳固、坚实的塔基,即使其他方面的投资失败,也不会危及个人的正常生活,而且不能收回本金的可能性较小。

丰足不奢华,惬意不张扬

供职于北京某知名电台的方小姐是名高级翻译,今年刚满26岁,每年都有19万的不菲收入。可是在她的身上,你几乎找不到任何名牌的痕迹,即使是她钟爱的名牌也是赶上打折才买的。每天她都要去农贸市场,因为那里的蔬菜和水果会比超市里的便宜将近1/3。

王先生是北京一家世界500强企业的中方首席执行官,他每月都有不低于3万元的进账。然而,王先生有着非常独特的消费方式:首先,他排斥名车豪宅,每逢礼拜六,他都会带着女儿前往附近的大型超市采购食品和生活用品,图个便宜,并尤其关注当天的特价优惠。不光如此,王先生还是一个砍价高手,他最辉煌的"战绩"是在果品批发市场将一箱脐橙以底价拿下。

有些人非常富有,但我们从他们的身上很难发现被奢侈品包装的痕迹,相反,他们在"物有所值"的消费过程上所花的时间和心思,可能比你我还多。关键在于,他们的"吝啬"不是泼留希金式的盲目守财,而是尽量节俭不必要开支,然后尽情为"爱做的事"买单。其实,他们秉承的是时下在欧美发达国家的富人中非常流行的一种生活方式——"新吝啬主义"。

"新吝啬主义"又称为"新节俭主义",它的诞生象征着一个全新消费时代的来临。因为这群人一切以"需要"为目的购买,绝不盲目追逐品牌和附庸风雅。作为一种成熟的消费观念，它的诞生是人们消费观发展的必然结果。在商品匮乏年代，人们总认为"贵就是好""钱是衡量一切的标准"，但随着商品经济的不断发展，一部分人开始觉醒并有意识地寻找自己真正需要的东西，在这个过程中，消费观念不断与现实生活进行碰撞磨合，最终真正走向了成熟。

财富在于使用，而不在于拥有。现代创富理念是，会赚钱更需会花钱。花钱是一门学问和艺术，会花钱不同于吝啬，更不同于铺张。会花钱，花上一万是正当；不会花钱，花上一分是浪费。会花钱犹如把好钢用在刀刃上，会花钱能得到效益和回报，能为赚更多的钱开道。

对每个人而言，要在消费上理财，做到智慧消费，必须制定一份财务计划。

制定财务计划的方法有许多种，但首先你得做至少3个月的日常费用计划表，否则无论用哪种方法，你的财务计划都不会符合实际。由此看来，你对资金流向要有整体的了解，必须有足够长的时间。你还必须弄清在哪些方面可以节省开支，比如你在工作午餐上花的钱并不少，可你并没有意识到：一顿午餐花20元，对白领单身贵族来说也许算不了什么，但是如果你把1个月的午餐花费加起来，再乘以1年12个月，差不多就是7000块钱。再比如，每天抽1盒香烟，按6元钱1盒计算，全年的费用加起来就是2000多块钱。为了实现更大的目标，该放弃什么，选择什么，每个人都应该做到心里有数。

做好消费计划是门学问，细到不能再细才好，包括购物时机和地点，再配合时间性或季节性，就会省下不少开销。比如，你可以把每一段时间需要的东西列一个清单，然后一次性购买，不仅省时，而且利于理性消费。要尽量减少去商场的次数，因为货架上琳琅满目的商品很容易让你的购买欲一发不可收拾，结果便是无限量超支。

有了家庭后居家过日子也一样，若心无计划，有一分花两分，由着性子来，恐怕未到发薪之日，便已捉襟见肘，苦不堪言了。认真做好家庭预算，是一条理财良策。

那么，如何做家庭预算呢？建议采用此方法之前，最好先进行一段时间的理财体验，知晓家庭日常支出的大体流向，这样会使预算目的清晰，一目了然。

当你拿到本月的工资时，先不急于花掉，将家庭开支分类开列出来，通常的分类是：生活必需品开支、灵活性开支、兴趣开支、投资开支。此类别划分可根据自己的实际情况而定，如喜好社交者可拿出适当现金建立友谊基金，用于朋友间的礼尚往来，喜好打扮的可设"美丽开支"。

在开支类别明确后，可根据主次区别对待，按比例合理安排，由各家的实际状况决定，如：租房者，每月的租金固定扣除，则租房开支为A级（必需）；平日生活必需品开支，也为A级；而灵活性开支，如一般解决医疗、游玩、服装、交友等突发性事件的开支，则可定为B级（次必需）；兴趣开支等可定为C级（非必需）。在具体分配时，按市价扣除必需品开支或其他可明确的开支，其余则设定可承受数额，然后，按类别放入几个纸袋中，用时从中支取。另外，若家庭欲投资于住房或其他项目时，可先将投资开支于月初存入银行，最好存定期。若到月末，有的开支袋尚有余额可将其存一个活期，积累两三个月，可拿此款添置换季衣物，或其他大件必需品，也可提取一部分继续存入定期。

总之，有了财务计划，可以大大减少消费的盲目性，会使日子过得张弛有度。

事先做好计划是智慧消费的关键。没有计划，你就会像一艘漂于大海上的无帆之船，不知将漂向何方。只有事先有了计划，你才能驶向财务自由的海岸。

选择最合适的理财计划

每个人都需要独立面对和处理居住、教育、医疗、养老和保险等问题，因此每个人都需要承担起理财的责任，做到"我的钱财我做主"。理财不是简单的储蓄和节省，更需要合理的投资。事实上，理财并不简单，要求情况各不相同的人采用相同的理财规划，理财之路必定不平坦。

每个人的风险承受能力同其个体情况有关系，我们应当依据自己的收入水平制定最优的投资策略。以下我们以三种收入水平为例，作一个简单的理财规划解析。

1. 月收入5000元如何进行理财规划

张女士今年29岁，她和丈夫白先生在同一家大型企业工作，两人每月收入为5000元。结婚3年，两人有了10万元的积蓄。虽然在所居住的城市，两个人的收入已经比较不错，但是考虑到将来购房、子女教育、赡养父母等家庭开支压力较大，张女士担心家庭收入不能有效利用、科学管理。

从张女士夫妇的家庭状况来看，虽然目前他们的家庭收入不错，但是缺乏必要的保障。此外，两人的理财观念比较传统，承受风险能力较差，家庭理财要求绝对稳健，属于求稳型的理财家庭。所以，求稳的理财方式对于他们比较合适。

因此，建议张女士按照储蓄占40%、国债占30%、银行理财产品占20%、保险占10%的投资组合进行投资。在对家庭理财比例分配中，储蓄占的比重最大，这是支持家庭资产的稳妥增值；国债和银行理财产品放在中间，收益较高，也很稳妥；保险的比率虽然只有10%，但所起的保障作用非同小可。

2. 月收入3000元如何进行理财规划

小秦大学毕业两年，现在一家事业单位上班，工作稳定，目前单身，月收入3000元，没有房贷、车贷。单位提供三险一金，自己还购买了商业保险。每月剩余工资2000元，有存款10000元。小秦希望把每个月的剩余资金用于投资，想做一些风险小的投资，收益比银行存款收益高一些就可以。

小秦处于理财人生的初级阶段，但职业生涯进入了稳定发展阶段，因此理财前景广阔。具体从理财规划上来说，工作单位为小秦提供了三险一金，并且小秦本人又购买了商业性保险，正可谓是双保险，因此不用再增加任何保险产品；虽然小秦既无房贷又无车贷压力，但小秦剩余的资金却并不是很高。根据当前的物价水平，小秦的生活就不能追求高消费了；小秦没有理财经验，要求投资风险较小、收益率高于银行存款的金融理财产品，建议小秦在专业理财师的指导下选择管理时间较久的股票型基金。

但要注意两点：其一，很多人只顾着"钱生钱"，而不记得规避风险。投资是一个长期的财富积累，它不仅包括财富的升值，还包括风险的规避。其二，在建立自己的投资账户时，年轻人由于手头资金量不大，精力有限，与其亲自操作，不如通过一些基金、万能险、投连险等综合性的投资平台，采用"委托投资"的方式，这样不仅可在股票、基金、国债等大投资渠道中进行组合，还可省掉一笔手续费。

3. 月收入2000元如何进行理财规划

白明大学毕业后选择了留在省城，一来对这座生活了4年的城市有了感情，二来也希望在省城能有更多的发展机会。目前白明的月收入在2000元左右，因为初涉职场，也没有其他的奖金分红。白明希望利用有限的薪水理财，科学规划自己的生活。

如果你是单身一人，月收入在2000元，如何来支配这些钱呢？不妨借鉴下面的做法：

（1）生活费占收入的30%～40%。

生活费用是最基本的费用。在投资前，你要拿出每个月必须支付的费用，如房租、水电、通讯费、柴米油盐等，这部分约占收入的1/3。这部分费用是你生活中不可或缺的部分，满足你最基本的物质需求。所以，无论如何，这部分钱请你先从收入中抽出。

（2）储蓄占收入的10%～20%。

自己用来储蓄的部分，约占收入的10%～20%。很多人每次也都会在月初存钱，但是到了月底的时候，往往就变成了泡沫，存进去的钱大部分又取出来了，而且是不知不觉地，好像凭空消失了一样，他们总是在自己喜欢的衣饰、杂志、娱乐或朋友聚会上不加以节制。

其实，我们应该时刻提醒自己，自己的存储能保证至少3个月的基本生活。要知道，现在很多公司动辄减薪裁员，如果你一点储蓄都没有，一旦工作发生了变动，你就会非常被动。而且这3个月的收入可以成为你的"定心丸"，工作实在干得不开心了，你可以潇洒地对老板说声"拜拜"。所以，无论如何，请为自己留条退路。

（3）活动资金占收入的30%～40%。

剩下的这部分钱，约占收入的1/3，可以根据自己当时的生活目标，有所侧重地花在不同的地方。这样花起来心里有数，不会一下子把钱都花完。

除去吃、穿、住、行以及其他的消费外，再怎么节省，估计你现在的状况，一年也只有10000元的积蓄。如何让钱生钱是大家想得最多的事情，然而，收入有限，很多想法都不容易实现，建议处于这个阶段的朋友，最重要的是开源。节流只是我们生活、工作的一部分，最重要的是怎样财源滚滚、开源有道。为了实现一个新目标，你必须不断进步以求发展，这才是真正的生财之道。

当然，以上所截取的只是三种不同收入水平的人的理财规划建议。实际上，即使收入相同，但是居住城市、家庭情况、个人消费性格等其他因素的差异，其理财规划也必定是各不相同的。我们每个人应该根据自己的情况，灵活选择自己的理财规划。

第十一章
投资：在风险中淘金

股票，最热门的投资主题

1929 年，丘吉尔从财政大臣的职位上卸任后，带着自己的家人到加拿大和美国旅行。他们先到了加拿大，9 月到了美国，受到美国战时工业委员会主席、金融家巴鲁克的盛情款待。巴鲁克陪丘吉尔参观华尔街证券交易所，当时丘吉尔已有 55 岁了，却颇有激情，马上开户进场炒股。在他看来，炒股赚钱实在是小菜一碟。

丘吉尔的第一笔交易很快被套住了，这使他很丢面子。他又瞄准了一只很有希望的英国股票，心想这家伙的老底我都清楚，准能获胜。但股价偏偏不听他的指挥，一路下跌，他又被套住了。如此折腾了一天，丘吉尔做了一笔又一笔交易，陷入了一个又一个泥潭。下午收市的时候，他的账户大幅度亏损。丘吉感觉颇为丢脸，一个劲儿地向巴鲁克抱怨。

正当他绝望之际，巴鲁克递给他一本账簿，上面记载着另一个"丘吉尔"的"辉煌战绩"。原来，巴鲁克早就料到丘吉尔在政治上是个老手，其聪明睿智在股市中未必有用武之地，加之初涉股市，很可能赔了夫人又折兵。因此，他提前为丘吉尔准备好了一根救命稻草，他吩咐手下用丘吉尔的名字开了另外一个账户，丘吉尔买什么，另一个"丘吉尔"就卖什么；丘吉尔卖什么，另一个"丘吉尔"就买什么。

进行股票投资首先要对股票进行分析。股票是股份有限公司在筹集资本时向出资人发行的股份凭证，代表着其持有者（股东）对股份公司的所有权。这种所有权是一种综合权利，如参加股东大会、投票表决、参与公司的重大决策、收取股息或分享红利等。每个股东所拥有的公司所有权份额的大小，取决于其持有的股票数量占公司总股本的比重。股票一般可以通过买卖方式有偿转让，股东能通过股票转让收回其投资，但不能要求公司返还其出资。

股票在交易市场上作为交易对象，同商品一样，有自己的市场行情和市场价格。由于股票价格要受到诸如公司经营状况、供求关系、银行利率、大众心理等多种因素的影响，其波动有很大的不确定性。正是这种不确定性，有可能使股票投资者遭受损失。价格波动的不确定性越大，投资风险也越大。

股市上有句谚语："不要告诉我什么价位买，只要告诉我买卖的时机，就会赚大钱。"因此，对于股票投资者来说，选择买入时机是非常重要的。买入时机因投资时期长短、资金多少等因素有所不同，但也是有规律可循的：

（1）当坏消息如利空消息等传来时，投资者由于心理作用，股价下跌得比消息本身还厉害时，是买进的良好时机。

（2）股市下跌一段时间后，长期处于低潮阶段，但已无太大下跌之势，而成交量突然增加时，是逢低买进的佳时。

（3）股市处于盘整阶段，不少股票均有明显的高档压力点及低档支撑点可寻求，在股价不能突破支撑线时购进，在压力线价位卖出，可赚短线之利。

（4）企业投入大量资金用于扩大规模时，企业利润下降，同时项目建设中不可避免地会有问题发生，从而导致很多投资者对该股票兴趣减弱，股价下跌，这是购进这一股票的良好时机。

（5）资本密集型企业，采用了先进生产技术，生产率大大提高，从而利润大大提高的时候，是购买该上市股票的有效时机。

在确定何时买股票之前，选买点的重点是选择止损点，即在你进场之前，你必须很清楚若股票的运动和你的预期不合，你必须在何点止损离场。

股市大起大落对于短线操作既是个危机，又是个机会。只要保持清醒的头脑，盯住绩优股，抓住机会进场，确定自己的止损点，就能减少自己的投资风险而获利。一般购入某股票后，该股的支撑线或10%左右的参考点，即可设为一个止损点。如果股价上扬，则可随时将止损点往上移。

确定股票的止损点，换句话说就是，你在投资做生意时，不要老是想你要赚多少钱，首先应该清楚自己能亏得起多少。有些人以10%的数量做止损基数，即10元进的股票，以9元做止损点。有些人将止损点定在支撑线稍下。有些人定20%的止损额。还有其他各种方法。无论什么方法，你必须有个止损点，这个止损点不应超出投资额的20%，否则一切的股票操作技巧都是空的。

基金，最省心的投资方式

老黄是沈阳市的一名退休员工。在2006年和2007年时，街坊邻居都在谈论基金的事，老黄也渐渐知道了基金是一种由专家帮助理财的产品。"有这么好的事我为什么不参与呢？"于是老黄拿出了2万元钱，准备到基市里"淘"一把。

在基金经理的推荐下，老黄选择了一只业绩好、口碑好、价格也好的名牌基金，那基金果然随着2007年的大牛市一路上涨，可谓芝麻开花节节高。老黄高兴之余，后悔自己放着那么多专业的理财顾问不用，非自己瞎琢磨，看来，理财路上，自己还真只能算是个小学生呀！

在2007年的牛市中，老黄简直不敢相信计算器上显示的数字，不禁畅想未来："按照这么个涨法，过个十几年，自己也能成为百万富翁了啊！"谁知好景不长，老黄的如意算盘没打多久，美国就爆发了次贷危机，刚弄明白"次贷"是怎么回事，股市就开始一路狂泻，老黄在基金上的利润转眼缩水不少。但令老黄欣慰的是，与那些股民比起来，自己的损失还是比较小的。

为什么老黄投资基金会"大赚小赔"？因为基金是由专业的投资专家——基金经理管理，他们拥有专业化的分析研究队伍和雄厚的实力，一般采取分散投资，所以基金比股票的风险小，收益也更为稳定。

我们现在说的基金通常指证券投资基金。证券投资基金是一种利益共享、风险共担的投资于证券的集合投资理财方式，即通过发行基金单位，集中投资者的资金，由基金托管人托管（一般是信誉卓著的银行），由基金管理人（即基金管理公司）管理和运用资金，从事股票、债券等金融工具的投资。基金投资人享受证券投资的收益，也承担因投资亏损而产生的风险。我国基金暂时都是契约型基金，是一种信托投资方式。

与股票、债券、定期存款、外汇等投资工具一样，证券投资基金也为投资者提供了一种投资渠道。那么，与其他的投资工具相比，证券投资基金具有哪些特点呢？

基金将众多投资者的资金集中起来，有利于发挥资金的规模优势，降低投资成本。基金由基金管理人进行投资管理和运作，基金管理人一般拥有大量的专业投资研究人员和强大的信息网络，能够更好地对证券市场进行全方位的动态跟踪与分析。

我国《证券投资基金法》规定，基金必须以组合投资的方式进行投资运作。基金通常会购买几十种甚至上百种股票，投资者购买基金就相当于用很少的资金购买了一揽子股票，某些股票下跌造成的损失可以用其他股票上涨的赢利来弥补。因此可以充分享受到组合投资、分散风险的好处。

基金投资人共担风险，共享收益。基金投资收益在扣除由基金承担的费用后的盈余全部归基金投资者所有，并依据各投资者所持有的基金份额比例进行分配。为基金提供服务的基金托管人、基金管理人只能按规定收取一定的托管费、管理费，并不参与基金收益的分配。

基金相对于股票来说，更适合时间紧张、投资知识欠缺的中小投资者，这是由基金的特点决定的。基金具有以下特点：

（1）专家理财是基金投资的重要特色。基金管理公司配备的投资专家，一般都具有深厚的投资分析理论功底和丰富的实践经验，用科学的方法研究各种投资产品，降低了投资的风险。

（2）组合投资，分散风险。基金通过汇集众多中小投资者的资金，形成雄厚的实力，可以同时分散投资于股票、债券、现金等多种金融产品，分散了对个股集中投资的风险。

（3）方便投资，流动性强。基金最低投资量起点要求一般较低，可以满足小额投资者的需求，投资者可根据自身财力决定对基金的投资量。基金大多有较强的变现能力，使得投资者收回投资时非常便利。

投资基金，最忌讳的是你用价值投资的手段分析一只基金，却用短线手法来交易。频繁的短线交易，不过是为券商带来了丰厚的手续费。短线交易、波段操作的难度其实更大于长线投资，即使运气好，也只能挣点蝇头小利，这些投资者因为缺乏足够的定力，常常在买进几天之后就匆匆卖出，然后再去寻找另外一只基金。

如果想要获得10年10倍的收益，换一种思路或许也能做到，很多人在基金上交易，都希望每年能获得巨额收益，比如一年翻番甚至更多，但结果总是事与愿违，常见的结局是，在10年或者更短的时间内，你的本金已经所剩无几。如果适当降低你的目标，每年稳定获得30%的年收益，10年后也可以获得10倍的收益。

有一个"72法则"可以简单快速测算出你的资金翻番需要多长时间，用72除以你的预期年收益率的分子，得出的数字就是你的资金翻番需要的年数。假如你预期年收益是9%，你的资金大概在8年后会翻番；假如你的预期年收益为12%，大概需要6年的时间实现翻番。所以，在基金投资上，投资者宜放长线钓大鱼。

期货，创造价值的"买空卖空"

金融风暴使大宗商品经历了前所未有的振幅，大宗商品价格大多被拦腰抄斩，在这场空前的风暴洗礼下，期货市场上演着或喜或悲的投资故事。吴先生在期货市场泡了十多年，金融风暴这波大行情，让他的资金一下从60万元暴涨至1000万元。

吴先生专门从事农产品期货市场研究，亲自操盘投资从未间断。多年进行农产品研究，让吴先生本人坚信国家会不惜一切保护农民利益。他预测，国家一定会大量收储大豆，而且会提高收购价。2008年10月，国家收储大豆150万吨，收购价高于期货价。吴先生预测国家还会收储，还会提高收储价，他给许多朋友讲，有些朋友还不相信。

吴先生从大豆每吨3000元时开始建多头仓单，之后一直看"多"。2008年12月底，国家再次收储大豆150万吨，2009年1月，国家第三次收储大豆300万吨。大豆价格一路攀升，春节过后，吴先生平仓时已经赚了1倍多。

依据同样的判断和分析，采用同样的模式，2008年12月底，他从每吨2800元开始做多白糖，直到春节过后，白糖涨到每吨3100元时平仓，又赚了一把。

在风险和利润的战争中，期货令无数人悲喜不已。期货的含义是：交易双方不必在买卖发生的初期就交收实货，而是共同约定在未来的某个时候交收实货，因此中国人就称其为期货。一般说的期货合约，就是指由期货交易所统一制定的、规定在将来某一特定的时间和地点交割一定数量标的物的标准化合约。这个标的物，即期货合约所对应的现货，可以是某种商品，如铜或原油；也可以是某个金融工具，如外汇、债券；还可以是某个金融指标，如3个月同业拆借利率或股票指数。

为什么要这样呢？因为卖家判断他手中的商品在某个时候价格会达到最高，于是选择在那个时候卖出，获得最大利润。简单来说，期货的赚钱方法就是赚取买卖的差价。

期货交易的特点是投资量小，利润潜力大。期货投资者一般只要投入相当于期货合约值10%的保证金即可成交。这是因为他们可以先订买约再订卖约，也可以先订卖约再订买约，最后买约卖约两抵，投机者结清合约的义务，故没有必要拿出相当于某一合约的商品全部价值的资金。期货投资者拿出的保证金是为了在必要时抵偿买约和卖约的商品价格差额。

举个简单的例子：

期货投资人小林在5月份看涨豆价，于是买进一份9月份到期，成交价为每蒲式耳6元的大豆期货合约。大豆期货合约每份5000蒲式耳，买约值30000元，但小林只需付3000元的保证金就行了。

由于他判断准确，豆价在 7 月初涨至每蒲式耳 7.5 元。小林决定解单，即卖出一份成交价为每蒲式耳 7.5 元 9 月份到期的大豆期货合约。卖约值为 37500 元，扣去买约值 30000 元，获利 7500 元。小林原来 3000 元的投资翻了一番多。

由于期货合约有统一规格，买卖双方不必直接打交道，而是通过期货合约清算所成交，故一纸合约可以多次易手。要买时，买方和期货合约清算所订买约；要卖时，卖方与期货合约清算所订卖约。

假如投资者认为某一商品价格看跌，他可先订卖约，待到价格下跌时，再签订低价买约而谋利。如果他判断失误，商品价格非但没有下跌反而上涨，他就不得不签订高价买约而亏本。

因此，我们有必要了解一下期货套利有什么策略，在操作过程中是怎么进行套利的。

1. 利用股指期货合理价格进行套利

从理论上讲，只要股指期货合约实际交易价格高于或低于股指期货合约合理价格时，进行套利交易就可以赢利。但事实上，交易是需要成本的，这导致正向套利的合理价格上移，反向套利的合理价格下移，形成一个区间，在这个区间里套利不但得不到利润，反而会导致亏损，这个区间就是无套利区间。只有当期指实际交易价格高于区间上界时，正向套利才能进行；反之，当期指实际交易价格低于区间下界时，反向套利才适宜进行。

股指期货合约的合理价格我们可以表示为：$F(t,T)=s(t)+s(t)\times(r-d)\times(T-t)/365$。也就是说，涨得越高，正向套利赢利空间越大；跌得越低，反向套利赢利空间越大或越安全。

2. 利用价差进行套利

合约有效期不同的两个期货合约之间的价格差异被称为跨期价差。在任何一段时间内，理论价差的产生完全是由于两个剩余合约有效期的融资成本不同产生的。当净融资成本大于零时，期货合约的剩余有效期越长，基差值就越大，即期货价格比股指现货值高得越多。如果股指上升，两份合约的基差值就会以同样的比例增大，即价差的绝对值会变大。因此市场上存在通过卖出价差套利的机会，即卖出剩余合约有效期短的期货合约，买入剩余有效期长的期货合约。如果价格下跌，相反的推理成立。如果来自现金头寸的收入高于融资成本，期货价格将会低于股票指数值（正基差值）。如果指数上升，正基差值将会变大，那么采取相反的头寸策略将会获利。

无论商品价格上涨还是下跌，有经验的期货投资者都可以通过期货买约或卖约来谋利。期货交易是专业性强、宜由行家操作的投资。除非你已经是行家，否则切勿涉足这一高风险投资区，以免追悔莫及。由于期货买卖的损益大起大落，投资者一定要有自知之明，量力而行。

我国共有四家期货交易所，分别是上海期货交易所、郑州商品交易所、大连商品交易所和中国金融期货交易所。前面三家主要开展商品期货交易，中国金融期货交易所主要推动金融衍生产品的开发和交易。

黄金，保值增值的宝贝

由于黄金具有美丽的光泽、自然稀少及优良的物理和化学性质，为各时期人们喜爱。在可考的人类 5000 年文明史中，没有任何一种物质像黄金一样，与社会演化和社会经济缔结成如此密切的关系，成为悠久的货币载体、财富和身份的象征。因此，在人类文明演化史中，黄金具有了货币和商品两种属性，相应的，黄金的价格也由其两种属性的动态均衡确定。

与其他投资方式相比，投资黄金突显其避险保值功能，因而成为一种稳健而快捷的投资方式。为什么人们如此热衷于投资黄金呢？具体而言，投资黄金有以下三大好处：

首先，投资黄金可以保值增值，抵御通货膨胀。通货膨胀意味着货币实际购买力下降，而黄金作为一种稀缺资源，其价格也会随着货币购买力的降低而迅速上涨。有这样一个例子：100 年前，1 盎司（约 31 克）黄金可以在伦敦订制 1 套上好的西装；100 年后的今天，1 盎司黄金依然可以在伦敦订制一套上好的西装，甚至更好。当个人投资者面对 CPI 上涨给自己的财富和购买力带来威胁时，当股市处在震荡期时，黄金也许是财富最好的"避风港"。

其次，黄金的产权转移十分便利，是最好的抵押品种。房产的转让需要办理复杂的过户手续，股票的转让也要交纳佣金和印花税，而黄金转让则没有任何登记制度阻碍。假如您想给子女一笔财产，送黄金不用办理任何转让手续，比送一栋房子要方便得多。

最后，可以真正达到分散投资的目的。"不把鸡蛋放在同一个篮子里"，不是买一堆股票或者一堆基金就是分散投资了，最理想的分散投资应该是投资在互不相关的品种上，比如储蓄、股市、房地产、黄金甚至古董等等。将黄金加入自己的投资篮子可以有效分散风险，平抑投资组合的波动性，真正达到分散投资的目的。

目前市场上的黄金品种主要有：黄金的实物交易、纸黄金交易、黄金现货保证金交易、黄金期货这四种。那么究竟哪种适合自己，还要看个人的风险偏好及对黄金市场的了解程度。具体介绍如下：

1. 黄金的实物交易

顾名思义，是以实物交割为定义的交易模式，包括金条、金币。投资人以当天金价购买金条，付款后，金条归投资人所有，由投资人自行保管；金价上涨后，投资人可携带金条，到指定的收购中心卖出。

优点：黄金是身份的象征，古老传统的思想让国人对黄金有着特殊的喜好，广受个人藏金者青睐。

缺点：这种投资方式主要是大的金商或国家央行采用，作为自己的生产原料或当作国家的外汇储备。交易起来比较麻烦，存在着"易买难卖"的特性。

2. 纸黄金交易

什么叫纸黄金？说得简单一点，就相当于古代的银票！投资者在银行按当天的黄金价格购买黄金，但银行不给投资者实金，只是给投资者一张合约，投资者想卖出时，再到银行用合约兑换现金。

优点：投资较小，一般银行最低为10克起交易，交易单位为1整克，交易比较方便，省去了黄金的运输、保管、检验、鉴定等步骤。

缺点：纸黄金只可买涨，也就是说只能低买高卖，当黄金价格处于下跌状态时，投资者只能观望。投资的佣金比较高，时间比较短。

3. 黄金现货保证金交易

通俗地说，一块100块钱的石头，你只要用1块钱的保证金就能够使用它进行交易，这样如果你有100块钱，就能拥有100块100块钱的石头，如果每块石头价格上涨1块，变成101块，你把它们卖出去，这样你就纯赚100块钱。保证金交易就是利用这种杠杆原理，把资金放大，可以充分利用有限资金来以小博大。

4. 期货黄金

现货黄金交易基本上是即期交易，在成交后即交割或者在数天内交割。期货黄金交易的主要目的为套期保值，是现货交易的补充，成交后不立即交易，而由交易双方先签订合同，交付押金，在预定的日期再进行交割。

主要优点在于以少量的资金就可以掌握大量的期货，并事先转嫁合约的价格，具有杠杆作用。

黄金期货风险较大，对专业知识和大势判断的能力要求较高，投资者要在入市前做足功课，不要贸然进入。

成熟的金融市场里面有"四条腿"在走路，即货币市场、资本市场、外汇市场和黄金市场。目前，我国黄金市场由于处于初期阶段，交易量和交易范围都还很小，在全国整体金融产品里面大概只占0.2%的份额。的确，黄金作为一种世界范围的投资工具，具有全球都可以得到报价，抗通货膨胀能力强，税率相对于股票要低得多，公正公平的金价走势，产权容易转移，易于典当等比较突出的优点。选择黄金作为投资目标，将成为越来越多富裕起来的人，越来越多深陷股市泥潭的人需要思考的问题。

债券，稳中求"利"

17世纪，英国政府在议会的支持下，开始发行以国家税收为还本付息保证的政府债券，由于这种债券四周镶有金边，故而也被称作"金边债券"。当然这种债券之所以被称作金边债券，还因为这种债券的信誉度很高，老百姓基本上不用担心收不回本息。后来，金边债券泛指由中央政府发行的债券，即国债。在美国，经穆迪公司、标准普尔公司等权威资信评级机构评定为"AAA"级的最高等级债券，也被称为"金边债券"。

1997年，我国受亚洲金融危机和国内产品供大于求的影响，内需不足，经济增长放缓。我国政府适时发行了一部分建设公债，有力地拉动了经济增长。在国家面临战争等紧急状态时，通过发行公债筹措战争经费也是非常重要的手段。例如，美国在南北战争期间发行了大量的战争债券，直接促进了纽约华尔街的繁荣。

债券投资可以获取固定的利息收入，也可以在市场买卖中赚取差价，随着利率的升降，投资者如果能适时地买进卖出，就可获取较大收益。债券是政府、金融机构、工商企业等机构直接向社会借债筹措资金时,向投资者发行,并且承诺按规定利率支付利息并按约定条件偿还本金的债权债务凭证。目前,国内的债券主要包括国债、金融债券、企业债券、公司债券等数种。

在众多投资工具中,债券具有极大的吸引力,投资债券主要有以下几方面的优势:

1. 安全性高

国债是国家为经济建设筹集资金而发行的,以国家税收为保证,安全可靠。到期按面额还本,债券利率波动的幅度、速度比较和缓,与其他理财工具如股票、外汇、黄金等比较,风险最低,适合保守型的投资者。

2. 操作弹性大

对投资者来说,手中拥有债券,当利率看跌时可坐享债券价格上涨的差价;当利率上扬时,可将手上票面利率较低的债券出售,再买进最新发行、票面利率较高的债券。若利率没有变动,仍有利息收入。

3. 扩张信用的能力强

由于国债安全性高,投资者用其到银行质押贷款,其信用度远高于股票等高风险性金融资产。投资者可通过此方式,不断扩张信用,从事更大的投资。

4. 变现性高

投资者若有不时之需,可以直接进入市场进行交易,买卖自由,变现性颇高。

5. 可充作资金调度的工具

当投资者短期需要周转金时,可用附买回的方式,将债券暂时卖给交易商,取得资金。一般交易商要求的利率水准较银行低,且可立即拿到资金,不像银行的手续那么多。

6. 可作商务保证之用

投资者持有债券,必要时可充作保证金、押标金。投资者以债券当保证金,在保证期间,仍可按票面利率计算。

基于上述种种优势,许多投资者都把目光聚集到它身上,并且公认其为家庭投资理财的首选。但是,债券市场也存在着风险,虽不像股票市场那样波动频繁,但它也有自身的一些风险。

1. 违约风险

发行债券的债务人可能违背先前的约定,不按时偿还全部本息。这种风险多来自企业,由于没有实现预期的收益,拿不出足够的钱来偿还本息。

2. 利率风险

由于约定的债券票面利率不同,债券发行时通常会出现折扣或者溢价,人们在购买债券时,通常是按照债券的实际价格(折扣或者溢价)而不是债券的票面价格来出价的。有些债券可在市场上流通,所以能够选择适当时机买进卖出,获取差价。而这些债券的市场价格是不断变动着的,利率发生变动,债券的价格也会跟着发生变动。在一般情况下,利率上调,债券价格就下降;而利率下调,债券价格就上升。在有些时候,利率的变动使债券价格朝着不利的方向变动,人们卖出债券的价格比买进时的低,就会发生损失。所以在购买债券时,要考虑到未来利率水平的变化。

3. 通货膨胀风险

例如，您购买了一种 3 年期的债券，年利率是 3%，但这 3 年里每年的通货膨胀率都达到 5%，投资这种债券就很划不来。

除了上面这三种常见的风险外，债券还有其他一些风险，如赎回风险、流动性风险等。每种风险都有自己的特性，投资者要采取相应的防范措施。

那么，投资者如何购买债券呢？在我国的债券一级市场上，个人可以通过以下渠道认购债券：凭证式国债和面向银行柜台债券市场发行的记账式国债，在发行期间可到银行柜台认购；在交易所债券市场发行的记账式国债，可委托有资格的证券公司通过交易所交易系统直接认购，也可向指定的国债承销商直接认购；企业债券，可到发行公告中公布的营业网点认购；可转换债券，如上网定价发行，可通过证券交易所的证券交易系统上网申购。

在债券的二级市场上，个人可以进行债券的转让买卖，主要通过两种渠道：一是通过商业银行柜台进行记账式国债交易，二是通过交易所买卖记账式国债、上市企业债券和可转换债券。

套汇，真正以钱赚钱的投资

2005 年汇改以来，人民币一直保持升势。在人民币升值预期下，国际热钱正在源源不断地流入中国，而热钱流入的主要目的是短期套汇。仅通过套汇一项，热钱就可以获得 3%~5% 的收益。

外汇储备 2008 年一季度按每个月 100 亿美元的涨幅增长。外资疯狂涌入中国的原因有两个：首先是利差，其次是对人民币升值的预期，因为人民币兑美元升值比较快，在美国经济进一步衰退的背景下，这个预期更强烈。2008 年一季度人民币兑美元汇率升值幅度达 4.17%，为 1994 年中国外汇市场建立以来截至当时人民币升值幅度最大的一个季度。由于外界预期人民币升值的幅度和速度都比较快，因此，短期资本进来的速度也在不断加快。根据权威部门的分析，套利和套汇可让热钱收益至少超过 10%。

套汇是一种外汇投资方式，是利用不同市场的对冲价格，通过买入或卖出信用工具，同时在相应市场中买入相同金额但方向相反的头寸，以便从细微价格差额中获利。利用不同的外汇市场，不同的货币种类，不同的交割时间以及一些货币汇率和利率上的差异，进行从低价一方买进，高价一方卖出，从中赚取利润的外汇买卖。

套汇一般可以分为地点套汇、时间套汇和套利三种形式。

地点套汇又分两种，第一种是直接套汇，又称为两地套汇，是利用在两个不同的外汇市场上某种货币汇率发生的差异，同时在两地市场贱买贵卖，从而赚取汇率的差额利润。第二种是间接套汇，是在三个或三个以上地方发生汇率差异时，利用同一种货币在同一时间内进行贱买贵卖，从中赚取差额利润。

时间套汇又称为调期交易，它是一种即期买卖和远期买卖相结合的交易方式，是以保值为目的的。一般是在两个资金所有人之间同时进行即期与远期两笔交易，从而避免因汇率变动而引起的风险。

套利又称利息套汇，是利用两个国家外汇市场的利率差异，把短期资金从低利率市场调到高利率市场，从而赚取利息收入。举例来说，1美金可以买到0.7英镑，1英镑可以买到9.5法郎，而1法郎则可以买到0.16美金。一个实行这种交易的人可以靠着1美金而得到1.064元美金，获利率是6.4%。

近年来，套汇也成为很多中小投资者除股票基金以外的投资渠道。套汇交易具有三大特点：一是大商业银行是最大的套汇业务投机者；二是套汇买卖的数额一般较大，套汇利润相应颇丰；三是套汇业务都利用电汇方式。这三个特点构成了套汇的魅力所在，令许多人趋之若鹜。

谁在影响我们从外汇投资中获利？其实在交易中有五大因素会造成我们的本金和利润的损失，要达到投资获利的目标，我们必须战胜这五大因素：

1. 外汇市场本身

外汇市场本身是不会被任何人精确预测的。投资者将绝大多数时间和精力花在预测市场未来趋势上是错误的，是得不偿失的。对付外汇市场，投资者只需要掌握一些最基本的规律，然后跟踪市场的基本趋势就可以了。

2. 投资者本身

大多数投资者在关注投资环节时往往将自己忽略了，其实自己本身才是最重要的。因为做出交易决策、实施交易行为的是投资者本身，研究外汇市场、关心其他人士的也是投资者本身；造成盈亏结果的是投资者本身；承担盈亏结果的也是投资者本身。

3. 其他人士

在当今的信息社会里，无人可以隔离于众人之外，也就不可避免地要受到生活中其他人士的影响，这些影响有好有坏，让人难以分辨。美国有一个成功的投资者住在远离尘世的高山上，每年只交易几次，每次都能赚到大钱；美国第二大富翁巴菲特住在奥马哈，同样远离金融中心华尔街。但这样聪明又坚定的投资者毕竟还是少数。

4. 投资决策

英明的、深思熟虑的投资决策将我们的投资引向胜利的终点，但愚蠢的、冲动的投资决策则将我们的投资引向亏损和失败。在这个环节，投资决策会受到前面三大因素的影响，由投资者最终做出决定。

5. 交易行为

按常理，交易行为由投资决策环节决定，在此阶段只需照此执行就可以了。但事实上，实际的交易行为往往独立于投资决策，而被投资者以各种各样的理由肆意篡改。控制这一环节要付出的努力，远比之前的任何环节都多。

外汇市场瞬息万变，面临着诸多难以预测的因素，我们又该如何进行外汇理财产品的投资呢？

投资者不能忽视外汇理财产品中的汇率风险，这一点对于手持人民币的投资者们来说尤其重要。短期之内，美元的强势仍将持续一段时间，但是对于中长期内美元和其他货币的走势，则更多地要依赖于金融海啸的后续发展。现在各银行推出的外汇结构性存款，有固定收益的，还有浮动收益的。对于比较保守的投资者来说，固定收益的外汇理财产品是不错的选择，收益稳定且比同期存款利率高而且风险小；浮动收益产品则适合能够承受高风险、期待高收益的投资者，同时，这类浮动收益产品结构也较固定收益产品复杂，所以需要投资者对金融市场和金融产品有所了解，对国际经济走势有一定的判断。

此外，投资者必须看清"收益率"。浮动收益产品的收益率下限很低甚至为零，但这些浮动收益产品的上限都十分高，以此来吸引投资者，但需提醒投资者的是，这类很吸引眼球的高收益率背后隐藏着很大的风险，其所谓的最佳收益率和预期收益率并不等于实际收益率，因为这些最佳收益率和预期收益率是要达到一定条件才能实现的，也就是说参照的汇率、利率、黄金价格或指数等要达到协议所规定的水平。

在产品期限的选择上，短期限的、灵活的外汇理财产品是当仁不让的选择，汇率风险进一步加大，诸多因素并非投资者可以控制和驾驭的，缩短外汇理财产品的投资期限，同时注重产品中提前赎回机制的设置，是险中求胜的明智选择。

汇率市场的波动充满了未知数，投资者在进行外汇投资时，一定要注意汇率风险。

第十二章
社会福利：从摇篮到摇椅的幸福护照

一元钱帮助千万人

2008年5月29日，中国红十字会李连杰壹基金创始人李连杰在亚洲协会第18届企业年会上发表慈善演讲，呼吁全人类关注受灾群众和困难群体，只要人人都献出爱心，世界就会变得更美好。

"我梦想着搭建一个平台，可以将整个人类的爱心都显示在这个平台上。很简单的一个想法，每个人每个月1块钱，或者每个人每个月的1个小时。如果我们有一个平台是专业的、透明的、可持续性的，如果人类有几百万人，甚至上千万人在这个平台上发自内心地给一点点捐助，1块钱不少，100万不多，加在一起，我们可以改变这个地球。我会用我的生命，用我的一切去承担，创立这种平台。"李连杰说。

李连杰表示，2008年他不接拍新的电影，集中精力做好慈善工作。"壹基金已为四川地震灾区筹到7000万元（到现在）。这就像一颗炸弹，如果我们不能科学地、理性地、有序地把这个钱用在灾区，它随时会爆炸。"李连杰强调，壹基金不是一个演艺人个人的行动，是整个团队的行动，是NGO组织的行动。

明星做慈善，具有天然的号召力。近年来，李连杰、成龙、李亚鹏等站出来设立慈善基金，通过自己的努力和号召力帮助社会中的弱势群体，提高社会福利。

根据性质不同，慈善基金会分为两种形式：公募和非公募，企业的慈善基金会形式属于后者，即基金会没有向社会筹集捐款的权利。

在慈善基金发展成熟的欧洲、美洲国家，流行着一种等号说法："企业家＝慈善家"。在4年前，美国企业和个人的慈善基金为社会提供的资助额度已经达到290亿美元，是现在中国的整整60倍。

近年来，一些企业家纷纷站出来做慈善，曹德旺、陈光标等就是其中比较有代表性的人物。

百元大钞以10万元扎成一捆、垒成13行犹如"钱山"、四名"金盾护卫"荷枪实弹保卫，2010年1月14日上午在中国工商银行江苏分行大厅，中国"首善"陈光标说，眼前这笔现金，是从中国127名企业家和个人那里组织来的捐款，他们共组织了4316万元现金，想在春节前把这笔钱装入8万个红包，送到新疆、西藏、云南、贵州、四川等地区特困户手中。

以往都是以个人捐赠突出公众视线的陈光标，这回却没有"独善其身"，首次大规模发动中国企业家、个人捐款。陈光标说，这次捐的最多的是中萌世纪厦门投资有限公司董事长郑朋，捐600万元，捐的最少的是南京一位孤寡老人，十几块钱。他自己捐了200万元。

在现场，来自中国各地的20名企业家将现金分成1000元、2000元不等，装入红包，做上标记。春节前，参加活动的127人将分成5个小组，按照当地民政、教育部门提供的困难群众名单，分别前往新疆、西藏、云南、贵州、四川，将8万个红包送到当地特困户手中。

已累计捐赠10亿元、成为中国捐赠数额最大企业家的陈光标，还通报了2009年公司超500万元的捐赠明细，"请大家给我一点掌声，慈善需要掌声，而且我的捐款肯定全部到位，媒体可以监督"。

高调慈善、发放现金已是陈光标的一贯作风。"我不怕被指'作秀'，我就是要把这个'秀'做大，希望更多的人跟我学'作秀'，带动更多的爱心人士加入其中，回报社会。"他说。2009年7月16日，中国"首善"陈光标今天在接受"中华慈善突出贡献人物奖"时发出倡议，希望富人每年拿出20%的财富扶贫：百万富翁年捐20万元、资助100户人；千万富翁年捐200万、资助1000户人；亿万富翁年捐2000万、资助10000户人。

慈善基金一直被西方企业津津乐道的好处不光只是"免税"，还被西方企业家称为品牌的"软性广告"。在国外，每一个企业家都有一个观念：企业品牌不仅是企业财产，更是社会公共财产，从更大的范围上说，品牌甚至会成为一个城市、省份、国家或者一个时代的象征。所以很多国外企业家十分乐意投入慈善基金，塑造"公益品牌"，使企业的特色品牌体现公益价值，提升亲和力，吸引消费者。再者对于企业内部，慈善基金会通过员工之间义务募捐，创造活动经费，帮助困难职工，增加全体员工的合作性、互动性，有利于创造和谐、愉快的企业道德文化。

2009年10月19日，《中国经济周刊》从可靠消息源获悉，新华都实业集团董事长陈发树将以个人出资的形式成立"新华都慈善基金"，资金形式全部为流通股股票，市值约为80亿元人民币，占到陈发树个人所持有股份的90%左右。我国的慈善事业也日渐发展起来，我们相信，随着社会的发展，越来越多的企业和越来越多的公众会主动承担起社会责任，把中国的慈善事业做好做大，帮助那些需要帮助的人。

瑞士人为什么如此"懒惰"

福利首先是同人的生活幸福相联系的概念。在英语里，"福利"是welfare，它是由well和fare两个词合成的，意思是"好的生活"。但是，什么是"好的生活"却是一个仁者见仁，智者见智的问题。它既可以指物质生活的安全、富裕和快乐，也可以是精神上、道德上的一种状态。社会福利是指国家依法为所有公民普遍提供旨在保证一定生活水平和尽可能提高生活质量的资金和服务的社会保障制度。

福利国家是资本主义国家通过创办并资助社会公共事业，实行和完善一套社会的福利政策和制度，对社会经济生活进行干预，以调节和缓和社会矛盾，保证社会秩序和经济生活正常运行。第二次世界大战以后，随着世界经济的不断发展和繁荣，生产的社会化程度进一步提高，特别是产业结构的大调整，引发了人们社会观念的大变革，使社会保险在世界较大的范围内实现了向国家化、全民化和福利化方向的转变。为达到更广泛的社会平等和更大程度的经济平等的目标，1948年英国宣布第一个建成了福利国家。此后，瑞典、荷兰、挪威、法国、意大利等国也纷纷参照执行了英国的全面福利计划，使社会保险制度在世界范围内得到空前发展。到1993年，实行社会保险制度的国家已达到163个。

高福利必然伴随着高税收。法国是一个高福利国家，也是一个高税收国家，税收分别占财政收入的90%和国内生产总值的50%左右。在个人所得税上，以家庭为纳税单位，具体征税对象的收入标准根据家庭人口数目，按照累进税率征税。凡家庭或主要居住地在法国、在法国从事主要职业活动或在法国获得主要经济收入者，不论是否拥有法国国籍，均需按收入（包括在法国境外的收入）申报个人所得税。

到过瑞士的人都会对瑞士的湖光山色以及居民的悠闲自在羡慕不已。有人说，瑞士人放着大钱不挣，只追求生活质量。由于比较完善的社会福利制度，瑞士人上至政府官员下到黎民百姓，生活都是悠然舒适。瑞士人早已过了忙忙碌碌创造财富的阶段。

瑞士的社会福利制度相当完善，瑞士人一旦参加工作，雇主就必须为其建立社会保险账户，未雨绸缪，为他储蓄养老金。虽然近年来全球经济的不景气波及瑞士，但是这并不影响瑞士人将"休息，是最重要的权利"作为座右铭。瑞士是极为重视劳工福利的国家，作息时间均制度化，员工每年除一般假日外，尚享有四至六周的带薪休假（长短视年龄而不以年资而定），每年年底并加发第13个月薪为年终奖金（试用期间按规定亦应依照比例发给）。此外，雇主必须依规定负担员工第一及第二退休保险费以及失业保险费、子女补助费、工作意外保险费、保险公司行政手续费等费用的半数（合计约为员工月薪毛额的13%至15%），故员工每个子女可由各邦政府发给100至260瑞郎不等（各邦所规定的数额不同）的子女补助费。

……

长期以来，瑞士的教育、医疗和养老等一直都是由政府出资，而且大部分住房和保险也都是免费的。有资料显示，2006年瑞士领取社会救济的比例为33‰，即有14万多人领取了社会救济，近25万人获得了社会援助。在领取社会救济金的人群中，儿童、青少年以及不足25岁的年轻人所占比例较高。在接受社会援助的人群中大约有44%持外国国籍，其中54.4%没有受过职业培训。

但是后来由于欧洲经济陷入困境，以英国为代表的部分国家开始转向自由市场经济，不断改革全民福利制度，在大部分国企私有化的同时，削减福利开支。近年来，西方许多国家纷纷采取措施，削减社会福利。

北欧国家的社会福利制度持续发展了很多年，到今天已经形成一套非常完善的制度和机制。这种独具特色的高福利制度，为他们的国民提供了"从摇篮到坟墓"的保障：免费的教育、高额的医疗补贴、完善的就业保障体系等。可以毫不夸张地说，这些国家的居民从生到死在经济上都可以高枕无忧。也正因如此，在20世纪90年代的经济危机出现后,"北欧模式"曾广遭诟病。

按照主流经济学的逻辑,"高福利养懒汉",这似乎是基于"不变的人性"得出的"铁律"。经济学家认为,高福利必定会增长人们的惰性,不利于激发国民的劳动积极性和创新动力;高福利靠高税收支撑,而高税收必定不利于国民经济私营部门的发展。

但是,历来以高福利、高税收著称,曾经"北欧病"缠身的北欧国家却在21世纪初始拔世界竞争力较量的头筹。2004年10月13日,芬兰再次被达沃斯世界经济论坛评选为"世界上最有竞争力的经济体",这已经是芬兰连续三年获此殊荣。而同时,瑞典获得第三、丹麦第五、挪威第六、冰岛第十。换句话说,北欧五国都居于世界最具竞争力国家的前10位。

带薪休假去旅游

带薪年休假,是指劳动者连续工作一年以上,就可以享受一定时间的带薪年假。2007年12月7日中国国务院第198次常务会议通过《职工带薪年休假条例》,自2008年1月1日起施行。从此,职工带薪年休假就有了法律保障。带薪休假已经成为现代社会的一个热点问题。

企业福利就是企业给员工提供的用以改善其本人和家庭生活质量的,以非货币工资或延期支付形式为主的各种补充性报酬和服务。比如企业给员工提供的防暑降温用品、班车、免费旅游服务、福利房等。企业福利成为知名企业抢夺人才的重要法宝。在美国,企业福利在员工收入中的比例高达40.2%。

一般来说,企业福利由法定福利和企业自主福利两部分组成。法定福利是国家通过立法强制实施的对员工的福利保护政策,主要包括社会保险和法定假期。企业自主福利,即企业为满足职工的生活和工作需要,自主建立的,在工资收入和法定福利之外,向雇员本人及其家属提供的一系列福利项目,包括企业补充性保险(如企业年金)、货币津贴、实物和服务等形式。

对于企业来说,各种企业福利项目在具有一定社会功能的同时,也成为企业吸引人才、留住人才的主要激励方式。包括带薪休假在内的企业福利已经成为当今员工对企业的期待。现金和员工福利都是留住员工的有效手段,但是两者特点不同。尽管看得见、拿得着的现金可以对人才产生快速的冲击力,短时间内消除了员工福利的差异化要求,但其非持久性的缺点往往会使其他企业可以用更高的薪水将人挖走,尤其对于资金实力不足的中小企业而言,如果仅仅依靠现金留人,将很难避免人才大流失的灾难。而具有延期支付性质的员工福利,不但可以避免财力匮乏的尴尬,还可以很好地维系住人才,成为减缓企业劳动力流动的"金手铐"。

对于员工来说,医疗保险、养老保险、工伤保险等法定企业福利项目,可以使员工生病得到医治、年老能有依靠、遭受工伤后获得赔偿等,从生理上满足员工的需要。而更多企业自主福利却可以满足员工在情感上的需要。例如企业提供的带薪休假福利,能够更好地缓解员工的工作压力,让他们有更多时间陪伴家人,从而满足人们在感情、亲情方面的需要；企业举办的各种集体出游活动、公司宴会活动可以使员工在工作之外有更多的接触机会，增进员工之间的了解，融洽公司内部成员间的同事关系，也有助于人们获得情感上的满足。这些都可以让员工感觉到企业和自己不仅仅是一种单纯的经济契约关系，而是带有了某种程度的类似家庭关系的感情成分，这无疑改善了员工的工作境遇。

在坚持货币工资仍然占员工收入较大比例的情况下，大多数企业都想方设法地根据本行业、本企业以及员工的需要来设计执行多种多样的福利项目，各种不同类型的福利项目多达1000多种。在我国改革开放初期，许多外资企业到中国开展经营的时候采取的是高工资、无住房的报酬政策，但是后来它们渐渐地发现，尽管公司支付的货币工资很高，但是在没有住房的情况下，优秀员工的流动率非常高，因此这些公司后来纷纷建立了自己的住房资助计划。

不过，需要指出的是，从经济学的角度来看，在总的报酬成本一定的情况下，企业的福利和工资之间是一种相互替代的关系，因此两种报酬形式都存在所谓的边际收益递减的问题，所以企业的福利与工资之间的比例应当保持在一个合理的限度上，否则，即使是在一个市场经济中的产权明晰企业中，也会导致"福利病"的出现。福利过高可能产生的问题包括：容易淹没企业的货币工资水平，导致对人才的吸引和保留不利。在大多数情况下，员工对于福利的消费方式几乎没有什么选择余地，因此福利成分过大，实际上会降低相同的总报酬对于劳动者的实际效用水平。福利大多采取平均主义的发放方式，容易导致平均化问题的出现，从而弱化工资的激励作用。在某种程度上说，福利水平过高往往会把一些不喜欢承担风险的人留在企业中，而这些人的生产率往往比那些愿意承担风险的员工要低。

每个老人都会老有所养

巴东县金果坪乡福利院内几名老人围坐在火炉旁取暖，老人们头上悬挂着焦黄的熏腊肉。据福利院院长李传和介绍，福利院种有蔬菜，保证老人每餐有鲜菜吃；院里办起了养猪场，保证老人餐餐有肉吃；为了迎合老人的口味，还建起炕房专门为老人熏制腊肉。此外，该院的老人一日三餐，餐餐有食谱，生活过得有滋有味。

这是在我国偏远农村地区对一些五保户老人实行的集中养老，也是当前我们农村老年人的福利体现。2007年5月23日，国家民政部在北京发布了《2006年民政事业发展统计报告》。截至2006年底，全国65岁及以上人口达到10419万人，有老年维权组织7.4万个，老年学校37176所，各类老年福利机构38097个，床位153.5万张，老龄事业健康发展，为构建和谐社会作出了积极贡献。

从某种程度上说，我们现在的老年福利制度还只是补缺型福利，只是针对一部分老年人和特殊老年群体。《关于加强老年人优待工作的意见》要求，贫困老年人要按规定纳入城乡社会救助体系。《城市居民最低生活保障条例》规定，城市"三无"老人均可按当地城市居民最低生活保障标准，全额享受低保救助。目前，全国所有城市贫困老人均已纳入低保救助范围，实现了"应保尽保"，一些地方还对鳏寡老人、贫困老年人给予重点救助，将其享受的低保金在当地规定标准的基础上上浮20%左右，到2007年底全国2272.1万城市低保对象中有60岁以上老年人口298.4万人，占13.13%多。2003年民政部门将农村贫困老年人口列为农村特困户救济的重点，各地在制定特殊困难群体救助政策和办法时，普遍对其给予了照顾；2007年底农村低保制度在全国普遍建立，全国3566.3万农村低保对象中有60岁以上老年人口1017.8万人，约占28.54%。城乡贫困老年人口的基本生活得到了有效保障。

老年人的福利问题已经是一个非常严重的社会问题。既有我国老年人人口规模庞大的原因，也有老年福利的标准逐步提高的原因。

中国有句老话叫"老有所养"，而在老龄化如此严重的当下，这个词却成了一个沉甸甸的社会课题。截至2008年底，北京市老年人口总数已突破254万人，占到人口总数的15%，且老龄化趋势越来越明显。

1990年10月，我国正式进入老龄社会。目前，全国60岁以上老年人口已达1.6亿，并以每年800万到900万的速度增长。据预测，到2020年，我国老年人口总数将达2.48亿人，老龄化水平将达到17%；2050年将达到4.37亿人，约占总人口的30%，达到老龄化的峰值。与发达国家相比，我国老龄化社会不仅来得快、势头猛，而且老年人口规模大、高龄老人比例高，老龄化带来的社会问题将更加突出。

2009年1月12日，北京市民政局等联合下发了《关于加快养老服务机构发展的意见》，提出了养老服务以"全面关怀、重点照顾"为理念，努力实现"9064"养老服务新模式。即到2020年，90%的老年人在社会化服务协助下居家养老，6%通过政府购买社区照顾服务养老，4%入住养老院集中养老。

《意见》还就养老服务机构扶持政策作出规定：市级政府投资的养老院建设由市发改委立项批准实施；区县级的由区县政府制定规划，市、区县两级政府按照1∶1比例投入建设资金。对经民政部门批准、社会力量投资兴办的新建、扩建或改建的养老院，经评审优选，由市政府固定资产投资按照不同标准给予一次性建设资金支持，同时提高社会兴办及公办民营养老院的运营补贴标准。规定征地拆迁费由承建项目开发公司负担；基本建设费主要由区县政府承担，市级公益金按照30%比例予以资助。政府投资建设的保障型养老院及具有示范作用的普通型养老院，经审核确认后采取划拨方式供地，其他类型的按土地有偿方式供地。

北京市将逐步建成集中照料与社区居家互为补充的养老服务体系，推动老年福利服务由补缺型向适度普惠型转变，逐步惠及所有的老年人群体。

40多年的改革开放提高了全社会的物质文化生活水平，大大改善了国民福利。我国的老年福利政策也随之不断改革和完善，老年福利事业发生了重大的历史性变化。老年人享受的社会福利总量显著增加，福利补贴的数量和福利项目的种类不断增加，福利设施的布局愈趋合理，覆盖范围不断从特定老年群体扩大到全体老年人。

从此不再怕看病

江西上栗县东源乡民主村李武元逢人就说:"咱农民看病也报销,农村合作医疗真是好,这得感谢党的政策好。"

原来,李武元的爱人因得风湿性心脏病几度危及生命,多次转院,经湖南湘雅医院手术治疗后恢复健康,却用去医药费4万余元,高额的费用已使他们的家庭经济陷入困境。正当李武元夫妻一筹莫展的时候,县农医局人员风尘仆仆来到了这个十分偏僻的村庄,详细地询问病情及目前治疗情况后,亲手把一万元医疗补偿金送到他们手中。李武元接过厚厚的一沓补偿金,捧在胸前哽咽着声音说:"想不到只出10元钱就能得到这么多的补偿金,感谢政府处处为老百姓着想,感谢政府又为我们农民办了一件大好事。"说完,激动得不禁流下了热泪。

新型农村合作医疗是由我国农民自己创造的互助共济的医疗保障制度,在保障农民获得基本卫生服务、缓解农民因病致贫和因病返贫方面发挥了重要作用。

它为世界各国,特别是发展中国家所普遍存在的问题提供了一个解决范例,不仅在国内受到农民群众的欢迎,而且在国际上也得到了好评。

合作医疗在将近50年的发展历程中,先后经历了20世纪40年代的萌芽阶段、50年代的初创阶段、60—70年代的发展与鼎盛阶段、80年代的解体阶段和90年代以来的恢复和发展阶段。面对传统合作医疗中遇到的问题,卫生部组织专家与地方卫生机构进行了一系列的专题研究,为建立新型农村合作医疗打下了坚实的理论基础。在1974年5月召开的第27届世界卫生大会上,第三世界国家对合作医疗制度普遍表示出极大兴趣。联合国妇女儿童基金会在1980—1981年年报中指出,中国的"赤脚医生"制度在落后的农村地区提供了初级护理,为不发达国家提高医疗卫生水平提供了样本。世界银行和世界卫生组织把我国农村的合作医疗称为"发展中国家解决卫生经费的唯一典范"。

新型农村合作医疗制度从2003年起在全国部分县(市)试点,到2010年逐步实现基本覆盖全国农村居民。

2002年北京市只有两个区县开展了新农合试点工作。到2004年底,北京市13个涉农区县全部铺开了新农合工作,在实现以区县为单位100%覆盖的基础上,实现了100%的村覆盖。

北京市13个涉农区县从2007年开始统一人均筹资标准,即2007年220元,2008年320元,2009年420元,2010年520元。在每年增加的100元中,政府投资为主的格局基本形成。2009年北京市新型农村合作医疗共筹资11.9亿元,其中市、区(县)、镇(乡)三级政府筹资占筹资总额的85.7%。

2006年,享受新型农村合作医疗补偿的仅为19.8万人次,到2008年,增加到27.4万人次,截至2009年第三季度,补偿人次突破30.6万。住院补偿受益面由2004年的2.9%扩大到2008年的6.1%,2009年预计为8%以上。

2004年住院补偿率仅为29%,到2008年提高到48.4%,2009年达到50%以上,这就意味着农民每花100元的住院费能拿回50元补偿,门诊补偿也由2004年的6%增加到2009年前三季度的32%。新农合保障水平的提高,极大地减轻了农民医疗费用负担。

随着国家、省、县财政对参合农民配套资金的增加，全国各县对新农合制度实施办法进行了修订，拓宽了新农合药品目录，增加补偿范围，大幅度提高了补偿比例，提高了乡镇医疗机构补偿比例达到了80%，使参合农民住院诊疗人次不断增加，补偿率明显提高，受益面不断扩大，参合农民真正得到了实惠。

新型农村合作医疗的性质由"互助共济"逐步转变为政府主导的农村居民基本医疗保障；新型农村合作医疗的统筹模式由侧重大病统筹为主逐步向住院与门诊医疗费用统筹兼顾过渡；新型农村合作医疗制度设计定位由侧重减缓"因病致贫、因病返贫"的进程向进一步扩大参合农民医疗补偿受益面过渡。

安得广厦千万间

"民以食为先，家以居为先。"住房，是生活的一项基本需求，住房问题是中国老百姓普遍关心的一个话题。但是，对大多数中低收入群体来说，买开发商提供的商品房实在是生活中的一大负担，房价节节攀高，要想在大城市买房更是黄粱美梦，不少人甚至沦为"房奴"。商品性住房作为一种商品，就不可能把"保障性"作为它的主要作用。保障性住房正是为了弥补这一缺陷而产生的，它覆盖了商品性住房市场中的空白，即为那些购买不起商品房的低收入家庭和贫困家庭给以各种住房保障，属于政府公共福利。

作为保障性住房，不能像商品房那样可以在市场上随意购买，它是一种政府为中低收入住房困难家庭所提供的限定标准、限定价格或租金的住房，由廉租住房、经济适用住房和政策性租赁住房构成。

首先，我们来了解一下经济适用房。经济适用住房是以中低收入家庭为对象、具有社会保障性质的商品住宅，具有经济性和适用性的特点。经济性是指住宅价格比商品房市场价格低，适应中低收入家庭的承受能力；适用性是指在住房设计及其建筑标准上强调住房的使用效果。其低价格是通过土地划拨供应、免除有关税费、规定开发商的利润上限等来实现。

经济适用房政策的实施，对启动内需、平抑房价以及完善住房供应体系均发挥了显著的作用，并受到中低收入者的普遍欢迎。但经济适用房在现阶段也暴露出一些问题，如经济适用房规模过大、销售对象界定不清、区位选择上的局限以及经济适用房面积过大、标准过高，使得经济适用住房政策并未真正惠及中低收入阶层，同时又加重了政府负担。

此外，为建立和完善多层次的住房供应体系，解决城镇最低收入家庭的住房问题，建设部分别于1999年4月22日颁布了《城镇廉租住房管理办法》和2003年11月15日颁布了《城镇最低收入家庭住房管理办法》，向最低收入群体提供租金低廉的廉租住房。廉租住房由于其保障的范围较小，在执行过程中总的情况比较好。

但现今廉租住房还存在着一些问题，最主要的是廉租房适用对象范围过窄。关于廉租房的适用对象，目前只局限于具有"非农业长住户口的最低收入家庭和其他需保障的特殊家庭"。从现实情况看，有三类群体未纳入廉租住房政策的适用对象中：收入处于平均收入水平以下、最低收入水平以上的家庭，进城务工的农民工，单亲家庭以及日益增多的老龄群体中的空巢家庭。这些群体既买不起商品房，又不符合廉租住房的申请标准，被称为"夹心层"。

政策性租赁住房即政府为解决这类人群的住房问题而采取的措施。政策性租赁住房主要是通过政府投资建设新房的方式进行。政策性租赁房的租金，按照房屋成本进行测算，通常为成本价再加上适当的管理费，就是成本租金的价格。

2010年，北京市保障性住房所占比例将有所提高。列席2010年"两会"的北京市国土局局长魏成林接受采访时表示，新建小区中保障性住房的配套比例将由过去的15%提高至30%。

魏成林表示，近几年，北京的房价增长速度成为各界关注的焦点，特别是一些低收入家庭更是"望房兴叹"。以前北京市新建小区中配套的保障性住房比例一直都在15%左右，"从今年起，将提高新建小区中配套保障性住房的比例，使这一比例提高至30%，实现翻倍。"

此次提高保障性住房的比例，魏成林表示，主要是为了保障北京市中低端收入人群的利益。而比例提高后，也会对房价起到一些综合调剂的作用。

而对于2010年房价的走势，魏成林称，住房作为商品，价格肯定会有涨有落，只要在合理的范围内涨跌就都算正常。

虽然现在房价一路走高，民众购房压力越来越大，但了解了政府保障性住房的相关政策，合理选择，还是能实现"居者有其屋"的美好愿望的。

社会保障体系

曾在广东务工8年的四川农民工肖军带着被解职的怨气说："我们没日没夜地干活，为老板赚钱，但金融危机一来，老板就让我们滚蛋，在这样的工作环境中，我们怎么能找到'家'的感觉？"肖军是因金融危机而失业回乡的农民工之一，一说起这样的经历，就感觉特别委屈。

曾与妻子双双在广东东莞一家工厂务工的四川省金堂县人罗世彬，自国际金融危机爆发被工厂辞退回到老家后就再也没想过回到东莞，尽管他们现在还没有找到一份满意的工作。"在那边打工，什么保障也没有。"他对记者说，"我在广东务工的地方是一个只有十几个人的小厂，在这个厂工作了2年多，一直都是每个月1200元左右，没加过薪、没拿过任何补贴或福利。经济稍不景气，就让我们走人。走的时候，我们真的很伤心。"

这其实是我们社会的一个尴尬，只要企业经济不景气，员工就要被逼着辞职。出现这种问题的原因在于，我们没有完善的社会保障体系。

在金融危机到来之际，2009年春节期间的农民工返乡潮，曾让西部地区大费了一番周折，想了很多办法让这些农民工就近就业和参加技术培训。2008年底，四川巴中市南江县就多次组织县就业局、建设局、农业局、扶贫开发办和一些技术学校，采取集中培训与送课下乡相结合的办法，对 3000 多名缺乏技能的返乡农民工进行木工、砖工、电焊工等专业技术培训。后又根据返乡农民工的从业特点、行业分布、劳动技能等状况，以"自愿、对口、就近"的原则，将 1 万多名具有相当技能的返乡农民工安置到城乡住房、基础设施等灾后恢复重建工程中就业。

这只是一个权宜之计，我们更需要建立一个覆盖全体国民的社会保障体系，只有所有国民都在这张网中，社会才能稳步、有序、健康的发展。

社会保障体系是指社会保障各个有机构成部分系统的相互联系、相辅相成的总体。完善的社会保障体系是社会主义市场经济体制的重要支柱，关系改革、发展、稳定的全局。我国的社会保障体系，包括社会保险、社会福利、社会救助、社会优抚四个方面。这几项社会保障是相互联系，相辅相成的。社会保障体系是社会的"安全网"，它对社会稳定、社会发展有着重要的意义。

社会保险：社会保险在社会保障体系中居于核心地位，它是社会保障体系的重要组成部分，是实现社会保障的基本纲领。一是社会保险目的是保障被给付者的基本生活需要，属于基本性的社会保障；二是社会保险的对象是法定范围内的社会劳动者；三是社会保险的基本特征是补偿劳动者的收入损失；四是社会保险的资金主要来源于用人单位（雇主）、劳动者（雇员）依法缴费及国家资助和社会募集。

社会福利：社会福利是社会保障的最高层次，是实现社会保障的最高纲领和目标。它的目的是增进群众福利，改善国民的物质文化生活，它把社会保障推上最高阶段；社会福利基金的重要来源是国家和社会群体。

社会救助：社会救助属于社会保障体系的最低层次，是实现社会保障的最低纲领和目标。一是社会救助的目的是保障被救助者的最低生活需要；二是社会救助的对象主要是失业者、遭遇不幸者；三是社会救助的基本特征是扶贫；四是社会救助的基金来源主要是国家及社会群体。

社会优抚：社会优抚安置是社会保障的特殊构成部分，属于特殊阶层的社会保障，是实现社会保障的特殊纲领。社会优抚安置目的是优待和抚恤；社会优抚的对象是军人及其家属；社会优抚的基本特征是对军人及其家属的优待；社会优抚的基金来源是国家财政拨款。

社会保障是社会安定的重要保证。要以社会保险、社会救助、社会福利为基础，以基本养老、基本医疗、最低生活保障制度为重点，以慈善事业、商业保险为补充，加快完善社会保障体系。促进企业、机关、事业单位基本养老保险制度改革，探索建立农村养老保险制度。全面推进城镇职工基本医疗保险、城镇居民基本医疗保险、新型农村合作医疗制度建设。

完善的社会保障体系，历来被称为人民生活的"安全网"、社会运行的"稳定器"和收入分配的"调节器"，是维护社会稳定和国家长治久安的重要保障。加快建立覆盖城乡居民的社会保障体系，推动和谐社会建设和经济社会又好又快发展是现阶段的重要任务。

第十三章
收入分配：你是否已达到了小康

做大蛋糕与均分蛋糕有矛盾吗

印度《百喻经》中有这样一个故事：古印度有一个贵族得了重病，将不久于人世。他临终前告诫两个儿子："我死之后，要合理分配财物。"两个儿子听从了父亲的教导，在父亲死后，将所有遗产分成两份，但是兄弟二人互相指责分得并不均匀。于是，一个老人给他们出主意说："我教你们分财产，一定是平等的。将所有的物品全部破为两半，就是将衣服、盘子、瓶子、盆、缸从中破为两半，铜钱也从中破为两半，每人各取一半。"如果完全按照数量上的平等来分，就会出现"二子分财"这样的笑话。人们对于公平的理解应该脱离"绝对公平"的桎梏，世界上没有绝对的公平，公平永远是相对的。我们反对那种小生产者的绝对平均主义的平等观，提倡多劳多得。这就涉及公平与效率的问题。

我们有必要首先认识一下什么是公平和效率。公平指人与人的利益关系及利益关系的原则、制度、做法、行为等都合乎社会发展的需要。公平是一个历史范畴，不存在永恒的公平。不同的社会，人们对公平的观念是不同的。效率就是人们在实践活动中的产出与投入的比值，或者叫效益与成本的比值。比值大，效率就高，也就是效率与产出或者收益的大小成正比，而与成本或投入成反比。也就是说，如果想提高效率，必须降低成本投入，提高效益或产出。

效率和公平是经济学中绕不过去的话题。有人认为是对立的，有人认为是一致的。该如何处理公平与效率的关系呢？

1.效率原则

效率优先，对于企业来说，在竞争中，在同一市场条件下，效率是决定企业生存和发展的关键，所以应以效率为先，企业要根据市场需求制定切实可行的发展战略，在企业内部，要尽可能降低成本，提高产品质量。充分挖掘人力资源，调动员工的积极性，从而提高效率。企业的效率高，才能在激烈的市场竞争中处于优势。要发展经济，必须追求效率。

2.公平原则

公平已经受到越来越多人的关注。由于种种原因，社会上存在着弱势群体，对这些弱势群体，政府应当注重公平，通过种种措施，如向高收入者征收个人所得税，把这部分资金转移给弱势群体，如发放失业救济金，帮助下岗职工再就业，帮助失学儿童重返课堂。只有这样，才能使这部分人得到应有的帮助，获得应有的教育机会和参加职位竞争的机会，才能挖掘这部分人的潜力，避免人力资源的浪费，提高效率。

很多人认为，要强调公平，就要牺牲效率；而要强调效率，就难免付出丧失公平的代价。

其实，在公平与效率之间，既不能只强调效率而忽视了公平，也不能因为公平而不要效率，应该寻求一个公平与效率的最佳契合点，实现效率，促进公平。

公平促进效率，有利于效率的实现，效率为公平的实现提供了物质基础，二者是一致的。反对那种小生产者的绝对平均主义的平等观，提倡多劳多得。但要兼顾公平，国家通过各种办法，用政策加以调节，倾斜于弱势群体，给其平等的机会参与竞争，参与国家的经济建设。

把精力放在提高居民收入上

近年来，个人收入的多少被看作身份的象征，于是出现了各种类型的收入排行榜。不管是哪种排行榜，也无论在排行榜中位居第几，能在榜上留名的人物，他们的个人收入都非常可观。

个人收入作为一项经济指标，是指个人从各种途径所获得的收入的总和。个人收入反映的是个人的实际购买水平，预示了消费者未来对于商品、服务等需求的变化。个人收入指标可以用于预测个人的消费能力，是对未来消费者的购买动向及评估经济情况好坏的一个有效指标。

总体说来，个人收入提升总比下降要好，个人收入提升代表经济景气，下降当然是经济放缓、衰退的征兆，对货币汇率走势的影响不言而喻。如果个人收入上升过急，央行担心通货膨胀，就会考虑加息，加息当然会对货币汇率产生强势的效应。

对于大多数人来说，其个人收入主要由两部分组成，一是工资总额，二是工资外收入。关于工资总额很好理解，就是单位在一定时期内直接支付给本单位全部职工的报酬总额，包括计时工资、计件工资、奖金津贴、补贴、加班工资等。工资外收入则是指职工在工资总额以外在本单位内或单位外获得的现金或实物，主要包括保险性福利费用、财产性收入、转移性收入等。

个人收入主要反映了居民的收入情况。随着全国经济运行质量的提高，人们的个人收入水平也得到了较大幅度的增长。在个人收入的分配与再分配过程中，"个人可支配收入"比单纯的个人收入更有价值，因为它代表每个人可用于消费支出或用来储蓄的货币金额。个人可支配收入指个人收入扣除向政府缴纳的个人所得税、遗产税和赠予税、不动产税、人头税、汽车使用税以及交给政府的非商业性费用等以后的余额。

国家统计局于2009年7月27日公布2009年上半年的居民收入情况，全国城镇居民人均可支配收入实际增长11.2%，全国农村居民人均现金收入实际增长8.1%。调查资料显示，上半年城镇居民人均可支配收入8856元人民币，农村居民人均现金收入2733元。

但是有些人认为国家统计局公布的居民收入与他们自身的真实收入相比，存在着偏差。其实，制约公众工资增长和消费感觉的，不单是收入和消费的绝对增长幅度，还有住房、养老、医疗、教育、保险等公共产品的供给与保障。

我们的个人收入是在不断增长的，这一点毋庸置疑。在个人收入不断增长的同时，我国的 GDP 也在不断攀升，只是近些年来个人收入的增长幅度多数年份低于 GDP 的增长，居民最终对 GDP 的分享逐年减少，因此，居民个人收入与 GDP 之间的差距越拉越大。应该把更多的精力放在提高居民收入上，让更多人能从 GDP 的增长中分得一杯羹。

尽力减少贫富差距

在经济学中有一个社会现象：富者更富，穷者更穷。用经济学术语来说，这就是收入分配中的"马太效应"。在国民收入分配领域，马太效应进一步显现出贫者越贫、富者越富的状态，这种情况对经济的协调发展和社会的和谐进步产生了一定影响。因此，用以测量贫富差异程度的基尼系数应运而生。

基尼系数是意大利经济学家基尼于 1912 年提出的，定量测定收入分配的差异程度，是国际上用来综合考察居民内部收入分配差异状况的一个重要分析指标。

基尼系数的经济含义是：在全部居民收入中，用于进行不平均分配的那部分收入占总收入的百分比。基尼系数最大为"1"，最小等于"0"。前者表示居民之间的收入分配绝对不平均，即 100% 的收入被一个单位的人全部占有了；而后者则表示居民之间的收入分配绝对平均，即人与人之间收入完全平等，没有任何差异。但这两种情况都只是在理论上的绝对化形式，在实际生活中一般不会出现。因此，基尼系数的实际数值只能介于 0 到 1 之间。

为了研究国民收入在国民之间的分配问题，美国统计学家洛伦兹 1907 年提出了著名的洛伦兹曲线。它先将一国人口按收入由低到高排队，然后考虑收入最低的任意百分比人口所得到的收入百分比。将这样的人口累计百分比和收入累计百分比的对应关系描绘在图形上，即得到洛伦兹曲线。

如图所示，横轴 OH 表示人口（按收入由低到高分组）的累积百分比，纵轴 OM 表示收入的累积百分比，弧线 OL 为洛伦兹曲线。

一般来讲，洛伦兹曲线反映了收入分配的不平等程度。弯曲程度越大，收入分配越不平等，反之亦然。特别是，如果所有收入都集中在一人手中，而其余人口均一无所获时，收入分配达到完全不平等，洛伦兹曲线成为折线 OHL。另一方面，若任一人口百分比均等于其收入百分比，从而人口累计百分比等于收入累计百分比，则收入分配是完全平等的，洛伦兹曲线成为通过原点的 45 度线 OL。

一般来说，一个国家的收入分配，既不是完

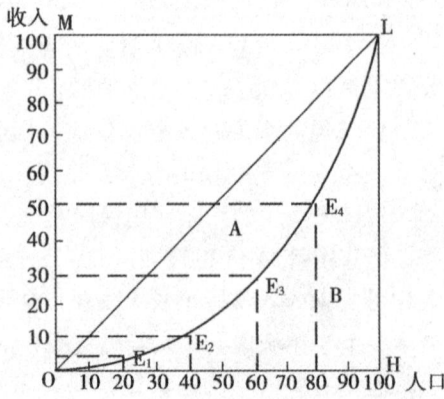

全不平等，也不是完全平等，而是介于两者之间。相应的洛伦兹曲线，既不是折线 OHL，也不是 45 度线 OL，而是像图中这样向横轴突出的弧线 OL，只是突出的程度有所不同。

洛伦兹曲线与 45 度线之间的部分 A 叫作"不平等面积"，当收入分配达到完全不平等时，洛伦兹曲线成为折线 OHL，OHL 与 45 度线之间的面积 A+B 叫作"完全不平等面积"。不平等面积与完全不平等面积之比，就是基尼系数。用公式表达即 G=A/（A+B）。显然，基尼系数不会大于 1，也不会小于零。

目前，国际上用来分析和反映居民收入分配差距的方法和指标很多。基尼系数由于给出了反映居民之间贫富差异程度的数量界线，可以较客观、直观地反映和监测居民之间的贫富差距，预报、预警和防止居民之间出现贫富两极分化，因此得到世界各国的广泛认同和普遍采用。

国际上通常把 0.4 作为收入分配差距的"警戒线"。一般发达国家的基尼系数在 0.24~0.36 之间，美国偏高，为 0.4。2007 年，中国的基尼系数达到了 0.48，已超过了 0.4 的警戒线。

将基尼系数 0.4 作为监控贫富差距的警戒线，应该说，是对许多国家实践经验的一种抽象与概括，具有一定的普遍意义。但是，各国、各地区的具体情况千差万别，居民的承受能力及社会价值观念都不尽相同，所以这种数量界限只能用作宏观调控的参照系，而不能成为禁锢和教条。

老百姓的幸福是可以衡量的

有一个穷人，他和妻子、几个孩子共同生活在一间小木屋里，屋里整天吵闹不休，他感到家里就像地狱一般。于是他便去找智者求救。智者说，只要你答应按我说的去做，就一定能改变你的境况。你回家去，把奶牛、山羊和那些鸡都放到屋里，与人一起生活。穷人听了，简直不敢相信自己的耳朵，但他事先答应要按智者的话去做，只好先去试一试再说。

情况自然是更加糟糕，穷人在痛苦不堪中过了两天。

第三天穷人又来找智者。他痛不欲生，哭诉着说，那只山羊撕碎了我房间里的一切东西，鸡飞得到处都是，它们让我的生活如同噩梦，人和牲畜怎么能住在一起呢？智者说，赶快回家，把它们全都弄出屋去。

过了半天，穷人又找到智者。他是一路跑来的，满脸红光，兴奋难抑。他拉住智者的手说，谢谢你，我现在觉得我的家就是天堂了！穷人把寻求幸福的方法寄托在智者身上，但智者并没有让穷人的处境有任何改观，只是让他经受了一段时间更严重的痛苦后，感受到了幸福的存在。事实上，一个人的生活幸福与否，从来没有一个恒定的标准，在更多的情况下，幸福是一个人在现实生活中的感受，是与先前的生活，与周围人的生活的一种比较。

美国经济学家保罗·萨缪尔森提出了一个关于幸福的公式：

幸福 = 效用 / 欲望

简单地说,幸福就是效用和欲望的比较。效用是人消费某一种物品时得到的满足程度,欲望则是对某一种物品效用的强烈需要。比如金钱能够给人带来效用,每个人都有发财的强烈欲望,当一个人赚到了钱后,他就有一种幸福感。根据这个公式,如果两个人的财富欲望水平相同,都是10万元,那么赚了5万元的人就比赚了2万元的人幸福。但是如果赚5万元的人的欲望是10万,赚2万元的人的欲望是2万,那么赚了2万元的人虽比赚了5万元的人穷,却比赚了5万元的人幸福。如果欲望超过了效用,幸福感就会消失。

现代经济学认为,财富仅仅是给人带来幸福的因素之一,人们是否幸福,很大程度上还取决于许多和财富无关的因素,如感情、健康、精神等。一些社会学家和经济学家通过大量的调查研究,发现美国人拥有的财富比欧洲人多,但是美国人的幸福指数并不比欧洲人高。

一般来说,人往往是越缺少什么,什么就越能够给他带来幸福。重病中的人恢复健康,游子回到母亲的怀抱,其幸福的感觉是无法比拟的。人的欲望是无穷的,一个欲望满足了,又会产生新的欲望。比如你原来是租房住的,当你住进自己房子的愿望得到满足后,你就会非常幸福。但是这种幸福也许持续不了多久,新的欲望就产生了,比如买车、住更好的房子等,这时又会感到不幸福了。

幸福感和与周围人的比较有关。比如你虽然买了一套自己的房子,和以前租房住相比是有了很大的改观,但是你的朋友住的都是别墅,所以房子给你带来的效用仍然很小,你的欲望满足的程度很小,所以你幸福的指数也小。但是如果你住的是别墅,而你的同事朋友住的都是楼房,你就会感到非常幸福。所以我们常会用"比上不足,比下有余""知足常乐"来安慰自己。

幸福指数是老百姓的个人主观感受,对政府而言,理应发展经济水平,提升人民生活质量,使老百姓真正感受到幸福。经济发展不是目的,而是手段。

为政之道,以民为本;治国之道,必先富民。从古至今,历来重民生者得民心,得民心者得天下。政府应该切实保障和改善民生,要始终坚持发展为了人民、发展依靠人民、发展成果由人民群众共享。加快发展是保障和改善民生的重要基础,离开发展谈改善民生,无疑是空中楼阁。如果发展的成果不能为广大人民群众共享,同样会脱离群众,甚至失去民心。检验和衡量发展得好不好的最根本标准,是看人民的富裕程度、幸福指数。

公共财政：国家的钱要怎么花

认识政府的钱袋子

自2000年以来，我国农村税费改革，实行"三取消、两调整、一改革"政策。"三取消"即取消统筹费、农村教育集资等专门面向农民征收的行政事业性收费的政府性基金、集资，取消屠宰税，取消农村劳动积累工和义务工；"两调整"即调整农业税政策，调整农业特产税政策；"一改革"即改革村提留征收使用办法。随着上述农村税费改革政策的实行，农民负担显著下降。从2004年开始，我国农村税费改革进入新阶段，实行了"三取消"的政策，即取消烟叶以外的农业特产税，取消农业税，取消牧业税。

对财政困难县乡政府，增加县乡税收，对省市级政府增加对财政困难县乡财力性转移支付的给予奖励，对县乡政府精简机构和人员给予奖励，对产粮大县给予财政奖励，对以前缓解县乡财政困难工作做得好的地区给予补助。2005年中央财政实行上述政策的财力投入共约150亿元，2006年投入210亿元，这对缓解县乡基层财政困难起到了积极的作用。

以上这些就是国家财政。国家财政是指国家为了维持其存在和实现其社会管理职能，凭借政权的力量参与国民收入分配的活动。

在旧中国的历史上，中国财政一向是以贫弱的姿态出现在世界面前的。清政府历次割地赔款使中国财政收入的主要来源——海关被外国人所把持，民不聊生，通货膨胀情况严重。

伴随着1949年新中国的成立，新中国财政也在极其困难的经济环境中、在战争的废墟中建立起来。如果将1949年与抗日战争前比较，农业产值降低了二成以上，工业产值降低了一半以上；上万公里的铁路线路和3200多座桥梁遭到严重破坏，津浦、京汉、粤汉、陇海和浙赣等主要干线，几乎没有一条可以全线通车；通货膨胀与庞大的投资资本，加剧了物价的波动和物资的匮乏。这一切使新中国的财政面临极其困难的局面，国家财政收入远不能满足财政支出的需要，1949年财政收入只有303亿斤小米，赤字达264亿斤小米。

到1952年，在三年经济恢复时期，新中国财政总收入为361.07亿元，总支出为362.19亿元。基本建设支出为86.21亿元，占三年财政总支出的23.8%；经济建设投资、文教卫生科学事业投资以及社会救济等投资，占三年财政总支出的40.5%。这些投资巩固和扩大了国有经济在国民经济中的领导地位，也扩大了国有经济向国家提供财政收入的比重。1950年国有经济向国家提供了21.75亿元的财政收入，占财政总收入的35%；1951年提供了59.74亿元，占财政总收入的47.8%；1952年增加到101.01亿元，占财政总收入的58.1%。国有经济上缴国家财政收入的比重增加，进一步巩固了国家的财政基础。

国家财政一般具有三个职能：

1. 资源配置职能。由于市场调控存在失灵的缺陷，市场自发形成的配置不可能实现最优的效率状态，因而需要政府介入和干预。财政的配置职能是由政府介入或干预所产生的，它的特点和作用是通过本身的收支活动为政府提供公共物品、提供经费和资金，引导资源的配置，弥补市场的失灵和缺陷，最终实现全社会资源配置的最优效率状态。财政配置的机制和手段有：根据政府经济职能确定财政收入占GDP的合理比例，从而实现资源配置总体效率；优化财政支出结构，保证重点支出，压缩一般支出，提高资源配置的结构效率；合理安排政府投资的规模和结构，保证国家的重点建设；通过政府投资、税收政策和财政补贴等手段，带动和促进民间投资、吸引外资和对外贸易，提高经济增长率；提高财政资源配置本身的效率。

2. 收入分配职能。在市场经济条件下，由于各经济主体或个人所提供的生产要素不同、资源的稀缺程度不同，以及受各种非竞争因素的干扰，各经济主体所获得的收入会出现较大的差距，甚至同要素及劳动投入不相对称，而过分的悬殊将涉及社会公平问题。因此财政的收入分配职能主要是确定显示公平分配的标准和财政调节收入分配的特殊机制和手段。财政实现收入分配职能的机制和主要手段有：划清市场分配与财政分配的界限和范围；规范工资制度；加强税收调节；通过转移性支出，如社会保障支出、救济金、补贴等，使每个社会成员得以维持起码的生活水平和福利水平。

3. 经济稳定与发展职能。经济稳定包含充分就业、物价稳定和收支平衡等多重含义。发展是通过物质生产的不断增长来全面满足人们不断增长的基本需要。财政实现稳定和发展职能的机制和主要手段有：经济稳定的目标集中体现为社会总供给和社会总需求的大体平衡；在财政实践中，可以通过一种制度性安排，发挥某种"自动"稳定作用；政府通过投资补贴和税收等多方面安排，加快公共设施的发展，消除经济增长的瓶颈，并支持第三产业的兴起，加快产业结构的转换，保证国民经济稳定与调整发展的最优结合。

政府的钱应该怎么花

第二次世界大战以后，为了提升欧洲国家的政治和经济地位，欧盟决定实行统一货币——欧元。欧元是自罗马帝国以来欧洲货币改革最为重大的结果。

欧元的推出不仅使欧洲单一市场得以完善，欧元区国家间自由贸易也更加方便，成为欧盟一体化进程的重要组成部分。当然，欧元的推出，需要相应的财政政策做支撑。欧盟早在推出欧元之前的1991年12月就通过了《欧洲经济和货币联盟条约》(又称《马约》)，要求加入欧元区的国家政府财政赤字不能超过GDP的3%，政府债务余额不能超过GDP的60%。2003年，时任德国财政部副部长的麦考·威瑟到中国访问时曾表示："这两个数字不是变魔术变出来的,也不能说有什么科学的演算方法,这两个数字是长期讨论的结果。"经过与有关国家的讨论和磋商,欧盟最后才决定采用3%和60%这两个财政趋同标准。

为什么欧盟国家要采用一定的财政政策以支持欧元？因为财政政策可以调节货币总需求。金融学中关于财政政策的明确含义是国家根据一定时期政治、经济、社会发展的任务而规定的财政工作的指导原则,如增加政府支出,可以刺激总需求,从而增加国民收入；反之则压抑总需求,从而减少国民收入。税收对国民收入是一种收缩性力量,因此,增加政府税收,可以抑制总需求从而减少国民收入；反之,则刺激总需求增加国民收入。

财政政策的手段主要有以下几种：

(1)国家预算。主要通过预算收支规模及平衡状态的确定、收支结构的安排和调整以实现财政政策目标。

(2)税收。主要通过税种、税率来确定和保证国家财政收入,调节社会经济的分配关系,以满足国家履行政治经济职能的财力需要,促进经济稳定协调发展和社会的公平分配。

(3)财政投资。通过国家预算拨款和引导预算外资金的流向、流量,以实现巩固和壮大经济基础,调节产业结构的目的。

(4)财政补贴。它是国家根据经济发展规律的客观要求和一定时期的政策需要,通过财政转移的形式直接或间接地对农民、企业、职工和城镇居民实行财政补助,以达到经济稳定协调发展和社会安定的目的。

(5)财政信用。是国家按照有偿原则,筹集和使用财政资金的一种再分配手段,包括在国内发行公债和专项债券,在国外发行政府债券,向外国政府或国际金融组织借款,以及对预算内资金实行周转有偿使用等形式。

(6)财政立法和执法。是国家通过立法形式对财政政策予以法律认定,并对各种违反财政法规的行为(如违反税法的偷税抗税行为等),诉诸司法机关,按照法律条文的规定予以审理和制裁,以保证财政政策目标的实现。

(7)财政监察。是实现财政政策目标的重要行政手段。即国家通过财政部门对国有企业事业单位、国家机关团体及其工作人员执行财政政策和财政纪律的情况进行检查和监督。

不同时期采用不同的财政政策。根据经济建设的任务和世界经济环境的变化,在不同时期,我们国家也采取相应的财政政策：

1993—1997年间,为应对经济过热和通货膨胀,实施了适度从紧的财政政策,并与适度从紧的货币政策相配合,促使国民经济成功地实现了"软着陆",形成"高增长、低通胀"的良好局面。

1998年,由于受到亚洲金融危机的影响,我国国内出现了有效需求不足和通货紧缩趋势明显的问题。在这种情况下,我国政府果断决定实施积极的财政政策,不仅有效抵御了亚洲金融危机的冲击,而且推动了经济结构调整和持续快速增长。

2004年以来，我国经济开始走出通货紧缩的阴影，呈现出加速发展的态势，但是出现了部分行业和地区投资增长过快等问题，通胀压力不断加大。在这种情况下，从2005年起，我国之前采取的积极的财政政策转向稳健的财政政策。

2008年金融危机以前，我国宏观调控的重要任务是促进经济平稳较快发展，防止经济增长由偏快转向过热，防止物价由结构性增长转变为明显的通货膨胀。同时，着力优化经济结构和提高经济增长质量。因此，我们的财政政策采取"有保有压"，实行稳健的财政政策，控制财政支出，从而促进经济协调健康发展。

金融危机发生后，为了应对国际金融危机，保持经济平稳较快发展，从2008年11月起，对财政政策作出重大调整，实行积极的财政政策。这是1998年亚洲经济危机后，我国再次转向实施积极的财政政策。

每年一度的财务规划

政府预算是按法定程序编制、审查和批准的国家年度财政收支计划，它是国家为实现其职能而有计划地筹集和分配财政资金的主要工具，是国家的基本财政计划。国家预算由中央预算和地方预算组成，中央预算占主导地位。

财政预算制度最早出现于英国，在14—15世纪，新兴资产阶级的力量逐步壮大，他们充分利用议会同封建统治者争夺财政支配权。他们要求政府的各项收支必须事先作计划，经议会审查通过后才能执行，财政资金的使用要受议会监督，以此限制封建君主的财政权。

美国直到1800年才规定财政部要向国会报告财政收支，但这时的财政收支报告只是一个汇总的情况而已。1865年美国南北战争后，国会成立了一个拨款委员会，主管财政收支问题。1908—1909年，美国联邦财政收支连续出现赤字，促使美国政府考虑建立联邦预算制度。第一次世界大战后，美国国会在1921年通过了《预算审计法案》，正式规定总统每年要向国会提出预算报告。

政府的财政预算主要有以下功能：

（1）反映政府部门活动或工作状况。财政预算反映了政府部门计划开支项目和资金的拟用情况。

（2）监督政府部门收支运作情况。财政预算坚持量入为出的原则，要求国家财政在收支上保持平衡。

（3）控制政府部门支出。通过预算，可以规范政府行为，避免无计划性、盲目性投入。

政府的财政预算遵循以下原则：

（1）年度原则。是指政府必须按照法定的预算年度编制国家预算，这一预算要反映全年的财政收支活动，同时不允许将不属于本年度财政收支的内容列入本年度的国家预算之中。任何一个政府预算的编制和实现，都有时间上的界定。

预算年度是指预算收支起讫的有效期限，通常为一年。目前世界各国普遍采用的预算年度有两种：一是历年制预算年度，即从每年1月1日起至同年12月31日止，我国即实行历年制预算年度；二是跨年制预算年度，即从每年某月某日开始至次年某月某日止，中间历经12个月，但跨越了两个年度，如美国的预算年度是从每年的10月1日开始，到次年的9月30日止。

（2）公开原则。政府预算反映政府活动的范围、方向和政策，与全体公民的切身利益息息相关，因此政府预算及其执行情况必须采取一定的形式公之于众，让人民了解财政收支状况，并置于人民的监督之下。

（3）可靠原则。每一收支项目的数字指标必须运用科学的方法，依据充分确实的资料，总结出规律性，进行计算，不能任意编造。

（4）法律原则。政府预算与一般财政经济计划不同，它必须经过规定的合法程序，最终成为一项法律性文件。政府预算的法律性是指政府预算的成立和执行结果都要经过立法机关审查批准。政府预算按照一定的立法程序审批之后，就形成反映国家集中性财政资金来源规模、去向用途的法律性规范。

（5）统一原则。尽管各级政府都设有该级财政部门，也有相应的预算，但这些预算都是政府预算的组成部分，所有的地方政府预算连同中央政府预算共同组成统一的政府预算。这就要求有统一的预算科目，每个科目都要严格按统一的口径、程序计算和填列。

政府也会入不敷出

2004年，福布斯公布了一项名单——谁是20世纪美国最优秀的总统？在美国前总统里根去世后，这一原本没有定论的问题又再次成为美国人争论的焦点。最后被美国公众认为最会搞经济的克林顿荣居榜首。

克林顿为何被评为20世纪最优秀的美国总统？原因是，美国政府一向以财政赤字而闻名，而克林顿时代赤字却转为盈余。

在克林顿入主白宫的8年时间里（1993—2001），美国国内生产总值（GDP）的增长非常强劲，年均涨幅高达3.5%，高于吉米·卡特和里根两人在任时的水平，只稍逊于肯尼迪和约翰逊时美国经济腾飞时的表现。而且在他的任期内，美国就业形势一片大好，新增加的就业机会远远多于除卡特之外的任何一位二战后的美国总统。此外，克林顿也很会抓住时机，他在美国人均收入涨幅停滞多年，刚刚出现上升势头的时候适时决定增税，结果使联邦政府的收入出现了大规模的盈余。最终，克林顿凭借自己手下一个最小规模的政府机构，实现了自约翰逊总统时期以来美国GDP最强劲的涨幅，也使美国政府自杜鲁门总统以来，首次真正地出现了财政盈余的局面。

但小布什上台后，适逢经济衰退，又对外连续用兵，导致再次出现高额赤字。巨大的财政赤字引发贸易赤字，美国成为世界上双赤字最为严重的国家。

财政赤字即预算赤字，一国政府在每一财政年度开始之初，总会制订一个当年的财政预算方案，若实际执行结果收入大于支出，为财政盈余，支出大于收入，即为财政赤字。理论上说，财政收支平衡是财政的最佳情况，在现实中就是财政收支相抵或略有结余。如果国家财政出现入不敷出的局面，那么这种支出差额在进行会计处理时，就需用红字书写，这也是"赤字"的由来。赤字的出现有两种情况：一是有意安排，被称为"赤字财政"或"赤字预算"，它属于财政政策的一种；另一种情况，即预算并没有设计赤字，但执行到最后却出现了赤字，也就是"财政赤字"或"预算赤字"。

在现实中，很多经济处于上升状态的国家都需要大量的财富解决大批的问题，经常会出现入不敷出的局面，因此赤字财政不可避免。在居民消费不足的情况下，政府通常的做法就是加大政府投资，以拉动经济的增长，但是长期的财政赤字会给国民经济造成很大负担，不是长久之计。一般来说，以下几种手段可以控制财政赤字。

第一，动用历年结余。

动用历年结余就是使用以前年度财政收大于支形成的结余来弥补财政赤字。财政出现结余，说明一部分财政收入没有形成现实的购买力。在我国，由于实行银行代理金库制，因此，这部分结余从银行账户上看，表现为财政存款的增加。当动用财政结余时，就表现为银行存款的减少。因此，只要结余是真实的，动用结余是不会产生政府财政向银行透支的问题的。但是，财政结余已构成银行的信贷资金的一项来源，随着生产的发展而用于信贷支出。政府财政动用结余，就意味着信贷资金来源的减少，如果银行的准备金不足，又不能及时通过适当收缩信用规模来保证财政提款，就有可能导致信用膨胀和通货膨胀。因此，政府财政动用上年结余，必须协调好与银行的关系，搞好财政资金与信贷资金的平衡。

第二，增加税收。

增加税收包括开增新税、扩大税基和提高税率。但它具有相当的局限性，并不是弥补财政赤字稳定可靠的方法。首先，由于税收法律的规定性，决定了不管采用哪一种方法增加税收，都必须经过一系列的法律程序，这使增加税收的时间成本增大，难解政府的燃眉之急。其次，由于增加税收必定加重负担，减少纳税人的经济利益。所以，纳税人对税收的增减变化是极为敏感的，这就使得政府依靠增税来弥补财政赤字的尝试往往受到很大的阻力，从而使增税议而不决。拉弗曲线表示增税是受到限制的，不可能无限地增加，否则将给国民经济造成严重的后果。

第三，增发货币。

增发货币是弥补财政赤字的一个方法，至今许多发展中国家仍采用这种方法。但是从长期来看，通货膨胀在很大程度上取决于货币的增长速度，货币的发行速度过快会引起通货膨胀，引发恶性后果。因此，用增发货币来弥补财政赤字只是一个权宜之计。

第四，发行公债。

通过发行公债来弥补财政赤字是世界各国通行的做法。这是因为从债务人的角度来看，公债具有自愿性、有偿性和灵活性的特点；从债权人的角度来看，公债具有安全性、收益性和流动性的特点。因此，从某种程度上来说，发行公债无论是对政府还是对认购者都有好处，通过发行公债来弥补财政赤字也容易被社会公众接受。

财政补贴的双重作用

2009年2月5日，财政部公布了由该部和科技部出台的《节能与新能源汽车示范推广财政补助资金管理暂行办法》。

办法决定，在北京、上海、重庆、长春、大连、杭州、济南、武汉、深圳、合肥、长沙、昆明、南昌等13个城市开展节能与新能源汽车示范推广试点工作，以财政政策鼓励在公交、出租、公务、环卫和邮政等公共服务领域率先推广使用节能与新能源汽车，对推广使用单位购买节能与新能源汽车给予补助。

其中，中央财政重点对购置节能与新能源汽车给予补助，地方财政重点对相关配套设施建设及维护保养给予补助。

2009年，国家为了拉动经济增长，增加消费，对汽车、彩电、摩托车等多个产品实行了财政补贴政策。财政补贴是一种转移性支出。从政府角度看，支付是无偿的；从领取补贴者角度看，意味着实际收入的增加，经济状况较之前有所改善。

财政补贴总是与相对价格的变动联系在一起，它具有改变资源配置结构、供给结构、需求结构的作用。我们可以把财政补贴定义为一种影响相对价格结构，从而可以改变资源配置结构、供给结构和需求结构的政府无偿支出。

财政补贴是指用国家财政资金直接资助企业或居民的国民收入再分配形式。国家为了实现特定的政治经济目标，由财政安排专项基金向国有企业或劳动者个人提供的一种资助。中国现行的财政补贴主要包括价格补贴、企业亏损补贴等。补贴的对象是国有企业和居民等。补贴的范围涉及工业、农业、商业、交通运输业、建筑业、外贸等国民经济各部门和生产、流通、消费各环节及居民生活各方面。

从补贴的主体划分，财政补贴分为中央财政补贴和地方财政补贴。中央财政补贴列入中央财政预算。中央财政负责对中央所属国有企业由于政策原因发生的亏损予以补贴，同时对一部分主要农副产品和工业品的销售价格低于购价或成本价的部分予以补贴。地方财政补贴列入地方财政预算。地方财政负责对地方所属的国有企业由于政策原因而发生的亏损予以补贴，也对一部分农副产品销售价格低于购价的部分予以补贴。

财政补贴是在特定的条件下，为了发展社会主义经济和保障劳动者的福利而采取的一项财政措施。它具有双重作用：一方面，财政补贴是国家调节国民经济和社会生活的重要杠杆。运用财政补贴特别是价格补贴，能够保持市场销售价格的基本稳定，保证城乡居民的基本生活水平，有利于合理分配国民收入，有利于合理利用和开发资源。另一方面，补贴范围过广，项目过多也会扭曲比价关系，削弱价格作为经济杠杆的作用，妨碍正确核算成本和效益，掩盖企业的经营性亏损，不利于促使企业改善经营管理；如果补贴数额过大，超越国家财力所能，就会成为国家财政的沉重负担，影响经济建设规模，阻滞经济发展速度。

以国家信用为担保发行的债券

2009年，财政部发布公告，决定于当年12月21日发行2009年记账式贴现（26期）国债，实际发行面值150亿元，期限182天，经招标确定的发行价格为99.355元，折合年收益率为1.32%。本期国债将成为2009年的最后一期国债。

根据财政部公告，本期国债通过全国银行间债券市场和证券交易所面向社会各类投资者发行。2009年12月21日开始发行并计息，12月23日发行结束。12月25日起在各交易场所上市交易，交易方式为现券买卖和回购。

据不完全统计，2009年国债发行规模为2008年的2倍左右，即在1.4万亿和1.6万亿元之间。2008年，实际发行国债为8558亿元。

2009年发行的记账式国债共25期，其中1年期和3年期国债各4期；5年期国债5期；7年期和10年期国债各6期。从期限来看，中长期国债数量明显高于短期国债数量；发行时间相对集中，主要在二、三季度，其中5—7月是一个高潮，每月均有3期发行。

众所周知，国债最初属于政府筹集财政资金以弥补财政赤字的一种手段。其实，国债不仅仅是一种政府的筹资手段那么简单，它亦是一个国家调节经济的重要工具。政府发行国债的目的有三个：弥补财政资金的不足；直接调节经济；两者兼而有之。

政府发行国债主要有两种方式，一种是向中央银行发行，还有一种是向社会公众发行。虽然都为国家财政集资的手段，由于发行方式不同，其产生的经济效应也会有所不同。如果是向中央银行发行国债，银行会直接增加货币的供给量，政府通过对新增加货币的运用，最终必然导致整个市场上货币量的增加。因此，政府通过向中央银行发行国债具有货币创造效应。在充分就业的条件下，会导致通货膨胀的发生。而第二种方式则不同，由于国债的发行对象是社会公众，在财政资金增加的同时，使得企业或民众手中的货币量减少，即财富从居民手中转移到政府手中。只是产生一种财富的转移效应，并没有直接增加市场上的货币量。因此从对经济的影响程度上讲，第二种方式更趋于中性。

国债的作用显然可以从政府发行国债的目的上找到答案。具体可以从货币政策和财政政策角度来看，首先把它看作是货币政策，它主要用来调节货币市场上的供需均衡。当货币市场上货币供大于求时卖出国债或新发行国债，反之则买入国债，从而实现货币市场的均衡。其次，从财政政策的角度讲，发行国债使得资金使用权从市场微观主体转移到政府，政府可以将这部分资金有效地用在刀刃上，如一些国家重点项目、因经济结构性失衡而被扭曲的一些产业、突发性事件、社会公共事业等，从而减少市场行为的盲目性。我们不难看出，前者是出于政府直接调节经济的目的，后者则是为了弥补财政资金的不足。

政府购买有什么好处

"政府购买"作为一种新型的政府提供公共服务的方式，近些年来受到了社会各方的关注。《中共中央关于构建社会主义和谐社会若干重大问题的决定》中提出："政府推行政事分开，支持社会组织，参与社会管理和公共服务，加强市场监管，整顿和规范市场经济秩序。"党中央要求各级政府与社会组织之间建立互联、互补、互动的社会组织参与社会管理和公共服务，共同构建公共服务体系。政府向社会组织购买的公共服务，正是政府建立社会管理网络的有效形式，是政府与社会组织互相沟通的纽带。

政府购买大致有两种：从居民那里购买劳务；从企业或公司购买商品。因此，这种公共支出包括工作人员和武装人员的薪资支付和购买各种公用物资的开支。但各种转移支付不能包括在政府购买项目之内，因为它不是政府为了购买目前的商品和劳务而支出的款项。政府将购买的这些商品和所雇用的劳动力组合起来，生产各种各样的公共物品（公共教育、警务和消防、国防等）。

长期以来，公共事业主要由政府直接举办，导致机构重复建设，造成财政资金的低效率和浪费。在当前落实科学发展观、构建社会主义和谐社会的大背景下，政府对公共服务职能的履行有多种实现方式，购买服务是一种创新方式。

从某种意义上说，政府购买和政府采购没有根本区别。政府购买是指政府将原来由政府直接举办的、为社会发展和人民生活提供服务的事项交给有资质的社会组织来完成，并根据社会组织提供服务的数量和质量，按照一定的标准进行评估后支付服务费用。政府采购是指各级国家机关、实行预算管理的单位和社会团体使用财政预算内资金和预算外资金等财政性资金，以购买、租赁、委托或雇佣等形式获取货物、工程和服务的行为。为维持机构的正常运作而采购一些必备的设备是我们通常所理解的政府采购，但政府为履行职能，必须以税收等形式筹集资金，再用这些资金去采购广大公众需要的公共产品和服务，也是政府采购的内容之一。因此，政府购买只是政府采购的一种表现形式。

在我国，2003年1月1日开始正式实施的《政府采购法》对"政府采购"的定义是：政府采购，是指国家机关、事业单位和团体组织，使用财政性资金采购货物、工程和服务的行为。这里面，明确指出了政府采购既购买货物，也购买服务，政府采购是公共财政的一个重要组成部分。

按照WTO的协议，2007年后我国加入《政府采购协议》的谈判。该协议对政府采购涵盖面的界定更加宽泛，包括所有政府部门、公共组织和事业单位，以及一些非营利的国有企业对货物、工程和服务项目的采购。可见，随着经济开放的进一步扩大，我国的政府采购管理也将越来越规范。

财政资金的无偿转移

转移支付，又称无偿支出，它主要是指各级政府之间为解决财政失衡而通过一定的形式和途径转移财政资金的活动，是用以补充公共物品而提供的一种无偿支出，是政府财政资金的单方面无偿转移，体现的是非市场性的分配关系。

转移支付的模式主要有三种：一是自上而下的纵向转移，二是横向转移，三是纵向与横向转移的混合。规范转移支付制度的原则是公平原则、效率原则和法治原则。

在1994年实行分税制改革前，我国就做了大量的财政转移支付的工作，1994年实行分税制体制改革后才从西方引进了转移支付的概念。中央财政从1995年开始正式实施过渡期转移支付办法。根据国际货币基金组织《政府财政统计手册》中的支出分析框架，政府转移支付有两个层次，一是国际间的转移支付，包括对外捐赠、对外提供商品和劳务、向跨国组织交纳会费；二是国内的转移支付，既有政府对家庭的转移支付如养老金、住房补贴等，又有政府对国有企业提供的补贴，还有政府间的财政资金转移。我们一般意义上称的财政转移支付，是指政府间的财政资金转移，是中央政府支出的一个重要部分，也是地方政府重要的预算收入。

在西方国家，财政支出主要分为购买支出和转移支出。我国的财政转移支付制度是在1994年分税制的基础上建立起来的，是一套由税收返还、财力性转移支付和专项转移支付三部分构成的、以中央对地方的转移支付为主的且具有中国特色的转移支付制度。

转移支付包括政府的转移支付、企业的转移支付和政府间的转移支付。

（1）政府的转移支付。大都具有福利支出的性质，如社会保险福利津贴、抚恤金、养老金、失业补助、救济金以及各种补助费等，农产品价格补贴也是政府的转移支付之一。由于政府的转移支付实际上是把国家的财政收入还给个人，所以有的西方经济学家称之为负税收。

（2）企业的转移支付。通常是指企业对非营利组织的赠款或捐款，以及非企业雇员的人身伤害赔偿等。转移支付在客观上缩小了收入差距，对保持总需求水平稳定，降低总需求摆动的幅度和强度，稳定社会经济有积极的作用。通常在萧条来临时，总收入下降，失业增加，政府拨付的社会福利支出也必然增加。这样，可以增强购买力，提高有效需求水平，从而抑制或缓解萧条。当经济中出现过度需求时，政府减少转移支付量，可以抑制总需求水平的升高。

（3）政府间的转移支付。一般是上级政府对下级政府的补助。确定转移支付的数额，一般是根据一些社会经济指标，如人口、面积等，以及一些由政府承担的社会经济活动，如教育、治安等的统一单位开支标准计算的。政府间的转移支付主要是为了平衡各地区由于地理环境不同或经济发展水平不同而产生的政府收入的差距，以保证各地方政府能够有效地按照国家统一的标准为社会提供服务。

我国虽未出台转移支付法，但已有转移支付的实践，我国政府间的转移支付形式包括以下几类：

（1）一般转移支付，或称体制转移支付，是在现行财政体制之下所实施的转移支付。它是最基本、最主要的形式。

（2）专项转移支付。即为实现某种特定的政策经济目标或专项任务，由上级财政提供的专项补助。

（3）特殊转移支付。在发生不可抗力或国家进行重大政策调整时，由上级政府支付的特殊补助。

（4）税收返还。中央基于宏观调控的需要，将集中的部分税收收入返还给地方。

税收：最正当的"劫富济贫"

人人都是纳税人

公元前119年，汉武帝颁布算缗令。所谓算缗，就是征收商人和手工业者的财产税，以及车、船税。由于他们隐匿或虚报个人财产，公元前114年汉武帝又发布"告缗令"，奖励告发逃避算缗的富人，主要是商贾，给予告发者应征缗钱之半。

在杨可主持下，告缗之风遍及全国。告缗运动使缗钱税的性质发生变化，一是课税范围由原先以现钱和车船为主扩大到包括田宅、畜产、奴婢在内的一切财产，将全部财产均按一定价格折合成现钱以充作纳税基数。二是课税对象由初时"只为商贾居货者设"，扩大到"凡民有蓄积者，皆为有司所隐度矣，不但商贾末作也"。

《汉书·食货志下》记载，告缗运动使"中家以上大抵皆遇告……得民财物以亿计，奴婢以千万数，田大县数百顷，小县百余顷，宅亦如之。于是商贾中家以上大抵破"。虽增加了政府的收入，打击了大商人，但也阻碍了私营工商业的发展。

告缗制度延续近十年，直到国家财政有明显好转，才停止执行。

这里涉及"税赋归宿"的概念，它是指一项税收最终的经济负担者。在这里要指明，它是相应于法定纳税人而言的，之所以这样规定，是因为最终的税收负担者和法定纳税人有时候并不一致。

也许有些人对此还是有些迷惑。以个人所得税为例，工薪阶层对于它是非常熟悉的，其纳税人自然是有一定工薪收入的个人，而它的税收负担者不也正是这个人吗？是的，在这种情况下，两者是一致的。但是，以商场里的衣服为例。按照我国税法，商家是要缴纳增值税的，此时商家是法定的纳税人。然而，此刻的实际税收负担者却往往是消费者——他们所承担的数额就包括在衣服的价格里，只不过在消费小票上没有标明而已。在经济学上，这种行为被称为"税负转嫁"。其实，我们打电话时交的话费，用电时交的电费等，里面都有税，只是在目前，我国给予消费者的收据上都未曾注明。

在这里需要指出的一个原则是，"只要消费，就会纳税"，我们每一个消费者都是纳税人。我国目前税收种类较多，包括增值税、消费税、营业税、企业所得税、个人所得税、资源税、房产税、城市维护建设税、城市房地产税、城镇土地使用税、土地增值税、耕地占用税、车辆购置税、车船税、契税、印花税、烟叶税、关税、船舶吨税等。在这些名目繁多的税当中，有些是由个人上缴的，有些是由企业上缴的。

一个人只要生活在社会中，只要有购买行为，就免不了缴税。因此，可以说，我们人人都是纳税人。但是，正如刚才提到的，税收负担者和纳税人并不一致，为此，需要进一步了解"税负转嫁"。

"税负转嫁"有多种方式，包括前转、后转、混转、旁转、消转、税收资本化等，在此我们仅对其中几种举例加以简要说明。

1. 前转

纳税人沿商品流转方向，以提高商品价格的方式将税负转嫁给消费者，称为前转。比如前面所举衣服的例子，商家将税负转嫁给了消费者。

2. 后转

与前转相反，纳税人逆着商品流转的方向，以压低购进商品价格的方式将税负转嫁给商品的提供者。比如，在零售端对营养补品征税时，零售商便压低进货价格向厂家购买，从而将税负后转给厂家。

3. 混转

又叫散转，纳税人将自己的税负分散转嫁给多方负担。严格说来，它是前转和后转等转嫁方式的结合。比如印染厂在面对税负时，将其中一部分用提高产品价格的办法转嫁给购货商，一部分用压低原料购进价格的办法转嫁给纺纱厂等。

在初步了解了税负转嫁方式后，再回到和消费者息息相关的"税负前转"上来。这里还涉及两个值得一提的问题：

首先是作为实际的税收负担者，消费者往往不知道自己纳了多少税。纳税人经常是通过消费活动来纳税的，但是由于缴纳的税金隐藏在商品之中，纳税人不但不知道自己在消费活动中到底纳了多少税，有时候甚至连自己是不是纳税人都不知道。如果要真正改变在商品税中消费者纳税被模糊的情况，就需要改变税制结构，这并非一日之功。如果在商品销售中给消费者的发票上能够注明哪些是价格，哪些是税负，消费者就会清楚了解自己的消费中有多少支出用于国家税收。这对于培养、普及整个社会的纳税意识是有好处的。

其次，知道了自己是"税负前转"的最终承担者后，可能许多人会为自己负担了商品增值税而愤愤不平，因为它的法定纳税人本应是那些商家，最后却落到了自己头上。即使自己不是完全负担，追求利润的商家也会将相当大一部分税负推给消费者。

对此需要有一个正确的认识。税负转嫁是商品经济的一种正常现象，在我国的市场经济条件下是客观存在的。而且，经济学也很早就已证明，一旦税率确定，税额在商家和顾客之间的分配也将随之确定。也就是说，对卖一件衣服而言，税率确定后，商家承担多少税负，又转嫁给消费者多少税负，这个比例是确定的，并不会存在商家想转嫁多少税负就转嫁多少的情况。那么，这又是为什么呢？这就要涉及商品的需求弹性和供给弹性的问题了。

经济学认为，某种商品税额的分配由需求弹性和供给弹性共同确定。如果某种商品供给的价格弹性为零，那么销售税将全部由供方负担；如果需求的价格弹性为零，那么销售税将全部由需方负担。简单地说，谁的弹性小，他负担的税额就大；谁的弹性大，他承担的税额就小。

由此可以得出结论，供应弹性大、需求弹性小的商品的课税易于转嫁；供应弹性小、需求弹性大的商品的课税不易转嫁。这个规律说明，商家是不能一味考虑将销售税负转嫁给消费者的。甚至，当税负转嫁与纳税人（比如商家）追求的利润目标发生冲突时，纳税人还会自愿放弃税负转嫁。原因很简单，转嫁税负势必提高商品价格，进而影响到其销量，而权衡的一个重要标准就是上面所说的供求弹性。以租房为例。租房的供给弹性几乎为零（房屋数量摆在那里，不会轻易增加），假设这时对房东征税，那么房东是很难将这税负转嫁到租客身上的。原因在于，如果那样，租客将考虑寻找更便宜的住房或者与人合租，这样一来，房东的利润必将受到影响。在这种情况下，纳税人（房东）必须在税负转嫁与销量减少之间权衡，而最终做出的结果往往是放弃税负转嫁，即不涨房价，自己承担这份税。

费与税的区别何在

　　几个世纪以前，伦敦曾经征收过一种窗户税，房屋的窗户越多就需要缴纳越多的税，这个税种开征之后，结果在伦敦出现了很多阴冷、潮湿、不见阳光，几乎没有窗户的房子。上有政策下有对策，你收窗户税，老百姓在设计房子的时候就不要窗户，或者少要窗户，或者把已有的窗户取消掉。这个税种并没有让国家提高多少收入，却迫使老百姓的住宅环境变得更为恶劣。在新奥尔良，则出现了另外一种奇怪的景象，那里的房子前面是一层的，后面却仿佛凸起了一个驼峰，出现了二层、三层。为什么会有那么古怪的建筑呢？原来也是税收的作用，因为那里对房子征税是根据正面楼层的数量来计算的。所以人们为了合理避税，设计出了这种前面一层后面多层的古怪房子，税收的负面影响，造成了很多无谓的损失，使人们正常的生活发生扭曲，比如伦敦没有阳光的房子。可见，不合理的税收会给人们带来很多意想不到的负担和后果，这在我国历史上也一样。

　　我国历史上，税收有过各种各样的名称。除"税"这个词外，还曾被称作赋、租、捐、课、调、算、庸、粮、榷布、钱，等等。有时它们之间还存在混用或联用的现象。在中国历史上混用或联用最多的词是"赋税""租税"和"捐税"。

　　1. 税

　　"税"字最早出现在《春秋》所记鲁宣公十五年（公元前594年）的"初税亩"，这是春秋时期鲁国对农业赋税制度的改革。实行"初税亩"后，土地所有者只要交税，全部收获就可以归自己支配，首次以法律形式承认了土地私有。"税"字是由"禾""兑"两个字组成的，"禾"指农产品，"兑"有送达和交换的意思，因而送缴的农产品即为税。当然在现代，税的范围决不仅限于对农产品的征收，而是国家对整个社会产品和国民收入再分配的一种手段。

　　2. 租税

　　"租"在现代与"税"的含义是不同的。租是指财产的所有者，在一定时期内让渡财产使用权而取得的代价和报酬。租是经济利益的有偿交换，税是国家无偿的征收，二者的概念是有区别的。因此，把租和税合起来（称为租税）概括税收这种特殊分配形式，显然是不合适的。但是在古代，税与租是通用的。这是因为在我国奴隶社会，有一种土地公有制的概念，即"普天之下，莫非王土，率土之滨，莫非王臣"。在这种观念下，国家向诸侯、公卿、大夫征税，同天子以土地所有者的身份，向诸侯、公卿、大夫收租是等同的。这就是所谓的租税合一，因而在很长一段时期里人们一直使用"租税"这个名称。

3. 捐税

捐与税的含义本来是不同的。捐是一种自愿的交纳。捐亦称捐纳、捐输，始于战国时代。捐最初是国家授爵的一种方式，是自愿的、临时的财政收入。以后各代政府除了利用捐纳授爵以外，还经常以捐纳形式征集财源，满足特定用途的需要，如筹措军饷、赈济灾民、举办工程等，从而使捐纳带有强制性。明代以后，捐纳盛行，逐渐成为政府的经常性财政收入，并且各级地方政府往往巧立名目，征收苛捐，以致捐与税难以划分，故统称为捐税。

4. 赋税

赋在古代有特定的含义。税收产生初期，用来满足军事需要征收的军需品叫作赋，如征用的兵车、武器、衣甲等。所以"赋"字由"贝"加"武"二字组成，即货币用于战争的意思。而中国古代的税最早是指对土地产品和工商业的征收，用于国家一般经费。正如《汉书·刑法志》的记载："有税有赋，税以足食，赋以足兵。"各国实行"初税亩"以后，各国的军赋改为按田亩征用，如鲁国的"丘甲"规定方一里为井，十六井为丘，每丘出戎马一匹，牛三头。由于按田亩征收军赋，赋和税的名称才逐渐混用，统称赋税。

值得注意的是，其中的一大部分名称，早已退出了历史舞台，我们今天不再使用。今天我们还经常"税费"连用，那么什么是费呢？费是指一方当事人向另一方当事人提供某种劳务或某种资源的使用权，而向受益人收取的代价。

大体上可分为两大类：一类是经济活动中，由于相互交换劳动而向受益人收取的费用，如企业支付的运输费、保管费、专利费等。这些费用纯属经济生活中的劳务报酬性质，有的直接属于业务经营费用。由于这类费用收取的主体是单位和个人，所以同税收是完全不同的，不能混淆。另一类是国家机关为单位和居民提供特定服务或履行特定职能而收取的费用，它属于国家财政收入的一种形式。

目前国家机关对企业和居民的收费主要有三种：一是事业收费，包括公路部门收取的养路费、房管部门收取的房租、城建部门收取的地段租金、环境保护部门收取的排污费等；二是规费，主要包括公安、民政、司法、卫生和工商管理等部门，向单位和居民收取的手续费、工本费、诉讼费、化验费、商标注册费和市场管理费等各项费用；三是资源管理费，主要包括石油部门收取的矿区使用费，集体企业经批准开采国家矿藏等资源，向国家管理部门交纳的矿山管理费、沙石管理费等项费用。

许多人分不清税与费，只要交钱就认为是缴税。这种税费不分的情况，对税收工作干扰很大。因此，分清税与费的基本界限十分必要。一般说，税与费的界限有三点：

（1）看征税主体是谁。由代表政府所属的各级税务机关，如海关等征收的一般是税；由其他机关、经济部门和事业单位收取的一般是费。

（2）看是否具有无偿性。税收具有无偿性，税收是纳税人单方面向国家所履行的义务缴纳，国家不必为此向缴纳者提供任何对等的服务，国家征税遵循无偿原则；而收费则是遵循有偿的原则，收费是国家为单位和居民提供某种劳务或资源使用权而向受益者收取的报酬,是有偿的。无偿征收的是税,有偿收取的是费,这是两者在性质上的根本区别。

(3)看是否专款专用。税款一般是由税务机关征收以后,统一上缴国家,纳入国家预算,由国家通过预算统一支出,用于社会公共需要,不采取专款专用的原则。而费则不同,它多用于满足本身义务支出的需要,一般具有专款专用的性质。

税与费是完全不同的两个经济范畴,税费不分,把税与费混为一谈,在当前各地乱收费现象十分严重的情况下,对税收工作干扰极大,这势必影响税收工作的正常开展,也不利于税法宣传和提高公民的纳税意识。因此,正确认识税与费的基本区别,对我国税收事业的健康发展很有必要。

好的税收政策有利于促进经济发展

1949年3月,中共七届二中全会决定,把党的工作中心从农村转移到城市,以生产建设为中心任务,税收工作的重点也开始由农村向城市转移。同年,在起临时宪法作用的《中国人民政治协商会议共同纲领》中规定:"国家的税收政策,应以保障革命战争的供给,照顾生产的恢复和发展及国家建设的需要为原则,简化税制,实行合理负担。"这就是建国初期的税收总政策。在这一总税收政策的指导下,根据中国税收制度不统一的突出问题,提出了统一税政,平衡财政收支的税收政策。

1949年新中国成立时,国家财政比较困难,当时最突出的问题是:税收制度不统一。老解放区仍实行各根据地制定的税收制度,新解放区除废除国民政府的一些不合理税收以外,一般沿用旧税法征税。各地的税收制度不一,税收负担不平衡,对生产的发展和保证财政收入不利。中央人民政府有针对性地制定了统一税政、平衡财政收支的总的税收政策。

这一总税收政策的具体体现是1950年1月中央人民政府政务院发布的《关于统一中国税政的决定》的通令、《中国税政实施要则》和《中国各级税务机关暂行组织规程》等文件,明确规定了新中国的税收政策、税收制度、管理体制、组织机构等一系列重大原则,建立了新中国第一个统一的税收制度,为中国财政经济的好转、国民经济的恢复和发展创造了良好的条件。

税收政策是在一定的经济理论和税收理论的指导下,根据国家一定时期的政治经济形势要求制定的。税收政策有税收总政策和税收具体政策之分:税收总政策是根据国家在一定历史时期税收所发生的基本矛盾所确定的,是用以解决这些基本矛盾的指导原则,亦称"税制建立原则";税收具体政策是在税收总政策指导下,用以解决税收工作中比较具体的矛盾的指导原则。税收总政策在一定历史时期内具有相对稳定性,税收的具体政策则要随经济形势和政治形势的变化而变化。税收总政策是建立各项税收制度的指针,而税收具体政策在每项税收制度中的表现不尽相同。

理想的税收政策应该是既能满足国家的财政收入需要,又不对社会经济产生不良影响。在我国,制定正确的税收政策,必须考虑以下因素:

（1）税收政策的制定，既要保证财政收入，又要促进经济发展。经济是基础，只有经济发展了，才能有稳定充足的财源。制定税收政策的出发点应当有利于生产的发展，促进经济的繁荣。在生产发展、经济繁荣的条件下，从实际出发，考虑到国家整体财力，以及纳税人的纳税能力和心理承受能力，确定一个适度合理的总体税收负担水平。既保证财政上的需要，又有利于经济的发展。既不能一味地强调"保税"，不顾经济的发展和人民生活水平的提高；也不能只追求一时的经济发展，不注重社会公共事业的建设和经济的长远发展。

（2）税收政策要有利于建立社会主义市场经济体制。税收政策的制定，要有利于平等竞争环境的形成，就要坚持公平税负的原则；结合财政政策的实施，要有利于对经济宏观总量的调节；要有利于多种经济成分和多种经营方式的公平竞争和发展；还要有利于产业结构的优化。

（3）税收政策的制定，要在政企分开的基础上，有利于企业建立现代企业制度。做到产权清晰、权责明确、政企分开、管理科学，实现自主经营、自负盈亏、自我积累和自我发展，形成真正的独立的经济实体，以便进入市场，在竞争中求生存和发展。

里根一年只拍四部电影背后的秘密

1980年1月，里根刚竞选上总统，其竞选班子特别安排了一些经济学家来为里根上课，让他学习一些治理国家必备的经济学知识。第一位给他上课的就是拉弗。拉弗正好利用这个机会好好地向里根推销了一通他的关于税收的"拉弗曲线"理论。当拉弗说到"税率高于某一值时，人们就不愿意工作"时，里根兴奋地站起来说："对，就是这样。二次大战期间，我正在'大钱币'公司当电影演员，当时的战时收入附加税高达90%。我们只要拍四部电影就达到了这一税率范围。如果我们再拍第五部，那么第五部电影赚来的钱将有90%给国家缴税了，我们几乎赚不到钱。于是，拍完了四部电影后我们就不工作了，到国外旅游去。"

正因为里根本人的经历与"供给学派"提供给他的理论如此契合，所以他主政后，就大力推行减税政策，从而也使得一开始并没有引起人们注意的"拉弗曲线"理论登上了经济学主流的大雅之堂。

拉弗曲线的主要内容是：当税率为零时，税收自然也为零；而当税率上升时，税收额也随之上升；当税率增至某一点时，税收达到最高额，这个点就是最佳税率；当税率超过这个最佳税率点之后，税收额不但不增，反而开始下降。因为当税率的提高超过一定限度时，企业的经营成本提高，投资减少，收入减少，即税基减小，反而会导致政府的税收减少。

拉弗画的这条用来描绘税收与税率之间关系的曲线就叫作"拉弗曲线"。拉弗意在提醒政府：适时降低税率能够刺激生产，税收总额反倒会因为税率的降低而增加。如下页图所示，这条曲线是两头向下的倒U形。当税率超过图中抛物线顶点时，挫伤积极性的影响将大于收入影响，所以尽管税率被提高了，但税收收入却开始下降。

要理解这一理论，应先从一般人的认识说起。一般人认为，税率越高，对于相同数量的税基来说，能征收到的税越多。比如对100元的收入征税，100元是税基，如果税率是5%，那么国家可以从中收取5元税收；如果将税率提高到10%，国家可以从中收取10元的税收，与原来相比，国库中多了5元钱。

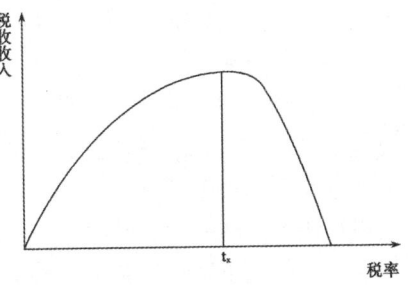

在一定范围内对征税对象多赚到的收入提高税率，国家的确可以多征到税；但税率提高一旦突破某个限度后，人们工作的积极性下降，加之主动纳税的热情不高，相反，偷税漏税的动机增强，由此导致税基下降，国家能征到的税反而减少；如果国家将税率提高到更高的程度时，企业将因为利润下降而出现投资积极性下降，甚至可能因为不堪重负而倒闭，税基进一步下降，从而国家可能征到的税也进一步减少。

经济学家拉弗教授就因为这条著名的"拉弗曲线"而闻名于世，并当上了里根总统的经济顾问，为里根政府推行减税政策出谋划策。

理论上，拉弗曲线缺乏体系的完整性，它仅是解决"滞胀"的一种对策而已，具有一定的局限性。

第一，拉弗曲线的成立必须满足一定的前提条件，也就是存在一个完全竞争市场体系和封闭经济环境，然而，在现实经济中这两个前提都不存在。完全竞争市场是一种理想的市场体系，在现实生活中难以找到。在开放经济条件下，在国际间较易自由流动的是资本要素，而不是劳动力。资本天生具有追逐剩余价值的特性，投资者会选择税率低的国家和地区，低税率给资本输入国家和地区带来就业和税收收入的大幅增长。资本的低税率"比较优势"，使开放经济的税率与税收的函数关系表现为一条单调递减的曲线。而劳动力受国家政策、文化环境、历史背景等多方面因素的影响，国际间流动很困难。在这点上，拉弗曲线最多只能为降低企业所得税提供理论依据，而无法为降低个人所得税提供理论依据。

第二，拉弗曲线描述的是长期经济条件下税率对税收和经济的影响。在短期，各项政策从制定到实施，再到结果，具有一定的"时滞性"。正是这种"时滞作用"，使短期税率与税收的函数关系表现为一条单调递增的曲线。

第三，拉弗曲线忽视了阶层分析方法，只注意了收入与赋税的关系，而忽视了收入后面不同收入阶层的人群，把不同收入的人简单地抽象为"人们"。累进税分为超额累进税和全额累进税两种，各国一般采用超额累进所得税。累进税意味着，收入越多、征税的比例越大。低收入者并不负担高税率，因而不会受高累进税率的伤害。真正负担高税率的只是高收入者额外高出的那部分收入，所以高税率只对这部分收入产生较大的副作用。

第四，拉弗曲线的工作观是功利的，不能完全解释人们努力工作的原因。高累进税率影响工作的结果可能有三种，一种是拉弗曲线所预言的，一些高收入者宁愿要更多的闲暇而不是更多的工作；一种情况是一些人会更努力工作，以便赚更多的钱来弥补赋税的损失；还有一种情况是，"那些欣赏自己的工作以及工作所带来的权力或成就的众多的医生、科学家、艺术家以及企业经理们,将为 8 万美元就像为 10 万美元一样努力地工作"。

第五,拉弗曲线将个人收入全部视为劳动收入,而忽视了非劳动收入。根据拉弗曲线理论,边际税率越高,闲暇的代价就越小,因而旷工增加,加班减少,人们用于提高技术水平的时间也相对减少,因此高边际税率妨碍人们的工作积极性,劳动生产率下降。随着个人所得税率的逐步增加,理性者将通过增加劳动时间来增加收入,直至工作极限;然后,增加闲暇时间,减少工作时间,个人收入也随之减少。因此,对劳动收入轻征税、对非劳动收入重征税,有助于鼓励劳动者的工作积极性。

财富分割的利器

公元 8 年,王莽登上皇帝宝座,把国号改为"新",次年改元为"始建国"。

始建国元年,即公元 9 年,王莽开始推行他的经济改革措施,设立了对工商业者的纯经营利润额征收的税种"贡"。《汉书·食货志下》中记载:"诸取众物鸟兽鱼鳖百虫于山林水泽及畜牧者,嫔妇桑蚕织……纺绩补缝,工匠医巫卜祝及它方技商贩贾人,货肆列里区谒舍,皆各自占所为于其所在之县官。除其本,计其利,十一分之,而以其一为贡。敢不自占,自占不以实者,尽没入所采取,而作县官一岁。"其大意是凡是从事采集、狩猎、捕捞、畜牧、养蚕、纺织、缝纫、织补、医疗、卜卦算命之人及其他艺人,还有商贾经营者,都要从其经营收入中扣除成本,算出纯利,按纯利额的十分之一纳税,自由申报,官吏核实。如有不报或所报不实者,没收全部收入,并拘捕违犯之人,罚服劳役苦工一年。

从税收制度的构成要素来说,王莽的"贡"已具备所得税的特征,其征税对象为纯赢利额;以从事多种经营活动取得纯收入的人为纳税人;税率为 10%;纳税人自行申报,官吏核实;对违法者有处罚措施。但由于王莽的"贡"征收范围广,征收方法繁,不仅技术操作上不可行,而且引起了人民的群起反抗,到公元 22 年,王莽不得不下旨免税,但为时已晚。两年后,王莽便国破身死。但是王莽首创的"无所得税之名,而有所得税之实"的"贡",其实质就是现今的"所得税"。

所得税又称所得课税、收益税,指国家对法人、自然人和其他经济组织在一定时期内的各种所得征收的一类税收。一般所得税可划分为个人所得税、企业所得税两大类。

"所得"是税收上一个很重要的概念。由于认识角度的不同,人们对"所得"也有着不同的理解。从经济学的角度来看,所得是指人们在两个时间点之间以货币表示的经济能力的净增加值。因此,所得就应该包括工资、利润、租金、利息等要素所得和赠予、遗产、财产增值等财产所得。

通过所得税的征收,可影响各方面的利益分配格局,客观上也影响纳税人的行为,从而达到一定的调节目的,导致社会财富的再分配。尤其对社会分配不公、收入相差悬殊的现象,所得税更能扮演财富分配"利器"的重要角色。

近代以来,征收个人所得税的历史要从民国算起。民国时期,曾开征薪给报酬所得税、证券存款利息所得税。1950 年 7 月,政务院公布的《税政实施要则》中,就曾列举对个人所得课税的税种，当时定名为"薪给报酬所得税"。但由于我国生产力和人均收入水平低，实行低工资制，虽然设立了税种，却一直没有开征。1980年9月10日第五届全国人民代表大会第三次会议通过《中华人民共和国个人所得税法》。1980年以后，为了适应我国对内搞活、对外开放的政策，我国才相继制定了《中华人民共和国个人所得税法》《中华人民共和国城乡个体工商业户所得税暂行条例》以及《中华人民共和国个人收入调节税暂行条例》。上述三个税收法规颁布实施以后，对于调节个人收入水平、增加国家财政收入、促进对外经济技术合作与交流起到了积极作用，但也暴露了一些问题，主要是按内外个人分设两套税制、税政不统一、税负不够合理。

为了统一税政、公平税负、规范税制，1993年10月31日，八届全国人大常委会第四次会议通过了《全国人大常委会关于修改〈中华人民共和国个人所得税法〉的决定》，同日发布了新修改的《中华人民共和国个人所得税法》（简称税法），1994年1月28日国务院配套发布了《中华人民共和国个人所得税法实施条例》。1999年8月30日九届全国人大常委会第十一次会议决定第二次修正，并于当日公布生效。2007年12月29日十届全国人大常委会第三十一次会议表决通过了关于修改个人所得税法的决定。

个人所得税与我们的生活紧密相关，我们有必要重点了解一下个人所得税及其征收的办法。个人所得税在名义上一般累进征收，即税率随个人收入增加而递增，低收入者使用低边际税率，而高收入者使用高边际税率；又实行标准扣除和单项扣除，扣除随个人收入增加而递减，低收入者扣除占收入比例高，高收入者扣除占收入比例低。这样通过累进税率和标准扣除，达到累进征收、缩小个人税后收入差距的目的。

根据新个人所得税法，从2011年9月1日起，我国个税免征额将从2000元/月上调至3500元/月。个人所得税根据不同的征税项目，分别规定了三种不同的税率：

（1）工资、薪金所得，适用7级超额累进税率，按月应纳税所得额计算征税。该税率按个人月工资、薪金应税所得额划分级距，最高一级为45%，最低一级为3%，共7级。

例如小孟7月工资收入为6500元，那么他应该纳税为：

应纳税所得额 =6500-3500=2500（元）

应纳税额 =1500×3%+（2500-1500）×10%=145（元）

（2）5级超额累进税率。适用按年计算、分月预缴税款的个体工商户的生产、经营所得和对企事业单位的承包经营、承租经营的全年应纳税所得额划分级距，最低一级为5%，最高一级为35%，共5级。

（3）比例税率。对个人的稿酬所得，劳务报酬所得，特许权使用费所得，利息、股息、红利所得，财产租赁所得，财产转让所得，偶然所得和其他所得，按次计算征收个人所得税，适用20%的比例税率。其中，对稿酬所得适用20%的比例税率，并按应纳税额减征30%；对劳务报酬所得一次性收入畸高的、特高的，除按20%征税外，还可以实行加成征收，以保护合理的收入和限制不合理的收入。

例如王教授出版一部专著，一次性获得稿酬20000元，那么他应纳税为：

应纳税所得额 =20000×（1-20%）=16000（元）

应纳税额 =16000×（1-30%）×20%=2240（元）